广 东 农 村 统 计 年 鉴

AGRICULTURAL STATISTICAL YEARBOOK OF GUANGDONG

2017

广东农村统计年鉴编辑委员会编纂

图书在版编目（CIP）数据

广东农村统计年鉴. 2017 / 广东农村统计年鉴编辑委员会编. -- 北京 : 中国统计出版社, 2017.11
ISBN 978-7-5037-8392-0

Ⅰ. ①广… Ⅱ. ①广… Ⅲ. ①农业统计－统计资料－广东－2017－年鉴 Ⅳ. ①F327.65-66

中国版本图书馆 CIP 数据核字(2017)第 256850 号

广东农村统计年鉴-2017

作　　者/ 广东农村统计年鉴编辑委员会
责任编辑/ 钟钰
装帧设计/ 广州市汇杰印务发展有限公司
出版发行/ 中国统计出版社
地　　址/ 北京市丰台区西三环南路甲 6 号　邮政编码/100073
电　　话/ 邮购（010）63376909　书店（010）68783171
网　　址/ http://www.zgtjcbs.com
印　　刷/ 广州市汇杰印务发展有限公司
经　　销/ 新华书店
开　　本/ 890mm×1240mm　1/16
字　　数/ 1505 千字
印　　张/ 30.5
版　　别/ 2017 年 11 月第 1 版
版　　次/ 2017 年 11 月第 1 次印刷
定　　价/ 350.00 元

如有印装差错，由本社发行部调换。

《广东农村统计年鉴—2017》编委会
和编辑出版人员名单

顾　问：邓海光

主　编：幸晓维　郑伟仪

副主编：朱遂文　牛宝俊

编　委：（以姓氏笔划为序）

王功慧	叶长江	田秀华	李进民	张英奇
张锦平	何　健	陈楚楷	陈俊光	罗一心
罗树德	洪伟东	梁友强	梁国新	

编　辑：（以姓氏笔划为序）

王日强	叶卫红	孙华标	司徒志谋	古夏宇
申宏星	张作丹	刘广荣	刘鸿飞	刘伟璇
刘翠霞	江海强	陆永松	杨际昌	杨娜娜
怀　博	利红兵	陈培堂	陈石强	范英敏
郑祖辉	郑　瑶	国剑敏	周璟华	罗　琴
荚存宏	黄春红	黄海燕	黄　楠	黄秀兰
黄卫蓝	彭惜君	董家斌	舒　源	傅晶蔚
程　翀	蓝品良	谭成略	翟志宏	戴伟星

编 者 说 明

《广东农村统计年鉴》是由广东省统计局、广东省农业厅、国家统计局广东调查总队、广东省林业厅、广东省水利厅、广东省国土资源厅、广东省海洋与渔业厅、广东省民政厅、广东省气象局、广东省农垦总局联合编辑出版的大型统计资料工具书。其宗旨是力求全面、系统、客观、翔实地向广大读者提供广东农村经济和社会发展的基本统计资料信息。

《广东农村统计年鉴—2017》(简称年鉴)，主要收录2016年全省、各市、县（区）的涉农统计数据和建国以来各个主要时期的主要涉农统计数据。全书共分十七个专题：农业主要指标与农村基本情况、国土资源、气候与自然灾害、农业技术装备、水利建设、国民经济概况、农村经济综合、种植业、林业、畜牧业与饲料工业、水产业、农垦系统生产情况、农产品进出口贸易、农村经济收入分配与效益、农村居民收入与消费、农村科技与教育、分区域主要经济指标等。

《年鉴》资料来源于政府统计部门、农业部门和各有关部门的年报表，部分资料采自抽样调查。由于有关业务部门的统计范围、口径不完全相同，资料中少数指标数据不完全一致，使用时敬请读者注意。

《年鉴》涉及珠江三角洲、东翼、西翼和山区的具体划分为：珠江三角洲指广州、深圳、珠海、佛山、江门、东莞、中山、惠州和肇庆；东翼指汕头、汕尾、潮州和揭阳；西翼指湛江、茂名和阳江；山区指韶关、河源、梅州、清远和云浮。

《年鉴》统计表中的符号说明："…"表示数据不足本表最小单位数；"#"表示其中主要项；空格表示该项统计指标数据不详或无该项数据。

目　录

六、国民经济概况

七、农村经济综合

八、种植业

九、林　　业

十、畜牧业与饲料工业

十一、水产业

十二、农　　垦

十三、农产品进出口贸易

十四、农村经济收入分配与效益

十五、农村居民收入与消费

十六、农村科技与教育

十七、分区域主要经济指标

2016年全省农业农村工作情况

一、农业生产保持平稳增长

2016年全省农林牧渔业总产值6078.43亿元，农林牧渔业增加值3781.83亿元，分别比上年增长2.9%和3.2%。农村居民人均可支配收入14512.2元，实际增长6.5%，增幅高出城镇居民0.6个百分点，城乡居民收入差距由2015年2.6:1缩小到2.59:1。农产品贸易持续增长，全省农产品进出口贸易总额为268.1亿美元，增长1.2%，其中农产品出口91.5亿美元，增长5.9%。全省耕地面积262.55万公顷，农作物播种面积7246.25万亩，同比增长1.0%。粮食播种面积3764万亩，粮食总产量1360.22万吨，增长0.2%；蔬菜总产量3569.12万吨，增长3.8％；油料作物产量113.29万吨，增长2.7%；肉类总产量415.49万吨，下降2.1%；奶类12.98万吨，增长0.2%；禽蛋33.32万吨，下降1.5%；饲料总产量2824.81万吨、增长9.8 %，继续稳居全国首位。

二、注重业态创新

推进产业融合试点示范，支持珠海、江门创建现代农业综合体，规划建设10个省级农业公园并制定了评审标准和创建规范，组织申报国家农村产业融合发展试点示范县5个，打造融合发展亮点。首次召开了全省农产品加工业工作会议，支持江门创建省级农产品加工示范园和省重点农业龙头企业建设加工研发基地。全省规模以上农产品加工企业6202家，总产值13439亿元，在吸纳农民转移就业、促进县域经济发展方面发挥重要作用。编制了现代农产品物流工程建设方案（2016—2018年）和农产品冷链物流发展规划，支持建设北部湾、粤西等区域性农产品批发市场。建设国家农产品电子商务试点省和信息进村入户试点省，认定省级农产品电商体验馆80个，全省85%左右的县建立了大宗农产品电子商务交易平台。基本完成“一网、一图、一库、一平台”综合信息化管理系统建设，农业应用与资源综合管理初步实现大数据综合应用，政务信息化延伸到市县，建设省级惠农信息社1640个。动物检疫管理系统与农业部数据库成功对接，兽药企业出厂产品100%实行二维码识别管理。新认定中国最美休闲乡村4个及省级休闲农业与乡村旅游示范镇47个、示范点100个，向全国推介休闲农业与乡村旅游精品路线22条。休闲农业正日益成为吸引社会投资的重要领域，促进了农民就近就业创业增收。

三、打造农业品牌

加强标准化生产，累计创建省级以上农业标准化示范区778个，制定省级地方标准551

个，认定了首批 100 家省农产品出口示范基地，新增 6 个绿色食品原料标准化基地。加大品牌创建力度，全省有效期内无公害农产品、绿色食品、有机农产品分别为 1710 个、745 个、87 个，名牌农产品 1042 个。联合 11 个省直单位开展了广东省第二届“十大名牌”系列农产品 100 强评选推介活动，成功举办了第七届现代农业博览会、第十五届种业博览会和养猪产业博览会，广泛宣传推介名特优新农产品，有力提升了广东农业品牌的影响力和竞争力。

四、加强质量监管

建立网格化管理制度，全省 90%的县设立了农业综合行政执法机构，91%的县级农业部门设立了农产品质量安全监管机构，检测机构基本实现市县全覆盖，成功创建了 5 个国家农产品质量安全市县，推进投入品追溯试点市建设，全省没有发生重大农产品质量安全事件。在全国先行制定行政处罚裁量标准和“双随机”抽查机制，开展农药、兽用抗菌药、生猪屠宰、“瘦肉精”、生鲜乳和农资打假专项整治行动，打击各种坑农害农行为。在农业部农产品质量安全检验检测体系延伸绩效管理考核中，我省位居全国第一。列入省政府十件民生实事的粤东西北动物防疫工作全面完成。

五、培育经营主体

实施龙头企业培优工程，启动了培育 100 家上市农业龙头企业规划编制工作，目前全省农业龙头企业 3324 家，其中省重点农业龙头企业 633 家，35 家企业上市融资。推进农民合作社规范化建设和拓展发展空间，全省农民合作社 4.03 万家，其中省级以上示范社 1223 家，产加销一体化服务型合作社 2.18 万家，发展质量和带动能力明显增强。积极发展家庭农场，全省有家庭农场 1.33 万家。创建新型职业农民培育示范市 4 个、示范县 43 个，培育新型职业农民 1.5 万人，现代青年农场主和农村实用人才队伍不断壮大。发挥新型经营主体的引领作用，多路径促进农业适度规模经营面积占比达 29.2%，省重点龙头企业联结带动 441 万农户户均增收 5026 元。

六、深化农村改革

稳妥推进农村土地确权登记颁证，加强分类指导和重大政策性问题梳理研究，开展宣传培训，落实了 1：2000 高分辨率航空影像资料。目前全省有 121 个县（市、区）1253 个乡镇启动了确权工作，完成实测耕地面积 1787 万亩，占全省应确权 3651 万亩（国土“二调”耕地面积）的 48.95%，颁发承包经营权证书 42 万份，成功化解涉地存量纠纷 3413 宗。基本完成了农村集体资产清理核实工作，全省农村集体资产总额 4866.49 亿元（不含资源性资产），与 2012 年清理时相比增长 34.57%。农村集体产权流转管理服务平台建设实现县镇两级全覆盖，修订完善后的《广东省农村集体资产管理条例》经省人大常委会批准正式颁布实施，进一步规范了农村集体资产管理，为维护农村社会和谐稳定提供了法律保障。加大金融支农创新力度，推动组建了政策性省现代农业产业发展基金和农业信贷担保有限责任公司。各级投入农业“政银保”超过 4.5 亿元，受惠经营主体 3200 家、贷款金额 22 亿元。政策性涉农保险品种从 2010 年的 2 个增加到目前的 18 个，水稻种植保险覆盖率 87%，保险承保、理赔流程不断优化，基层协保体系日益健全。

七、治理农业面源污染

借助世行项目平台，探索建立了农业面源污染治理新机制、新模式。一是创新构建了农业生态补偿机制。项目结合农业生产实际和农业面源污染治理目标，在项目区从不同的技术类型入手，针对散户、种植大户、农场、企业、合作社等不同补偿对象，成功建立了 9 种类型的补偿标准和补偿方式，以 IC 卡信息系统为载体，将种植户、村委会、镇农办，省、市、县各级农业部门，农资供应商、农资店等不同主体融合于一体，破解了分散农户补贴发放的难题。二是创新构建了农业面源污染防治激励机制。建立省、市、县、镇、村五级专家技术队伍。每个镇安排 2 名以上技术指导员，每个村安排 2 名以上技术助理，每个村民小组安排 2 名以上科技示范户。村技术助理必须按照项目技术规程亲自种田，村技术助理、科技示范户必须建立农业面源污染治理集成技术示范田。县级农业部门对镇、村两级进行考核，考核合格的，镇技术指导员每月补助 1600-2400 元，村技术助理每月补贴 800-1400 元，有效解决了技术推广“最后一公里”问题。三是创新构建了南方水稻保护性耕作和高床生态养殖新模式。项目区水稻保护性耕作实现全程机械化，免耕同步施肥机插秧模式全年平均增产 17%以上，每亩每年节本增收 874 元，在保护耕地的同时实现可持续生产。项目创新的高床发酵型生猪养殖模式，实现基本无废水、资源基本利用、养殖生产与环境保护协调发展的良好效果。四是创新构建了农业面源污染防治监测评估机制。项目分七个领域，对 200 多个农业面源污染治理指标进行全程监测，建立了 20 多个项目资金运行监管制度，全方位监控项目进程和实施效果。

一、农业主要指标与农村劳动力

1-1 全省行政区划

2016 年　　　　单位：个

市　别	地级市	县级市	县	自治县	市辖区	市辖镇	乡	# 民族乡	街道
全省合计	21	20	34	3	64	1128	11	7	461
广　州	1				11	34			136
深　圳	1				8				74
珠　海	1				3	15			9
汕　头	1		1		6	32			37
佛　山	1				5	21			11
# 顺　德					1	6			4
韶　关	1	2	4	1	3	93	1	1	10
河　源	1		5		1	94	1	1	5
梅　州	1	1	5		2	104			6
惠　州	1		3		2	52	1	1	18
汕　尾	1	1	2		1	44			10
东　莞	1					28			4
中　山	1					18			6
江　门	1	4			3	61			12
阳　江	1	1	1		2	38			10
湛　江	1	3	2		4	82	2		37
茂　名	1	3			2	87			22
肇　庆	1	1	4		3	91	1	1	12
清　远	1	2	2	2	2	77	3	3	5
潮　州	1		1		2	41			9
揭　阳	1	1	2		2	61	2		20
云　浮	1	1	2		2	55			8

注：本行政区划截止2016年底。

1-2 农业主要指标

指　　标	2000	2010	2013	2014	2015	2016
乡镇户数　　(万户)	1419.91	1686.62	1721.96	1697.44	1689.97	1676.49
乡镇人口　　(万人)	6046.62	6805.44	6973.03	6901.08	6863.20	6807.01
乡镇就业人员　(万人)	2789.89	3425.28	3560.97	3542.59	3496.95	3466.41
# 农、林、牧、渔业	1572.07	1468.25	1363.95	1363.19	1351.83	1341.20
按性别分						
男	1450.37	1802.67	1881.12	1876.40	1854.11	1842.38
女	1339.52	1622.61	1679.86	1666.19	1642.84	1624.03
农业总产值　　(亿元)	1701.18	3754.86	4946.81	5234.21	5520.03	6078.43
农业增加值　　(亿元)	1000.06	2286.98	3047.51	3242.57	3426.12	3781.83
农作物总播种面积（万亩）	7735.35	6786.77	7047.13	7117.43	7177.08	7246.25
粮食作物	4649.83	3797.90	3761.43	3760.52	3758.76	3764.00
经济作物	1093.04	998.59	1091.35	1103.00	1114.49	1130.29
其他作物	1847.01	1990.28	2194.35	2253.91	2303.83	2351.96
人工造林面积　(万亩)	25.76	142.72	178.62	199.83	177.69	150.99
主要产品产量　(万吨)						
粮食	1822.33	1316.50	1315.90	1357.34	1358.13	1360.22
糖蔗	1137.59	1134.35	1358.77	1308.84	1250.93	1271.69
花生	77.68	87.13	99.85	104.31	109.04	111.93
蔬菜	2214.80	2718.59	3144.47	3274.75	3438.78	3569.12
水果	643.52	1128.73	1368.73	1438.49	1519.89	1580.96
水产品	593.19	729.03	816.13	836.34	857.23	873.79
猪肉	206.85	275.46	277.77	282.64	274.15	264.38
化肥施用量(折纯)(万吨)	176.20	237.29	243.91	249.58	256.46	261.02
农药施用量　　(万吨)	8.47	10.44	11.01	11.27	11.38	11.37
农村用电量（亿千瓦时）	405.45	1044.26	1234.84	1314.00	1326.20	1334.89
效益指标						
农业中间消耗率（%）	41.2	39.1	38.4	38.1	37.9	37.8
园地　　　(元/亩)	914	2206	3107	3363	3542	3968
淡水养殖水面(元/亩)	3643	6930	8665	9782	9875	10862
生猪出栏率　　(%)	146	156	166	166	172	165

注：1. 表中农业总产值、农业增加值按当年价格计算，增长速度按可比价格计算。

2. 2004 年起，粮食产量含大豆。

1-3 主要农副产品产量与最高年份比较

2016 年

指　　标	2016	建国以来最高年年份	产量	2016为建国以来最高年份%
粮食总产量　　（万吨）	1360.22	1997	1966.75	69.16
# 稻谷	1087.06	1998	1688.53	64.38
早稻	533.34	1983	862.25	61.85
晚稻	553.72	1998	866.51	63.90
薯类	167.21	1998	238.28	70.17
经济作物　　（万吨）				
甘蔗	1479.29	1992	2376.62	62.24
#糖蔗	1271.69	1992	2271.06	56.00
油料作物	113.29	2015	110.34	102.68
# 花生	111.93	2015	109.04	102.65
烟叶	5.52	1992	8.62	64.04
其他作物				
# 蔬菜　　（万吨）	3569.12	2015	3438.78	103.79
水果　　（万吨）	1580.96	2015	1519.89	104.02
水产品　　（万吨）	873.79	2015	857.23	101.93
生猪年末存栏量　（万头）	2076.05	2009	2392.28	86.78
生猪出栏头数　　（万头）	3531.94	2014	3790.78	93.17
猪肉产量　　（万吨）	264.38	2014	282.64	93.54
家禽年末存栏　　（亿只）	3.24	2010	3.84	84.41
出售和自宰的家禽（亿只）	9.74	2010	11.37	85.66
禽肉产量　　（万吨）	135.08	2012	153.46	88.02

注：1. 1998 年起水产品产量按新标准计算。
　　2. 1998 年起主要农产品产量采用抽样调查数，其他年份均为全面统计数。
　　3. 2004 年起粮食产量含大豆。

1-4　主要年份农村基本情况

年　份	乡镇个数（个）	乡镇户数（万户）	乡镇人口（万人）	乡镇劳动力（万人）	第一产业劳动力（万人）
1949		461.5	2206	974	925.3
1952		619.1	2426.4	1040.8	983.6
1957		659.3	2679.4	1285.6	1215
1962	1920	714	2909.6	1355.3	1280.8
1965	1310	719.2	3137.6	1317.5	1246.2
1970	1351	804.2	3811.3	1527.7	1489.3
1975	1459	833.6	4154.6	1718.2	1655.3
1978	1577	873	4305.9	1774.5	1662.5
1980	1629	889.2	4419.8	1817.6	1625.9
1985	1673	988.5	4778.3	2090.6	1597.6
1990	1654	1141.7	5241.9	2363.4	1600.8
1995	1655	1283.7	5622.3	2519.2	1432
2000	1708	1419.9	6046.6	2789.9	1572.1
2005	1311	1540.8	6451.5	3089.5	1533.5
2015	1139	1690	6863.2	3918.7	1351.8
2016	1139	1676.5	6807.0	3466.4	1341.2

1-5 各市农村基本情况

2016

市别	一、乡镇个数（个）	二、乡镇户数（户）	三、乡镇人口（人）	四、乡镇劳动力资源总数（人）	五、乡镇劳动力（人）	第一产业劳动力（人）
全省	1139	16764921	68070067	39107901	34664075	13412013
广州市	34	1615460	5486608	3794072	3405798	621426
深圳市						
珠海市	15	125166	524650	361945	279198	61477
汕头市	32	869443	4262082	2016453	1829925	618830
佛山市	21	827847	2991980	1968597	1751549	224485
韶关市	94	614372	2275435	1333352	1100259	586917
河源市	95	739037	3153330	1683985	1504709	710811
梅州市	104	873245	3303106	2022145	1800068	786351
惠州市	53	836029	3572375	2224250	2023312	490889
汕尾市	44	727606	3495698	1612576	1467645	522027
东莞市	28	534748	1792966	1107924	970192	59010
中山市	18	605666	2292231	1578496	1445551	100194
江门市	61	813470	2834337	1873268	1739952	794667
阳江市	38	653245	2495922	1486036	1279578	472306
湛江市	84	1531459	6891613	3768794	3339853	2035555
茂名市	87	1306867	5444786	2963234	2593660	1360252
肇庆市	92	826229	3017792	1789323	1477343	1064847
清远市	80	824384	3406843	1937961	1717898	964649
潮州市	41	542973	2323923	1202623	1119704	392243
揭阳市	63	1269662	6034844	2909854	2504709	831052
云浮市	55	628013	2469546	1473013	1313172	714025

注：本表和1-4表的乡镇个数为广东省民政厅统计年报数。

1-6 各县（市）区农村基本情况

2016

市　别	一、乡镇个数（个）	二、乡镇户数（户）	三、乡镇人口（人）	四、乡镇劳动力资源总数（人）	五、乡镇劳动力（人）	第一产业劳动力（人）
广　州　市	**34**	**1615460**	**5486608**	**3794072**	**3405798**	**621426**
荔　湾　区						
越　秀　区						
海　珠　区						
天　河　区						
白　云　区	4	201506	840666	556859	494580	75043
黄　埔　区	1	25677	107366	68330	65428	22913
花　都　区	6	219172	871407	588101	551930	99591
从　化　区	5	138392	531301	339597	288778	126078
增　城　区	7	272696	975651	657514	589903	161390
番　禺　区	5	506894	1480890	1082600	952593	52476
南　沙　区	6	251123	679327	501071	462586	83935
深　圳　市						
罗　湖　区						
福　田　区						
南　山　区						
宝　安　区						
龙　岗　区						
盐　田　区						
珠　海　市	**15**	**125166**	**524650**	**361945**	**279198**	**61477**
香　洲　区	6	27861	163108	124119	64346	2943
金　湾　区	4	38778	139089	89118	88680	16138
斗　门　区	5	58527	222453	148708	126172	42396
汕　头　市	**32**	**869443**	**4262082**	**2016453**	**1829925**	**618830**
金　平　区	0	32992	136172	71614	66169	23762
龙　湖　区	2	56563	248045	142892	126893	34230
澄　海　区	8	153513	669133	365760	347551	132214
濠　江　区	0	55315	234327	106215	90740	25874
潮　阳　区	9	300342	1527667	671788	609830	202001
潮　南　区	10	257662	1397426	628188	567417	187449
南　澳　县	3	13056	49312	29996	21325	13300
佛　山　市	**21**	**827847**	**2991980**	**1968597**	**1751549**	**224485**
禅　城　区	1	56243	182592	94487	88731	3543
南　海　区	6	317758	1094221	746315	651996	75385
顺　德　区	6	294937	1056551	710393	616658	54604
高　明　区	3	54822	187503	108590	100674	33588
三　水　区	5	104087	471113	308812	293490	57365
韶　关　市	**94**	**614372**	**2275435**	**1333352**	**1100259**	**586917**
浈　江　区	5	30332	124345	75484	65493	20900
武　江　区	5	26492	101350	58830	53027	20332
曲　江　区	9	42910	172169	103079	91607	50196
南　雄　市	17	89346	268051	224276	152877	94011
始　兴　县	10	67816	244606	123406	105159	58618
翁　源　县	7	90958	359469	197126	157546	87393

1-6 续表 1

市别	一、乡镇个数（个）	二、乡镇户数（户）	三、乡镇人口（人）	四、乡镇劳动力资源总数（人）	五、乡镇劳动力（人）	第一产业劳动力（人）
仁化县	10	65203	243322	121375	101193	53096
新丰县	6	65756	210344	122225	94191	42005
乳源自治县	9	42602	171391	100966	90267	48011
乐昌市	16	92957	380388	206585	188899	112355
河源市	**95**	**739037**	**3153330**	**1683985**	**1504709**	**710811**
源城区	2	24361	111204	61030	53321	9280
东源县	21	133546	603631	301508	278982	117954
和平县	17	117586	505545	295719	259698	106172
龙川县	24	215399	762825	391383	387692	179856
紫金县	16	160724	775667	406064	335426	196367
连平县	13	87421	394458	228281	189590	101182
梅州市	**104**	**873245**	**3303106**	**2022145**	**1800068**	**786351**
梅江区	4	43070	144475	57254	57254	17914
梅县区	17	122076	414188	218026	206172	128443
蕉岭县	8	42879	151750	92561	82857	48136
大埔县	14	104012	382977	231936	204497	97605
丰顺县	16	110006	416373	253217	228453	109140
五华县	16	175557	733827	584754	476789	199864
兴宁市	17	214289	839273	469756	449345	140441
平远县	12	61356	220243	114641	94701	44808
惠州市	**53**	**836029**	**3572375**	**2224250**	**2023312**	**490889**
惠城区	5	166110	792896	554692	509206	78660
惠东县	13	212839	935805	457201	399016	130008
惠阳区	6	150840	574141	418216	378291	38735
博罗县	17	222331	975789	604305	573761	150624
龙门县	9	83909	293744	189836	163038	92862
汕尾市	**44**	**727606**	**3495698**	**1612576**	**1467645**	**522027**
汕尾城区	0	79784	396781	186945	180817	46132
海丰县	16	167389	718648	441107	419265	135015
陆河县	8	80519	354371	138913	138226	46605
陆丰市	17	376155	1908477	789615	677588	286244
东莞市	**28**	**534748**	**1792966**	**1107924**	**970192**	**59010**
中山市	**18**	**605666**	**2292231**	**1578496**	**1445551**	**100194**
江门市	**61**	**813470**	**2834337**	**1873268**	**1739952**	**794667**
蓬江区	3	43491	155380	103425	91272	23372
江海区	0	35106	106706	65997	61792	8503
新会区	10	164327	564265	349700	320650	107892
台山市	16	236831	845344	562934	529778	292555
开平市	13	126695	470841	375765	331129	194128
恩平市	10	98612	319963	198262	189012	99890
鹤山市	9	108408	371838	217185	216319	68327
阳江市	**38**	**653245**	**2495922**	**1486036**	**1279578**	**472306**
江城区	4	89530	276482	182209	174118	78058
阳东县	11	125769	484028	306276	255491	91960
阳西县	8	119262	498067	313632	257913	97682
阳春市	15	299028	1157983	621519	532159	180582
湛江市	**84**	**1531459**	**6891613**	**3768794**	**3339853**	**2035555**
赤坎区						

1-6　续表2

市　　别	一、乡镇个数（个）	二、乡镇户数（户）	三、乡镇人口（人）	四、乡镇劳动力资源总数（人）	五、乡镇劳动力（人）	第一产业劳动力（人）
霞山区						
坡头区	5	95888	371710	205210	182307	100963
麻章区	3	73716	299578	177752	153691	107516
吴川市	10	233868	1081040	645689	569959	278494
徐闻县	14	134449	618173	359176	320234	280621
雷州市	18	350769	1655963	853922	747327	506222
遂溪县	15	224423	982013	517495	475488	349803
廉江市	18	365479	1635586	867097	757804	332129
茂名市	**87**	**1306867**	**5444786**	**2963234**	**2593660**	**1360252**
茂南区	8	109127	459427	229151	189529	78986
电白区	18	373832	1584456	794396	743293	365000
信宜市	18	266027	974503	551076	474099	234039
高州市	23	295689	1258121	681892	612310	366841
化州市	17	262192	1168279	706719	574429	315386
肇庆市	**92**	**826229**	**3017792**	**1789323**	**1477343**	**1064847**
端州区	0	12992	50004	24257	12788	275
鼎湖区	4	46522	144450	84953	75596	33137
高要市	16	191252	699896	460536	364121	245000
广宁县	15	137676	344698	281176	203210	160487
四会市	10	85263	290476	177040	187811	83958
德庆县	12	94336	307602	203970	160268	146546
封开县	16	89891	362156	218025	181216	113769
怀集县	19	168297	818510	339366	292333	281675
清远市	**80**	**824384**	**3406843**	**1937961**	**1717898**	**964649**
清城区	4	123167	522209	292010	253957	121762
英德市	23	231217	1007572	527698	480073	315046
佛冈县	6	67815	270655	158929	134307	73729
连山自治县	7	24544	103033	63683	54233	33396
连南自治县	7	47529	174761	90052	82175	49045
连州市	12	97195	374614	215953	178958	107013
阳山县	13	105133	440863	247430	221631	110132
清新区	8	127784	513136	342206	312564	154526
潮州市	**41**	**542973**	**2323923**	**1202623**	**1119704**	**392243**
湘桥区	4	82970	331397	166264	152339	47580
饶平县	21	197411	852293	460141	437508	212977
潮安区	16	262592	1140233	576218	529857	131686
揭阳市	**63**	**1269662**	**6034844**	**2909854**	**2504709**	**831052**
榕城区	4	138166	636184	422493	397851	93256
揭东区	11	222978	1011560	497079	339617	143591
惠来县	14	261987	1469381	514064	464264	176355
普宁市	18	386866	1925820	967051	829451	283030
揭西县	16	259665	991899	509167	473526	134820
云浮市	**55**	**628013**	**2469546**	**1473013**	**1313172**	**714025**
云城区	4	28975	111555	68294	58962	48099
新兴县	12	82886	348884	228187	197780	111546
郁南县	15	125570	490437	270020	234759	147076
罗定市	17	307768	1176749	709737	646317	314146
云安区	7	82814	341921	196775	175354	93158

二、国土资源

2016 年 6 月 17 日　省政府召开广东省土地管理工作会议

2016 年 6 月 17 日，时任省长朱小丹和各地级以上市人民政府签订

《广东省 2016 年度耕地保护目标责任书》

2016 年 1 月 29 日，全省矿产资源管理工作会议在广州市召开

2016 年 4 月 18 日　广东省政府副省长许瑞生（右）与国土资源部副部长曹卫星（左）就广东省国土资源执法监察工作交换意见

2016 年 4 月 19 日 广东省国土资源厅厅领导及相关处室负责同志
上线广东电视台“民生热线”节目直播

2016 年 5 月 13 日 全省不动产统一登记工作交流会在广州市召开

2016 年 4 月 21 日　广东省国土资源厅召开“两学一座”学习教育工作会议

2016 年 6 月 27 日 广东省国土资源厅举行以“集约节约用地，切实保护耕地”为主题的新闻发布会

2016 年 8 月 25 日 广东省政府副省长许瑞生陪同国土资源部国家土地专职副总督察严之尧到广州市南沙自贸区调研规划建设情况

2016 年 9 月 28 日 国土资源部副部长、国家土地总督察张德霖一行来广东调研农村改革土地试点工作

国土资源管理

2016年，在省委、省政府和国土资源部、国家测绘地理信息局的正确领导下，广东省国土资源系统紧紧围绕“三个定位、两个率先”总目标，坚持“创新、协调、绿色、开放、共享”发展理念，以促进转变经济发展方式为主线，以深入推进节约集约用地示范省建设为抓手，扎实推进新常态下国土资源工作，为我省“十三五”经济社会发展开好局、起好步提供了有力支撑和保障。

突出保障发展，服务大局能力进一步提升。大力推进土地利用总体规划调整完善工作，国家核减我省到2020年耕地保有量任务644万亩、基本农田保护任务670万亩，增加新增建设用地规模110万亩，为我省“十三五”发展扩展了土地利用空间。用地指标分配注重用于推动粤东西北地区振兴发展和珠三角地区优化发展，对“三大抓手”用地指标予以重点保障，对交通、能源、水利等省重大基础设施项目安排用地指标应保尽保。全年办理用地预审29.6万亩，批准用地38万亩，有力保障了基础设施、现代产业和民生工程等重大工程项目用地需求。圆满完成找矿突破战略行动第二阶段工作，9个重点矿种完成率均达到100%以上，新发现中小型金属矿产地3处。圆满完成地理国情普查工作并开展监测应用。全省建成数字城市典型应用示范系统超过500个，全省118个县（区）开展了数字县（区）地理空间框架建设工作，49个县（区）基本完成项目建设。

严格规范管理，保资源促节约更加有力。出台了《关于加大耕地提质改造力度严格落实占补平衡的通知》等“1+3”文件，指导加快全省耕地提质改造和补充耕地承诺兑现工作。全力推进全域永久基本农田划定工作，市级中心城区范围及县（市、区）城镇周边共新划入基本农田45.31万亩并实行特殊保护。大力推进高标准农田建设，全省累计立项高标准农田建设项目2922个、建设规模1545.77万亩。开展加快批而未供和闲置土地专项整治行动，盘活存量土地14万亩。部署开展第三轮矿产资源规划编制工作，省级规划已上报国土资源部。大宝山铁铜硫资源综合利用示范基地顺利通过总结验收，第三批国家级绿色矿山试点单位通过评估与验收。进一步加大违法行为查处整改力度，以卫片执法检查为抓手，强化对重大典型案件的直查督办，推动对地方政府土地监管失责的约谈问责，2015年度违法用地和违法占用耕地面积分别比2014年度下降57.95%和64.18%，执法监管形势稳中向好。

不断探索创新，土地制度改革取得新成果。深入推进“三旧”改造，省政府印发了《关于提升“三旧”改造水平促进节约集约用地的通知》，从政策层面上推动“三旧”改造工作升级。全年共完成改造项目597个、面积5.2万亩，实现节约土地1.82万亩，节地率35.7%。广东“三旧”改造经验已升华为国家《关于深入推进城镇低效用地再开发的指导意见》。不动产统一登记职能整合、机构设定、人员划转全部到位，全省各市、县（区）提前半年达到国家“停旧发新”要求，已发证460万本，位居全国第一，98%的市、县（区）完成登记档案资料移交工作，省级登记信息平台建设基本完成，97个县（区）登记信息接入国家平台，比国家要求的71个县（区）多26个。南海区农村集体经营性建设用地入市和土地征收制度改革试点的经验做法得到国土资源部充分肯定，部分成果已被列入《土地管理法》修订案（草案）。

坚持民生优先，维护群众权益成效明显。在全国率先编制印发了《广东省地质灾害防治“十三五”规划》，部署开展了削坡建房隐患点排查和整治工作，全年共消除950个地质灾害隐患点，成功预报地质灾害8起，避免人员伤亡91人。继续推进农村土地突出问题“三项治理”工作，全年共解决历史拖欠留用地5.3万亩，超额完成年度任务3000亩，全部兑现拖欠被征地农民征地补偿费24.6亿元，2.25万亩农村“三乱”违法用地全部查处完毕。化解信访积案集中攻坚及矛盾纠纷化解工作成效明显，部、省交办积案全部办结，农村涉土上访同比下降15.7%。推进新时期精准扶贫精准脱贫三年攻坚工作，首次为25个原中央苏区县、革命老区和少数民族地区各下达300亩扶贫专项用地指标。

坚持全面从严治党，干部队伍建设有新进步。认真开展“两学一做”学习教育，有力推进全系统全面从严治党。扎实推进党风廉政建设和反腐败斗争，制定了《党风廉政建设巡察工作实施方案》，完成对4个市局的巡察。研究完善包括土地利用总体规划和计划管理等8个方面的政策制度，从土地征收、出让、开发、改造等各个环节堵塞涉土领域腐败漏洞。厅印发了《抓党建工作责任清单》和《党风廉政建设主体责任清单》，将抓党建和党风廉政建设工作细化到人、量化到岗。省委巡视指出的9方面23项问题已全部落实整改。坚持党管干部原则选人用人，着力防止干部“带病提拔”。强化干部教育培训，选送干部43批207人次参加各类培训。加大干部轮岗交流力度，完成所有厅领导和厅机关处级干部分工调整与交流轮岗。一批国土资源系统干部得到提拔重用。

2-1 自然资源

项　　目	单　位	2016年	项　　目	单　位	2016年
一、土地资源和海洋			年平均气温	摄氏度	22.3
土地面积	平方公里	179717.46	年日照时数	小时	1622.0
耕　地	万公顷	315.29	**三、森林**		
林　地	万公顷	994.06	活立木蓄积量	亿立方米	5.79
园　地	万公顷	102.08	森林覆盖率	%	58.98
牧草地	万公顷	0.22	**四、水力水产**		
海域总面积	万平方公里	41.9	水力资源理论蕴藏量	万千瓦	1137
海洋滩涂面积	万公顷	20.4	#可开发装机容量		992.5
海岛面积	平方公里	1592.7	海水养殖可养面积	万公顷	77.6
大陆海岸线长度	公里	4114.3	淡水可养面积	万公顷	48.43
岛屿岸线长度	公里	2428.7	**五、矿产**		
岛屿个数	个	1431	煤保有资源储量	万吨	59858.99
二、气候			铁矿石保有资源储量	万吨	63596.86
年平均降雨量	毫米	2321.0	硫铁矿保有资源储量	万吨	33064.58

注：1. 土地面积、耕地、林地、园地、牧草地面积是2015年土地利用现状数据，不包含批而未用建设用地数据。
2. 海岛面积、岛岸线长度、岛屿个数是1994年调查数据。
3. 海域总面积包括200海里专属经济区面积。

2-2 各市耕地面积情况

2016年　　　　单位：公顷

市别	年初实有耕地面积	年末耕地保有量面积						年内增加耕地面积	年内减少耕地面积
		合计	实有耕地面积				可调整地类面积		
			小计	水田	水浇地	旱地			
广东省	2615865.59	3152929.61	2607589.61	1652361.37	115530.63	839697.61	545340.00	280.93	8556.91
广州市	81962.25	130811.50	80963.36	51893.86	27305.68	1763.82	49848.14	0.00	998.89
韶关市	220687.05	229310.90	220306.82	146013.11	4329.00	69964.71	9004.08	56.84	437.07
深圳市	3968.44	3836.56	3836.56	7.46	3706.48	122.62	0.00	0.00	131.88
珠海市	17831.08	33275.62	17773.25	11664.12	1989.66	4119.47	15502.37	0.00	57.83
汕头市	37480.80	59871.49	37221.45	27859.20	4760.16	4602.09	22650.04	0.41	259.76
佛山市	35943.02	53103.52	35606.38	22285.96	8293.44	5026.98	17497.14	0.07	336.71
顺德区	1097.40	12228.90	1084.73	1.00	1017.35	66.38	11144.17	0.00	12.67
江门市	156581.06	210891.19	156261.80	125439.60	3606.91	27215.29	54629.39	0.00	319.26
湛江市	467374.95	508285.33	466963.69	190457.92	12056.33	264449.44	41321.64	0.25	411.51
茂名市	227421.24	252036.03	227078.35	161813.68	856.91	64407.76	24957.68	0.20	343.09
肇庆市	148966.46	188510.30	148559.88	102582.54	4837.01	41140.33	39950.42	0.31	406.89
惠州市	140247.38	150127.94	139599.83	82493.04	12183.41	44923.38	10528.11	18.51	666.06
梅州市	163596.32	176742.47	163007.36	125907.33	4280.91	32819.12	13735.11	0.04	589.00
汕尾市	97550.60	109286.82	97091.79	68730.75	2639.12	25721.92	12195.03	0.27	459.08
河源市	144339.67	144525.46	144150.96	109019.42	742.13	34389.41	374.50	125.04	313.75
阳江市	150157.43	212465.74	149400.80	101540.91	295.28	47564.61	63064.94	0.00	756.63
清远市	269714.32	297196.87	268779.92	157003.32	3932.00	107844.60	28416.95	14.70	949.10
东莞市	13360.67	36084.51	13145.97	908.18	10840.52	1397.27	22938.54	8.82	223.52
中山市	11862.15	48981.97	11782.71	6238.99	5236.62	307.10	37199.26	1.72	81.16
潮州市	35552.20	48919.72	35392.83	25646.50	1325.30	8421.03	13526.89	0.12	159.49
揭阳市	87379.90	122272.35	87132.15	66948.46	1200.36	18983.33	35140.20	44.62	292.37
云浮市	102791.20	124164.42	102449.02	67906.02	96.05	34446.95	21715.40	9.01	351.19

注：1. 本表佛山市不含顺德区数据；

2. 本表数据为2016年变更调查初步数据，未经国土资源部确认；

2-3 各市建设占用耕地情况表

2016年 单位：公顷

市别	合计	城镇村及工矿用地	交通运输用地	水利设施用地
广东省	8448.64	6550.94	1838.58	59.12
广州市	995.48	906.69	88.63	0.16
韶关市	435.61	288.80	146.79	0.02
深圳市	131.88	99.19	31.05	1.64
珠海市	55.23	40.68	13.36	1.19
汕头市	259.31	234.33	24.98	0.00
佛山市	325.41	305.62	19.47	0.32
顺德区	12.67	11.77	0.90	0.00
江门市	300.62	216.71	81.63	2.28
湛江市	403.79	355.54	47.83	0.42
茂名市	323.52	238.66	83.36	1.50
肇庆市	405.64	364.34	40.75	0.55
惠州市	663.31	488.75	172.73	1.83
梅州市	587.37	379.34	189.31	18.72
汕尾市	458.37	448.02	10.35	0.00
河源市	312.16	245.06	67.10	0.00
阳江市	746.39	490.83	254.22	1.34
清远市	944.43	528.31	388.29	27.83
东莞市	221.86	198.92	22.94	0.00
中山市	80.89	75.35	5.54	0.00
潮州市	158.24	109.74	48.50	0.00
揭阳市	275.31	229.32	45.95	0.04
云浮市	351.15	294.97	54.90	1.28

注：1. 本表佛山市不含顺德区数据；

2. 本表数据为2016年变更调查初步数据，未经国土资源部确认；

2-4 各市（县、区）耕地面积情况

2016 年　　　　单位：公顷

行政区	年初实有耕地面积	年末耕地保有量面积						耕地变动情况	
		合计	实有耕地面积				可调整地类面积	年内增加耕地面积	年内减少耕地面积
			小计	水田	水浇地	旱地			
广东省	**2615865.59**	**3152929.61**	**2607589.61**	**1652361.37**	**115530.63**	**839697.61**	**545340.00**	**280.93**	**8556.91**
广州市	**81962.25**	**130811.50**	**80963.36**	**51893.86**	**27305.68**	**1763.82**	**49848.14**	**0.00**	**998.89**
荔湾区	428.06	550.70	423.77	10.93	389.11	23.73	126.93	0.00	4.29
越秀区	1.55	1.55	1.55	0.00	0.72	0.83	0.00	0.00	0.00
海珠区	294.96	638.90	293.57	59.62	192.44	41.51	345.33	0.00	1.39
天河区	525.52	507.26	507.26	60.63	414.82	31.81	0.00	0.00	18.26
白云区	9205.75	17242.19	9116.19	3289.15	5745.19	81.85	8126.00	0.00	89.56
黄埔区	3018.84	4643.70	2954.51	1578.92	1325.91	49.68	1689.19	0.00	64.33
番禺区	7470.07	10841.88	7370.36	4324.90	2943.62	101.84	3471.52	0.00	99.71
花都区	10135.84	16894.74	9957.89	7096.50	2760.21	101.18	6936.85	0.00	177.95
南沙区	15093.42	18341.39	14777.41	9581.28	5134.56	61.57	3563.98	0.00	316.01
萝岗区	0.00	0.00	0.00	0.00	0.00	0.00	0.00	0.00	0.00
增城区	22291.67	38183.10	22108.63	14068.87	7360.06	679.70	16074.47	0.00	183.04
从化区	13496.57	22966.09	13452.22	11823.06	1039.04	590.12	9513.87	0.00	44.35
韶关市	**220687.05**	**229310.90**	**220306.82**	**146013.11**	**4329.00**	**69964.71**	**9004.08**	**56.84**	**437.07**
武江区	6905.39	7321.15	6858.46	3996.49	498.97	2363.00	462.69	0.00	46.93
浈江区	6571.39	7897.11	6521.77	4346.95	636.34	1538.48	1375.34	4.35	53.97
曲江区	19095.49	20403.28	19102.09	13026.60	402.75	5672.74	1301.19	30.47	23.87
始兴县	21142.20	21714.60	21101.51	15367.77	453.95	5279.79	613.09	7.65	48.34
仁化县	21445.51	22047.79	21410.33	17701.91	207.06	3501.36	637.46	0.00	35.18
翁源县	31473.52	32928.66	31364.01	19414.46	393.35	11556.20	1564.65	0.00	109.51
乳源县	19680.87	19897.27	19639.57	12723.41	645.81	6270.35	257.70	11.15	52.45
新丰县	16248.50	17390.13	16213.26	8115.35	679.11	7418.80	1176.87	0.00	35.24
乐昌市	34729.18	36249.04	34717.84	22033.78	335.51	12348.55	1531.20	0.01	11.35
南雄市	43395.00	43461.87	43377.98	29286.39	76.15	14015.44	83.89	3.21	20.23
深圳市	**3968.44**	**3836.56**	**3836.56**	**7.46**	**3706.48**	**122.62**	**0.00**	**0.00**	**131.88**
罗湖区	21.84	21.78	21.78	0.00	16.88	4.90	0.00	0.00	0.06
福田区	7.80	7.80	7.80	0.00	7.80	0.00	0.00	0.00	0.00
南山区	86.35	84.65	84.65	0.00	81.19	3.46	0.00	0.00	1.70
宝安区	2358.03	2259.68	2259.68	1.36	2210.82	47.50	0.00	0.00	98.35
龙岗区	1484.34	1454.03	1454.03	6.10	1382.67	65.26	0.00	0.00	30.31
盐田区	10.08	8.62	8.62	0.00	7.12	1.50	0.00	0.00	1.46
珠海市	**17831.08**	**33275.62**	**17773.25**	**11664.12**	**1989.66**	**4119.47**	**15502.37**	**0.00**	**57.83**
香洲区	601.00	577.86	577.86	117.29	196.44	264.13	0.00	0.00	23.14
斗门区	9518.03	21000.38	9502.68	7063.45	1191.76	1247.47	11497.70	0.00	15.35
金湾区	7712.05	11697.38	7692.71	4483.38	601.46	2607.87	4004.67	0.00	19.34
汕头市	37480.80	59871.49	37221.45	27859.20	4760.16	4602.09	22650.04	0.41	259.76
龙湖区	2206.65	2460.98	2196.06	1032.61	1016.87	146.58	264.92	0.18	10.77
金平区	975.33	1852.54	965.77	710.50	209.35	45.92	886.77	0.00	9.56
濠江区	1950.10	2353.07	1926.85	560.08	583.42	783.35	426.22	0.23	23.48
潮阳区	13977.79	22358.31	13911.03	12662.15	140.53	1108.35	8447.28	0.00	66.76
潮南区	11469.71	17196.83	11378.44	9494.97	142.37	1741.10	5818.39	0.00	91.27
澄海区	6455.25	12988.46	6400.04	3396.82	2578.72	424.50	6588.42	0.00	55.21
南澳县	445.97	661.30	443.26	2.07	88.90	352.29	218.04	0.00	2.71
佛山市	**35943.02**	**53103.52**	**35606.38**	**22285.96**	**8293.44**	**5026.98**	**17497.14**	**0.07**	**336.71**
禅城区	216.18	647.80	204.95	0.00	181.37	23.58	442.85	0.00	11.23
南海区	12149.99	18422.82	12033.08	4140.22	6873.31	1019.55	6389.74	0.00	116.91

2-4　续表1　　　　单位：公顷

行政区	年初实有耕地面积	年末耕地保有量面积						耕地变动情况	
		合计	实有耕地面积				可调整地类面积	年内增加耕地面积	年内减少耕地面积
			小计	水田	水浇地	旱地			
三水区	11359.29	19710.66	11228.15	7811.80	1117.85	2298.50	8482.51	0.07	131.21
高明区	12217.56	14322.24	12140.20	10333.94	120.91	1685.35	2182.04	0.00	77.36
顺德区	**1097.40**	**12228.90**	**1084.73**	**1.00**	**1017.35**	**66.38**	**11144.17**	**0.00**	**12.67**
江门市	**156581.06**	**210891.19**	**156261.80**	**125439.60**	**3606.91**	**27215.29**	**54629.39**	**0.00**	**319.26**
蓬江区	1240.60	2275.93	1224.58	914.15	154.15	156.28	1051.35	0.00	16.02
江海区	1877.54	2642.75	1839.25	1528.07	310.88	0.30	803.50	0.00	38.29
新会区	17476.76	29710.22	17397.14	16109.28	227.42	1060.44	12313.08	0.00	79.62
台山市	56987.52	72020.51	56905.03	49966.96	27.72	6910.35	15115.48	0.00	82.49
开平市	31210.16	43716.61	31175.18	24755.52	173.23	6246.43	12541.43	0.00	34.98
鹤山市	12947.79	21442.66	12928.72	9932.42	118.07	2878.23	8513.94	0.00	19.07
恩平市	34840.69	39082.51	34791.90	22233.20	2595.44	9963.26	4290.61	0.00	48.79
湛江市	**467374.95**	**508285.33**	**466963.69**	**190457.92**	**12056.33**	**264449.44**	**41321.64**	**0.25**	**411.51**
赤坎区	553.99	550.74	550.74	269.32	0.72	280.70	0.00	0.00	3.25
霞山区	1430.49	1429.21	1429.21	974.23	0.00	454.98	0.00	0.00	1.28
坡头区	14835.04	14801.93	14801.93	8000.55	16.10	6785.28	0.00	0.00	33.11
麻章区	23939.39	23701.33	23701.33	11596.62	28.87	12075.84	0.00	0.25	238.31
遂溪县	99806.72	101102.77	99748.24	24854.92	3907.01	70986.31	1354.53	0.00	58.48
徐闻县	72228.99	78158.09	72206.06	14181.87	7267.45	50756.74	5952.03	0.00	22.93
廉江市	83097.39	91812.62	83088.46	52873.38	330.25	29884.83	8724.16	0.00	8.93
雷州市	142085.89	161531.19	142062.56	55447.14	438.95	86176.47	19468.63	0.00	23.33
吴川市	29397.05	35197.45	29375.16	22259.89	66.98	7048.29	5822.29	0.00	21.89
茂名市	**227421.24**	**252036.03**	**227078.35**	**161813.68**	**856.91**	**64407.76**	**24957.68**	**0.20**	**343.09**
茂南区	15828.59	17241.99	15780.98	13662.05	647.39	1471.54	1461.01	0.00	47.61
茂港区	11961.55	12721.09	11901.72	8572.99	118.88	3209.85	819.37	0.00	59.83
电白县	39319.10	52585.22	39245.09	29543.58	66.08	9635.43	13340.13	0.00	74.01
高州市	60197.05	60372.32	60143.79	32913.93	10.28	27219.58	228.53	0.11	53.37
化州市	59665.11	68679.09	59588.10	45899.49	2.17	13686.44	9090.99	0.09	77.10
信宜市	40449.84	40436.32	40418.67	31221.64	12.11	9184.92	17.65	0.00	31.17
肇庆市	**148966.46**	**188510.30**	**148559.88**	**102582.54**	**4837.01**	**41140.33**	**39950.42**	**0.31**	**406.89**
端州区	213.33	201.32	201.32	143.93	12.87	44.52	0.00	0.27	12.28
鼎湖区	4955.92	9252.48	4865.85	3842.70	17.22	1005.93	4386.63	0.00	90.07
广宁县	17348.85	20686.64	17310.54	13045.08	3.87	4261.59	3376.10	0.00	38.31
怀集县	42807.02	43230.33	42736.04	24353.85	2085.26	16296.93	494.29	0.03	71.01
封开县	30565.89	33834.75	30519.36	22150.72	79.45	8289.19	3315.39	0.00	46.53
德庆县	11001.75	22612.54	10985.68	7836.56	0.00	3149.12	11626.86	0.00	16.07
高要市	29005.04	35671.94	28955.79	22722.07	2565.61	3668.11	6716.15	0.01	49.26
四会市	13068.66	23020.30	12985.30	8487.63	72.73	4424.94	10035.00	0.00	83.36
惠州市	**140247.38**	**150127.94**	**139599.83**	**82493.04**	**12183.41**	**44923.38**	**10528.11**	**18.51**	**666.06**
惠城区	22028.17	24219.43	21880.18	11215.15	6265.13	4399.90	2339.25	0.00	147.99
惠阳区	14531.57	16353.07	14431.14	6191.03	1403.56	6836.55	1921.93	0.37	100.80
博罗县	50290.66	52283.13	50105.86	27620.98	3688.69	18796.19	2177.27	18.14	202.94
惠东县	33872.02	34703.51	33803.26	26145.84	338.78	7318.64	900.25	0.00	68.76
龙门县	19524.96	22568.80	19379.39	11320.04	487.25	7572.10	3189.41	0.00	145.57
梅州市	**163596.32**	**176742.47**	**163007.36**	**125907.33**	**4280.91**	**32819.12**	**13735.11**	**0.04**	**589.00**
梅江区	4043.71	4800.66	4025.32	2739.50	217.38	1068.44	775.34	0.01	18.40
梅县区	21142.59	24538.92	21022.20	16540.46	185.10	4296.64	3516.72	0.00	120.39
大埔县	17547.51	17611.70	17496.97	13718.40	40.41	3738.16	114.73	0.00	50.54
丰顺县	21999.50	25112.51	21965.04	15373.15	725.13	5866.76	3147.47	0.00	34.46
五华县	41416.09	41973.50	41309.87	31738.21	173.41	9398.25	663.63	0.01	106.23
平远县	16572.25	17096.74	16542.20	11617.86	2924.09	2000.25	554.54	0.02	30.07
蕉岭县	8904.98	9927.47	8892.95	7261.23	1.40	1630.32	1034.52	0.00	12.03
兴宁市	31969.69	35680.97	31752.81	26918.52	13.99	4820.30	3928.16	0.00	216.88

2-4 续表 2

单位：公顷

行政区	年初实有耕地面积	年末耕地保有量面积						耕地变动情况	
		合计	实有耕地面积				可调整地类面积	年内增加耕地面积	年内减少耕地面积
			小计	水田	水浇地	旱地			
汕尾市	**97550.60**	**109286.82**	**97091.79**	**68730.75**	**2639.12**	**25721.92**	**12195.03**	**0.27**	**459.08**
城　区	4978.98	4855.15	4823.85	3182.76	606.88	1034.21	31.30	0.26	155.39
海丰县	34220.31	38407.30	33985.73	27415.42	361.94	6208.37	4421.57	0.00	234.58
陆河县	12480.54	12872.61	12468.08	5977.17	618.71	5872.20	404.53	0.00	12.46
陆丰市	45870.77	53151.76	45814.13	32155.40	1051.59	12607.14	7337.63	0.01	56.65
河源市	**144339.67**	**144525.46**	**144150.96**	**109019.42**	**742.13**	**34389.41**	**374.50**	**125.04**	**313.75**
源城区	2449.00	2487.33	2416.30	1350.23	429.14	636.93	71.03	0.00	32.70
紫金县	30478.55	30424.12	30422.44	26798.26	96.14	3528.04	1.68	17.30	73.41
龙川县	39450.21	39616.10	39414.81	32003.51	59.07	7352.23	201.29	0.00	35.40
连平县	20376.47	20318.06	20316.35	12369.83	120.41	7826.11	1.71	1.96	62.08
和平县	23210.44	23319.59	23263.52	16542.11	25.60	6695.81	56.07	105.78	52.70
东源县	28375.00	28360.26	28317.54	19955.48	11.77	8350.29	42.72	0.00	57.46
阳江市	**150157.43**	**212465.74**	**149400.80**	**101540.91**	**295.28**	**47564.61**	**63064.94**	**0.00**	**756.63**
江城区	21998.37	24897.01	21700.44	14494.73	142.43	7063.28	3196.57	0.00	297.93
阳西县	34485.50	47911.33	34359.36	20991.96	2.29	13365.11	13551.97	0.00	126.14
阳东区	34126.01	51658.43	33971.85	24889.78	132.75	8949.32	17686.58	0.00	154.16
阳春市	59547.55	87998.97	59369.15	41164.44	17.81	18186.90	28629.82	0.00	178.40
清远市	**269714.32**	**297196.87**	**268779.92**	**157003.32**	**3932.00**	**107844.60**	**28416.95**	**14.70**	**949.10**
清城区	24687.70	27703.59	24420.85	14739.81	1727.08	7953.96	3282.74	0.00	266.85
佛冈县	11723.85	18846.23	11698.73	9641.25	135.26	1922.22	7147.50	0.00	25.12
阳山县	42107.86	46003.02	42074.97	17478.09	119.46	24477.42	3928.05	0.00	32.89
连山县	9988.63	10219.90	9978.29	9388.02	0.00	590.27	241.61	0.00	10.34
连南县	11048.56	11234.78	11041.82	6406.98	88.09	4546.75	192.96	0.00	6.74
清新区	38482.05	42874.23	38238.92	22251.49	1742.95	14244.48	4635.31	0.00	243.13
英德市	91534.32	100093.16	91266.68	52835.84	11.11	38419.73	8826.48	14.70	282.34
连州市	40141.35	40221.96	40059.66	24261.84	108.05	15689.77	162.30	0.00	81.69
东莞市	**13360.67**	**36084.51**	**13145.97**	**908.18**	**10840.52**	**1397.27**	**22938.54**	**8.82**	**223.52**
中山市	**11862.15**	**48981.97**	**11782.71**	**6238.99**	**5236.62**	**307.10**	**37199.26**	**1.72**	**81.16**
潮州市	**35552.20**	**48919.72**	**35392.83**	**25646.50**	**1325.30**	**8421.03**	**13526.89**	**0.12**	**159.49**
湘桥区	930.91	1241.99	896.99	626.17	149.15	121.67	345.00	0.07	33.99
潮安县	14824.24	23561.13	14729.85	11232.15	803.76	2693.94	8831.28	0.05	94.44
饶平县	19797.05	24116.60	19765.99	13788.18	372.39	5605.42	4350.61	0.00	31.06
揭阳市	**87379.90**	**122272.35**	**87132.15**	**66948.46**	**1200.36**	**18983.33**	**35140.20**	**44.62**	**292.37**
榕城区	5143.73	8038.24	5104.36	4629.86	117.83	356.67	2933.88	0.00	39.37
揭东区	12771.44	24705.82	12739.60	9353.51	113.77	3272.32	11966.22	44.62	76.46
揭西县	19517.34	27123.37	19476.27	15109.60	53.95	4312.72	7647.10	0.00	41.07
惠来县	25008.83	29062.28	24955.78	16785.92	210.31	7959.55	4106.50	0.00	53.05
普宁市	24938.56	33342.64	24856.14	21069.57	704.50	3082.07	8486.50	0.00	82.42
云浮市	**102791.20**	**124164.42**	**102449.02**	**67906.02**	**96.05**	**34446.95**	**21715.40**	**9.01**	**351.19**
云城区	8445.95	8890.88	8375.18	6297.31	32.80	2045.07	515.70	0.00	70.77
新兴县	19003.41	22759.28	18947.43	16221.48	22.10	2703.85	3811.85	0.00	55.98
郁南县	13853.06	22519.79	13832.05	9013.43	6.77	4811.85	8687.74	7.59	28.60
云安区	15716.87	15887.72	15687.07	8708.00	24.36	6954.71	200.65	0.86	30.66
罗定市	45771.91	54106.75	45607.29	27665.80	10.02	17931.47	8499.46	0.56	165.18

注：1. 本表佛山市不含顺德区数据；

2. 本表数据为 2016 年变更调查初步数据，未经国土资源部确认；

三、气候与自然灾害

3-1 主要年份各地年平均气温（℃）

年　份	粤　北	粤东北	粤西北	粤　东	粤　中	粤　西
1952	20.6			21.9	22.6	23.7
1957	19.9	21.0	21.7	21.0	21.5	22.9
1962	20.1	20.9	21.8	21.0	21.6	22.8
1965	20.6	21.4	22.1	21.3	21.9	23.4
1970	19.8	21.1	21.6	21.0	21.4	22.7
1975	20.3	21.1	21.9	21.3	21.7	23.0
1980	20.7	21.5	22.5	21.2	22.2	23.4
1985	20.2	20.9	22.0	21.1	21.6	22.6
1990	21.1	21.5	22.8	21.8	22.6	23.4
1995	20.0	21.0	22.2	21.6	22.3	23.0
2000	20.4	21.9	22.6	22.5	22.5	23.8
2005	20.5	21.6	22.5	22.2	22.8	23.0
2010	20.0	21.8	22.4	22.3	22.5	23.3
2014	20.4	21.7	22.8	22.8	21.7	23.3
2015	20.8	22.0	23.4	23.5	22.2	24.3
2016	20.7	21.7	22.5	23.3	22.0	23.6

3-2 主要年份各地年极端最高气温（℃）

年　份	粤　北	粤东北	粤西北	粤　东	粤　中	粤　西
1952	40.1			35.6	37.1	35.9
1957	38.7	38.6	36.7	35.0	36.1	36.0
1962	38.6	38.7	36.9	37.9	36.5	36.2
1965	38.1	37.3	37.1	34.5	36.1	37.3
1970	38.3	38.9	36.0	35.9	36.4	36.8
1975	36.8	36.5	36.4	35.1	34.9	35.1
1980	39.2	38.4	38.1	34.9	38.1	36.1
1985	38.5	38.4	36.1	34.9	35.3	35.5
1990	38.3	38.6	38.7	35.8	38.0	38.1
1995	38.3	37.6	36.9	36.5	36.9	36.1
2000	37.0	38.0	36.7	36.9	36.6	35.4
2005	39.5	39.0	38.4	37.6	39.0	36.8
2010	37.1	38.4	37.1	36.8	37.1	36.3
2014	39.6	38.4	37.3	36.8	37.2	36.2
2015	37.5	38.1	37.2	37.6	37.6	38.4
2016	38.9	38.3	37.7	38.3	38.0	36.2

3-3 主要年份各地年极端最低气温（℃）

年　份	粤　北	粤东北	粤西北	粤　东	粤　中	粤　西
1952	-1.6			3.3	1.6	4.4
1957	-2.0	-2.3	-0.5	1.1	0.0	3.3
1962	-1.4	-1.6	2.7	2.1	2.1	7.6
1965	0.4	-0.1	4.2	4.5	4.7	6.4
1970	-0.6	-1.0	3.0	2.5	2.6	6.4
1975	-1.5	-2.7	1.0	1.8	0.9	2.8
1980	-1.0	-0.2	3.5	3.6	2.6	4.3
1985	0.8	-1.4	4.6	2.1	2.9	7.5
1990	0.0	1.9	3.9	4.7	3.4	5.7
1995	-0.8	0.4	4.7	5.4	6.4	7.8
2000	0.9	1.1	5.2	5.5	4.0	8.2
2005	-1.2	-2.0	3.1	2.4	2.1	4.8
2010	-1.5	-0.6	2.7	2.5	1.8	4.2
2014	-1.7	-0.6	4.3	5.4	1.3	5.1
2015	1.6	1.3	7.7	7.7	4.8	8.1
2016	-1.3	-1.4	2.4	1.7	1.2	2.7

3-4 主要年份各地年平均地面温度（℃）

年　份	粤　北	粤东北	粤西北	粤　东	粤　中	粤　西
1952						
1957	22.3		23.2	23.6	23.9	25.9
1962	23.3	24.2	24.8	24.3	24.1	26.0
1965	23.8	25.0	24.7	24.9	24.3	26.6
1970	22.4	24.0	23.9	24.5	23.4	
1975	22.6	23.7	24.1	24.3	23.3	25.7
1980	23.4	24.2	25.4	24.7	25.3	26.8
1985	22.9	24.5	24.2	24.1	24.2	25.6
1990	23.7	25.2	24.7	24.4	24.9	26.2
1995	22.0	24.6	23.7	24.6	23.6	25.7
2000	23.0	25.4	24.4	26.3	23.8	26.9
2005	23.3	24.9	23.6	25.3	23.8	26.4
2010	22.5	25.1	23.8	25.4	24.0	26.6
2014	23.7	24.7	24.5	26.4	24.1	27.1
2015	22.9	24.4	24.7	27.1	24.6	28.1
2016	22.9	23.9	24.1	26.1	24.2	27.3

3-5 主要年份各地年降雨量（毫米）

年　份	粤　北	粤东北	粤西北	粤　东	粤　中	粤　西
1952	1564.1			1424.5	1737.4	1752.4
1957	1641.2	1745.5	1914.3	1860.3	1988.5	1327.2
1962	1735.4	1348.0	1516.8	1053.4	1521.6	1377.1
1965	1189.4	1221.8	2066.1	1270.2	2332.5	1695.2
1970	1708.8	1352.0	1482.0	1267.8	1470.4	1618.6
1975	2120.8	2039.8	1910.9	1570.0	2516.7	1683.0
1980	1459.4	1461.7	1586.1	1369.1	1492.2	2274.0
1985	1360.2	1607.8	1726.9	1481.3	1706.0	2411.3
1990	1436.6	1709.0	1284.8	2236.9	1239.5	1510.2
1995	1506.9	1171.0	1766.4	1512.2	1752.4	2082.9
2000	1565.8	1850.9	1318.2	1486.7	1798.9	1762.7
2005	1772.2	1647.3	1905.2	1631.3	1986.2	1387.3
2010	2104.4	1416.1	1419.6	1350.3	2353.6	1952.3
2014	1517.0	1164.9	1788.2	1416.5	2234.0	1468.9
2015	2128.7	1696.3	1848.1	1446.6	2471.9	1328.9
2016	2428.9	2410.3	2132.5	2174.7	2939.7	1820.0

3-6 主要年份各地年降雨日数（日雨量≥0.1 毫米）

年　份	粤　北	粤东北	粤西北	粤　东	粤　中	粤　西
1952	171			155	164	146
1957	166	160	166	132	169	153
1962	139	132	148	118	150	126
1965	150	138	170	139	165	147
1970	191	167	177	132	171	160
1975	184	182	188	171	189	171
1980	148	121	142	118	126	124
1985	170	165	168	134	169	171
1990	153	144	159	131	149	158
1995	157	147	153	116	148	154
2000	153	147	151	115	148	134
2005	152	126	148	128	142	132
2010	158	157	157	123	160	143
2014	150	148	144	113	158	131
2015	168	148	146	102	147	122
2016	164	163	151	159	172	143

3-7 主要年份各地年平均相对湿度（%）

年　份	粤　北	粤东北	粤西北	粤　东	粤　中	粤　西
1952	78				79	83
1957	77	79	81	84	80	82
1962	76	77	79	82	76	80
1965	76	80	82	81	81	84
1970	78	79	81	83	82	84
1975	79	82	81	84	81	83
1980	73	77	77	83	77	82
1985	75	78	77	82	78	83
1990	76	80	77	82	77	83
1995	78	77	76	81	73	82
2000	78	77	76	77	77	80
2005	73	73	74	69	71	80
2010	79	74	76	77	73	83
2014	74	73	71	76	79	81
2015	82	79	77	77	78	83
2016	82	81	84	80	82	84

3-8 主要年份各地年日照时数（小时）

年　份	粤　北	粤东北	粤西北	粤　东	粤　中	粤　西
1952				2175.2	1957.0	
1957	1704.1	2009.9	1580.7	2166.2	1752.9	1861.6
1962	2181.5	2161.7	2009.8	2401.2	2126.4	1979.3
1965	1975.2	2147.2	1857.3	1985.9	1895.6	1991.4
1970	1685.4	1908.1	1756.0	1932.5	1772.8	1738.8
1975	1516.9	1898.6	1741.2	1650.5	1643.1	1900.3
1980	1754.1	1811.1	1945.8	1989.2	1921.8	2036.5
1985	1701.6	1926.7	1613.3	1900.6	1406.0	1868.4
1990	1613.9	1893.1	1542.8	1921.3	1648.7	1877.4
1995	1420.6	1868.7	1704.6	2038.3	1559.6	1828.3
2000	1497.2	1672.6	1714.1	2126.3	1609.2	1855.3
2005	1491.2	1736.4	1345.6	1849.5	1288.5	1784.4
2010	1631.0	1676.9	1356.5	1855.5	1484.0	1878.4
2014	1866.2	1997.5	1744.5	1957.8	1613.6	1991.5
2015	1540.8	1740.4	1583.0	2010.7	1594.3	2008.1
2016	1629.2	1553.6	1466.2	1701.0	1451.8	1963.9

3-9 各地平均气温（℃）

2016年

月　　份	粤北(韶关)	粤东北(梅县)	粤西北(高要)	粤东(汕头)	粤中(广州)	粤西(湛江)
1	10.3	12.5	13.2	14.6	13.3	15.9
2	10.9	11.7	13.1	14.5	12.5	14.3
3	15.3	15.9	17	16.3	16.5	18.2
4	22.5	23.3	23.9	22.9	23.4	24.8
5	24.7	25.9	26.4	26.5	25.8	27.5
6	28.3	28.5	28.6	29.6	28	29.4
7	29.1	28.9	29.2	30.4	28.9	29.4
8	27.8	27.7	28.3	28.7	27.9	28.4
9	26.1	26.7	27.8	28.4	26.7	27.8
10	23.6	24.7	25.9	26.5	25	26.7
11	16.8	18.6	19.7	21.8	18.9	21.5
12	13.4	15.5	17	18.8	16.2	19.2
全年	20.7	21.7	22.5	23.3	21.9	23.6

3-10 各地极端最高气温（℃）

2016年

月　　份	粤　　北	粤 东 北	粤 西 北	粤　　东	粤　　中	粤　　西
1	25.1	22.4	24.5	23.5	24.2	26.2
2	27.6	26.8	29.2	25.4	26.7	30.1
3	28	27.1	27.8	27.8	27.9	27.1
4	29.7	32.2	31.6	31.1	31.1	32.8
5	34	35.4	35	35.2	33.1	34.4
6	36.4	37.4	37.1	36.7	35.8	35.9
7	38.9	38.3	37.7	38.3	38	36.2
8	37.8	37	36.6	35.8	36.5	36
9	36.2	35.9	36.3	37.3	35.6	33.7
10	32.1	33.6	33.6	33.4	32.4	33.1
11	30.3	31.5	30.5	31.6	31.1	29.7
12	26.7	27	27.9	27.3	27.2	28.1
全年	38.9	38.3	37.7	38.3	38	36.2

3-11 各地极端最低气温（℃）

2016年

月　份	粤　北	粤东北	粤西北	粤　东	粤　中	粤　西
1	-1.3	-1.4	2.4	1.7	1.2	2.7
2	-0.1	0.6	4.3	4.9	2.6	6.8
3	5.2	5.7	7.9	8.8	6.9	9.7
4	15.4	16.1	17.2	18	17	20.1
5	14.9	17	19	19.2	18.8	19.5
6	20.5	22.1	22.5	24.3	21.8	23
7	23.4	23.6	23.8	25.5	23.5	23.9
8	20.3	21.5	24.7	24	22.6	23.8
9	16.3	20.8	19	24.5	18.2	22
10	15.3	17.6	18.9	20.5	17.1	20.3
11	4.4	7	9.6	11.8	9	10.9
12	2.4	4.3	7.3	10.7	5.1	9.2
全年	-1.3	-1.4	2.4	1.7	1.2	2.7

3-12 各地平均地面温度（℃）

2016年

月　份	粤北（韶关）	粤东北（梅县）	粤西北（高要）	粤东（汕头）	粤中（广州）	粤西（湛江）
1	11.3	13.9	13.9	15.5	14.4	17.1
2	11.9	12.9	13.7	16.4	14.2	16.6
3	16.5	17.3	18	18.5	18.1	20.7
4	23.4	24.7	24.5	25.6	24.5	28.4
5	27	28.5	27.6	30.6	27.8	32
6	32.1	31.8	30.9	33.7	30.6	34.2
7	33.5	32.7	31.9	35.5	32	35.1
8	30.6	30.3	30.2	31.6	31.3	32
9	29.1	29.5	30.1	30.9	30	31.8
10	25.7	26.4	27.7	28.6	26.8	31.1
11	18.6	20.5	20.9	24.5	21.3	25.2
12	14.9	17.3	18.8	21.7	19	23.2
全年	22.9	23.8	24	26.1	24.2	27.3

3-13 各地降雨量（毫米）

2016年

月份	粤北	粤东北	粤西北	粤东	粤中	粤西
1	293	346	345.8	249.6	410.2	275.7
2	77.3	55.3	34.1	41.3	41.8	23.9
3	256	336.9	164	196.1	253.8	54.4
4	353.8	292.4	262.3	268.1	272.6	86.6
5	332.7	194.6	239.5	132.6	297.5	230.8
6	306.9	250.2	240.8	183.6	520.1	231.5
7	88.6	161.1	174.5	92.5	301.2	144.7
8	140.9	232.8	304.7	391	425.6	315.2
9	185	131.2	126.1	207.4	210.8	267.8
10	119.8	222	111.2	238	140.9	154.9
11	254.7	177.6	129.5	151.6	61.8	34.5
12	20.2	10.2	0	22.9	3.4	0
全年	2428.9	2410.3	2132.5	2174.7	2939.7	1820

3-14 各地降雨日数（日雨量≥0.1毫米）

2016年

月份	粤北	粤东北	粤西北	粤东	粤中	粤西
1	19	16	20	18	17	18
2	14	13	10	11	10	9
3	15	20	16	18	14	9
4	21	16	20	15	20	13
5	17	12	14	11	17	16
6	14	14	18	15	20	12
7	12	11	14	11	19	13
8	14	20	14	19	18	22
9	10	13	8	13	12	11
10	12	15	8	15	13	8
11	10	10	9	11	9	12
12	6	3	0	2	3	0
全年	164	163	151	159	172	143

3-15 各地平均相对湿度（%）

2016年

月　　份	粤　　北	粤东北	粤西北	粤　　东	粤　　中	粤　　西
1	84	81	88	79	80	89
2	77	76	78	71	74	82
3	82	82	87	80	82	92
4	87	83	90	86	86	91
5	84	79	85	82	84	86
6	80	80	86	82	85	82
7	78	77	83	76	83	82
8	84	83	87	83	86	87
9	81	81	80	78	83	83
10	81	86	80	84	81	81
11	84	84	84	80	83	84
12	80	76	75	73	73	74
全年	82	81	84	80	82	84

3-16 各地日照时数（小时）

2016年

月　　份	粤　　北	粤东北	粤西北	粤　　东	粤　　中	粤　　西
1	60.3	54.4	49.6	59.1	66.4	51.8
2	117.8	89.9	99.9	96.8	97	102.7
3	89.2	84.4	70.6	85.9	62.5	67.2
4	60.7	75.8	24.2	76	26.7	87.9
5	151.8	149.8	110.7	186.6	112.6	223.9
6	207.5	185.3	163.6	210.7	168.7	261
7	244.6	233.4	230	263.2	203.9	259.1
8	166	150.5	137.5	144.4	136.6	193.4
9	147	127	166.8	147.5	154.4	195.9
10	99.8	104.6	147.8	146.1	138.8	221.5
11	114.9	106.4	97.7	112.7	102.9	145.6
12	169.6	192.1	167.8	172	181.3	153.9
全年	1629.2	1553.6	1466.2	1701	1451.8	1963.9

3-17 自然灾害损失情况

2016 年

市　别	受灾乡镇数量（个）	受灾人口（人）	因灾死亡人口（人）	因灾失踪人口（人）	因灾伤病人口（人）	紧急转移安置人口（人）	需紧急生活救助人口（人）	需过渡性救助人口（人）	因旱需生活救助人口（人）	其中：因旱饮水困难需救助人口（人）
合　计	1145	6185767	43	7	65	335304	137426	18118	0	0
广州市	1	1	1	0	0	0	0	0	0	0
韶关市	92	120743	1	0	0	1662	1324	4	0	0
深圳市	4	40	4	0	1	35	0	0	0	0
汕头市	70	634956	0	0	5	9583	1405	0	0	0
佛山市	14	313	2	0	22	14	0	0	0	0
江门市	54	33862	0	0	0	3776	0	0	0	0
湛江市	89	348661	0	0	0	50642	0	27	0	0
茂名市	104	1501840	8	4	5	93069	15069	17701	0	0
肇庆市	46	48230	2	0	0	4828	55	0	0	0
惠州市	76	226335	0	0	0	23874	0	0	0	0
梅州市	106	438727	14	0	3	10786	20821	89	0	0
汕尾市	62	924075	0	0	1	76159	49422	0	0	0
河源市	100	276566	6	0	6	20002	133	117	0	0
阳江市	49	141348	0	3	0	1572	15261	78	0	0
清远市	41	44620	1	0	13	990	917	36	0	0
东莞市	16	3644	0	0	0	1719	0	0	0	0
中山市	24	1782	1	0	3	0	0	0	0	0
潮州市	50	548122	2	0	0	19423	0	51	0	0
揭阳市	84	826176	1	0	0	9316	33016	0	0	0
云浮市	63	65726	0	0	6	7854	3	15	0	0

3-17 续表 1

市 别	农作物受灾面积（公顷）	其中：农作物成灾面积（公顷）	其中：农作物绝收面积（公顷）	草场受灾面积（公顷）	因灾死亡大牲畜（只）	因灾死亡羊只（只）	倒塌房屋间数（间）	其中:倒塌农房间数（间）
合 计	778856.54	403621.42	54620.75	123.67	4572	1978	5901	5385
广州市	0	0	0	0	0	0	0	0
韶关市	9069.53	1748.20	268.16	0	6	0	818	817
深圳市	0	0	0	0	0	0	0	0
汕头市	35135.02	15649.37	3289.79	0	0	0	21	21
佛山市	160.53	20.53	0	0	15	0	4	0
江门市	4375.54	3585.73	19	0	272	0	8	8
湛江市	179383.8	139013.27	15483	0	0	0	210	210
茂名市	122939.2	33450.5	9396.3	121	2709	1882	1579	1579
肇庆市	1235.519	523.545	92	0	0	0	1046	773
惠州市	48075.752	19359.47	4173.71	0	391	0	37	36
梅州市	62820.74	34742.74	3247.18	0	1	0	733	705
汕尾市	122976.03	75775.45	7240.5	0	950	0	2	2
河源市	36122.3	24845.1	5274.8	0	180	0	905	755
阳江市	16704.12	7832.82	1648.71	0	0	0	56	56
清远市	3192.24	2712.87	325.5	0	48	96	114	99
东莞市	553.1	374.06	108.83	0	0	0	6	6
中山市	1158.04	281.07	0	0	0	0	0	0
潮州市	22716.44	5171.04	656	2.67	0	0	74	73
揭阳市	106426.09	36310.25	2888.3	0	0	0	53	10
云浮市	5812.56	2225.41	508.97	0	0	0	235	235

3-17　续表 2

市　别	倒塌房屋户数（户）	其中：倒塌农房户数（户）	严重损坏房屋间数（间）	其中：严重损坏农房间数（间）	严重损坏房屋户数（户）	其中：严重损坏农房户数（户）	一般损坏房屋间数（间）	其中：一般损坏农房间数（间）	一般损坏房屋户数（户）	其中：一般损坏农房户数（户）
合　计	2297	2043	7197	6759	4252	3967	7369	5820	4241	3464
广州市	0	0	0	0	0	0	0	0	0	0
韶关市	353	352	32	32	12	12	1346	971	630	460
深圳市	0	0	0	0	0	0	0	0	0	0
汕头市	21	21	241	239	204	202	487	477	346	336
佛山市	0	0	7	0	0	0	106	0	0	0
江门市	8	8	1	1	1	1	2	2	2	2
湛江市	81	81	145	145	62	62	1201	1195	376	375
茂名市	475	475	3600	3553	1764	1745	0	0	0	0
肇庆市	358	254	76	18	36	10	41	32	33	24
惠州市	16	16	10	10	6	6	99	61	88	50
梅州市	324	305	568	539	247	234	881	824	424	397
汕尾市	2	2	1224	1181	969	929	782	386	579	245
河源市	358	287	487	349	237	132	762	426	308	193
阳江市	37	37	38	38	16	16	0	0	0	0
清远市	71	56	477	447	463	437	1173	1173	1173	1173
东莞市	6	6	0	0	0	0	1	1	1	1
中山市	0	0	0	0	0	0	0	0	0	0
潮州市	52	51	115	113	104	102	106	106	68	64
揭阳市	46	3	133	51	99	47	373	157	205	136
云浮市	89	89	43	43	32	32	9	9	8	8

3-17 续表 3　　单位：万元

市 别	直接经济损失	其中：农业损失	工矿企业损失	基础设施损失	公益设施损失	家庭财产损失
合 计	1464865.086	1091649.42	77649.97	195918.736	33726.12	56948.28
广州市	0	0	0	0	0	0
韶关市	27567.036	17337.91	1184.4	7621.776	401.8	992.85
深圳市	18	0	15	0	0	3
汕头市	123887.19	105976.09	2142	13138.6	722	1908.5
佛山市	1541.28	275.48	1087	166	0	0
江门市	7252.185	6003.185	730	482	0	37
湛江市	96111	80616	2075	11022.56	282	1906.98
茂名市	365438.7	249220.3	45473.1	27128.1	18759	24628.2
肇庆市	6100.35	2481.45	0	2231.8	0	1369.1
惠州市	100391.693	90257.083	187.87	9584.08	143.42	152.7
梅州市	91852.642	45316.942	1941	37363.6	3987	3074.6
汕尾市	195113.6	134959.27	1089.4	43578	4636.4	10846.53
河源市	67957	32339	5846	17973	3495	3310
阳江市	28676.2	26509.2	0	2085	0	82
清远市	12367.73	9921.58	372.9	661.8	100.9	1310.55
东莞市	1871.36	1387.76	282.3	142.59	0	9.7
中山市	3910.5	3862.5	0	18	0	30
潮州市	150905.28	144830.5	2912	1447.28	346	1369.5
揭阳市	166236.7	130920.7	12289	17215	310	5502
云浮市	17666.64	9434.47	23	4059.55	542.6	415.07

3-18 救灾工作情况

2016

市　别	启动响应次数（次）	已救助人口（人）	已重建住房户数（户）	已重建住房间数（间）	已维修住房户数（户）	已维修住房间数（间）
广东省	0	235556	1951	6300	4159	7497
广州市	0	0	0	0	0	0
韶关市	0	1899	370	1309	78	195
深圳市	0	0	0	0	0	0
汕头市	0	10010	18	18	204	241
佛山市	0	14	0	0	0	0
江门市	0	3783	8	8	3	3
湛江市	2	39473	79	203	414	1302
茂名市	0	20388	492	1687	1764	2357
肇庆市	0	4157	256	972	5	19
惠州市	3	18655	13	31	16	24
梅州市	4	16677	162	538	114	222
汕尾市	6	63251	2	2	395	563
河源市	2	6932	238	822	360	784
阳江市	6	16350	78	145	37	77
清远市	0	1517	111	267	467	1287
东莞市	0	0	2	2	0	0
潮州市	0	84	30	47	122	147
揭阳市	0	32915	3	10	106	130
云浮市	0	0	89	239	31	40

3-18　续表 1　　单位：万元

市　别	本级支出自然灾害生活补助资金总数	其中：已支出应急生活补助资金	已支出遇难人员家属抚慰金	已支出过渡性生活救助资金	已支出恢复重建补助资金	已支出旱灾救助资金	其他支出救灾款
广东省	12307	6606	94	700	4907	0	0
广州市	0	0	0	0	0	0	0
韶关市	376.5	0	0	0	376.5	0	0
深圳市	0	0	0	0	0	0	0
汕头市	18	0	0	0	18	0	0
佛山市	0	0	0	0	0	0	0
江门市	10.35	0	0	0	10.35	0	0
湛江市	0	0	0	0	0	0	0
茂名市	512.5	0	0	0	512.5	0	0
肇庆市	258	0	0	0	258	0	0
惠州市	28	0	0	0	28	0	0
梅州市	173.5	0	0	0	173.5	0	0
汕尾市	43.11	43.11	0	0	0	0	0
河源市	238	0	0	0	238	0	0
阳江市	50.85	0	0	0	50.85	0	0
清远市	111	191	2	11.824	166.5	0	0
东莞市	3	0	0	0	3	0	0
潮州市	45.25	15	0	0	30.25	0	0
揭阳市	0	0	0	0	0	0	0
云浮市	244.75	150	0	0	94.75	0	0

3-18 续表 2 单位：万元

市别	本级财政安排的自然灾害生活补助资金（县级）	本级财政安排的自然灾害生活补助资金（市级）	本级财政安排的自然灾害生活补助资金（省级）	下级接收的捐赠资金自然灾害生活补助支出（县级）	本级接收的捐赠资金自然灾害生活补助支出（市级）	本级接收的捐赠资金自然灾害生活补助支出（省级）	本级生活类救灾物资投入折款（县级）	本级生活类救灾物资投入折款（市级）	本级生活类救灾物资投入折款（省级）
广东省	0	14405.81	0	0	0	0	1520.3	0	0
广州市	0	0	0	0	0	0	0	0	0
韶关市	0	1624.67	1248.1	0	0	0	0	135	0
深圳市	0	0	0	0	0	0	0	0	0
汕头市	0	338.8	320.8	0	0	0	100	0	0
佛山市	0	0	0	0	0	0	0	0	0
江门市	0	117.75	107.4	0	0	0	0	127.48	0
湛江市	0	835.6	835.6	22	0	0	0	150.5	0
茂名市	0	3221.38	2708.88	418	94.33	0	20	371.94	0
肇庆市	0	1173.65	915.65	0	0	0	25	42.28	0
惠州市	0	441.38	441.378	0	0	0	74.682	74.68	0
梅州市	0	1177	1003.5	0	0	0	0	13.39	0
汕尾市	0	1424.91	1391.8	0	0	0	0	73.2	0
河源市	0	1633.74	1395.74	0	0	0	0	9.3	0
阳江市	0	389.54	338.69	0	0	0	40	28	0
清远市	0	571.25	461.25	7	0	0	80	44.5	0
东莞市	0	0	0	3	3	0	0	0	0
潮州市	0	397.15	351.9	0	0	0	98.88	7	0
揭阳市	0	383.8	383.8	0	0	0	0	764.56	0
云浮市	0	675.19	430.44	0	0	0	0	0.85	0

四、农业技术装备

11 月 25－28 日，第七届广东现代农业博览会在广州举办，省长朱小丹、副省长邓海光出席农博会并到“精机汇萃”展区进行考察。

12 月 12 日，第十五届广东种业博览会在广州举办，副省长邓海光出席种博会并到现代农业装备展区进行考察。

3 月 10 日，广东省农业厅在台山市举办 2016 广东省春耕备耕暨农业科技、放心农资、农业机械“三下乡”活动现场会

2016 广东省春耕备耕暨农业科技、放心农资、农业机械“三下乡”活动现场会机械化作业演示。

5 月 31 日—6 月 1 日，广东省农业厅在广州举办 2016 年广东省农机质量投诉处理暨质量调查工作培训班，农业部农机试验鉴定总站兰心敏研究员出席培训班并授课。

6月16日，广东省农业厅在韶关市始兴县太平镇举办以“强化安全发展观念，提升农机手安全素质”为主题的“2016年广东省农机安全生产、农机购置补贴政策暨丘陵山区农机技术推广宣传咨询活动”。

7—8月，广东省农业厅在湛江市、开平市、广州市、兴宁市、汕头市举办全省农机维修技能人才和管理培训班（共五期）。

8 月 15 日，广东省农业厅在湛江雷州市召开全省农机化工作暨水稻生产全程机械化推广现场会。

8—11月，广东省农业厅分别在广州、高要、阳春、惠东、潮州举办全省农机安全监理员培训班（共12期）。

4-1 农机化系统机构及人员

2016 年

市别	一、农机化管理机构			省级			地级			县级			乡镇级		
	机构数(个)	人数(人)	科技人员(教师)	机构数(个)	人数(人)	科技人员(教师)	机构数(个)	人数(人)	科技人员(教	机构数(个)	人数(人)	科技人员(教师)	机构数(个)	人数(人)	科技人员(教师)
全省	1091	2946	650	1	9		21	76	24	120	859	222	949	2002	404
广州	41	109	5				1	5		10	60	5	30	44	
珠海	7	22					1	6		4	12		2	4	
汕头	37	106	19				1	10	10	5	12	1	31	84	8
佛山	5	23	20				1	5	4	4	18	16			
韶关	54	133	39				1	3		10	76	22	43	54	17
河源	82	169	21				1	1		6	77	12	75	91	9
梅州	98	204	25				1	2		8	77	7	89	125	18
惠州	67	226	14				1	5	3	6	99	11	60	122	
汕尾	33	156	10				1	2		5	47	10	27	107	
东莞	32	98	8				1	4	1				31	94	7
中山	25	28	27				1	4	3				24	24	24
江门	73	136	48				1	3		7	17	12	65	116	36
阳江	46	175	105				2	8		4	24	18	40	143	87
湛江	69	295	91				1	2		10	120	53	58	173	38
茂名	80	229	43				1	4	2	6	73	12	73	152	29
肇庆	74	163	38				1	3		8	34	9	65	126	29
清远	86	142	63				1	2	1	8	35	11	77	105	51
潮州	26	85	15				1	2		4	15	7	21	68	8
揭阳	75	332	54				1	3		9	48	11	65	281	43
云浮	69	94	5				1	2		5	13	5	63	79	
顺德区	11	12								1	2		10	10	
省级	1	9		1	9										

4-1 续表 1

市别	二、农机化教育、培训机构			农机化学校			三、农机化科研机构			省级			地级		
	机构数（个）	人数（人）	科技人员（教师）	机构数（个）	人数（人）	科技人员（教师）	机构数（个）	人数（人）	科技人员（教师）	机构数（个）	人数（人）	科技人员（教师）	机构数（个）	人数（人）	科技人员（教师）
全省	50	356	182	50	356	182	3	153	128	1	141	119	2	12	9
广州	1	2	1	1	2	1									
珠海															
汕头							1	8	7	0	0	0	1	8	7
佛山															
韶关	5	20	8	5	20	8									
河源	3	32	11	3	32	11									
梅州	5	27	13	5	27	13									
惠州	4	33	7	4	33	7									
汕尾	2	18	11	2	18	11									
东莞															
中山															
江门	2	11	6	2	11	6									
阳江	4	23	13	4	23	13									
湛江	6	58	29	6	58	29									
茂名	5	53	26	5	53	26									
肇庆	4	24	20	4	24	20	1	4	2	0	0	0	1	4	2
清远	3	17	6	3	17	6									
潮州	1	1		1	1										
揭阳	2	21	19	2	21	19									
云浮	3	16	12	3	16	12									
顺德区															
省级							1	141	119	1	141	119			

4-1 续表2

市别	四、农机试验鉴定机构			1.省级			五、农机化技术推广机构			1.省级			2.地级		
	机构数（个）	人数（人）	科技人员（教师）	机构数（个）	人数（人）	科技人员（教师）	机构数（个）	人数（人）	科技人员（教师）	机构数（个）	人数（人）	科技人员（教师）	机构数（个）	人数（人）	科技人员（教师）
全省	1	32	26	1	32	26	111	588	266	1	17	13	19	140	58
广州							5	68	34				1	17	7
珠海							4	10							
汕头							3	15	11				1	9	8
佛山							4	33	30				1	4	3
韶关							8	23	8						
河源							7	35	5				1	4	
梅州							8	32	13				1	13	3
惠州							6	44	16				1	15	12
汕尾							5	23	10				1	3	
东莞							1	11	3				1	11	3
中山							1	5	4				1	5	4
江门							6	39	15				1	6	
阳江							6	33	21				2	16	10
湛江							9	41	18				1	3	
茂名							6	25	7				1	3	1
肇庆							7	29	18				1	4	2
清远							8	36	6				1	9	
潮州							3	14	9				1	7	5
揭阳							7	29	18				1	2	
云浮							6	26	7				1	9	
顺德区															
省级	1	32	26	1	32	26	1	17	13	1	17	13			

4-1 续表 3

市别	3. 县级			六、农机安全监理机构			1. 省级			2. 地级			3. 县级		
	机构数（个）	人数（人）	科技人员（教师）	机构数（个）	人数（人）	科技人员（教师）	机构数（个）	人数（人）	科技人员（教师）	机构数（个）	人数（人）	科技人员（教师）	机构数（个）	人数（人）	科技人员（教师）
全　省	91	431	195	1	3		20	119	32	103	604	206	1	3	
广　州	4	51	27				1	7		5	35	16			
珠　海	4	10					1	6		4	12				
汕　头	2	6	3				1	9	8	5	21	9			
佛　山	3	29	27				1	5	4	4	18	16			
韶　关	8	23	8							10	40	13			
河　源	6	31	5				1	4		6	23	4			
梅　州	7	19	10				1	2		8	50	16			
惠　州	5	29	4				1	7	4	6	48	5			
汕　尾	4	20	10				1	5		4	36	11			
东　莞							1	11	3						
中　山							1	6	6						
江　门	5	33	15				1	2		5	28	9			
阳　江	4	17	11				2	19		4	19	9			
湛　江	8	38	18				1	1		8	61	29			
茂　名	5	22	6				1	4	2	5	65	16			
肇　庆	6	25	16				1	7		6	36	21			
清　远	7	27	6				1	7	1	8	33	9			
潮　州	2	7	4				1	12	3	1	7	2			
揭　阳	6	27	18				1	3		8	46	9			
云　浮	5	17	7				1	2	1	5	22	12			
顺德区										1	4				
省　级				1	3								1	3	

4-2 农机化服务组织及人员

2016 年

市别	农机化作业服务组织		农机户		农机化中介服务组织		农机维修厂及维修点	
	机构数（个）	人数（人）	机构数（个）	人数（人）	机构数（个）	人数（人）	机构数（个）	人数（人）
全省	2277	26400	1066279	1297367	16	306	8343	21525
广州	41	297	55250	59790			144	447
珠海	11	428	9399	23948			112	212
汕头	129	884	3349	4130			41	137
佛山	9	78	29292	42411			96	229
韶关	55	1454	149134	152043			483	882
河源	45	661	28039	28419			453	1147
梅州	107	3793	32022	39350			788	1923
惠州	76	1057	48123	51660			299	935
汕尾	32	520	19858	20694			480	1305
东莞	1	10	7700	9016	1	63	10	36
中山	12	59	26772	27749			68	219
江门	216	3524	41413	57195	4	73	1492	3237
阳江	32	839	37811	43468	5	150	282	797
湛江	927	5441	193680	299230			879	2744
茂名	53	1130	121357	134567	1	9	667	1549
肇庆	212	2020	83922	91508	1	3	467	1237
清远	117	1612	64970	78015	2	2	471	1046
潮州	40	552	16260	17946	2	6	271	798
揭阳	84	345	14356	18858			489	1601
云浮	78	1696	53385	60147			295	839
顺德区			30187	37223			56	205

4-2 续表

市别	农机经销企业		农机经销点		农机供油站(点)		拖拉机驾驶培训机构		乡村农机从业人员年末人数(人)
	机构数(个)	人数(人)	机构数(个)	人数(人)	机构数(个)	人数(人)	机构数(个)	人数(人)	
全省	514	2538	2130	5932			42	368	1103864
广州	160	427	186	451			2	14	18419
珠海	2	23	12	70					6652
汕头	1	5	1	2					4077
佛山			33	85					44235
韶关	92	230	76	162			7	26	97832
河源	11	70	16	62			1	8	30625
梅州	17	154	174	590			2	16	53127
惠州	5	42	132	309			6	66	50875
汕尾	11	275	151	322			1	13	29686
东莞	7	72	16	47					10544
中山	11	85	33	155					35987
江门	38	347	209	775			2	28	77541
阳江	40	164	63	245			1	9	30798
湛江	30	260	224	734			6	58	255938
茂名	24	176	182	425			4	57	90346
肇庆	48	151	195	533			2	16	90166
清远	8	32	143	305			3	17	73241
潮州	1	7	76	222					6831
揭阳			142	281			2	21	24679
云浮	8	18	66	157			3	19	62383
顺德区									9882

4-3 农业机械作业情况

2016年　　单位：千公顷

市别	农机化作业总体情况				
	机耕面积	机播面积	机电灌溉面积	机械植保面积	机收面积
全省	3969.17	315.78	1755.08	1462.92	1773.33
广州	240.60	5.50	103.15	41.99	68.38
珠海	14.25	2.91	1.88	1.83	4.17
汕头	69.32	6.85	35.58	10.29	44.25
佛山	74.52	1.44	33.29	33.74	7.73
韶关	280.67	17.45	33.07	70.19	129.13
河源	143.70	10.16	22.65	21.94	81.63
梅州	288.79	21.28	100.54	47.70	138.16
惠州	261.35	18.17	121.25	200.18	86.69
汕尾	147.25	10.59	21.75	51.54	67.79
东莞	22.98	0.74	15.12	16.33	3.51
中山	41.23	2.05	36.24	38.73	5.03
江门	226.96	80.91	147.67	77.09	170.58
阳江	225.61	14.99	85.75	57.73	99.00
湛江	607.72	33.98	454.60	194.84	220.46
茂名	377.10	12.27	140.41	221.22	216.62
肇庆	239.40	27.59	167.91	154.85	138.00
清远	305.62	13.32	23.83	93.22	142.55
潮州	51.71	8.25	31.65	9.69	30.52
揭阳	191.43	12.28	91.33	4.22	56.71
云浮	151.80	15.05	80.41	114.75	62.42
顺德区	7.14		7.02	0.86	

市别	主要农作物农机化作业情况					
	水稻机耕面积	水稻机械种植面积	水稻机收面积	玉米机耕面积	大豆机耕面积	花生机耕面积
全省	1820.81	301.44	1626.98	132.78	38.25	238.05
广州	56.96	5.29	56.77	12.01	0.34	5.08
珠海	4.46	4.38	3.21	0.60	0.10	0.15
汕头	46.04	6.85	44.25	1.73		0.12
佛山	8.75	1.44	7.72	0.30		0.74
韶关	117.44	14.11	108.72	3.68	4.50	33.06
河源	124.02	8.16	79.59	0.35	5.53	7.56
梅州	166.46	20.37	134.49	6.24	5.82	9.40
惠州	78.75	17.64	73.67	24.38	2.26	21.31
汕尾	68.27	10.59	67.60	0.95	1.93	10.28
东莞	0.61	0.21	0.61	0.50	0.14	0.06
中山	4.99	2.03	4.98	3.23		0.07
江门	169.83	78.68	165.14	1.62	0.94	5.48
阳江	102.59	14.99	98.82	10.77	6.73	23.63
湛江	205.64	29.40	203.12	17.05	1.29	49.94
茂名	191.28	12.02	180.20	20.44	0.63	25.82
肇庆	157.14	27.78	134.09	4.89	0.16	9.86
清远	127.86	12.51	115.62	13.06	2.38	14.32
潮州	30.47	8.25	29.85	1.20		
揭阳	75.52	12.28	56.71	3.35	2.87	7.23
云浮	83.73	14.49	61.83	6.43	2.64	13.95
顺德区						

4-3 续表 2

市别	单项农机化作业情况						
	机械深耕面积（千公顷）	机械深松面积（千公顷）	机械深施化肥面积（千公顷）	机械铺膜面积（千公顷）	农田机械节水灌溉面积（千公顷）	机械化秸秆还田面积（千公顷）	机械脱粒粮食数量（万吨）
全省	521.08	34.18	11.91	2.41	266.05	519.80	1083.68
广州					30.83	2.74	26.61
珠海	0.02				0.03	4.82	2.67
汕头					4.63	44.25	17.30
佛山	0.45				5.92		11.39
韶关	0.16	0.36			13.80	28.44	66.64
河源	0.38				0.01		45.73
梅州	25.26		7.20		8.60	77.29	99.47
惠州	156.66				9.24	27.57	43.05
汕尾	2.14	0.33			8.49	51.37	30.72
东莞	1.66				2.21		1.24
中山	6.88		1.58		10.02	6.51	3.43
江门					1.85	83.72	102.08
阳江		0.20			0.95	95.18	68.87
湛江	196.57	17.33	1.06	2.33	94.50	5.12	97.08
茂名	29.12	1.95		0.05	11.04	4.86	119.51
肇庆	20.39			0.03	14.81	36.91	104.96
清远	0.02	0.68			6.89	3.08	118.05
潮州					4.97	15.69	17.85
揭阳	39.99				19.60	3.30	42.82
云浮	41.41				15.00	28.95	64.23
顺德区			2.07		2.67		

4-3　续表 3

市　　别	单项农机化作业情况					
	机械初加工农产品数量（万吨）	机械化饲草料加工数量（万吨）	农机运输作业量（亿吨公里）	农业运输作业量	农田基本建设作业量（万立方米）	农机跨区作业面积（千公顷）
全　　省	5350.25	512.97	40.97	24.01	9108.80	272.90
广　　州	109.89	20.04	3.68	2.93	57.25	6.94
珠　　海	2.80		0.00	0.00	0.00	0.50
汕　　头	66.47	4.69	0.13	0.13	8.60	16.36
佛　　山	43.27	1.19	0.43	0.38	97.51	
韶　　关	81.55	2.91	4.50	2.62	1192.28	8.49
河　　源	119.38	0.77	1.46	1.00	0.37	1.35
梅　　州	251.69	8.25	3.54	1.00	75.60	25.22
惠　　州	111.13	21.40	2.61	1.83	921.41	20.54
汕　　尾	48.29	10.22	0.81	0.40	42.11	1.58
东　　莞	67.38		1.38	0.51	92.33	
中　　山	245.53	0.02	0.66	0.59	108.13	0.15
江　　门	351.46	2.86	0.34	0.19	392.63	13.89
阳　　江	610.05	40.75	2.40	1.77	1740.54	21.23
湛　　江	760.11	22.86	8.78	3.78	98.94	40.30
茂　　名	1222.96	192.11	2.85	1.98	2138.31	8.76
肇　　庆	258.80	51.77	2.64	1.65	1801.16	16.25
清　　远	89.78	0.29	1.92	1.38	21.55	42.43
潮　　州	132.52	4.80			0.00	2.29
揭　　阳	532.60	2.40	1.26	0.72	23.37	20.47
云　　浮	116.57	125.30	1.34	1.01	40.71	26.17
顺　德　区	128.00	0.34	0.24	0.16	256.00	

4-4 农业机械年末拥有量

2016 年

项　　目	单　位	数　量	项　　目	计算单位	数　量
农业机械总动力合计	万千瓦	2390.50	其中：柴油机	台	452071
1.柴油发动机动力	万千瓦	1529.34	电动机	台	377399
2.汽油发动机动力	万千瓦	199.02	2.农用水泵	台	816460
3.电动机动力	万千瓦	653.26	3.节水灌溉机械	套	138208
4.其他机械动力	万千瓦	8.88	三、收获机械		
一、耕作机械			1.联合收割机	台	26796
1.大中型拖拉机	台	30011	2.割晒机	台	1615
2.小型拖拉机	台	328049	3.机动脱粒机	台	544890
			四、渔业机械		
			1.增氧机	台	938436
3.大中型拖拉机配套农具	台	45657	2.投饵机	台	106989
			五、运输机械		127811
4.小型拖拉机配套农具	台	371926	1.手扶变型运输机	台	32177
二、农用排灌机械			2.农用挂车	台	125172
1.排灌动力机械	台	890772			

4-5 各市农业机械年末拥有量

2016 年

市别	农业机械总动力（千瓦）	1. 柴油发动机动力（千瓦）	2. 汽油发动机动力（千瓦）	3. 电动机动力（千瓦）	4、其他机械动力（千瓦）
全省	23904981	15293390	1990210	6532610	88771
广州市	1365246	704954	206040	441839	12413
珠海市	283735	40776	12664	226063	4232
汕头市	356791	235298	40533	74640	6320
佛山市	761524	371975	46741	334615	8193
韶关市	1597453	1263003	50519	280047	3884
河源市	761331	539038	97828	124465	1
梅州市	1263780	747815	178384	332659	4922
惠州市	1083035	736890	118996	227149	0
汕尾市	1027914	859654	47731	119229	1300
东莞市	463104	278340	19995	164769	0
中山市	780120	315593	78740	385787	0
江门市	1658728	932948	75921	643868	5991
阳江市	1037751	803141	42991	191619	0
湛江市	4194236	3214708	50002	929527	0
茂名市	1959181	1149360	380336	429485	0
肇庆市	1600187	669654	231691	698842	0
清远市	1051758	712917	70844	265170	2827
潮州市	423250	263537	44907	98040	16766
揭阳市	544418	417507	12100	114811	0
云浮市	985632	729366	68611	187655	0
顺德区	276400	79200	17600	171800	7800
农垦	429407	227717	97036	90532	14122

市别	耕作机械				排灌机械				
	大中型拖拉机（台）	小型拖拉机（台）	大中型拖拉机配套农具（台）	小型拖拉机配套农具（台）	排灌动力机械（台）	柴油机（台）	电动机（台）	农用水泵（台）	节水灌溉机械（套）
全省	30011	328049	45657	371926	890772	452071	377399	816460	138208
广州市	351	3742	915	5684	56009	29510	17541	44280	26779
珠海市	78	1382	60	1446	14764	3544	10124	51962	80
汕头市	237	4185	250	4851	6613	4617	1690	5566	1167
佛山市	85	4777	241	7447	41918	5474	36344	39925	1638
韶关市	3437	58459	2091	95240	19780	13964	5668	25225	486
河源市	508	19016	356	11608	26596	5897	6799	11096	631
梅州市	87	7954	114	7809	38167	6515	31642	38129	8296
惠州市	1381	19667	1217	18495	39972	29858	7443	38511	5364
汕尾市	1055	12610	1069	10067	31574	25788	5786	24851	4138
东莞市	70	2472	147	2646	9911	3268	5182	6942	1355
中山市	152	1332	188	4960	36755	4423	32332	36220	10246
江门市	974	40227	8083	69033	89474	15309	67054	70840	2025
阳江市	2815	10789	1308	8706	21019	14492	6527	24914	596
湛江市	11674	41794	23636	33671	233762	181036	44730	203508	69189
茂名市	4421	19974	3531	23820	75643	47640	27237	78671	371
肇庆市	184	18777	476	22094	42209	13162	24600	32379	2768
清远市	1400	26433	393	13665	19058	10326	8727	12532	1293
潮州市	28	1083	46	1142	15335	11833	3202	11023	353
揭阳市	334	10700	270	10323	18389	9175	9214	18192	97
云浮市	145	18798	172	19219	13697	9640	4057	10741	1036
顺德区	0	230	0	0	28100	6600	21500	26900	300
农垦	595	3648	1094	0	12027	0	0	4053	0

4-5 续表

市别	收获机械			渔业机械		运输机械	
	联合收割机（台）	割晒机（台）	机动脱粒机（台）	增氧机（台）	投饵机（台）	手扶变型运输机（台）	农用挂车（台）
全省	26796	1615	544890	938436	106989	32177	125172
广州市	189	140	14250	105430	31480	2405	1692
珠海市	85			94914	3662	30	
汕头市	147		79	28760	354		
佛山市	31		16886	81062	4261	85	854
韶关市	4501	530	64163	7056	5120	3464	39183
河源市	2329	49	40580	5097	178	4788	
梅州市	2713	13	54735	11091	2629	222	1630
惠州市	1453	84	22434	25970	4305	1810	11601
汕尾市	1382		5793	25146	199	456	6464
东莞市	16		1485	6954	1005	380	3474
中山市	118		742	76953	4576		
江门市	4351		17699	52318	3496		4623
阳江市	1457	154	22721	56093	1086	185	8864
湛江市	3551		5648	150799	21937	4864	7427
茂名市	1051	173	98672	79001	10808	5227	719
肇庆市	821	7	52501	37546	5859	1437	11671
清远市	1760	330	29927	16449	3364	1613	6552
潮州市	34		494	14127	214		229
揭阳市	95		1158	1395		3780	3780
云浮市	665	135	94923	7775	536	1331	16409
顺德区				54500	1920	100	
农垦	47						

4-6 主要年份农村用电和农业化学化情况

2016

项　目	单位	1980	1985	1990	1995	2000	2005	2010	2015	2016
一、化肥施用量										
折纯量	万吨	77	102.67	162.41	195.71	176.2	204.62	237.29	255.46	261.01
氮肥	万吨	54.03	69.37	95.82	99.49	95.89	93.78	100.01	103.64	104.84
磷肥	万吨	15.27	14.62	20.08	27.16	18.36	18.96	21.5	24.39	25.02
钾肥	万吨	6.36	13.97	27.57	34.14	35.84	41.54	46.99	50.27	51.08
复合肥	万吨	1.34	4.71	18.94	34.92	26.11	50.34	68.79	78.17	80.05
二、农药施用量	**万吨**	**12.21**	**7.27**	**7.95**	**8.05**	**8.47**	**8.5**	**10.44**	**11.38**	**11.36**
三、农村用电量	**万千瓦时**	**125496**	**266399**	**581030**	**1862658**	**4054461**	**7682272**	**10442606**	**13261980**	**13348925**

4-7 农村用电和农业化学化情况

2016 年

项　目	单　位	数　量	项　目	单　位	数　量
一、农村用电量	**万千瓦时**	**13348925**	复合肥	吨	800536
二、农用化肥施用量			**三、农用塑料薄膜使用量**	**吨**	**45505**
按折纯量计算	吨	2610162	其中：地膜使用量	吨	26166
氮肥	吨	1048463	地膜覆盖面积	公顷	134641.73
磷肥	吨	250268	**四、农药使用量**	**吨**	**113652**
钾肥	吨	510895	**五、农用柴油使用量**	**吨**	**798851**

4-8 各市农村用电和农业化学化情况

2016

市别	农村用电量（万千瓦时）	农用化肥施用量					农用塑料薄膜使用量（吨）		农药使用量（吨）
		按折纯量计算（吨）	氮肥	磷肥	钾肥	复合肥		地膜使用量	
广州市	1889945	114157	24297	4521	12957	72382	2725	2013	3341
深圳市	0	10294	1075	1232	1522	6465	170	27	284
珠海市	157116	6410	3227	552	744	1887	2162	206	654
汕头市	311216	62625	29684	4319	10246	18376	1045	313	3163
韶关市	51787	122807	46553	10458	22316	43480	5130	3105	5788
河源市	72065	73130	42379	7791	14106	8854	1434	1158	3535
梅州市	114505	169233	86444	11871	26440	44478	3263	1960	5065
惠州市	331145	98341	39311	11711	23755	23564	2808	2528	5392
汕尾市	125669	80054	36390	10067	15706	17891	1741	783	4050
东莞市	5000900	4358	2249	420	641	1048	509	286	711
中山市	466265	31942	10545	3218	6214	11965	1318	702	1154
江门市	713272	133704	44476	9515	27721	51992	6252	2654	6442
佛山市	2690865	44211	17185	2543	5483	19000	978	662	2562
阳江市	68976	127523	50432	11108	25840	40143	1527	1007	4941
湛江市	206942	507661	194916	77354	122239	113152	2280	1633	18226
茂名市	100299	355882	121241	26927	84731	122983	2174	523	12976
肇庆市	167881	206233	104743	15629	29977	55884	2731	1643	7380
清远市	67221	183153	63691	16268	30359	72835	3123	2136	7570
潮州市	456596	54282	23160	4481	8711	17930	1206	1012	4286
揭阳市	178245	122771	66815	9896	24955	21105	1007	600	5681
云浮市	178015	101391	39650	10387	16232	35122	1922	1215	10451

4-9 各县（市）区农村用电和农业化学化情况

2016

市别	农村用电量（万千瓦时）	农用化肥施用量					农用塑料薄膜使用量（吨）		农药使用量（吨）
		按折纯量计算（吨）	氮肥	磷肥	钾肥	复合肥		地膜使用量	
广州市	**1889945**	**114157**	**24297**	**4521**	**12957**	**72382**	**2725**	**2013**	**3341**
海珠区	48657	361	107	8	27	219	5	5	11
天河区	22690	157	22	1	12	122	3	3	1
白云区	262751	16909	1036	121	481	15271	102	98	442
黄埔区	131418	4373	1410	226	542	2195	51	29	405
荔湾区	26300	156	0	0	0	156	230	0	4
花都区	227148	16066	5213	576	1785	8492	540	482	260
从化区	21286	11766	3448	742	1288	6288	283	227	687
增城区	451086	19011	5028	886	3413	9684	660	635	612
番禺区	415644	4805	1278	166	429	2932	283	144	349
南沙区	282965	40553	6755	1795	4980	27023	568	390	570
深圳市	**0**	**10294**	**1075**	**1232**	**1522**	**6465**	**170**	**27**	**284**
宝安区	0	4473	114	70	73	4216	55	7	158
龙岗区	0	2041	611	91	357	982	106	16	52
珠海市	**157116**	**6410**	**3227**	**552**	**744**	**1887**	**2162**	**206**	**654**
香洲区	1274	184	44	22	56	62	40	2	4
金湾区	74200	2232	1331	88	35	778	651	81	416
斗门区	81642	3994	1852	442	653	1047	1471	123	234
汕头市	**311216**	**62625**	**29684**	**4319**	**10246**	**18376**	**1045**	**313**	**3163**
金平区	22957	1037	687	105	77	168	16	14	67
龙湖区	17328	3695	1227	323	580	1565	119	51	206
澄海区	46365	22286	8616	899	3212	9559	551	113	991
濠江区	12464	3477	1552	572	499	854	21	18	98
潮阳区	99357	20514	10170	1435	3418	5491	248	61	717
潮南区	112593	11356	7330	959	2396	671	85	56	1074
南澳县	152	260	102	26	64	68	5	0	10
韶关市	**51787**	**122807**	**46553**	**10458**	**22316**	**43480**	**5130**	**3105**	**5788**
浈江区	4075	3508	1149	161	609	1589	304	71	155
武江区	4104	6369	2802	309	881	2377	60	59	305
曲江区	5668	11451	5307	1001	1919	3224	319	114	435
南雄市	8486	18168	6326	1490	3237	7115	912	623	888
始兴县	6722	9465	3286	1123	2057	2999	473	360	537
翁源县	6390	30805	14714	2244	4973	8874	667	411	1350
仁化县	4487	12708	2585	1432	3641	5050	611	382	863
新丰县	3014	4920	2576	237	342	1765	48	46	187
乳源自治县	2638	6757	2838	450	1041	2428	310	259	289
乐昌市	6203	18656	4970	2011	3616	8059	1426	780	779
河源市	**72065**	**73130**	**42379**	**7791**	**14106**	**8854**	**1434**	**1158**	**3535**
源城区	4988	1714	1031	153	454	76	5	5	65
东源县	12684	15510	8906	1603	3754	1247	207	166	897
和平县	6622	7370	4063	999	437	1871	278	162	455
龙川县	16458	20121	10816	1852	3191	4262	499	499	758
紫金县	21333	16903	10846	1791	3541	725	57	45	456
连平县	9980	11512	6717	1393	2729	673	388	281	904

市别	农村用电量（万千瓦时）	农用化肥施用量					农用塑料薄膜使用量（吨）		农药使用量（吨）
		按折纯量计算（吨）	氮肥	磷肥	钾肥	复合肥		地膜使用量	
梅州市	**114505**	**169233**	**86444**	**11871**	**26440**	**44478**	**3263**	**1960**	**5065**
梅江区	7022	10024	5158	443	1588	2835	233	64	293
梅县区	31271	47352	25059	2800	7791	11702	356	62	1438
蕉岭县	6135	6092	2476	586	1627	1403	524	193	227
大埔县	5556	22842	11021	1482	3379	6960	490	373	531
丰顺县	17193	21488	7618	1980	3084	8806	97	69	405
五华县	21459	25406	14783	1962	3525	5136	634	634	393
兴宁市	19640	26480	14881	1833	4090	5676	574	286	1393
平远县	6229	9549	5448	785	1356	1960	355	279	385
惠州市	**331145**	**98341**	**39311**	**11711**	**23755**	**23564**	**2808**	**2528**	**5392**
惠城区	74499	19397	8328	1822	3978	5269	924	893	650
惠东县	81626	22353	10134	3747	5939	2533	319	246	486
惠阳区	92218	8857	3372	774	2201	2510	387	387	291
博罗县	70915	33763	13283	3916	7976	8588	1054	923	2872
龙门县	11887	13971	4194	1452	3661	4664	124	79	1093
汕尾市	**125669**	**80054**	**36390**	**10067**	**15706**	**17891**	**1741**	**783**	**4050**
汕尾城区	8011	3055	1095	216	59	1685	40	40	108
红海湾区	11453	912	307	281	198	126	0	0	47
海丰县	36786	27232	15005	3921	5298	3008	677	467	1077
陆河县	4810	8451	2475	531	1920	3525	13	13	43
陆丰市	64609	40404	17508	5118	8231	9547	1011	263	2775
东莞市	**5000900**	**4358**	**2249**	**420**	**641**	**1048**	**509**	**286**	**711**
中山市	**466265**	**31942**	**10545**	**3218**	**6214**	**11965**	**1318**	**702**	**1154**
江门市	**713272**	**133704**	**44476**	**9515**	**27721**	**51992**	**6252**	**2654**	**6442**
蓬江区	20967	2970	1001	676	390	903	125	49	81
江海区	6623	5833	1870	862	429	2672	212	84	169
新会区	207759	15879	5487	862	2639	6891	2369	1015	1266
台山市	295786	49056	17982	3446	14039	13589	863	422	2226
开平市	29712	27533	8298	1488	5127	12620	2048	520	1449
恩平市	134101	17569	3513	1426	3526	9104	319	319	706
鹤山市	18324	14864	6325	755	1571	6213	316	245	545
佛山市	**2690865**	**44211**	**17185**	**2543**	**5483**	**19000**	**978**	**662**	**2562**
禅城区	419828	286	104	14	58	110	0	0	0
南海区	915835	8517	2773	339	947	4458	132	98	370
顺德区	1098037	9644	3675	434	549	4986	440	256	1075
高明区	45618	15921	6770	1526	2758	4867	167	132	271
三水区	211547	9843	3863	230	1171	4579	239	176	846
阳江市	**68976**	**127523**	**50432**	**11108**	**25840**	**40143**	**1527**	**1007**	**4941**
江城区	8739	10660	5207	974	2211	2268	75	57	962
阳东县	14086	32672	10755	2580	7838	11499	839	477	982
阳西县	10256	17473	8814	2025	3179	3455	122	90	1073
阳春市	15817	65412	25261	5343	12457	22351	481	375	1917
海陵区	20078	1306	395	186	155	570	10	8	7
湛江市	**206942**	**507661**	**194916**	**77354**	**122239**	**113152**	**2280**	**1633**	**18226**
赤坎区	995	748	151	80	185	332	0	0	16
霞山区	670	1000	348	70	210	372	0	0	9
坡头区	7186	9076	2615	1505	2789	2167	0	0	332

4-9 续表 2

市别	农村用电量（万千瓦时）	农用化肥施用量 按折纯量计算（吨）	氮肥	磷肥	钾肥	复合肥	农用塑料薄膜使用量（吨）	地膜使用量	农药使用量（吨）
麻章区	8671	20026	8447	3680	4194	3705	58	36	435
东海区	9644	25647	6671	5880	6591	6505	411	9	403
吴川市	49315	16229	4937	2498	4272	4522	33	14	1234
徐闻县	9072	106951	45453	13984	28513	19001	271	259	2095
雷州市	33817	108975	34632	22605	26045	25693	677	673	4305
遂溪县	27965	102553	37001	17111	25004	23437	510	465	6206
廉江市	59607	116456	54661	9941	24436	27418	320	177	3191
茂名市	**100299**	**355882**	**121241**	**26927**	**84731**	**122983**	**2174**	**523**	**12976**
茂南区	8879	15102	5432	970	3141	5559	133	117	581
电白区	23416	54650	16710	1853	11897	24190	527	87	2865
信宜市	16426	78930	20760	5459	20592	32119	181	52	1360
高州市	24248	119247	44209	10079	28589	36370	1211	194	4662
化州市	27330	87953	34130	8566	20512	24745	122	73	3508
肇庆市	**167881**	**206233**	**104743**	**15629**	**29977**	**55884**	**2731**	**1643**	**7380**
端州区	3009	42	25	5	4	8	0	0	1
鼎湖区	15005	10101	3599	694	1356	4452	139	98	555
高要市	29051	41922	21347	3523	9096	7956	1184	805	1741
广宁县	8115	19784	12992	1498	1801	3493	352	290	1030
四会市	86083	24944	12248	1519	4856	6321	18	0	1159
德庆县	7000	29426	17110	2339	2073	7904	618	224	812
封开县	7337	37323	17486	2316	5166	12355	234	179	1343
怀集县	12281	42691	19936	3735	5625	13395	186	47	739
清远市	**67221**	**183153**	**63691**	**16268**	**30359**	**72835**	**3123**	**2136**	**7570**
清城区	16848	19433	4353	2530	2976	9574	113	80	736
英德市	10925	61238	30599	4058	10889	15692	284	247	2585
佛冈县	5435	20924	3840	786	1351	14947	101	74	728
连山自治县	1980	4971	2736	287	1081	867	177	89	182
连南自治县	3307	4219	2193	427	765	834	223	219	184
连州市	6856	21276	5045	2322	4352	9557	1246	785	911
阳山县	6029	19937	7353	2117	3472	6995	348	205	902
清新区	15841	31155	7572	3741	5473	14369	631	437	1342
潮州市	**456596**	**54282**	**23160**	**4481**	**8711**	**17930**	**1206**	**1012**	**4286**
湘桥区	35152	5930	2530	501	971	1928	102	80	222
饶平县	39175	37815	15813	3188	5987	12827	648	565	3645
潮安区	382269	10537	4817	792	1753	3175	456	367	419
揭阳市	**178245**	**122771**	**66815**	**9896**	**24955**	**21105**	**1007**	**600**	**5681**
榕城区	57305	7070	3712	462	712	2184	80	67	261
揭东区	15034	19690	11159	1989	4971	1571	233	189	722
惠来县	10510	31562	14022	2756	6628	8156	291	190	1680
普宁市	69511	33060	21299	2610	7145	2006	252	62	2284
揭西县	25885	31389	16623	2079	5499	7188	151	92	734
云浮市	**178015**	**101391**	**39650**	**10387**	**16232**	**35122**	**1922**	**1215**	**10451**
云城区	13939	19138	5383	2032	2533	9190	214	145	743
新兴县	112726	17551	6702	2100	3573	5030	732	561	1470
郁南县	10450	33120	14100	3035	5840	10145	655	218	5740
罗定市	29385	24374	11287	2723	3754	6610	302	274	2216
云安区	11515	7208	2098	437	532	4141	19	17	282

五、水利建设

东莞道滘湿地公园

梅州五华矮车河治理工程

佛山南海听音湖

清远连州金坑河中小河流治理

水利建设概述

【投资及主要效益】2016年，广东省水利建设累计完成投资293.46亿元，其中中央投资36.53亿元，省级投资115.65亿元，市县及乡镇群众自筹等141.28亿元。主要效益：新增巩固提升农村受益人口168万人，新增节水灌溉面积5.84千公顷，新增治理水土流失面积786平方公里，河道整治长度2903公里。

【防汛防旱防风】2016年，我省极端灾害天气频现，接连发生低温冰冻、冬季大范围强降雨、历史罕见暴雨山洪、台风偏强偏多等异常灾害天气，汛期长达216天，先后遭遇了28场强降雨和10个台风登陆或影响。其中，茂名信宜5月20日6小时降雨量430毫米，超200年一遇，突破历史极值，信宜北界河山洪暴发，水位短时涨幅7.91米；武江、梅江、汀江3月21日发生大洪水；5月、6月初广州、深圳发生较严重城市内涝。8月2日，强台风“妮妲”正面袭击珠江三角洲，录得最大阵风16级（51.4米/秒），南海北部海域出现10米的狂涛，珠江口、粤东沿海出现2.45米最高潮位，达100年一遇；强台风“海马”是有气象记录以来10月下旬登陆广东的最强台风，粤东地区出现特大暴雨，琴江、梅江部分站点出现历史同期第二高水位。2016年有两次较明显的低温冰冻过程，尤以1月21日至26日低温冰冻过程最为严重。此次低温冰冻过程与2008年雨雪天气相比虽然持续时间较短，但是具有降温幅度大、冰雪范围广、极端气温低、大风时间长等特点，给我省带来了全省范围内的低温和冰冻天气。2016下半年受广西等地降雨偏少影响，西江上游天然来水减少，中珠澳10月中旬和11月中两次咸潮影响较严重。从受灾情况看，受台风洪涝影响，全省有21个市112个县（市、区）1103个乡镇约458.83万人受灾，农作物受灾面积508.90千公顷，倒塌房屋4514间，转移人员213.57万，死亡12人，失踪4人，直接经济损失89.09亿元。从减灾效益看，全省2016年减淹耕地239.23万亩，避免粮食减收33.32万吨，减少受灾人口80.36万人。

【水利重点项目建设】2016年，广东省深入推进韶关、河源、梅州、清远、云浮等山区五市中小河流治理，完成治理河长2903公里，超额21%完成年度治理任务；韩江高陂水利枢纽工程一期一段围堰成功合陇，主体工程建设全面进入实施阶段，年度投资计划完成率为91.6%；韩江粤东灌区改造工程5个子项目开工建设，年度投资完成率为90.5%；高州水库灌区和雷州青年运河灌区续建配套与节水改造工程完成年度建设任务；珠江三角洲水资源配置工程前期工作加快推进，工程项目建议书阶段任务圆满完成，工程可研报告如期上报水利部，实现省政府与国家有关部委明确的年度目标；西江干流治理工程完成工程可行性研究报告编制。

【民生水利建设】2016年，列入省十件民生实事的94个县村村通自来水工程全面铺开建设，全年完成年度投资49.46亿元，完成率109.5%，农村自来水普及率由2015年的83.4%提高至85.8%。顺利完成了国家安排我省5万亩高效节水灌溉年度建设任务，中小型灌区完成投资11.17亿元，5宗中型灌区、202宗山区小型灌区改造工程已基本完工，新增节水灌溉面积5.84千公顷。15个省级水利示范县累计完成投资81.6亿元，投资完成率70.1%。启动30宗项目304公里海堤加固达标建设。178个中小河流治理重点县综合整治和水系连通项目区，已开工123个，完工42个。机电排灌工程新增开工项目180宗，新增完工项目249宗，年度完成投资3.13亿元，新增和改造装机规模3.17万千瓦。练江流域综合整治水利建设加快推进，列入2015-2017年实施方案的47宗项目中，已开工20宗，其中6宗已完工，另有24宗正在开展前期工作，累计完成投资1.92亿元。实施雷州半岛水利建设“十三五”规划，已有45宗项目开工建设，累计完成投资14.38亿元。

【水生态文明建设】《广东省实行最严格水资源管理制度考核办法》已由省政府颁布实施，水资源消耗总量和强度“双控”实施行动达到预期目标。组织完成2015年度及“十二五”期末实行最严格水资源管理制度考核工作。从考核结果来看，我省21个地级以上市各项指标值总体呈现转好趋势。加快推进广州、东莞和珠海、惠州等市水生态文明试点城市建设国家试点工作，广州、东莞两试点建设已接近尾声，珠海、惠州两市建设实现“时间过半，进度过半”的目标；加快推进建设珠三角水生态文明建设城市群，深圳、珠海两个全国海绵城市建设试点启动实施。继续推动河涌整治、修复和水土流失综合治理取得新的成效。国家水资源监控能力建设省级项目顺利通过技术评估工作。广东省水资源监控能力建设一期项目基本建成，实现我省地表水年取水量300万立方米以上，地下水年取水量50万立方米以上取水户在线监测覆盖率达到100%，监测取水许可量占全省全部颁证取水许可总量的84.83%以上。83个大中型灌区渠首在线监测工作也将于近期完成。水功能区监测体系、水资源管理信息平台已初步建成。

【水土保持管理】完成水土流失治理面积786平方公里。省级共批复水土保持方案90个，对92个生产建设项目水土保持设施进行了专项验收（其中委托地方验收项目4个）。根据水利部的统一部署和要求，今年我省组织推荐的“广州花都湖水利风景区”和“鹤地银湖水利风景区”通过了省级初审和水利部考评。按照水利部的要求开展遥感图像动态监控的试点工作，生产建设项目水土保持“天地一体化”监管示范县花都和国家水土保持重点工程“图斑精细化”管理示范县梅县区两个试点县均通过水利部验收。

【水库移民工作】2016年大中型水库移民人均可支配收入首次突破万元，达到10503元。完成《广东省大中型水库移民后期扶持人口核定登记办法》的修订工作，并按程序报省政府审批。启动实施水库移民后期扶持“十三五”规划，着力推进水库移民美丽家园建设、贫困移民脱贫攻坚、避险解困试点、扶持移民生产增收致富。在相对集中安置的移民村中实施村容村貌环境整治，建设美丽家园示范点30多个村，推进水库移民避险解困试点工作，完成避险解困住房建设204户、779人。重点开展贫困水库移民人口的脱贫攻坚工作，会同省发展改革委、财政厅、扶贫办联合下发了《转发国家发展改革委财政部水利部国务院扶贫办关于切实做好水库移民脱贫攻坚工作指导意见的通知》。2016年全省已有14个地级市完成文化与信息服务工程建设任务并通过整体验收，6个地级市建设进度达到进度的80%。

【水利扶贫开发】继续做好对口扶贫工作，茂莲村精准扶贫工作已由识贫阶段转入施策阶段，编制印发了《广东省水利厅帮扶茂莲村三年攻坚脱贫规划（2016-2018年）》和《省水利厅帮扶茂莲村项目实施和资金使用管理办法》，协调落实贫困户社保、教育、住房、医疗保障政策，大力推进茂莲村基础设施建设、产业发展。

【深化水利改革】在珠三角和粤东西北地区分类试行河长制的基础上，在全省全面推行河长制；水利建设项目PPP模式取得重大突破，高陂水利枢纽工程作为全国第一批12个社会资本参与重大水利工程建设运营试点之一，成功引入社会资本19.56亿元；完成小型水利工程管理体制改革省级试点、农业水价综合改革试点、农田水利设施产权制度改革和创新运行管护机制试点任务。此外，省水土保持条例、水权交易管理试行办法颁布施行，水行政执法、水利工程建设管理、资金管理、质量安全管理不断强化，在投资量大的同时，水利安全生产全年实现零事故。

5-1 各市灌溉面积、节水灌溉面积

2016年　　单位：千公顷

市别	灌溉面积	耕地灌溉面积（有效灌溉面积）	林地灌溉面积	园地灌溉面积	节水灌溉面积	喷灌面积	微灌面积	低压管灌面积	渠道防渗面积
全　省	2067.96	1771.71	57.56	238.69	301.49	13.53	6.80	23.94	257.22
广州市	96.60	73.18	3.29	20.13	29.28	0.12		0.12	29.04
深圳市	18.28	2.13	15.86	0.29	0.47	0.12	0.03	0.32	
珠海市	12.82	9.43	0.21	3.18					
汕头市	47.66	41.49	0.23	5.94	24.26	0.46	0.27	3.00	20.53
佛山市	46.51	32.73	7.31	6.47	1.99	0.82	0.07	0.65	0.45
韶关市	130.21	125.39	0.48	4.34	26.23	0.01	0.02	0.22	25.98
河源市	114.94	106.08	0.35	8.51	3.56	2.58		0.26	0.72
梅州市	145.58	127.44	3.73	14.41	8.15			0.10	8.05
惠州市	120.05	109.18	1.71	9.16	29.34	0.47		0.02	28.85
汕尾市	80.29	72.24	3.25	4.80	1.88			1.88	
东莞市	15.01	13.13		1.88	0.88	0.54	0.15	0.19	
中山市	24.33	15.54	0.73	8.06	1.42	0.82	0.02	0.58	
江门市	139.29	127.02	4.07	8.20	9.50	0.04		0.11	9.35
阳江市	94.44	85.68	1.88	6.88	2.93		0.06	0.12	2.75
湛江市	275.19	229.04	4.33	41.82	43.51	2.68	2.13	13.01	25.69
茂名市	187.41	154.13		33.28	56.00	0.13	0.03	0.24	55.60
肇庆市	132.63	116.76		15.87	10.98	0.76	1.34	1.28	7.60
清远市	149.32	140.45	2.39	6.48	24.68	0.34	0.00	0.46	23.88
潮州市	53.15	35.82	5.47	11.86	17.89	3.54	2.62	0.02	11.71
揭阳市	94.03	81.28	2.27	10.48	7.40			0.39	7.01
云浮市	89.75	73.57		16.18	0.67	0.10	0.06	0.50	0.01
省　属	0.47			0.47	0.47			0.47	

5-2 各市2000亩以上灌区

2016年

市　别	灌区数量（处）						
	合计	50万亩以上	30～50万亩	10～30万亩	5～10万亩	1～5万亩	0.2～1万亩
全　省	1848	2	1	27	54	404	1360
广州市	105		1		2	13	89
深圳市	1						1
珠海市	14					4	10
汕头市	37				6	15	16
佛山市	38				1	10	27
韶关市	169			1	2	25	141
河源市	136					22	114
梅州市	113			1	2	20	90
惠州市	98			3	2	24	69
汕尾市	72			2	2	19	49
东莞市	18					2	16
中山市	1					1	
江门市	152			4	4	34	110
阳江市	97			2	3	31	61
湛江市	150	1		5	4	36	104
茂名市	94	1		2	11	31	49
肇庆市	154				4	21	129
清远市	172				2	36	134
潮州市	42			3	1	15	23
揭阳市	84			4	3	31	46
云浮市	101				5	14	82

5-2 续表

市别	灌区耕地有效灌溉面积（千公顷）						
	合计	50万亩以上	30～50万亩	10～30万亩	5～10万亩	1～5万亩	0.2～1万亩
全　　省	1058.23	112.92	6.87	162.40	142.69	345.05	288.30
广州市	41.75		6.87		1.53	12.36	20.99
深圳市	0.00						
珠海市	5.93					3.93	2.00
汕头市	36.40				14.26	18.15	4.00
佛山市	17.23				3.01	8.64	5.58
韶关市	72.20			8.51	5.56	29.31	28.82
河源市	45.61					18.70	26.92
梅州市	47.30			9.11	5.01	16.85	16.33
惠州市	50.22			11.01	7.16	18.87	13.18
汕尾市	58.38			19.47	6.87	20.98	11.07
东莞市	5.69					2.07	3.62
中山市	0.41					0.41	0.00
江门市	106.08			24.22	13.32	35.39	33.15
阳江市	53.73			14.47	8.41	19.38	11.47
湛江市	166.50	71.99		36.76	9.07	28.87	19.81
茂名市	90.05	40.93		7.22	21.66	13.25	7.00
肇庆市	53.89				9.40	18.12	26.37
清远市	67.07				9.26	28.58	29.23
潮州市	30.34			8.63	4.67	12.86	4.18
揭阳市	68.79			23.00	7.14	28.24	10.41
云浮市	40.64				16.37	10.10	14.18

5-3 各市已建堤防长度

2016 年

市别	堤防长度（公里）						
	合计	按等级分					
		1 级堤防	2 级堤防	3 级堤防	4 级堤防	5 级堤防	5 级以下堤防
全　　省	28338.09	614.21	1933.21	4722.67	8028.49	6330.38	6709.13
广 州 市	3308.66	351.21	512.46	268.40	1612.14	276.31	288.14
深 圳 市	55.03	51.44	3.59				
珠 海 市	389.04	44.15	176.65	91.89	51.90	24.45	
汕 头 市	912.46	72.28	108.65	284.98	140.98	102.05	203.52
佛 山 市	1152.02	48.87	290.56	227.40	523.83	58.56	2.80
韶 关 市	849.04		122.09	113.44	225.76	95.00	292.75
河 源 市	1670.05		15.75	168.51	273.51	796.34	415.94
梅 州 市	2563.89		34.57	73.07	687.63	705.40	1063.22
惠 州 市	1326.67		18.93	272.05	322.61	250.15	462.93
汕 尾 市	1655.99			620.96	579.61	174.02	281.40
东 莞 市	1133.00	7.39	124.24	517.42	249.24	234.47	0.24
中 山 市	383.50	11.48	93.04	236.24	42.74		
江 门 市	2560.52		110.81	283.19	617.29	300.04	1249.19
阳 江 市	660.48			217.37	147.89	194.21	101.01
湛 江 市	1336.42			211.03	644.64	307.88	172.87
茂 名 市	3052.30		55.00	396.38	245.19	1189.57	1166.16
肇 庆 市	1399.47	8.21	105.93	98.25	272.62	464.77	449.69
清 远 市	999.61	19.18	75.02	191.17	174.08	415.95	124.21
潮 州 市	890.66		38.43	169.71	354.90	273.39	54.23
揭 阳 市	1377.78		39.49	178.65	664.09	306.56	188.99
云 浮 市	661.50		8.00	102.56	197.84	161.26	191.84

5-3 续表

市别	达标堤防长度（公里）					
	合计	按等级分				
		1 级堤防	2 级堤防	3 级堤防	4 级堤防	5 级堤防
全　省	12387.48	553.10	1685.71	3264.92	4940.81	1942.94
广州市	2478.75	327.61	363.60	256.42	1394.74	136.38
深圳市	32.80	32.80				
珠海市	268.07	44.15	139.94	7.63	51.90	24.45
汕头市	537.07	72.28	90.39	256.04	71.27	47.09
佛山市	1094.15	48.87	283.72	218.61	510.00	32.95
韶关市	556.29		122.09	113.44	225.76	95.00
河源市	378.85		15.75	130.56	58.01	174.53
梅州市	644.01		34.57	47.94	337.23	224.27
惠州市	334.83		18.55	128.91	154.40	32.97
汕尾市	214.70		0.00	118.27	94.40	2.03
东莞市	707.24		108.78	383.22	198.66	16.58
中山市	351.66		89.14	221.57	40.95	
江门市	901.95		110.81	282.24	330.03	178.87
阳江市	315.79			137.32	26.14	152.33
湛江市	509.10			136.20	300.77	72.13
茂名市	319.52		55.00	194.30	19.90	50.32
肇庆市	740.97	8.21	104.93	97.31	236.90	293.62
清远市	641.03	19.18	75.02	181.07	128.87	236.89
潮州市	323.38		38.43	94.31	117.56	73.08
揭阳市	804.58		26.99	162.00	537.74	77.85
云浮市	232.74		8.00	97.56	105.58	21.60

5-4 各市河道治理及除涝面积

2016 年

市别	河道治理（公里）					除涝面积（千公顷）			
	有防洪任务河段长度	已治理河段长度	治理达标河段长度	当年实施治理的河段长度	其中：中小河流治理长度		3～5 年一遇标准	5～10 年一遇标准	10 年以上一遇标准
全　省	18530.38	7625.11	4638.68	189.43	180.46	542.68	62.01	96.73	383.94
广州市	1037.39	655.04	477.79			54.82	3.44	5.82	45.56
深圳市	152.55	138.03	88.72	11.37	2.40	7.36	1.49		5.87
珠海市	154.92	128.50	108.62			16.10	1.00	15.10	
汕头市	206.59	158.46	141.50			36.88	3.72	4.40	28.76
佛山市	531.93	531.93	525.10	9.50	9.50	66.36		11.12	55.24
韶关市	1862.23	337.39	328.73	63.40	63.40	16.07	3.83	7.39	4.85
河源市	1293.04	419.59	154.61			0.84	0.15	0.52	0.17
梅州市	1670.88	655.54	362.79			10.58	1.93	2.01	6.64
惠州市	862.66	324.60	128.78			35.03	3.97	1.22	29.84
汕尾市	259.51	21.10	21.10			21.44	3.72	1.86	15.86
东莞市	477.33	387.99	306.48			17.89			17.89
中山市	197.01	197.01	197.01			30.73			30.73
江门市	1134.24	917.06	246.48	7.41	7.41	48.93	14.01	7.44	27.48
阳江市	860.93	205.73	196.21	7.00	7.00	8.52	0.20	1.87	6.45
湛江市	986.59	379.35	264.57	77.75	77.75	31.77	5.69	11.82	14.26
茂名市	1550.45	418.60	75.14			15.74	7.82	7.59	0.33
肇庆市	663.83	306.94	104.14			45.01	1.52	6.83	36.66
清远市	2259.89	1051.43	561.27	13.00	13.00	26.22	5.25	2.08	18.89
潮州市	458.30	167.23	167.23			22.50	3.07	4.45	14.98
揭阳市	712.53	124.91	95.39			26.62	0.90	4.48	21.24
云浮市	1197.58	98.68	87.02			3.27	0.30	0.73	2.24

5-5 各市水土流失综合治理面积

2016 年

市别	水土流失综合治理面积（千公顷）	其中本年新增（千公顷）						
		合计	基本农田	水土保持林	经济林	种草	封禁治理	其他
全　省	1536.17	78.65	0.12	36.40	8.69	1.26	26.99	5.19
广州市	80.47	0.15				0.15		
深圳市	13.33	0.13				0.08		0.05
珠海市	12.88	0.39					0.39	
汕头市	15.37	1.98		1.98				
佛山市	8.48	0.52		0.52				
韶关市	193.68	0.32	0.01	0.18	0.13			
河源市	142.90	0.89		0.89				
梅州市	151.13	2.69		1.16		0.01	1.10	0.42
惠州市	55.86	1.17		0.11	0.03	0.05	0.55	0.43
汕尾市	51.07	19.51	0.01	11.19	1.02	0.33	4.62	2.34
东莞市	4.22							
中山市	15.23							
江门市	28.98	1.29		1.19			0.10	
阳江市	21.42	2.81		1.10			1.71	
湛江市	59.84	4.91		1.00	3.30	0.01		0.60
茂名市	119.59	4.28	0.09	2.61	0.02	0.10	1.41	0.05
肇庆市	129.67	2.68	0.01	0.69	0.14	0.48	1.36	
清远市	249.13	4.76		0.39		0.04	4.32	0.01
潮州市	29.11	7.61		0.05	0.24		6.04	1.28
揭阳市	32.96	9.89		5.34	0.11	0.01	4.42	0.01
云浮市	120.85	12.67		8.00	3.70		0.97	

5-6 各市已建水库、水电站数量

2016 年

市别	水库数量（座）						水电站数量（座）					
	合计	大（1）型	大（2）型	中型	小（1）型	小（2）型	合计	大（1）型	大（2）型	中型	小（1）型	小（2）型
全省	8392	7	30	342	1564	6449	9744	2	1	12	77	9652
广州市	359		1	16	72	270	188	1			1	186
深圳市	162			12	63	87	7					7
珠海市	63			4	22	37	0					
汕头市	206			8	33	165	18					18
佛山市	129			3	20	106	15					15
韶关市	639	1	5	32	94	507	2075			3	14	2058
河源市	781	2		19	93	667	779		1	1	8	769
梅州市	717		3	18	140	556	1629			4	15	1610
惠州市	516	1	3	25	121	366	321	1			3	317
汕尾市	436		2	18	61	355	145			1		144
东莞市	121			8	48	65	2					2
中山市	39			1	17	21	6					6
江门市	603		4	30	162	407	262				1	261
阳江市	226		2	19	73	132	494				3	491
湛江市	766	1	2	23	111	629	82					82
茂名市	627	1	1	12	76	537	565				2	563
肇庆市	557			23	78	456	692				15	677
清远市	523	1	4	32	101	385	1470			3	7	1460
潮州市	202		1	8	30	163	202				3	199
揭阳市	478		2	19	96	361	348				5	343
云浮市	242			12	53	177	444					444

5-7 各市已建泵站、水闸数量

2016 年

市别	泵站数量（处）						水闸数量（座）					
	合计	大（1）型	大（2）型	中型	小（1）型	小（2）型	合计	大（1）型	大（2）型	中型	小（1）型	小（2）型
合　　计	15859	3	34	464	2376	12982	16005	13	131	729	2730	12402
广 州 市	1444		3	36	359	1046	1251	1	10	62	365	813
深 圳 市	163			34	87	42	190			26	59	105
珠 海 市	257		2	8	68	179	233		1	27	185	20
汕 头 市	409			8	119	282	998	2	6	38	177	775
佛 山 市	1504		8	133	305	1058	573		5	39	206	323
韶 关 市	842				11	831	122	3	13	12	18	76
河 源 市	492				18	474	42	1		1	1	39
梅 州 市	445		1	10	122	312	1057			17	35	1005
惠 州 市	719		6	33	91	589	682	2	8	40	120	512
汕 尾 市	402			1	47	354	1488		5	67	259	1157
东 莞 市	371	2	2	89	194	84	472		3	57	226	186
中 山 市	457	1	2	23	109	322	386		4	20	112	250
江 门 市	2008		1	13	270	1724	1993		10	39	276	1668
阳 江 市	374			2	46	326	639		2	30	78	529
湛 江 市	1106			1	25	1080	1494		11	55	118	1310
茂 名 市	1660		1	12	79	1568	1236		27	66	157	986
肇 庆 市	788		5	27	208	548	533		3	14	75	441
清 远 市	896		1	19	60	816	680	2	6	29	54	589
潮 州 市	466			3	36	427	519	1	6	15	43	454
揭 阳 市	634		1	9	92	532	1055	1	8	40	156	850
云 浮 市	422		1	3	30	388	362		3	35	10	314

5-8 各市已建农村集中式供水工程、机电井数量

2016 年

市别	农村集中式供水工程数量（处）				机电井数量（眼）					
	合计	千吨万人以上	Ⅳ型	Ⅴ型	合计	规模以上机电井			规模以下机电井	
							浅层地下水机电井	深层承压水机电井		浅层地下水机电井
全　　省	43753	882	2353	40518	1233649	12414	10695	1719	1221235	1221235
广 州 市	413	50	33	330	31736	1292	1285	7	30444	30444
深 圳 市					3126	2247	2247		879	879
珠 海 市					753	46	46		707	707
汕 头 市	112	45	27	40	2197	48	48		2149	2149
佛 山 市	367	23	9	335	1137	68	64	4	1069	1069
韶 关 市	2924	18	138	2768	38891	118	118		38773	38773
河 源 市	6429	23	226	6180	40788	80	74	6	40708	40708
梅 州 市	4471	43	229	4199	26336	112	112		26224	26224
惠 州 市	1074	74	158	842	84502	314	314		84188	84188
汕 尾 市	170	40	39	91	45969	51	51		45918	45918
东 莞 市	97	95	1	1	1901	56	56		1845	1845
中 山 市	13	10	3		2705	24	24		2681	2681
江 门 市	786	55	56	675	11787	230	218	12	11557	11557
阳 江 市	327	54	54	219	93143	54	54		93089	93089
湛 江 市	2202	34	465	1703	238508	6051	4366	1685	232457	232457
茂 名 市	10983	75	156	10752	353123	940	940		352183	352183
肇 庆 市	6553	41	195	6317	29376	353	351	2	29023	29023
清 远 市	3476	56	292	3128	109641	207	206	1	109434	109434
潮 州 市	417	33	69	315	20686	19	18	1	20667	20667
揭 阳 市	177	67	67	43	61898	27	27		61871	61871
云 浮 市	2762	46	136	2580	35446	77	76	1	35369	35369

5-9 各县（市）区灌溉面积、节水灌溉面积

2016 年　　单位：千公顷

市别	灌溉面积	耕地灌溉面积（有效灌溉面积）	林地灌溉面积	园地灌溉面积	节水灌溉面积	喷灌面积	微灌面积	低压管灌面积	渠道防渗面积
全省	**2067.96**	**1771.71**	**57.56**	**238.69**	**301.49**	**13.53**	**6.80**	**23.94**	**257.22**
广州市	**96.60**	**73.18**	**3.29**	**20.13**	**29.28**	**0.12**		**0.12**	**29.04**
市辖区									
荔湾区	0.28	0.28							
越秀区									
海珠区	1.17	0.88	0.29						
天河区	0.32	0.22		0.10					
白云区	9.84	9.79	0.01	0.04	8.53	0.02		0.03	8.48
黄埔区	2.76	2.29	0.10	0.37					
番禺区	9.66	2.07	1.85	5.74					
花都区	14.19	10.77	0.87	2.55	0.33				0.33
南沙区	18.09	17.70	0.17	0.22	0.03	0.03			
萝岗区									
增城市	25.33	19.81		5.52	11.86	0.06		0.09	11.71
从化市	14.96	9.37		5.59	8.53	0.01			8.52
深圳市	**18.28**	**2.13**	**15.86**	**0.29**	**0.47**	**0.12**	**0.03**	**0.32**	
市辖区									
罗湖区	0.31	0.02	0.29						
福田区	0.15			0.15					
南山区	2.73	0.10	2.63						
宝安区	9.95	1.11	8.70	0.14	0.20	0.04	0.01	0.15	
龙岗区	4.94	0.89	4.05		0.27	0.08	0.02	0.17	
盐田区	0.20	0.01	0.19						
珠海市	**12.82**	**9.43**	**0.21**	**3.18**					
市辖区									
香洲区	0.93	0.51		0.42					
斗门区	7.30	5.80		1.50					
金湾区	4.59	3.12	0.21	1.26					
汕头市	**47.66**	**41.49**	**0.23**	**5.94**	**24.26**	**0.46**	**0.27**	**3.00**	**20.53**
市辖区									
龙湖区	2.54	2.54			0.40				0.40
金平区	1.16	1.03	0.06	0.07					
濠江区	1.72	1.53	0.04	0.15	0.03		0.01	0.01	0.01
潮阳区	15.83	12.84		2.99	12.04				12.04
潮南区	13.99	13.49		0.50	7.78	0.46	0.26	2.98	4.08
澄海区	11.78	9.68		2.10	4.01			0.01	4.00
南澳县	0.64	0.38	0.13	0.13					
佛山市	**46.51**	**32.73**	**7.31**	**6.47**	**1.99**	**0.82**	**0.07**	**0.65**	**0.45**
市辖区									

5-9 续表1 单位：千公顷

市别	灌溉面积				节水灌溉面积				
		耕地灌溉面积（有效灌溉面积）	林地灌溉面积	园地灌溉面积		喷灌面积	微灌面积	低压管灌面积	渠道防渗面积
禅城区	1.36	0.47		0.89					
南海区	16.30	11.73	3.49	1.08	0.46	0.09	0.05	0.32	
顺德区	4.70	1.21	2.02	1.47	0.29	0.05	0.02	0.22	
三水区	10.66	8.86	1.80		0.76	0.20		0.11	0.45
高明区	13.49	10.46		3.03	0.48	0.48			
韶关市	**130.21**	**125.39**	**0.48**	**4.34**	**26.23**	**0.01**	**0.02**	**0.22**	**25.98**
市辖区									
武江区	4.57	3.54		1.03	0.20				0.20
浈江区	6.47	5.49		0.98					
曲江区	9.41	9.38		0.03					
始兴县	14.66	13.55		1.11	0.14		0.02	0.12	
仁化县	12.63	12.20		0.43	0.02			0.02	
翁源县	17.96	17.44		0.52	11.51				11.51
乳源自治县	10.83	10.54	0.29		1.08				1.08
新丰县	7.11	7.11			2.16	0.01			2.15
乐昌市	23.81	23.81			6.42			0.07	6.35
南雄市	22.76	22.33	0.19	0.24	4.70			0.01	4.69
河源市	**114.94**	**106.08**	**0.35**	**8.51**	**3.56**	**2.58**		**0.26**	**0.72**
市辖区									
源城区	2.40	2.31		0.09	0.43	0.33			0.10
紫金县	30.96	27.09		3.87	1.21	1.21			
龙川县	29.53	28.03		1.50	0.12			0.12	
连平县	15.54	14.15	0.35	1.04	0.93	0.17		0.14	0.62
和平县	16.65	14.64		2.01					
东源县	19.86	19.86			0.87	0.87			
梅州市	**145.58**	**127.44**	**3.73**	**14.41**	**8.15**			**0.10**	**8.05**
市辖区									
梅江区	5.98	5.25	0.27	0.46	0.02			0.02	
梅县区	30.34	23.09	1.64	5.61	6.62				6.62
大埔县	13.39	11.32	0.83	1.24					
丰顺县	17.95	14.57	0.77	2.61					
五华县	26.80	24.30		2.50	0.08			0.08	
平远县	10.43	8.94	0.22	1.27	0.93				0.93
蕉岭县	8.51	7.79		0.72	0.50				0.50
兴宁市	32.18	32.18							
惠州市	**120.05**	**109.18**	**1.71**	**9.16**	**29.34**	**0.47**		**0.02**	**28.85**
市辖区									
惠城区	19.36	18.03	1.33		0.14	0.12		0.02	
惠阳区	11.36	10.79		0.57	1.35	0.35			1.00
博罗县	37.01	32.20		4.81	24.05				24.05
惠东县	33.35	32.97	0.38		3.80				3.80

5-9 续表2　　　　单位：千公顷

市别	灌溉面积	耕地灌溉面积（有效灌溉面积）	林地灌溉面积	园地灌溉面积	节水灌溉面积	喷灌面积	微灌面积	低压管灌面积	渠道防渗面积
龙门县	18.97	15.19		3.78					
汕尾市	**80.29**	**72.24**	**3.25**	**4.80**	**1.88**			**1.88**	
市辖区									
城区	5.12	4.84	0.13	0.15					
海丰县	32.72	26.46	2.73	3.53	0.45			0.45	
陆河县	9.17	8.68		0.49	0.74			0.74	
陆丰市	33.28	32.26	0.39	0.63	0.69			0.69	
东莞市	**15.01**	**13.13**		**1.88**	**0.88**	**0.54**	**0.15**	**0.19**	
中山市	**24.33**	**15.54**	**0.73**	**8.06**	**1.42**	**0.82**	**0.02**	**0.58**	
江门市	**139.29**	**127.02**	**4.07**	**8.20**	**9.50**	**0.04**		**0.11**	**9.35**
市辖区									
蓬江区	1.83	1.78		0.05	0.03			0.03	
江海区	1.86	1.60		0.26	0.05			0.05	
新会区	19.78	16.20	1.53	2.05	4.76				4.76
台山市	49.06	45.35	0.83	2.88	2.60				2.60
开平市	26.57	24.54	0.68	1.35	0.02	0.02			
鹤山市	14.96	12.62	1.03	1.31	2.04	0.02		0.03	1.99
恩平市	25.23	24.93		0.30					
阳江市	**94.44**	**85.68**	**1.88**	**6.88**	**2.93**		**0.06**	**0.12**	**2.75**
市辖区									
江城区	12.19	11.19		1.00	0.07			0.07	
阳西县	15.69	13.34	1.88	0.47	0.09		0.06	0.03	
阳东县	16.70	16.70			0.02			0.02	
阳春市	49.86	44.45		5.41	2.75				2.75
湛江市	**275.19**	**229.04**	**4.33**	**41.82**	**43.51**	**2.68**	**2.13**	**13.01**	**25.69**
市辖区									
赤坎区	0.36	0.33	0.01	0.02	0.36			0.31	0.05
霞山区	1.48	1.35	0.05	0.08					
坡头区	8.79	8.34	0.45		0.53		0.36	0.16	0.01
麻章区	17.18	12.95	1.21	3.02	3.93	0.29	0.07	0.82	2.75
遂溪县	46.95	45.69	0.76	0.50	3.32	1.08	0.26	1.26	0.72
徐闻县	41.71	38.67	0.49	2.55	15.95	0.32	1.34	8.15	6.14
廉江市	55.54	53.37	1.36	0.81	4.34			0.11	4.23
雷州市	78.28	45.74		32.54	14.80	0.99	0.10	2.20	11.51
吴川市	24.90	22.60		2.30	0.28				0.28
茂名市	**187.41**	**154.13**		**33.28**	**56.00**	**0.13**	**0.03**	**0.24**	**55.60**
市辖区									
茂南区	13.68	13.22		0.46	4.75				4.75
茂港区	6.87	6.87			3.96				3.96
电白县	31.61	31.61			10.05			0.02	10.03
高州市	61.86	36.44		25.42	17.99				17.99

5-9 续表 3 单位：千公顷

市别	灌溉面积	耕地灌溉面积（有效灌溉面积）	林地灌溉面积	园地灌溉面积	节水灌溉面积	喷灌面积	微灌面积	低压管灌面积	渠道防渗面积
化州市	45.50	39.48		6.02	15.71	0.13	0.03	0.22	15.33
信宜市	27.89	26.51		1.38	3.54				3.54
肇庆市	**132.63**	**116.76**		**15.87**	**10.98**	**0.76**	**1.34**	**1.28**	**7.60**
市辖区									
端州区	0.48	0.37		0.11	0.14	0.08		0.06	
鼎湖区	4.86	4.26		0.60	0.01				0.01
广宁县	14.38	13.33		1.05	1.05	0.68		0.11	0.26
怀集县	27.24	24.00		3.24	7.50			0.17	7.33
封开县	18.90	16.54		2.36	0.14			0.14	
德庆县	17.07	13.86		3.21	1.34		1.34		
高要市	31.24	28.62		2.62	0.80			0.80	
四会市	18.46	15.78		2.68					
清远市	**149.32**	**140.45**	**2.39**	**6.48**	**24.68**	**0.34**		**0.46**	**23.88**
市辖区									
清城区	18.68	17.95		0.73					
佛冈县	10.71	9.68	0.99	0.04					
阳山县	19.22	18.28	0.55	0.39	0.06			0.06	
连山自治县	6.79	6.68	0.10	0.01					
连南自治县	5.11	5.06	0.05		0.04	0.04			
清新县	23.48	20.48		3.00	18.99	0.01			18.98
英德市	47.96	45.53	0.12	2.31	0.29	0.29			
连州市	17.37	16.79	0.58		5.30			0.40	4.90
潮州市	**53.15**	**35.82**	**5.47**	**11.86**	**17.89**	**3.54**	**2.62**	**0.02**	**11.71**
市辖区									
湘桥区	4.93	3.85	0.04	1.04	2.94	2.94			
潮安县	17.66	12.12	3.66	1.88	8.24	0.60	0.08	0.02	7.54
饶平县	30.56	19.85	1.77	8.94	6.71		2.54		4.17
揭阳市	**94.03**	**81.28**	**2.27**	**10.48**	**7.40**			**0.39**	**7.01**
市辖区									
榕城区	8.58	8.07		0.51	0.63			0.14	0.49
揭东县	16.98	14.18		2.80	2.42				2.42
揭西县	17.47	15.53	0.66	1.28	0.97				0.97
惠来县	20.36	16.12	1.61	2.63	0.27			0.25	0.02
普宁市	30.64	27.38		3.26	3.11				3.11
云浮市	**89.75**	**73.57**		**16.18**	**0.67**	**0.10**	**0.06**	**0.50**	**0.01**
市辖区									
云城区	6.56	5.85		0.71	0.14	0.03	0.01	0.10	
新兴县	16.70	15.90		0.80	0.30	0.07	0.05	0.18	
郁南县	18.95	15.64		3.31	0.22			0.22	
云安县	18.82	8.09		10.73	0.01				0.01
罗定市	28.72	28.09		0.63					
省属	**0.47**			**0.47**	**0.47**			**0.47**	

5-10 各县（市）区2000亩以上灌区

2016年

市别	灌区数量（处）						
	合计	50万亩以上	30～50万亩	10～30万亩	5～10万亩	1～5万亩	0.2～1万亩
全　省	**1848**	**2**	**1**	**27**	**54**	**404**	**1360**
广州市	**105**		**1**		**2**	**13**	**89**
市辖区							
荔湾区							
越秀区							
海珠区							
天河区							
白云区	8					1	7
黄埔区	6						6
番禺区							
花都区	18					6	12
南沙区							
萝岗区							
增城市	52					3	49
从化市	21		1		2	3	15
深圳市	**1**						**1**
市辖区							
罗湖区							
福田区							
南山区	1						1
宝安区							
龙岗区							
盐田区							
珠海市	**14**					**4**	**10**
市辖区							
香洲区							
斗门区	12					4	8
金湾区	2						2
汕头市	**37**				**6**	**15**	**16**
市辖区							
龙湖区	2					1	1
金平区	2					1	1
濠江区	3						3
潮阳区	12				2	8	2
潮南区	13				2	2	9
澄海区	5				2	3	
南澳县							
佛山市	**38**				**1**	**10**	**27**
市辖区							

5-10 续表 1

市别	灌区数量（处）						
	合计	50万亩以上	30～50万亩	10～30万亩	5～10万亩	1～5万亩	0.2～1万亩
禅城区							
南海区	12					3	9
顺德区							
三水区	12				1	2	9
高明区	14					5	9
韶关市	**169**			**1**	**2**	**25**	**141**
市辖区							
武江区	6					3	3
浈江区	11					1	10
曲江区	6				1	2	3
始兴县	10				1	2	7
仁化县	26					4	22
翁源县	15					4	11
乳源自治县	22					2	20
新丰县	2						2
乐昌市	56					2	54
南雄市	15			1		5	9
河源市	**136**					**22**	**114**
市辖区							
源城区	3					2	1
紫金县	74					4	70
龙川县	9					5	4
连平县	16					5	11
和平县	15					3	12
东源县	19					3	16
梅州市	**113**			**1**	**2**	**20**	**90**
市辖区							
梅江区	14					1	13
梅县区	36					5	31
大埔县	2						2
丰顺县	7					3	4
五华县	8				1	3	4
平远县	4					2	2
蕉岭县	7				1	2	4
兴宁市	35			1		4	30
惠州市	**98**			**3**	**2**	**24**	**69**
市辖区							
惠城区	27					8	19
惠阳区	9					3	6
博罗县	31			2		8	21
惠东县	16			1	1	2	12

5-10　续表 2

市　　别	灌区数量（处）						
	合计	50万亩以上	30～50万亩	10～30万亩	5～10万亩	1～5万亩	0.2～1万亩
龙门县	15				1	3	11
汕尾市	**72**			**2**	**2**	**19**	**49**
市辖区							
城　区	8					2	6
海丰县	33			1	1	7	24
陆河县	9					2	7
陆丰市	22			1	1	8	12
东莞市	**18**					**2**	**16**
中山市	**1**					**1**	
江门市	**152**			**4**	**4**	**34**	**110**
市辖区							
蓬江区	4						4
江海区							
新会区	22					12	10
台山市	65			2	1	8	54
开平市	22			1	1	3	17
鹤山市	15					6	9
恩平市	24			1	2	5	16
阳江市	**97**			**2**	**3**	**31**	**61**
市辖区							
江城区	14			1		6	7
阳西县	20				1	9	10
阳东县	17			1		9	7
阳春市	46				2	7	37
湛江市	**150**	**1**		**5**	**4**	**36**	**104**
市辖区							
赤坎区							
霞山区							
坡头区	2					1	1
麻章区	27					2	25
遂溪县	37	1				8	28
徐闻县	26			1	1	7	17
廉江市	12			2	2	5	3
雷州市	33			2	1	9	21
吴川市	13					4	9
茂名市	**94**	**1**		**2**	**11**	**31**	**49**
市辖区							
茂南区	4					1	3
茂港区	2						2
电白县	22			1	3	18	
高州市	43	1		1	2	7	32

5-10　续表 3

市　　别	灌区数量（处）						
	合计	50万亩以上	30～50万亩	10～30万亩	5～10万亩	1～5万亩	0.2～1万亩
化 州 市	19				5	3	11
信 宜 市	4				1	2	1
肇 庆 市	**154**				**4**	**21**	**129**
市 辖 区							
端 州 区	1						1
鼎 湖 区	5				1	1	3
广 宁 县							
怀 集 县	29				2	4	23
封 开 县	20					4	16
德 庆 县	12					5	7
高 要 市	57					3	54
四 会 市	30				1	4	25
清 远 市	**172**				**2**	**36**	**134**
市 辖 区							
清 城 区	20				1	2	17
佛 冈 县	28					2	26
阳 山 县	20					5	15
连山自治县	3						3
连南自治县	8					3	5
清 新 县	18				1	3	14
英 德 市	56					13	43
连 州 市	19					8	11
潮 州 市	**42**			**3**	**1**	**15**	**23**
市 辖 区							
湘 桥 区	7					4	3
潮 安 县	13			3		3	7
饶 平 县	22				1	8	13
揭 阳 市	**84**			**4**	**3**	**31**	**46**
市 辖 区							
榕 城 区	2			1		1	
揭 东 县	11			1	2	4	4
揭 西 县	18				1	8	9
惠 来 县	22			1		9	12
普 宁 市	31			1		9	21
云 浮 市	**101**				**5**	**14**	**82**
市 辖 区							
云 城 区	25					4	21
新 兴 县	18				1	3	14
郁 南 县	11					2	9
云 安 县	20					3	17
罗 定 市	27				4	2	21

5-10 续表 4

市别	灌区耕地有效灌溉面积（千公顷）						
	合计	50万亩以上	30～50万亩	10～30万亩	5～10万亩	1～5万亩	0.2～1万亩
全　　省	**1058.23**	**112.92**	**6.87**	**162.40**	**142.69**	**345.05**	**288.30**
广 州 市	**41.75**		**6.87**		**1.53**	**12.36**	**20.99**
市 辖 区							
荔 湾 区							
越 秀 区							
海 珠 区							
天 河 区							
白 云 区	5.39		4.07			0.13	1.19
黄 埔 区	1.20						1.20
番 禺 区							
花 都 区	10.75		2.27			6.13	2.35
南 沙 区							
萝 岗 区							
增 城 市	16.43					3.77	12.66
从 化 市	7.98		0.53		1.53	2.33	3.59
深 圳 市							
市 辖 区							
罗 湖 区							
福 田 区							
南 山 区							
宝 安 区							
龙 岗 区							
盐 田 区							
珠 海 市	**5.93**					**3.93**	**2.00**
市 辖 区							
香 洲 区							
斗 门 区	5.76					3.93	1.83
金 湾 区	0.17						0.17
汕 头 市	**36.40**				**14.26**	**18.15**	**4.00**
市 辖 区							
龙 湖 区	2.54					2.04	0.50
金 平 区	0.95					0.76	0.19
濠 江 区	1.17						1.17
潮 阳 区	12.80				3.65	8.72	0.43
潮 南 区	9.26				5.00	2.55	1.72
澄 海 区	9.68				5.61	4.07	
南 澳 县							
佛 山 市	**17.23**				**3.01**	**8.64**	**5.58**
市 辖 区							

5-10 续表5

市别	灌区耕地有效灌溉面积（千公顷）						
	合计	50万亩以上	30～50万亩	10～30万亩	5～10万亩	1～5万亩	0.2～1万亩
禅城区							
南海区	3.82					2.06	1.76
顺德区							
三水区	7.43				3.01	2.48	1.94
高明区	5.98					4.10	1.88
韶关市	**72.20**			**8.51**	**5.56**	**29.31**	**28.82**
市辖区							
武江区	3.24					1.99	1.25
浈江区	3.12					1.43	1.69
曲江区	3.95				1.73	1.56	0.66
始兴县	6.63				3.83	1.83	0.97
仁化县	9.00					3.90	5.10
翁源县	4.82					3.00	1.82
乳源自治县	6.26					2.67	3.59
新丰县	0.31						0.31
乐昌市	15.82					4.16	11.66
南雄市	19.05			8.51		8.77	1.77
河源市	**45.61**					**18.70**	**26.92**
市辖区							
源城区	2.06					1.91	0.15
紫金县	22.01					4.01	18.00
龙川县	4.86					3.99	0.87
连平县	5.68					2.90	2.78
和平县	4.00					2.02	1.98
东源县	7.00					3.87	3.14
梅州市	**47.30**			**9.11**	**5.01**	**16.85**	**16.33**
市辖区							
梅江区	2.74					0.63	2.11
梅县区	8.66					4.44	4.22
大埔县	0.35						0.35
丰顺县	3.13					2.18	0.95
五华县	4.16				1.80	1.05	1.32
平远县	3.42					2.77	0.65
蕉岭县	5.63				3.206	1.42	1.01
兴宁市	19.21			9.11		4.37	5.73
惠州市	**50.22**			**11.007**	**7.16**	**18.87**	**13.18**
市辖区							
惠城区	7.95					4.57	3.38
惠阳区	5.33				1.00	2.18	2.16
博罗县	18.77			7.007		7.64	4.13
惠东县	9.40			4.00	2.20	1.34	1.86

5-10 续表 6

市别	灌区耕地有效灌溉面积（千公顷）						
	合计	50万亩以上	30～50万亩	10～30万亩	5～10万亩	1～5万亩	0.2～1万亩
龙门县	8.77				3.96	3.15	1.66
汕尾市	**58.38**			**19.47**	**6.87**	**20.98**	**11.07**
市辖区							
城区	3.79					2.85	0.95
海丰县	26.35			8.47	3.00	9.40	5.48
陆河县	3.04					1.15	1.89
陆丰市	25.20			11.00	3.87	7.58	2.75
东莞市	**5.69**					**2.07**	**3.62**
中山市	**0.41**					**0.41**	
江门市	**106.08**			**24.22**	**13.32**	**35.39**	**33.15**
市辖区							
蓬江区	0.92						0.92
江海区							
新会区	15.83					12.407	3.42
台山市	44.77			13.00	2.90	9.51	19.36
开平市	19.89			8.24	3.40	4.35	3.89
鹤山市	6.75					4.55	2.21
恩平市	17.92			2.98	7.02	4.57	3.35
阳江市	**53.73**			**14.47**	**8.41**	**19.38**	**11.47**
市辖区							
江城区	10.74			5.53		4.11	1.10
阳西县	5.26				0.41	3.27	1.58
阳东县	16.60			8.94		6.57	1.09
阳春市	21.14				8.00	5.43	7.71
湛江市	**166.50**	**71.99**		**36.76**	**9.07**	**28.87**	**19.81**
市辖区							
赤坎区	0.10	0.10					
霞山区	0.30	0.30					
坡头区	2.97	0.90				1.87	0.20
麻章区	6.37	2.01				0.65	3.71
遂溪县	31.74	22.13				4.77	4.84
徐闻县	19.03			8.27	1.00	5.46	4.30
廉江市	42.74	16.20		17.73	5.27	2.75	0.79
雷州市	44.29	17.42		10.76	2.80	9.07	4.24
吴川市	18.96	12.93				4.30	1.73
茂名市	**90.05**	**40.93**		**7.22**	**21.66**	**13.25**	**7.00**
市辖区							
茂南区	10.89	9.87				0.387	0.63
茂港区	6.42	5.83					0.59
电白县	21.83	1.73		6.67	7.58	5.85	
高州市	22.10	11.93		0.547	2.98	2.73	3.91

5-10 续表 7

市　别	灌区耕地有效灌溉面积（千公顷）					
	合计	50万亩以上	30～50万亩	10～30万亩	5～10万亩	1～5万亩	0.2～1万亩
化州市	24.03	11.57			8.31	2.43	1.73
信宜市	4.78				2.79	1.86	0.13
肇庆市	**53.89**				**9.40**	**18.12**	**26.37**
市辖区							
端州区	0.08						0.08
鼎湖区	2.80				1.64	0.99	0.17
广宁县							
怀集县	12.94				5.81	2.06	5.07
封开县	7.71					3.99	3.72
德庆县	5.53					4.30	1.23
高要市	14.81					3.70	11.11
四会市	10.02				1.95	3.08	4.99
清远市	**67.07**				**9.26**	**28.58**	**29.23**
市辖区							
清城区	8.58				3.73	1.70	3.15
佛冈县	5.90					1.55	4.36
阳山县	8.14					4.97	3.17
连山自治县	0.48						0.48
连南自治县	3.16					1.82	1.34
清新县	13.75				5.54	4.36	3.86
英德市	20.76					9.64	11.12
连州市	6.30					4.55	1.75
潮州市	**30.34**			**8.63**	**4.67**	**12.86**	**4.18**
市辖区							
湘桥区	3.55			0.1		2.85	0.60
潮安县	11.86			8.53		2.26	1.07
饶平县	14.93				4.67	7.75	2.51
揭阳市	**68.79**			**23.00**	**7.14**	**28.24**	**10.41**
市辖区							
榕城区	8.03			7.54		0.49	
揭东县	10.99			4.26	3.79	2.01	0.93
揭西县	11.44				3.35	6.71	1.38
惠来县	16.12			4.60		8.67	2.85
普宁市	22.21			6.60		10.36	5.25
云浮市	**40.64**				**16.37**	**10.10**	**14.18**
市辖区							
云城区	4.80					2.75	2.06
新兴县	8.45				2.49	2.47	3.49
郁南县	3.72					2.17	1.55
云安县	4.66					1.32	3.34
罗定市	19.01				13.88	1.39	3.74

5-11 各县（市）区已建堤防长度

2016 年

市　　别	堤防长度（公里）						
	合计	按等级分					
		1级堤防	2级堤防	3级堤防	4级堤防	5级堤防	5 级以下堤防
全　　省	**28338.09**	**614.21**	**1933.21**	**4722.67**	**8028.49**	**6330.38**	**6709.13**
广 州 市	**3308.66**	**351.21**	**512.46**	**268.40**	**1612.14**	**276.31**	**288.14**
市 辖 区							
荔 湾 区	186.01	31.33	29.14		124.19		1.35
越 秀 区	31.57	12.44			19.13		
海 珠 区	263.02	43.08			219.94		
天 河 区	146.59	12.97			128.31		5.31
白 云 区	227.32	24.55		85.89	116.88		
黄 埔 区	341.26	46.55			247.01		47.70
番 禺 区	549.25	106.94	159.32		259.46	23.53	
花 都 区	456.08			60.29	179.09	65.98	150.72
南 沙 区	624.71	73.35	286.44	15.60	138.39	110.93	
萝 岗 区							
增 城 市	338.88		37.56	30.46	149.31	38.49	83.06
从 化 市	143.97			76.16	30.43	37.38	
深 圳 市	**55.03**	**51.44**	**3.59**				
市 辖 区							
罗 湖 区							
福 田 区							
南 山 区							
宝 安 区	48.88	48.88					
龙 岗 区	6.15	2.56	3.59				
盐 田 区							
珠 海 市	**389.04**	**44.15**	**176.65**	**91.89**	**51.90**	**24.45**	
市 辖 区							
香 洲 区	75.44	44.15	6.62	7.63	17.04		
斗 门 区	209.44		125.18	84.26			
金 湾 区	104.16		44.85		34.86	24.45	
汕 头 市	**912.46**	**72.28**	**108.65**	**284.98**	**140.98**	**102.05**	**203.52**
市 辖 区							
龙 湖 区	67.77	8.04	23.09	36.64			
金 平 区	74.63	64.24		8.19		2.20	
濠 江 区	39.17			36.37	2.80		
潮 阳 区	258.38		60.89	78.37	50.01	69.11	
潮 南 区	311.42			33.92	70.87	4.21	202.42
澄 海 区	154.21		24.67	88.76	16.10	24.68	
南 澳 县	6.88			2.73	1.20	1.85	1.10
佛 山 市	**1152.02**	**48.87**	**290.56**	**227.40**	**523.83**	**58.56**	**2.80**
市 辖 区							

5-11 续表 1

市别	堤防长度（公里）						
	合计	按等级分					
		1 级堤防	2 级堤防	3 级堤防	4 级堤防	5 级堤防	5 级以下堤防
禅城区	87.28		16.60	67.68	3.00		
南海区	335.91	6.11	84.14		245.66		
顺德区	355.85	3.70	159.04	159.72	33.39		
三水区	270.32	39.06	30.78		142.97	57.51	
高明区	102.66				98.81	1.05	2.80
韶关市	**849.04**		**122.09**	**113.44**	**225.76**	**95.00**	**292.75**
市辖区							
武江区	21.49		13.92	2.33	4.87	0.37	
浈江区	51.45		51.45				
曲江区	66.22		42.62			23.60	
始兴县	91.98		14.10		56.80	21.08	
仁化县	187.46				60.26		127.20
翁源县	221.33			22.02	22.93	10.83	165.55
乳源族自治县	27.10			17.91	2.25	6.94	
新丰县	25.35			23.05		2.30	
乐昌市	75.35			19.24	54.76	1.35	
南雄市	81.31			28.89	23.89	28.53	
河源市	**1670.05**		**15.75**	**168.51**	**273.51**	**796.34**	**415.94**
市辖区							
源城区	82.81			72.33			10.48
紫金县	288.39				37.14	153.52	97.73
龙川县	429.26			40.25	187.10	85.81	116.10
连平县	56.62			31.54	13.42		11.66
和平县	593.12			24.39	21.32	547.41	
东源县	219.85		15.75		14.53	9.60	179.97
梅州市	**2563.89**		**34.57**	**73.07**	**687.63**	**705.40**	**1063.22**
市辖区							
梅江区	100.35		28.57	20.00	6.22	7.52	38.04
梅县区	235.25		6.00		62.71	149.34	17.20
大埔县	47.65			17.47	25.83	4.35	
丰顺县	183.96			12.93	131.10	39.93	
五华县	519.60				241.49	278.11	
平远县	57.53			13.63	38.50	5.40	
蕉岭县	113.55			9.04	66.38	6.75	31.38
兴宁市	1306.00				115.40	214.00	976.60
惠州市	**1326.67**		**18.93**	**272.05**	**322.61**	**250.15**	**462.93**
市辖区							
惠城区	328.47		18.93	124.00	114.14	30.50	40.30
惠阳区	73.66			29.56	9.08	22.48	12.54
博罗县	248.04			88.54	138.50	19.72	1.28
惠东县	521.50				38.40	90.84	392.26

5-11 续表 2

市别	堤防长度（公里）						
	合计	按等级分					
		1 级堤防	2 级堤防	3 级堤防	4 级堤防	5 级堤防	5 级以下堤防
龙门县	155.00			29.35	22.49	86.61	16.55
汕尾市	**1655.99**			**620.96**	**579.61**	**174.02**	**281.40**
市辖区							
城区	203.30			18.40	184.90		
海丰县	734.04			356.00	222.73	155.31	
陆河县	317.02			23.00	26.72		267.30
陆丰市	401.63			223.56	145.26	18.71	14.10
东莞市	**1133.00**	**7.39**	**124.24**	**517.42**	**249.24**	**234.47**	**0.24**
中山市	**383.50**	**11.48**	**93.04**	**236.24**	**42.74**		
江门市	**2560.52**		**110.81**	**283.19**	**617.29**	**300.04**	**1249.19**
市辖区							
蓬江区	126.10		21.56	36.88		67.66	
江海区	43.02		13.68	29.34			
新会区	975.31		59.17	171.14	213.56	83.97	447.47
台山市	787.92				72.38	44.48	671.06
开平市	338.07			39.83	167.58		130.66
鹤山市	133.02		16.40	6.00	83.59	27.03	
恩平市	157.08				80.18	76.90	
阳江市	**660.48**			**217.37**	**147.89**	**194.21**	**101.01**
市辖区							
江城区	111.82			72.50	12.21	27.11	
阳西县	155.82			101.20	54.62		
阳东县	210.77			43.67		167.10	
阳春市	182.07				81.06		101.01
湛江市	**1336.42**			**211.03**	**644.64**	**307.88**	**172.87**
市辖区							
赤坎区	2.16					2.16	
霞山区	33.53				23.33		10.20
坡头区	128.13			66.45	1.80		59.88
麻章区	117.92				93.92	24.00	
遂溪县	217.05			26.53	98.94	70.72	20.86
徐闻县	94.39				19.63	74.76	
廉江市	294.82				220.16	74.66	
雷州市	188.49			30.25	102.04	56.20	
吴川市	259.93			87.80	84.82	5.38	81.93
茂名市	**3052.30**		**55.00**	**396.38**	**245.19**	**1189.57**	**1166.16**
市辖区							
茂南区	253.23			75.74			177.49
茂港区	113.90					66.10	47.80
电白县	732.03			28.97		703.06	
高州市	252.80			220.95	31.85		

5-11 续表3

市别	堤防长度（公里）						
	合计	按等级分					
		1 级堤防	2 级堤防	3 级堤防	4 级堤防	5 级堤防	5 级以下堤防
化州市	1504.74		55.00		210.84	367.75	871.15
信宜市	195.60			70.72	2.50	52.66	69.72
肇庆市	**1399.47**	**8.21**	**105.93**	**98.25**	**272.62**	**464.77**	**449.69**
市辖区							
端州区	16.70		16.70				
鼎湖区	107.20		32.80	18.20	40.20	16.00	
广宁县	23.07			23.07			
怀集县	355.80					247.80	108.00
封开县	80.80	8.21		20.93	18.37	23.79	9.50
德庆县	426.25			7.80	41.96	44.30	332.19
高要市	115.45		23.73		46.28	45.44	
四会市	274.20		32.70	28.25	125.81	87.44	
清远市	**999.61**	**19.18**	**75.02**	**191.17**	**174.08**	**415.95**	**124.21**
市辖区							
清城区	188.75	19.18	37.77	38.62	52.55	30.23	10.40
佛冈县	86.33						86.33
阳山县	209.22			36.43	7.59	153.40	11.80
连山自治县	49.41			14.95	6.44	17.71	10.31
连南自治县	61.88			17.50	17.58	26.80	
清新县	127.01		37.25		19.73	70.03	
英德市	102.36			34.64	21.75	45.97	
连州市	174.65			49.03	48.44	71.81	5.37
潮州市	**890.66**		**38.43**	**169.71**	**354.90**	**273.39**	**54.23**
市辖区							
湘桥区	102.79		8.07	26.99	48.54	5.39	13.80
潮安县	132.94		30.36	9.50	43.64	9.01	40.43
饶平县	654.93			133.22	262.72	258.99	
揭阳市	**1377.78**		**39.49**	**178.65**	**664.09**	**306.56**	**188.99**
市辖区							
榕城区	89.60		12.50		73.10	4.00	
揭东县	48.06		11.99		28.07	8.00	
揭西县	393.85			50.80	257.17	85.50	0.38
惠来县	403.32			17.65		197.06	188.61
普宁市	442.95		15.00	110.20	305.75	12.00	
云浮市	**661.50**		**8.00**	**102.56**	**197.84**	**161.26**	**191.84**
市辖区							
云城区	94.78			47.16	8.47		39.15
新兴县	358.92			37.80	77.21	161.26	82.65
郁南县	91.36			7.80	83.56		
云安县	108.44			9.80	28.60		70.04
罗定市	8.00		8.00				

5-11 续表 4

市别	达标堤防长度（公里）					
	合计	按等级分				
		1 级堤防	2 级堤防	3 级堤防	4 级堤防	5 级堤防
全　　省	**12387.48**	**553.10**	**1685.71**	**3264.92**	**4940.81**	**1942.94**
广 州 市	**2478.75**	**327.61**	**363.60**	**256.42**	**1394.74**	**136.38**
市 辖 区						
荔 湾 区	184.66	31.33	29.14		124.19	
越 秀 区	31.57	12.44			19.13	
海 珠 区	263.02	43.08			219.94	
天 河 区	136.03	12.70			123.33	
白 云 区	166.22	18.40		73.91	73.91	
黄 埔 区	281.78	45.32			236.46	
番 禺 区	432.77	90.99	142.97		175.28	23.53
花 都 区	228.60			60.29	162.79	5.52
南 沙 区	387.80	73.35	153.93	15.60	88.06	56.86
萝 岗 区						
增 城 市	241.08		37.56	30.46	141.56	31.50
从 化 市	125.22			76.16	30.09	18.97
深 圳 市	**32.80**	**32.80**				
市 辖 区						
罗 湖 区						
福 田 区						
南 山 区						
宝 安 区	30.24	30.24				
龙 岗 区	2.56	2.56				
盐 田 区						
珠 海 市	**268.07**	**44.15**	**139.94**	**7.63**	**51.90**	**24.45**
市 辖 区						
香 洲 区	74.48	44.15	5.66	7.63	17.04	
斗 门 区	95.60		95.60			
金 湾 区	97.99		38.68		34.86	24.45
汕 头 市	**537.07**	**72.28**	**90.39**	**256.04**	**71.27**	**47.09**
市 辖 区						
龙 湖 区	51.78	8.04	7.10	36.64		
金 平 区	64.24	64.24				
濠 江 区	32.07			32.07		
潮 阳 区	146.80		58.62	71.18		17.00
潮 南 区	100.19			25.11	70.87	4.21
澄 海 区	138.11		24.67	88.76		24.68
南 澳 县	3.88			2.28	0.40	1.20
佛 山 市	**1094.15**	**48.87**	**283.72**	**218.61**	**510.00**	**32.95**
市 辖 区						

市　　别	达标堤防长度（公里）					
	合计	按等级分				
		1 级堤防	2 级堤防	3 级堤防	4 级堤防	5 级堤防
禅城区	84.78		16.60	65.18	3.00	
南海区	335.91	6.11	84.14		245.66	
顺德区	342.72	3.70	152.20	153.43	33.39	
三水区	244.71	39.06	30.78		142.97	31.90
高明区	86.03				84.98	1.05
韶关市	**556.29**		**122.09**	**113.44**	**225.76**	**95.00**
市辖区						
武江区	21.49		13.92	2.33	4.87	0.37
浈江区	51.45		51.45			
曲江区	66.22		42.62			23.60
始兴县	91.98		14.10		56.80	21.08
仁化县	60.26				60.26	
翁源县	55.78			22.02	22.93	10.83
乳源族自治县	27.10			17.91	2.25	6.94
新丰县	25.35			23.05		2.30
乐昌市	75.35			19.24	54.76	1.35
南雄市	81.31			28.89	23.89	28.53
河源市	**378.85**		**15.75**	**130.56**	**58.01**	**174.53**
市辖区						
源城区	72.33			72.33		
紫金县	131.78				15.70	116.08
龙川县	31.12			4.30	16.85	9.97
连平县	34.80			31.54	3.26	
和平县	68.94			22.39	7.67	38.88
东源县	39.88		15.75		14.53	9.60
梅州市	**644.01**		**34.57**	**47.94**	**337.23**	**224.27**
市辖区						
梅江区	34.79		28.57		6.22	
梅县区	199.64		6.00		56.41	137.23
大埔县	47.65			17.47	25.83	4.35
丰顺县	47.36			12.93	34.43	
五华县	183.69				109.56	74.13
平远县	17.31			8.50	8.40	0.41
蕉岭县	82.17			9.04	66.38	6.75
兴宁市	31.40				30.00	1.40
惠州市	**334.83**		**18.55**	**128.91**	**154.40**	**32.97**
市辖区						
惠城区	201.73		18.55	72.55	85.16	25.47
惠阳区	9.08				9.08	
博罗县	75.15			39.65	35.50	
惠东县	31.76				24.66	7.10

5-11 续表 6

市别	达标堤防长度（公里）					
	合计	按等级分				
		1 级堤防	2 级堤防	3 级堤防	4 级堤防	5 级堤防
龙门县	17.11			16.71		0.40
汕尾市	**214.70**			**118.27**	**94.40**	**2.03**
市辖区						
城区	74.54			10.72	63.82	
海丰县	34.16			29.77	2.51	1.88
陆河县	49.72			23.00	26.72	
陆丰市	56.28			54.78	1.35	0.15
东莞市	**707.24**		**108.78**	**383.22**	**198.66**	**16.58**
中山市	**351.66**		**89.14**	**221.57**	**40.95**	
江门市	**901.95**		**110.81**	**282.24**	**330.03**	**178.87**
市辖区						
蓬江区	123.72		21.56	35.93		66.23
江海区	43.02		13.68	29.34		
新会区	438.09		59.17	171.14	125.54	82.24
台山市	54.70				54.70	
开平市	109.65			39.83	69.82	
鹤山市	127.98		16.40	6.00	78.55	27.03
恩平市	4.79				1.42	3.37
阳江市	**315.79**			**137.32**	**26.14**	**152.33**
市辖区						
江城区	69.17			41.75	12.21	15.21
阳西县	65.20			54.60	10.60	
阳东县	178.09			40.97		137.12
阳春市	3.33				3.33	
湛江市	**509.10**			**136.20**	**300.77**	**72.13**
市辖区						
赤坎区	1.22					1.22
霞山区	22.40				22.40	
坡头区	59.95			58.15	1.80	
麻章区	28.82				28.10	0.72
遂溪县	38.23			5.60	32.14	0.49
徐闻县	80.78				19.63	61.15
廉江市	136.80				134.25	2.55
雷州市	93.45			30.25	57.65	5.55
吴川市	47.45			42.20	4.80	0.45
茂名市	**319.52**		**55.00**	**194.30**	**19.90**	**50.32**
市辖区						
茂南区	15.41			15.41		
茂港区	36.68					36.68
电白县	28.89			28.89		
高州市	97.68			79.28	18.40	

市别	达标堤防长度（公里）					
	合计	按等级分				
		1 级堤防	2 级堤防	3 级堤防	4 级堤防	5 级堤防
化州市	56.50		55.00		1.50	
信宜市	84.36			70.72		13.64
肇庆市	**740.97**	**8.21**	**104.93**	**97.31**	**236.90**	**293.62**
市辖区						
端州区	16.70		16.70			
鼎湖区	107.20		32.80	18.20	40.20	16.00
广宁县	23.05			23.05		
怀集县	139.30					139.30
封开县	51.95	8.21		20.01	13.08	10.65
德庆县	66.81			7.80	32.62	26.39
高要市	115.45		23.73		46.28	45.44
四会市	220.51		31.70	28.25	104.72	55.84
清远市	**641.03**	**19.18**	**75.02**	**181.07**	**128.87**	**236.89**
市辖区						
清城区	178.35	19.18	37.77	38.62	52.55	30.23
佛冈县						
阳山县	181.58			28.49	7.59	145.50
连山自治县	35.51			14.70	6.44	14.37
连南自治县	22.13			17.50	4.00	0.63
清新县	47.59		37.25		6.65	3.69
英德市	77.11			34.57	8.37	34.17
连州市	98.76			47.19	43.27	8.30
潮州市	**323.38**		**38.43**	**94.31**	**117.56**	**73.08**
市辖区						
湘桥区	88.12		8.07	26.99	47.67	5.39
潮安县	92.51		30.36	9.50	43.64	9.01
饶平县	142.75			57.82	26.25	58.68
揭阳市	**804.58**		**26.99**	**162.00**	**537.74**	**77.85**
市辖区						
榕城区	59.40				59.40	
揭东县	26.81		11.99		11.47	3.35
揭西县	266.22			50.80	161.12	54.30
惠来县	16.00			1.00		15.00
普宁市	436.15		15.00	110.20	305.75	5.20
云浮市	**232.74**		**8.00**	**97.56**	**105.58**	**21.60**
市辖区						
云城区	55.62			47.16	8.46	
新兴县	69.81			34.80	13.41	21.60
郁南县	86.31			7.80	78.51	
云安县	13.00			7.80	5.20	
罗定市	8.00		8.00			

5-12 各县（市）区河道治理及除涝面积

2016 年

市别	河道治理（公里）					除涝面积（千公顷）			
	有防洪任务河段长度	已治理河段长度	治理达标河段长度	当年实施治理的河段长度	其中：中小河流治理长度		3～5年一遇标准	5～10年一遇标准	10年以上一遇标准
全省	**18530.38**	**7625.11**	**4638.68**	**189.43**	**180.46**	**542.68**	**62.01**	**96.73**	**383.94**
广州市	**1037.39**	**655.04**	**477.79**			**54.82**	**3.44**	**5.82**	**45.56**
市辖区									
荔湾区	24.87	24.87	24.87			1.46		0.43	1.03
越秀区									
海珠区	18.49	18.49	18.49			0.80		0.13	0.67
天河区						0.75		0.07	0.68
白云区	57.78	52.22	52.22			6.81			6.81
黄埔区	70.41	70.41	66.54			0.64			0.64
番禺区	192.33	192.33	192.33			22.29	2.2	1.82	18.27
花都区	66.35	63.84	63.84			5.49			5.49
南沙区	111.00	111.00				0.98	0.39	0.06	0.53
萝岗区									
增城市	283.27	61.74	2.50			13.25	0.10	2.86	10.29
从化市	212.89	60.14	57.00			2.35	0.75	0.45	1.15
深圳市	**152.55**	**138.03**	**88.72**	**11.37**	**2.40**	**7.36**	**1.49**		**5.87**
市辖区									
罗湖区	9.76	9.76	4.35						
福田区	9.40	9.40				0.01	0.01		
南山区									
宝安区	59.44	54.00	27.36	8.97		6.23	1.02		5.21
龙岗区	73.95	64.87	57.01	2.40	2.40	1.12	0.46		0.66
盐田区									
珠海市	**154.92**	**128.5**	**108.62**			**16.10**	**1.00**	**15.10**	
市辖区									
香洲区	27.20	27.20	27.20			0.50	0.33	0.17	
斗门区	107.34	80.92	61.04			13.45		13.45	
金湾区	20.38	20.38	20.38			2.15	0.67	1.48	
汕头市	**206.59**	**158.46**	**141.50**			**36.88**	**3.72**	**4.40**	**28.76**
市辖区									
龙湖区	30.84	30.84	30.84			4.23	0.08	0.38	3.77
金平区	17.45	17.45	17.45			2.56	0.49	0.70	1.37
濠江区	23.34	15.50	15.50			0.67	0.39	0.08	0.20
潮阳区	27.03					10.80	1.73	2.10	6.97
潮南区	54.75	54.75	47.31			7.03	1.03	0.51	5.49
澄海区	53.18	39.92	30.40			11.52		0.63	10.89
南澳县						0.07			0.07
佛山市	**531.93**	**531.93**	**525.10**	**9.50**	**9.50**	**66.36**		**11.12**	**55.24**
市辖区									

5-12 续表1

市别	河道治理（公里）					除涝面积（千公顷）			
	有防洪任务河段长度	已治理河段长度	治理达标河段长度	当年实施治理的河段长度	其中：中小河流治理长度		3～5年一遇标准	5～10年一遇标准	10年以上一遇标准
禅城区	34.44	34.44	34.44			2.20			2.20
南海区	159.97	159.97	159.97			27.59		3.25	24.34
顺德区	176.17	176.17	176.17			18.53		2.22	16.31
三水区	103.28	103.28	96.45	9.50	9.50	10.01		2.80	7.21
高明区	58.07	58.07	58.07			8.03		2.85	5.18
韶关市	**1862.23**	**337.39**	**328.73**	**63.40**	**63.40**	**16.07**	**3.83**	**7.39**	**4.85**
市辖区									
武江区	104.53	12.11	12.11	3.74	3.74	0.17	0.17		
浈江区	92.20	38.90	38.90			0.65	0.62	0.03	
曲江区	192.17	51.28	48.78	4.63	4.63	2.26	1.53	0.73	
始兴县	192.41	52.38	52.38	35.03	35.03	0.12		0.12	
仁化县	33.34	21.60	15.44						
翁源县	145.00	31.50	31.50	11.2	11.2	1.76		1.76	
乳源自治县	153.91	16.28	16.28			6.75		2.42	4.33
新丰县	184.25	15.75	15.75	2.75	2.75	0.93	0.41		0.52
乐昌市	441.63	48.00	48.00	2.75	2.75				
南雄市	322.79	49.59	49.59	3.30	3.30	3.43	1.10	2.33	
河源市	**1293.04**	**419.59**	**154.61**			**0.84**	**0.15**	**0.52**	**0.17**
市辖区									
源城区	36.99	24.40	24.40						
紫金县	315.30	177.83	58.88						
龙川县	119.01	48.01	20.21			0.46	0.04	0.28	0.14
连平县	314.96	83.84	9.58						
和平县	387.91	19.54	19.54			0.38	0.11	0.24	0.03
东源县	118.87	65.97	22.00						
梅州市	**1670.88**	**655.54**	**362.79**			**10.58**	**1.93**	**2.01**	**6.64**
市辖区									
梅江区	49.76	49.76	27.23			0.12			0.12
梅县区	201.27	84.80	84.80			1.23	0.06	0.73	0.44
大埔县	85.59	85.59	58.41			0.62	0.12		0.50
丰顺县	482.01	87.76	62.56			0.95	0.22	0.13	0.60
五华县	384.18	120.70	38.00			3.37	0.14	0.40	2.83
平远县	248.86	82.75	26.45			1.31	1.03	0.28	
蕉岭县	62.87	62.87	41.34			1.05	0.01	0.19	0.85
兴宁市	156.34	81.31	24.00			1.93	0.35	0.28	1.30
惠州市	**862.66**	**324.60**	**128.78**			**35.03**	**3.97**	**1.22**	**29.84**
市辖区									
惠城区	156.81	153.81	14.00			14.13			14.13
惠阳区	137.56	26.98	26.98			2.13	1.93	0.20	
博罗县	357.12	103.11	53.80			13.91		0.08	13.83
惠东县	50.34	15.00	9.00			3.24	2.04	0.49	0.71

5-12 续表 2

市别	河道治理（公里）					除涝面积（千公顷）	3～5年一遇标准	5～10年一遇标准	10年以上一遇标准
	有防洪任务河段长度	已治理河段长度	治理达标河段长度	当年实施治理的河段长度	其中：中小河流治理长度				
龙门县	160.83	25.70	25.00			1.62		0.45	1.17
汕尾市	**259.51**	**21.10**	**21.10**			**21.44**	**3.72**	**1.86**	**15.86**
市辖区									
城区						1.05	0.27	0.17	0.61
海丰县	221.05	8.10	8.10			16.33	1.80	1.69	12.84
陆河县						0.05	0.05		
陆丰市	38.46	13.00	13.00			4.01	1.60		2.41
东莞市	**477.33**	**387.99**	**306.48**			**17.89**			**17.89**
中山市	**197.01**	**197.01**	**197.01**			**30.73**			**30.73**
江门市	**1134.24**	**917.06**	**246.48**	**7.41**	**7.41**	**48.93**	**14.01**	**7.44**	**27.48**
市辖区									
蓬江区	61.24	57.22	49.22			1.91			1.91
江海区	19.34	19.34	17.35			2.49			2.49
新会区	204.67	116.27	92.80			15.46			15.46
台山市	342.66	342.66	5.50			14.14	9.47	4.67	
开平市	258.37	224.26				6.61	4.54	2.07	
鹤山市	163.68	97.63	71.59	7.41	7.41	3.75			3.75
恩平市	84.28	59.68	10.02			4.57		0.70	3.87
阳江市	**860.93**	**205.73**	**196.21**	**7.00**	**7.00**	**8.52**	**0.20**	**1.87**	**6.45**
市辖区									
江城区	40.12	39.02	29.50			1.66		0.33	1.33
阳西县	116.53	22.50	22.50						
阳东县	122.93	122.93	122.93			3.59	0.20	0.62	2.77
阳春市	581.35	21.28	21.28	7.00	7.00	3.27		0.92	2.35
湛江市	**986.59**	**379.35**	**264.57**	**77.75**	**77.75**	**31.77**	**5.69**	**11.82**	**14.26**
市辖区									
赤坎区	27.53	15.82	15.82			0.08	0.04	0.04	
霞山区									
坡头区	11.00	11.00	2.80	1.80	1.80	0.67		0.67	
麻章区						2.01	0.01	1.14	0.86
遂溪县	271.89	87.29	23.90	5.20	5.20	1.16	0.35	0.38	0.43
徐闻县	26.50	26.08	21.40	13.70	13.70	1.87	0.17	0.77	0.93
廉江市	425.81	138.10	138.10	8.80	8.80	8.47	0.33	4.95	3.19
雷州市	68.00	41.40	26.40	26.40	26.40	6.38	2.72	2.16	1.50
吴川市	155.86	59.66	36.15	21.85	21.85	11.13	2.07	1.71	7.35
茂名市	**1550.45**	**418.60**	**75.14**			**15.74**	**7.82**	**7.59**	**0.33**
市辖区									
茂南区	81.54	14.32	0.52			3.63		3.63	
茂港区	47.40	16.90	16.90			1.25	0.26	0.99	
电白县	196.36	196.36				3.11	1.07	2.04	
高州市	519.33	59.57	6.58			2.87	2.58	0.29	

5-12 续表3

市别	河道治理（公里）					除涝面积（千公顷）			
	有防洪任务河段长度	已治理河段长度	治理达标河段长度	当年实施治理的河段长度	其中：中小河流治理长度		3～5年一遇标准	5～10年一遇标准	10年以上一遇标准
化州市	291.73	23.54	23.54			3.91	3.91		
信宜市	414.09	107.91	27.60			0.97		0.64	0.33
肇庆市	**663.83**	**306.94**	**104.14**			**45.01**	**1.52**	**6.83**	**36.66**
市辖区									
端州区						2.29		0.32	1.97
鼎湖区	32.80	32.80	32.80			10.80		0.01	10.79
广宁县	26.47	23.05				2.00		0.90	1.10
怀集县	181.60	58.50	31.50						
封开县	156.31	16.11	16.11			1.24	0.33	0.67	0.24
德庆县	59.30	59.30				1.81	1.19	0.27	0.35
高要市	53.68	23.73	23.73			16.84		4.33	12.51
四会市	153.67	93.45				10.03		0.33	9.70
清远市	**2259.89**	**1051.43**	**561.27**	**13.00**	**13.00**	**26.22**	**5.25**	**2.08**	**18.89**
市辖区									
清城区	168.71	107.57	21.15	13.00	13.00	7.27		0.43	6.84
佛冈县	203.44	107.28	76.68			1.71		0.69	1.02
阳山县	350.32	154.59	154.59			1.40	1.00	0.40	
连山自治县	104.62	94.26	88.14						
连南自治县	132.84	86.00	86.00						
清新县	380.83	380.83	42.11			10.80			10.80
英德市	411.95	9.48	9.48			3.83	3.60		0.23
连州市	507.18	111.42	83.12			1.21	0.65	0.56	
潮州市	**458.30**	**167.23**	**167.23**			**22.50**	**3.07**	**4.45**	**14.98**
市辖区									
湘桥区	62.13	42.27	42.27			3.71	2.94	0.77	
潮安县	146.04	69.06	69.06			13.80	0.13	2.26	11.41
饶平县	250.13	55.90	55.90			4.99		1.42	3.57
揭阳市	**712.53**	**124.91**	**95.39**			**26.62**	**0.90**	**4.48**	**21.24**
市辖区									
榕城区	48.89	45.87	23.31			2.22	0.03	0.26	1.93
揭东县	75.39	6.96				9.71	0.23	1.09	8.39
揭西县	210.07	72.08	72.08			2.64	0.30	0.37	1.97
惠来县	146.06					6.13	0.34	0.06	5.73
普宁市	232.12					5.92		2.70	3.22
云浮市	**1197.58**	**98.68**	**87.02**			**3.27**	**0.30**	**0.73**	**2.24**
市辖区									
云城区	76.51	31.21	31.21			0.62		0.07	0.55
新兴县	115.11	12.10	12.10			0.60			0.60
郁南县	365.36	20.00	20.00			1.15	0.30	0.55	0.30
云安县	199.20	15.16	8.16			0.90		0.11	0.79
罗定市	441.40	20.21	15.55						

5-13 各县（市）区水土流失综合治理面积

2016年

市别	水土流失综合治理面积（千公顷）	其中本年新增（千公顷）						
		合计	基本农田	水土保持林	经济林	种草	封禁治理	其他
全　省	**1536.17**	**78.65**	**0.12**	**36.40**	**8.69**	**1.26**	**26.99**	**5.19**
广州市	**80.47**	**0.15**				**0.15**		
市辖区								
荔湾区								
越秀区								
海珠区								
天河区	0.36							
白云区	4.50	0.01				0.01		
黄埔区	8.82							
番禺区	1.73	0.02				0.02		
花都区	8.63	0.02				0.02		
南沙区	1.52	0.02				0.02		
萝岗区								
增城市	23.87	0.05				0.05		
从化市	31.04	0.03				0.03		
深圳市	**13.33**	**0.13**				**0.08**		**0.05**
市辖区	0.13	0.13				0.08		0.05
罗湖区	0.17							
福田区	0.37							
南山区	1.43							
宝安区	4.91							
龙岗区	5.86							
盐田区	0.46							
珠海市	**12.88**	**0.39**					**0.39**	
市辖区	3.92	0.39					0.39	
香洲区	5.26							
斗门区	1.67							
金湾区	2.03							
汕头市	**15.37**	**1.98**		**1.98**				
市辖区								
龙湖区	0.22							
金平区	1.47	1.30		1.30				
濠江区	3.69							
潮阳区	2.75							
潮南区	3.75	0.53		0.53				
澄海区	0.88							
南澳县	2.61	0.15		0.15				
佛山市	**8.48**	**0.52**		**0.52**				
市辖区								

5-13　续表 1

市　　别	水土流失综合治理面积（千公顷）	其中本年新增（千公顷）						
		合计	基本农田	水土保持林	经济林	种草	封禁治理	其他
禅城区								
南海区	0.34							
顺德区	0.23	0.12		0.12				
三水区	1.01							
高明区	6.90	0.40		0.40				
韶关市	**193.68**	**0.32**	**0.01**	**0.18**	**0.13**			
市辖区								
武江区	16.84							
浈江区	20.41							
曲江区	8.22							
始兴县	16.13							
仁化县	8.76							
翁源县	8.10							
乳源瑶族治县	19.86							
新丰县	8.44							
乐昌市	31.88	0.32	0.01	0.18	0.13			
南雄市	55.04							
河源市	**142.90**	**0.89**		**0.89**				
市辖区								
源城区	1.88							
紫金县	39.97							
龙川县	52.70	0.89		0.89				
连平县	12.20							
和平县	16.09							
东源县	20.06							
梅州市	**151.13**	**2.69**		**1.16**		**0.01**	**1.10**	**0.42**
市辖区								
梅江区	4.43							
梅县区	25.23	0.02				0.01	0.01	
大埔县	13.43	0.10		0.01			0.09	
丰顺县	15.14							
五华县	57.87							
平远县	6.98							
蕉岭县	4.00	1.02		0.65			0.20	0.17
兴宁市	24.05	1.55		0.50			0.80	0.25
惠州市	**55.86**	**1.17**		**0.11**	**0.03**	**0.05**	**0.55**	**0.43**
市辖区	0.35							
惠城区	7.29							
惠阳区	9.85							

5-13 续表 2

市别	水土流失综合治理面积（千公顷）	其中本年新增（千公顷）						
		合计	基本农田	水土保持林	经济林	种草	封禁治理	其他
博罗县	11.04	0.51		0.02	0.03		0.03	0.43
惠东县	22.99	0.66		0.09		0.05	0.52	
龙门县	4.34							
汕尾市	**51.07**	**19.51**	**0.01**	**11.19**	**1.02**	**0.33**	**4.62**	**2.34**
市辖区								
城　区	17.78	10.48		9.41			1.07	
海丰县	14.62	6.16		1.36			2.46	2.34
陆河县	4.35							
陆丰市	14.32	2.87	0.01	0.42	1.02	0.33	1.09	
东莞市	**4.22**							
中山市	**15.23**							
江门市	**28.98**	**1.29**		**1.19**			**0.10**	
市辖区	0.71	0.71		0.71				
蓬江区	0.05							
江海区	0.07							
新会区	5.09							
台山市	10.47	0.39		0.39				
开平市	4.63	0.19		0.09			0.10	
鹤山市	4.61							
恩平市	3.35							
阳江市	**21.42**	**2.81**		**1.10**			**1.71**	
市辖区	7.88	2.81		1.10			1.71	
江城区	0.83							
阳西县	3.32							
阳东县	1.94							
阳春市	7.45							
湛江市	**59.84**	**4.91**		**1.00**	**3.30**	**0.01**		**0.60**
市辖区	7.70	4.17		0.97	3.20			
赤坎区								
霞山区	0.16							
坡头区	1.06							
麻章区	0.61							
遂溪县	12.86	0.14		0.03	0.10	0.01		
徐闻县	13.40							
廉江市	11.31							
雷州市	9.99	0.60						0.60
吴川市	2.75							
茂名市	**119.59**	**4.28**	**0.09**	**2.61**	**0.02**	**0.10**	**1.41**	**0.05**
市辖区	3.79	3.79		2.46			1.33	

5-13 续表 3

市别	水土流失综合治理面积（千公顷）	其中本年新增（千公顷） 合计	基本农田	水土保持林	经济林	种草	封禁治理	其他
茂南区	7.51							
茂港区	7.80							
电白县	11.58	0.18		0.13	0.01			0.04
高州市	37.14							
化州市	12.42							
信宜市	39.35	0.31	0.09	0.02	0.01	0.10	0.08	0.01
肇庆市	**129.67**	**2.68**	**0.01**	**0.69**	**0.14**	**0.48**	**1.36**	
市辖区								
端州区	0.63							
鼎湖区	1.62							
广宁县	15.58	0.18	0.01	0.03	0.01		0.13	
怀集县	44.36							
封开县	31.35							
德庆县	16.00	2.37		0.66	0.13	0.45	1.13	
高要市	12.82							
四会市	7.31	0.13				0.03	0.10	
清远市	**249.13**	**4.76**		**0.39**		**0.04**	**4.32**	**0.01**
市辖区								
清城区	8.36	0.01						0.01
佛冈县	9.87							
阳山县	68.64	4.68		0.32		0.04	4.32	
连山壮族瑶族自治县	13.64							
连南瑶族自治县	12.03	0.07		0.07				
清新县	33.12							
英德市	70.79							
连州市	32.68							
潮州市	**29.11**	**7.61**		**0.05**	**0.24**		**6.04**	**1.28**
市辖区								
湘桥区	1.74	1.01			0.24		0.77	
潮安县	15.63	6.60		0.05			5.27	1.28
饶平县	11.74							
揭阳市	**32.96**	**9.89**		**5.34**	**0.11**	**0.01**	**4.42**	**0.01**
市辖区	16.91	9.86		5.33	0.11		4.42	
榕城区	0.23							
揭东县	1.23	0.01		0.01				
揭西县	5.79							
惠来县	1.17							
普宁市	7.63	0.02				0.01		0.01
云浮市	**120.85**	**12.67**		**8.00**	**3.70**		**0.97**	
市辖区								
云城区	9.76							
新兴县	17.57							
郁南县	40.64	12.67		8.00	3.70		0.97	
云安县	20.07							
罗定市	32.81							

5-14 各县（市）区已建水库、水电站数量

2016 年

市别	水库数量（座）						水电站数量（座）					
	合计	大（1）型	大（2）型	中型	小（1）型	小（2）型	合计	大（1）型	大（2）型	中型	小（1）型	小（2）型
全省	**8392**	**7**	**30**	**342**	**1564**	**6449**	**9744**	**2**	**1**	**12**	**77**	**9652**
广州市	**359**		**1**	**16**	**72**	**270**	**188**	**1**			**1**	**186**
市辖区												
荔湾区												
越秀区												
海珠区												
天河区	5				1	4						
白云区	40			1	9	30	2					2
黄埔区	24			2	8	14	3					3
番禺区	16				1	15						
花都区	73			4	13	56	15					15
南沙区	7					7						
萝岗区												
增城市	107			4	17	86	16					16
从化市	87		1	5	23	58	152	1			1	150
深圳市	**162**			**12**	**63**	**87**	**7**					**7**
市辖区												
罗湖区	8			1		7	2					2
福田区	4			1	1	2						
南山区	3			2		1						
宝安区	50			4	26	20						
龙岗区	88			4	33	51	5					5
盐田区	9				3	6						
珠海市	**63**			**4**	**22**	**37**						
市辖区												
香洲区	20			2	9	9						
斗门区	27			2	7	18						
金湾区	16				6	10						
汕头市	**206**			**8**	**33**	**165**	**18**					**18**
市辖区												
龙湖区							1					1
金平区	3					3						
濠江区	25				5	20						
潮阳区	89			1	15	73	1					1
潮南区	72			7	9	56	11					11
澄海区	7					7	2					2
南澳县	10				4	6	3					3
佛山市	**129**			**3**	**20**	**106**	**15**					**15**
市辖区												

市别	水库数量（座）						水电站数量（座）					
	合计	大（1）型	大（2）型	中型	小（1）型	小（2）型	合计	大（1）型	大（2）型	中型	小（1）型	小（2）型
禅城区												
南海区	30			1	6	23						
顺德区							1					1
三水区	31				7	24	1					1
高明区	68			2	7	59	13					13
韶关市	**639**	**1**	**5**	**32**	**94**	**507**	**2075**			**3**	**14**	**2058**
市辖区												
武江区	28		1	1	2	24	90				1	89
浈江区	69			2	2	65	14				1	13
曲江区	46		2	2	3	39	150			1		149
始兴县	42			3	12	27	221				1	220
仁化县	55		1	5	6	43	256				3	253
翁源县	95			5	14	76	190					190
乳源自治县	51	1		4	12	34	414			2	6	406
新丰县	35			1	15	19	293					293
乐昌市	69		1	3	14	51	257				2	255
南雄市	149			6	14	129	190					190
河源市	**781**	**2**		**19**	**93**	**667**	**779**		**1**	**1**	**8**	**769**
市辖区												
源城区	26	1		1	5	19	13		1			12
紫金县	75			3	11	61	154					154
龙川县	154	1		5	11	137	186			1	3	182
连平县	177			1	19	157	215					215
和平县	166			2	8	156	66				1	65
东源县	183			7	39	137	145				4	141
梅州市	**717**		**3**	**18**	**140**	**556**	**1629**			**4**	**15**	**1610**
市辖区												
梅江区	36			2	7	27	42				2	40
梅县区	140			1	30	109	185				5	180
大埔县	48			3	8	37	260			1	5	254
丰顺县	66			2	9	55	289			2	3	284
五华县	193		1	3	31	158	338					338
平远县	41			2	9	30	154					154
蕉岭县	50		1	2	7	40	186			1		185
兴宁市	143		1	3	39	100	175					175
惠州市	**516**	**1**	**3**	**25**	**121**	**366**	**321**	**1**			**3**	**317**
市辖区												
惠城区	91			7	19	65	8					8
惠阳区	70			4	18	48	2					2
博罗县	177		2	8	29	138	63	1			1	61
惠东县	107	1		3	32	71	144				1	143

5-14 续表 2

市别	水库数量（座）						水电站数量（座）					
	合计	大（1）型	大（2）型	中型	小（1）型	小（2）型	合计	大（1）型	大（2）型	中型	小（1）型	小（2）型
龙门县	71		1	3	23	44	104				1	103
汕尾市	**436**		**2**	**18**	**61**	**355**	**145**			**1**		**144**
市辖区												
城　区	59			1	16	42						
海丰县	95		1	10	13	71	40					40
陆河县	134			2	7	125	87			1		86
陆丰市	148		1	5	25	117	18					18
东莞市	**121**			**8**	**48**	**65**	**2**					**2**
中山市	**39**			**1**	**17**	**21**	**6**					**6**
江门市	**603**		**4**	**30**	**162**	**407**	**262**				**1**	**261**
市辖区												
蓬江区	16			1	5	10						
江海区												
新会区	83			7	24	52	32					32
台山市	200		1	11	59	129	60					60
开平市	144		2	3	37	102	46					46
鹤山市	74			2	18	54	21					21
恩平市	86		1	6	19	60	103				1	102
阳江市	**226**		**2**	**19**	**73**	**132**	**494**				**3**	**491**
市辖区												
江城区	21			2	6	13	2					2
阳西县	50			4	17	29	51					51
阳东县	41		1	7	14	19	57					57
阳春市	114		1	6	36	71	384				3	381
湛江市	**766**	**1**	**2**	**23**	**111**	**629**	**82**					**82**
市辖区												
赤坎区	1				1							
霞山区	2				1	1						
坡头区	44				1	43						
麻章区	91			1	9	81						
遂溪县	78			1	20	57	5					5
徐闻县	119		1	5	32	81	11					11
廉江市	250	1	1	2	11	235	28					28
雷州市	144			14	32	98	34					34
吴川市	37				4	33	4					4
茂名市	**627**	**1**	**1**	**12**	**76**	**537**	**565**				**2**	**563**
市辖区												
茂南区	25			1	6	18	2					2
茂港区	36				2	34						
电白县	121		1	4	13	103	40					40
高州市	254	1		2	28	223	212				1	211

5-14 续表 3

市别	水库数量（座）						水电站数量（座）					
	合计	大（1）型	大（2）型	中型	小（1）型	小（2）型	合计	大（1）型	大（2）型	中型	小（1）型	小（2）型
化州市	79			2	19	58	25					25
信宜市	112			3	8	101	286				1	285
肇庆市	**557**			**23**	**78**	**456**	**692**				**15**	**677**
市辖区												
端州区	1				1		3					3
鼎湖区	14			1	1	12	7					7
广宁县	53			1	4	48	174				4	170
怀集县	141			6	14	121	260				5	255
封开县	92			4	16	72	113				3	110
德庆县	61			5	11	45	81					81
高要市	132			3	20	109	29					29
四会市	63			3	11	49	25				3	22
清远市	**523**	**1**	**4**	**32**	**101**	**385**	**1470**			**3**	**7**	**1460**
市辖区												
清城区	69	1		3	17	48	22			1		21
佛冈县	29			1	9	19	67					67
阳山县	58			10	12	36	240				2	238
连山自治县	26			1	4	21	255					255
连南自治县	15			1	7	7	235					235
清新县	63			4	7	52	140				1	139
英德市	211		3	11	34	163	314			2	3	309
连州市	52		1	1	11	39	197				1	196
潮州市	**202**		**1**	**8**	**30**	**163**	**202**				**3**	**199**
市辖区												
湘桥区	18			1	2	15	10					10
潮安县	27			3	9	15	67				3	64
饶平县	157		1	4	19	133	125					125
揭阳市	**478**		**2**	**19**	**96**	**361**	**348**				**5**	**343**
市辖区												
榕城区	25			1		24	1					1
揭东县	55			2	9	44	36					36
揭西县	102		1	4	16	81	124				5	119
惠来县	149		1	7	35	106	40					40
普宁市	147			5	36	106	147					147
云浮市	**242**			**12**	**53**	**177**	**444**					**444**
市辖区												
云城区	22			1	7	14	44					44
新兴县	44			3	12	29	104					104
郁南县	43			3	7	33	82					82
云安县	26			1	4	21	84					84
罗定市	107			4	23	80	130					130

5-15 各县（市）区已建泵站、水闸数量

2016 年

市别	泵站数量（处）						水闸数量（座）					
	合计	大（1）型	大（2）型	中型	小（1）型	小（2）型	合计	大（1）型	大（2）型	中型	小（1）型	小（2）型
全　　省	**15859**	**3**	**34**	**464**	**2376**	**12982**	**16005**	**13**	**131**	**729**	**2730**	**12402**
广 州 市	**1444**		**3**	**36**	**359**	**1046**	**1251**	**1**	**10**	**62**	**365**	**813**
市 辖 区												
荔 湾 区	43			2	35	6	49			3	10	36
越 秀 区	18		1		4	13	14			1	2	11
海 珠 区	16				13	3	60			6	23	31
天 河 区	19			1	8	10	9			3	3	3
白 云 区	351			6	65	280	162		1	5	26	130
黄 埔 区	6				4	2	29			2	14	13
番 禺 区	129			6	39	84	192		2	13	72	105
花 都 区	129			1	28	100	239		1	4	10	224
南 沙 区	350		2	11	88	249	253			18	140	95
萝 岗 区												
增 城 市	367			9	66	292	163	1	1	7	55	99
从 化 市	16				9	7	81		5		10	66
深 圳 市	**163**			**34**	**87**	**42**	**190**			**26**	**59**	**105**
市 辖 区												
罗 湖 区	20			7	9	4	6			4	1	1
福 田 区	6				5	1	3			2	1	
南 山 区	6			4	2		8			1	2	5
宝 安 区	115			18	63	34	155			15	50	90
龙 岗 区	14			5	8	1	18			4	5	9
盐 田 区	2					2						
珠 海 市	**257**		**2**	**8**	**68**	**179**	**233**		**1**	**27**	**185**	**20**
市 辖 区												
香 洲 区	11			3	3	5	25			7	16	2
斗 门 区	226		2	4	52	168	117		1	9	96	11
金 湾 区	20			1	13	6	91			11	73	7
汕 头 市	**409**			**8**	**119**	**282**	**998**	**2**	**6**	**38**	**177**	**775**
市 辖 区												
龙 湖 区	3				2	1	25		1	1	3	20
金 平 区	14				9	5	110		1	2	13	94
濠 江 区	5				3	2	100			2	7	91
潮 阳 区	174			3	74	97	218		2	15	80	121
潮 南 区	116			4	17	95	213			17	59	137
澄 海 区	97			1	14	82	324	2	2	1	14	305
南 澳 县							8				1	7
佛 山 市	**1504**		**8**	**133**	**305**	**1058**	**573**		**5**	**39**	**206**	**323**
市 辖 区												

5-15 续表1

市别	泵站数量（处）						水闸数量（座）					
	合计	大（1）型	大（2）型	中型	小（1）型	小（2）型	合计	大（1）型	大（2）型	中型	小（1）型	小（2）型
禅城区	54			20	19	15	47			5	28	14
南海区	616		1	51	131	433	208		1	23	86	98
顺德区	167		5	46	80	36	201		1	8	75	117
三水区	615		1	11	51	552	62		2	2	15	43
高明区	52		1	5	24	22	55		1	1	2	51
韶关市	**842**				**11**	**831**	**122**	**3**	**13**	**12**	**18**	**76**
市辖区												
武江区	24					24	2	1	1			
浈江区	54				1	53	1			1		
曲江区	9				1	8	5	1				4
始兴县	92				1	91	12		3			9
仁化县	81				5	76	5	1	4			
翁源县	36					36	3		1	1		1
乳源自治县	6				1	5	52				17	35
新丰县	12					12	1		1			
乐昌市	222				2	220	26		1			25
南雄市	306					306	15		2	10	1	2
河源市	**492**				**18**	**474**	**42**	**1**		**1**	**1**	**39**
市辖区												
源城区	17				2	15						
紫金县	157					157	20					20
龙川县	151					151	2	1				1
连平县	14				2	12	7			1		6
和平县	33				1	32	5					5
东源县	120				13	107	8				1	7
梅州市	**445**		**1**	**10**	**122**	**312**	**1057**			**17**	**35**	**1005**
市辖区												
梅江区	31		1	2	13	15	22			1	4	17
梅县区	113			2	17	94	79			2	3	74
大埔县	25			1	9	15	15					15
丰顺县	38				12	26	111				1	110
五华县	123			2	47	74	161				13	148
平远县	13					13	12			2		10
蕉岭县	38			1	16	21	137			7	6	124
兴宁市	64			2	8	54	520			5	8	507
惠州市	**719**		**6**	**33**	**91**	**589**	**682**	**2**	**8**	**40**	**120**	**512**
市辖区												
惠城区	236		5	18	36	177	147			10	41	96
惠阳区	68		1	3	9	55	53				10	43
博罗县	268			10	36	222	176	1	2	12	35	126
惠东县	77			2	5	70	141	1	1	16	24	99

5-15 续表 2

市别	泵站数量（处）						水闸数量（座）					
	合计	大（1）型	大（2）型	中型	小（1）型	小（2）型	合计	大（1）型	大（2）型	中型	小（1）型	小（2）型
龙门县	70				5	65	165		5	2	10	148
汕尾市	**402**			**1**	**47**	**354**	**1488**		**5**	**67**	**259**	**1157**
市辖区												
城区	13				3	10	307			30	99	178
海丰县	167			1	4	162	561		3	15	47	496
陆河县	30				1	29	214			6	70	138
陆丰市	192				39	153	406		2	16	43	345
东莞市	**371**	**2**	**2**	**89**	**194**	**84**	**472**		**3**	**57**	**226**	**186**
中山市	**457**	**1**	**2**	**23**	**109**	**322**	**386**		**4**	**20**	**112**	**250**
江门市	**2008**		**1**	**13**	**270**	**1724**	**1993**		**10**	**39**	**276**	**1668**
市辖区												
蓬江区	116			5	57	54	80			3	7	70
江海区	31			3	10	18	35			1	20	14
新会区	389			1	64	324	559			5	100	454
台山市	416			1	37	378	1000		1	19	117	863
开平市	733			2	49	682	260		1	4	19	236
鹤山市	206		1	1	34	170	13			2	1	10
恩平市	117				19	98	46		8	5	12	21
阳江市	**374**			**2**	**46**	**326**	**639**		**2**	**30**	**78**	**529**
市辖区												
江城区	119			1	6	112	155		1	16	32	106
阳西县	10				2	8	170			5	29	136
阳东县	22				3	19	169		1	7	10	151
阳春市	223			1	35	187	145			2	7	136
湛江市	**1106**			**1**	**25**	**1080**	**1494**		**11**	**55**	**118**	**1310**
市辖区												
赤坎区	2					2	2					2
霞山区	65					65	17			1		16
坡头区	88				1	87	186			3	7	176
麻章区	19				1	18	300			6	25	269
遂溪县	23			1	5	17	90			2	24	64
徐闻县	15					15	216			3	13	200
廉江市	449					449	279		5	22	13	239
雷州市	129				14	115	120		1	14	9	96
吴川市	316				4	312	284		5	4	27	248
茂名市	**1660**		**1**	**12**	**79**	**1568**	**1236**		**27**	**66**	**157**	**986**
市辖区												
茂南区	271		1	4	21	245	141		3	5	4	129
茂港区	115					115	91			4	21	66
电白县	184				3	181	299		3	5	63	228
高州市	417			8	16	393	329		5	13	32	279

5-15 续表 3

市别	泵站数量（处）						水闸数量（座）					
	合计	大（1）型	大（2）型	中型	小（1）型	小（2）型	合计	大（1）型	大（2）型	中型	小（1）型	小（2）型
化州市	615				39	576	148		6	17	30	95
信宜市	58					58	228		10	22	7	189
肇庆市	**788**		**5**	**27**	**208**	**548**	**533**		**3**	**14**	**75**	**441**
市辖区												
端州区	11		1	2		8	3				3	
鼎湖区	94			9	22	63	29			2	12	15
广宁县	45				26	19	40			2	11	27
怀集县	48					48	60					60
封开县	10			1	3	6	24			2	3	19
德庆县	98		1		17	80	102			2	6	94
高要市	326		2	11	86	227	238			3	38	197
四会市	156		1	4	54	97	37		3	3	2	29
清远市	**896**		**1**	**19**	**60**	**816**	**680**	**2**	**6**	**29**	**54**	**589**
市辖区												
清城区	278			9	33	236	133				25	108
佛冈县	13				2	11	9				1	8
阳山县	44					44	57			1	6	50
连山自治县	7					7	5			5		
连南自治县	10				2	8	17			4		13
清新县	364		1	5	11	347	191		2	1	6	182
英德市	85			5	10	70	169	2	4	17	7	139
连州市	95				2	93	99			1	9	89
潮州市	**466**			**3**	**36**	**427**	**519**	**1**	**6**	**15**	**43**	**454**
市辖区												
湘桥区	82			1	12	69	123		2	4	10	107
潮安县	276			2	19	255	182	1		1	14	166
饶平县	108				5	103	214		4	10	19	181
揭阳市	**634**		**1**	**9**	**92**	**532**	**1055**	**1**	**8**	**40**	**156**	**850**
市辖区												
榕城区	101			1	5	95	126			5	16	105
揭东县	50		1	2	7	40	90	1	1	6	7	75
揭西县	176			5	10	161	303		4	4	31	264
惠来县	186				42	144	231		2	11	54	164
普宁市	121			1	28	92	305		1	14	48	242
云浮市	**422**		**1**	**3**	**30**	**388**	**362**		**3**	**35**	**10**	**314**
市辖区												
云城区	19				2	17	18				4	14
新兴县	119				1	118	214			30	3	181
郁南县	72			2	17	53	47			3		44
云安县	35		1	1	9	24	10			2	3	5
罗定市	177				1	176	73		3			70

5-16 各县（市）区已建农村集中式供水工程、机电井数量

2016 年

市别	农村集中式供水工程数量（处）				机电井数量（眼）					
	合计	千吨万人以上	Ⅳ型	Ⅴ型	合计	规模以上机电井	浅层地下水机电井	深层承压水机电井	规模以下机电井	浅层地下水机电井
全　省	**43753**	**882**	**2353**	**40518**	**1233649**	**12414**	**10695**	**1719**	**1221235**	**1221235**
广州市	**413**	**50**	**33**	**330**	**31736**	**1292**	**1285**	**7**	**30444**	**30444**
市辖区										
荔湾区					409				409	409
越秀区					1	1	1			
海珠区										
天河区	2	2			426	16	16		410	410
白云区	32	6	8	18	21798	129	126	3	21669	21669
黄埔区	16			16	67	27	27		40	40
番禺区					1444	6	6		1438	1438
花都区	87	11	16	60	6502	154	154		6348	6348
南沙区	7	7			8				8	8
萝岗区										
增城市	102	10	9	83	263	167	167		96	96
从化市	167	14		153	818	792	788	4	26	26
深圳市					**3126**	**2247**	**2247**		**879**	**879**
市辖区										
罗湖区					22	13	13		9	9
福田区					6	5	5		1	1
南山区					232	206	206		26	26
宝安区					2302	1758	1758		544	544
龙岗区					560	262	262		298	298
盐田区					4	3	3		1	1
珠海市					**753**	**46**	**46**		**707**	**707**
市辖区										
香洲区					662	19	19		643	643
斗门区					80	16	16		64	64
金湾区					11	11	11			
汕头市	**112**	**45**	**27**	**40**	**2197**	**48**	**48**		**2149**	**2149**
市辖区										
龙湖区	2	2			2	2	2			
金平区					88				88	88
濠江区					15	5	5		10	10
潮阳区	20	18	2							
潮南区	56	10	21	25	2090	39	39		2051	2051
澄海区	9	8	1		2	2	2			
南澳县	25	7	3	15						
佛山市	**367**	**23**	**9**	**335**	**1137**	**68**	**64**	**4**	**1069**	**1069**
市辖区										

5-16 续表 1

市别	农村集中式供水工程数量（处）				机电井数量（眼）					
	合计	千吨万人以上	Ⅳ型	Ⅴ型	合计	规模以上机电井	浅层地下水机电井	深层承压水机电井	规模以下机电井	浅层地下水机电井
禅城区										
南海区	141	11	6	124	398	3	2	1	395	395
顺德区	10	7	3		612	16	16		596	596
三水区	71	3		68	95	43	40	3	52	52
高明区	145	2		143	32	6	6		26	26
韶关市	**2924**	**18**	**138**	**2768**	**38891**	**118**	**118**		**38773**	**38773**
市辖区										
武江区	73		5	68	1499	32	32		1467	1467
浈江区	75		2	73	7515	11	11		7504	7504
曲江区	309		17	292	2570	33	33		2537	2537
始兴县	141	2	13	126	10885				10885	10885
仁化县	555	2	9	544	439	2	2		437	437
翁源县	358	3	21	334	1263	13	13		1250	1250
乳源自治县	246	3	9	234	220	3	3		217	217
新丰县	543	1	17	525	3958	24	24		3934	3934
乐昌市	510	1	17	492	3005				3005	3005
南雄市	114	6	28	80	7537				7537	7537
河源市	**6429**	**23**	**226**	**6180**	**40788**	**80**	**74**	**6**	**40708**	**40708**
市辖区										
源城区	2		1	1	1	1	1			
紫金县	2168		12	2156	24718	33	31	2	24685	24685
龙川县	3025	5	86	2934	6800	15	11	4	6785	6785
连平县	571	6	41	524	2	2	2			
和平县	271	1	54	216	2135	24	24		2111	2111
东源县	392	11	32	349	7132	5	5		7127	7127
梅州市	**4471**	**43**	**229**	**4199**	**26336**	**112**	**112**		**26224**	**26224**
市辖区										
梅江区	78		4	74	564	1	1		563	563
梅县区	179	7	47	125	4025	40	40		3985	3985
大埔县	372		18	354	446	11	11		435	435
丰顺县	1728	7	26	1695	740	12	12		728	728
五华县	961	11	61	889	3022	11	11		3011	3011
平远县	125	2	17	106	282	12	12		270	270
蕉岭县	415	6	14	395	3349	6	6		3343	3343
兴宁市	613	10	42	561	13908	19	19		13889	13889
惠州市	**1074**	**74**	**158**	**842**	**84502**	**314**	**314**		**84188**	**84188**
市辖区										
惠城区	176	13	14	149	23523	42	42		23481	23481
惠阳区	74	13	19	42	11378	26	26		11352	11352
博罗县	116	24	17	75	24509	91	91		24418	24418
惠东县	219	18	66	135	15419	93	93		15326	15326

5-16 续表 2

市别	农村集中式供水工程数量（处）				机电井数量（眼）					
	合计	千吨万人以上	Ⅳ型	Ⅴ型	合计	规模以上机电井	浅层地下水机电井	深层承压水机电井	规模以下机电井	浅层地下水机电井
龙门县	489	6	42	441	9673	62	62		9611	9611
汕尾市	**170**	**40**	**39**	**91**	**45969**	**51**	**51**		**45918**	**45918**
市辖区										
城区	6	5	1							
海丰县	35	15	13	7	11341	9	9		11332	11332
陆河县	110	4	22	84	1751	37	37		1714	1714
陆丰市	19	16	3		32877	5	5		32872	32872
东莞市	**97**	**95**	**1**	**1**	**1901**	**56**	**56**		**1845**	**1845**
中山市	**13**	**10**	**3**		**2705**	**24**	**24**		**2681**	**2681**
江门市	**786**	**55**	**56**	**675**	**11787**	**230**	**218**	**12**	**11557**	**11557**
市辖区										
蓬江区					460	2	2		458	458
江海区										
新会区	44	13	10	21	503	22	19	3	481	481
台山市	141	19	25	97	60	15	12	3	45	45
开平市	176	13	10	153	5023	80	80		4943	4943
鹤山市	102	7	8	87	5403	48	42	6	5355	5355
恩平市	323	3	3	317	338	63	63		275	275
阳江市	**327**	**54**	**54**	**219**	**93143**	**54**	**54**		**93089**	**93089**
市辖区										
江城区	44	10	34		15714	17	17		15697	15697
阳西县	187	9	9	169	13806	9	9		13797	13797
阳东县	80	25	6	49	24930	26	26		24904	24904
阳春市	16	10	5	1	38693	2	2		38691	38691
湛江市	**2202**	**34**	**465**	**1703**	**238508**	**6051**	**4366**	**1685**	**232457**	**232457**
市辖区										
赤坎区	6		1	5	1270	51	16	35	1219	1219
霞山区	7	2	4	1	3404	133	71	62	3271	3271
坡头区	149	3	6	140	16566	415	394	21	16151	16151
麻章区	144	3	103	38	30697	1524	638	886	29173	29173
遂溪县	732	1	23	708	33150	1648	1627	21	31502	31502
徐闻县	363	4	69	290	76930	654	250	404	76276	76276
廉江市	243	13	21	209	17050	385	385		16665	16665
雷州市	341		171	170	40415	1067	811	256	39348	39348
吴川市	217	8	67	142	19026	174	174		18852	18852
茂名市	**10983**	**75**	**156**	**10752**	**353123**	**940**	**940**		**352183**	**352183**
市辖区										
茂南区	10	7	3		27623	17	17		27606	27606
茂港区	36	13	23		31403	7	7		31396	31396
电白县	33	20	1	12	56274	155	155		56119	56119
高州市	1336	9	36	1291	113630	188	188		113442	113442

5-16 续表 3

市别	农村集中式供水工程数量（处）				机电井数量（眼）					
	合计	千吨万人以上	Ⅳ型	Ⅴ型	合计	规模以上机电井	浅层地下水机电井	深层承压水机电井	规模以下机电井	浅层地下水机电井
化州市	143	24	11	108	88955	552	552		88403	88403
信宜市	9425	2	82	9341	35238	21	21		35217	35217
肇庆市	**6553**	**41**	**195**	**6317**	**29376**	**353**	**351**	**2**	**29023**	**29023**
市辖区										
端州区	27	1		26	22	22	22			
鼎湖区	352	1	4	347	2214	64	64		2150	2150
广宁县	2422	8	12	2402	2054	26	26		2028	2028
怀集县	350	15	15	320	8899	14	13	1	8885	8885
封开县	1093	3	23	1067	2207	4	3	1	2203	2203
德庆县	632	7	74	551	92	92	92			
高要市	1240		55	1185	284	112	112		172	172
四会市	437	6	12	419	13604	19	19		13585	13585
清远市	**3476**	**56**	**292**	**3128**	**109641**	**207**	**206**	**1**	**109434**	**109434**
市辖区										
清城区	30	11	10	9	61085	43	43		61042	61042
佛冈县	43	4	27	12	18108	33	33		18075	18075
阳山县	663	2	38	623	4507	7	7		4500	4500
连山自治县	423		7	416						
连南自治县	98		12	86	23	2	2		21	21
清新县	694	11	49	634	19482	14	13	1	19468	19468
英德市	996	22	70	904	5452	108	108		5344	5344
连州市	529	6	79	444	984				984	984
潮州市	**417**	**33**	**69**	**315**	**20686**	**19**	**18**	**1**	**20667**	**20667**
市辖区										
湘桥区	11	3	2	6	4268				4268	4268
潮安县	242	17	14	211	11167	5	5		11162	11162
饶平县	164	13	53	98	5251	14	13	1	5237	5237
揭阳市	**177**	**67**	**67**	**43**	**61898**	**27**	**27**		**61871**	**61871**
市辖区										
榕城区	8	7	1							
揭东县	10	8	2		36899				36899	36899
揭西县	58	12	33	13	38				38	38
惠来县	62	25	29	8	11377	12	12		11365	11365
普宁市	39	15	2	22	13584	15	15		13569	13569
云浮市	**2762**	**46**	**136**	**2580**	**35446**	**77**	**76**	**1**	**35369**	**35369**
市辖区										
云城区	292		25	267	401	13	13		388	388
新兴县	566	6	38	522	6528	36	36		6492	6492
郁南县	354	2	34	318	5704	5	5		5699	5699
云安县	420	4	21	395	39	7	7		32	32
罗定市	1130	34	18	1078	22774	16	15	1	22758	22758

六、国民经济概况

6-1 国民经济核算主要指标

指　　标	2000	2010	2015	2016
地区生产总值　(亿元)	10741.25	46036.25	72812.55	79512.05
第一产业	986.32	2286.98	3345.54	3694.37
第二产业	4999.51	22821.77	32613.54	34001.31
第三产业	4755.42	20927.50	36853.47	41816.37
地区生产总值增长速度 (%)	11.5	12.4	8.0	7.5
第一产业	2.3	4.5	3.3	3.1
第二产业	12.0	14.4	7.0	6.2
第三产业	13.2	10.9	9.5	9.2
地区生产总值构成(%)	100.0	100.0	100.0	100.0
第一产业	9.2	5.0	4.6	4.6
第二产业	46.5	49.6	44.8	42.8
第三产业	44.3	45.4	50.6	52.6
地区生产总值贡献率 (%)	100.0	100.0	100.0	100.0
第一产业	2.0	1.7	1.7	1.9
第二产业	59.7	60.8	42.5	36.7
第三产业	38.3	37.5	55.9	61.4
地区生产总值拉动率(%)	11.5	12.4	8.0	7.5
第一产业	0.2	0.2	0.1	0.1
第二产业	6.9	7.6	3.4	2.8
第三产业	4.4	4.6	4.5	4.6
人均地区生产总值(元)	12736	44758	67503	72787
人均地区生产总值增长速度(%)	7.1	9.5	7.0	6.2
支出法地区生产总值 (亿元)	10741.25	46036.25	72812.55	79512.05
最终消费支出	5714.46	22480.91	37211.27	40926.54
资本形成总额	3850.81	17706.61	30374.17	33263.60
货物和服务净流出	1175.99	5848.74	5227.11	5321.91
支出法地区生产总值构成(%)	100.0	100.0	100.0	100.0
最终消费支出	53.2	48.8	51.1	51.5
资本形成总额	35.9	38.5	41.7	41.8
货物和服务净流出	10.9	12.7	7.2	6.7
支出法地区生产总值贡献率(%)	100.0	100.0	100.0	100.0
最终消费支出	33.8	53.5	48.5	50.6
资本形成总额	25.5	46.2	47.8	47.7
货物和服务净流出	40.7	0.3	3.7	1.7
生产性服务业增加值 (亿元)			19551.98	21719.60

注：国民经济核算数据绝对数按当年价格计算，速度和指数按不变价格计算。

6-2 地区生产总值

单位：亿元

年份	地区生产总值	第一产业	第二产业	第三产业	#工业	#建筑业	#批发和零售业	#交通运输仓储和邮政业	#金融业	#房地产业
1978	185.85	55.31	86.62	43.92	76.12	10.49	19.39	10.05	4.53	1.42
1979	209.34	66.62	91.65	51.06	82.36	9.29	23.52	11.26	4.74	1.62
1980	249.65	82.97	102.53	64.14	89.87	12.66	29.53	13.72	6.10	2.13
1981	290.36	94.30	120.34	75.71	103.60	16.74	33.57	16.71	6.76	2.79
1982	339.92	118.17	135.37	86.39	113.13	22.24	38.07	18.34	7.98	3.39
1983	368.75	121.24	152.27	95.24	125.82	26.45	41.42	19.47	8.94	4.09
1984	458.74	145.25	187.55	125.93	154.33	33.22	54.41	25.68	11.76	5.09
1985	577.38	171.87	229.82	175.69	185.81	44.01	79.86	35.91	12.74	6.16
1986	667.53	188.37	255.88	223.28	208.46	47.42	89.78	40.18	20.84	11.69
1987	846.69	232.14	330.35	284.20	273.77	56.58	104.17	53.20	34.25	16.44
1988	1155.37	306.50	460.17	388.70	386.35	73.82	145.89	65.22	46.80	22.84
1989	1381.39	351.73	554.13	475.53	464.06	90.07	136.65	79.02	72.70	41.36
1990	1559.03	384.59	615.86	558.58	523.42	92.45	152.90	101.61	82.46	42.87
1991	1893.30	416.00	782.67	694.63	675.55	107.12	185.77	138.54	94.83	54.09
1992	2447.54	465.83	1100.32	881.39	899.28	201.04	236.59	174.28	122.79	81.74
1993	3469.28	558.70	1704.88	1205.70	1386.83	318.05	340.49	233.15	149.29	126.25
1994	4619.02	692.25	2253.25	1673.52	1865.44	387.80	486.46	336.95	199.84	171.11
1995	5933.05	864.49	2900.22	2168.34	2448.82	451.40	647.77	433.10	229.27	230.75
1996	6834.97	935.24	3307.51	2592.22	2842.85	464.66	798.55	505.91	264.86	283.92
1997	7774.53	978.32	3704.39	3091.81	3235.42	468.97	944.61	642.37	302.87	342.54
1998	8530.88	994.55	4067.12	3469.21	3564.25	502.87	1073.36	705.98	306.39	419.76
1999	9250.68	1009.01	4359.00	3882.66	3832.44	526.56	1174.76	766.84	331.10	505.74
2000	10741.25	986.32	4999.51	4755.42	4463.06	536.45	1371.49	938.74	443.69	626.10
2001	12039.25	988.84	5506.06	5544.35	4941.20	564.86	1543.83	1114.18	450.81	696.41
2002	13502.42	1015.08	6143.40	6343.94	5548.41	594.99	1761.27	1206.20	454.65	808.16
2003	15844.64	1072.91	7592.78	7178.94	6886.97	705.81	2009.33	1263.39	534.28	955.66
2004	18864.62	1219.84	9280.73	8364.05	8485.85	794.88	2321.59	1419.78	602.68	1103.75
2005	22557.37	1428.27	11356.60	9772.50	10489.73	866.87	2250.66	1031.93	661.81	1430.37
2006	26587.76	1532.17	13469.77	11585.82	12518.59	951.18	2606.79	1208.82	899.91	1722.07
2007	31777.01	1695.57	16004.61	14076.83	14942.91	1061.70	2912.30	1418.57	1705.08	2029.77
2008	36796.71	1973.05	18502.20	16321.46	17304.79	1197.41	3476.44	1634.45	1972.40	2057.45
2009	39492.52	2010.27	19338.28	18143.97	18010.14	1328.14	3953.35	1581.46	2335.08	2453.64
2010	46036.25	2286.98	22821.77	20927.50	21269.96	1551.81	4760.11	1793.66	2780.73	2775.38
2011	53246.18	2665.20	26116.05	24464.93	24318.27	1797.78	5881.51	2036.25	3119.08	3253.27
2012	57147.75	2847.26	27239.44	27061.04	25348.54	1890.90	6622.92	2286.11	3469.67	3544.67
2013	62474.79	2977.13	28994.22	30503.44	26894.54	2161.10	7323.55	2450.51	4122.81	4207.46
2014	67809.85	3166.82	31419.75	33223.28	29144.15	2341.18	7778.82	2740.76	4447.43	4486.92
2015	72812.55	3345.54	32613.54	36853.47	30250.40	2441.85	7635.08	3038.00	5757.08	5117.05
2016	79512.05	3694.37	34001.31	41816.37	31539.56	2551.82	8382.48	3208.35	6127.05	6229.50

注：1. 2004年及以前年份第一产业不包括农林牧渔服务业，交通运输仓储和邮政业包括电信业，但不包括城市公共交通业，批发与零售业包括餐饮业（以下相关表同）。

2. 2013年起，三次产业分类依据国家统计局2012年制定的《三次产业划分规定》执行(以下相关表同)。

6-3 地区生产总值指数

上年=100

年份	地区生产总值	第一产业	第二产业	第三产业	#工业	#建筑业	#批发和零售业	#交通运输仓储和邮政业	#金融业	#房地产业
1978	101.0	104.3	97.1	101.2						
1979	108.5	106.1	104.3	117.6	107.6	89.5	123.1	112.7	103.1	115.2
1980	116.6	112.7	116.9	122.1	113.2	136.6	119.6	119.5	126.4	136.0
1981	109.0	105.1	112.9	110.0	110.8	122.0	106.8	107.5	106.4	129.5
1982	112.0	111.9	111.5	112.5	108.1	124.9	108.0	117.4	110.0	121.0
1983	107.3	103.6	110.1	108.9	109.6	111.6	106.9	105.0	110.0	117.9
1984	115.6	112.5	118.8	115.7	120.5	113.0	116.6	105.7	116.8	109.3
1985	118.0	106.2	120.7	128.7	120.9	120.1	127.6	123.1	130.0	148.3
1986	112.7	105.6	108.1	124.7	108.8	105.4	117.9	120.9	130.2	161.1
1987	119.6	109.6	127.5	120.6	131.6	112.1	116.5	122.2	140.3	132.2
1988	115.8	106.6	124.9	113.7	128.0	111.4	108.3	121.8	115.0	127.6
1989	107.2	107.2	108.6	105.7	110.8	97.1	80.1	118.2	133.0	141.4
1990	111.6	107.3	112.7	113.4	114.4	102.7	112.2	106.8	117.3	97.6
1991	117.7	105.4	123.6	119.4	123.0	127.5	119.6	128.3	107.2	114.3
1992	122.1	105.6	133.4	119.0	130.8	149.8	119.4	120.9	121.2	146.2
1993	123.0	102.5	136.3	116.7	139.8	117.0	122.0	124.9	102.5	129.0
1994	119.7	103.1	125.7	118.4	127.2	116.2	119.4	127.6	107.4	127.4
1995	115.6	105.4	118.7	114.6	119.6	112.8	115.9	117.3	101.8	122.2
1996	111.3	104.9	112.6	111.5	113.9	102.6	114.2	109.4	107.5	115.8
1997	111.2	104.7	112.9	110.7	114.4	100.0	113.6	109.1	109.6	111.6
1998	110.8	103.8	112.4	110.4	112.9	107.6	115.0	106.7	103.1	110.6
1999	110.1	103.9	110.6	111.2	110.9	107.5	110.4	105.7	110.8	119.3
2000	111.5	102.3	112.0	113.2	113.3	99.1	109.4	117.3	122.7	115.4
2001	110.5	102.2	110.7	112.0	111.2	106.1	111.6	114.0	101.7	108.7
2002	112.4	104.3	113.7	112.5	114.9	103.5	113.3	106.3	100.6	111.9
2003	114.8	102.2	120.3	111.3	121.0	113.1	111.6	106.1	110.6	115.3
2004	114.8	104.1	118.8	112.0	120.3	102.9	109.8	112.1	106.9	108.2
2005	114.1	104.9	115.2	114.3	115.9	106.6	111.1	118.8	107.7	121.2
2006	114.8	104.2	117.0	113.8	117.7	109.0	113.0	116.3	124.7	112.8
2007	114.9	103.2	117.1	113.8	117.8	107.5	108.0	111.0	141.8	113.1
2008	110.4	103.9	111.6	109.8	112.3	100.5	112.6	108.4	109.0	93.5
2009	109.7	104.9	108.8	111.3	108.4	115.4	117.0	105.4	117.9	120.5
2010	112.4	104.5	114.4	110.9	114.6	112.0	114.9	111.4	113.4	104.4
2011	110.0	104.2	110.3	110.3	110.5	107.3	113.8	112.0	105.6	105.5
2012	108.2	103.8	107.1	109.8	107.4	103.2	110.1	112.8	110.0	108.6
2013	108.5	102.4	107.6	109.9	107.9	103.9	110.2	108.6	115.7	113.0
2014	107.8	103.2	107.9	108.0	108.0	106.2	107.2	110.8	108.3	102.6
2015	108.0	103.3	107.0	109.5	107.0	106.0	106.6	105.5	119.0	109.1
2016	107.5	103.1	106.2	109.2	106.3	104.1	107.0	109.5	106.3	110.2

6-4 地区生产总值指数

1978 年=100

年份	地区生产总值	第一产业	第二产业	第三产业	#工业	#建筑业	#批发和零售业	#交通运输仓储和邮政业	#金融业	#房地产业
1978	100.0	100.0	100.0	100.0	100.0	100.0	100.0	100.0	100.0	100.0
1979	108.5	106.1	104.3	117.6	107.6	89.5	123.1	112.7	103.1	115.2
1980	126.5	119.6	121.9	143.5	121.8	122.2	147.3	134.6	130.4	156.6
1981	137.9	125.8	137.6	157.8	135.0	149.1	157.2	144.8	138.6	202.8
1982	154.4	140.8	153.4	177.5	145.9	186.4	169.7	170.0	152.6	245.3
1983	165.6	145.9	168.8	193.3	159.9	208.0	181.5	178.6	167.8	289.1
1984	191.4	164.1	200.6	223.7	192.7	235.1	211.7	188.8	196.0	316.0
1985	225.7	174.2	242.1	287.9	233.0	282.4	270.1	232.5	254.7	468.8
1986	254.5	184.0	261.6	359.0	253.4	297.5	318.5	281.0	331.7	755.1
1987	304.5	201.7	333.4	433.0	333.4	333.5	370.9	343.4	465.3	998.5
1988	352.6	215.0	416.5	492.6	426.7	371.4	401.6	418.2	535.1	1273.9
1989	377.9	230.6	452.1	520.5	472.8	360.6	321.8	494.3	711.7	1801.5
1990	421.6	247.4	509.3	590.1	540.9	370.4	361.1	527.8	834.5	1758.4
1991	496.1	260.9	629.7	704.6	665.4	472.2	431.9	677.2	894.5	2009.4
1992	605.8	275.4	840.2	838.6	870.4	707.4	515.7	818.6	1084.5	2938.0
1993	745.1	282.4	1145.2	979.1	1217.2	827.9	629.1	1022.1	1111.4	3788.9
1994	891.9	291.2	1439.6	1159.6	1547.9	962.4	751.2	1304.3	1193.3	4828.9
1995	1030.6	306.9	1709.0	1329.3	1850.6	1085.2	870.7	1529.5	1214.2	5898.5
1996	1146.8	321.9	1924.2	1482.0	2108.2	1113.5	994.7	1673.6	1305.1	6832.5
1997	1275.1	336.9	2172.0	1640.1	2412.2	1113.7	1129.7	1826.4	1429.9	7621.7
1998	1412.9	349.6	2441.7	1810.5	2723.9	1198.7	1299.0	1948.7	1474.6	8430.9
1999	1555.9	363.3	2700.6	2013.9	3021.1	1288.3	1434.6	2060.5	1634.4	10060.7
2000	1734.3	371.7	3024.8	2279.9	3421.5	1276.9	1570.1	2416.0	2004.6	11611.0
2001	1916.2	379.9	3347.4	2554.0	3805.4	1354.2	1751.8	2753.1	2039.4	12625.5
2002	2153.3	396.3	3806.6	2873.3	4372.0	1401.6	1984.9	2926.6	2052.4	14124.3
2003	2473.0	405.1	4579.4	3198.8	5292.0	1585.6	2215.4	3105.3	2269.9	16289.3
2004	2838.7	421.8	5438.5	3582.9	6365.6	1631.6	2433.5	3480.8	2427.3	17629.0
2005	3239.7	442.5	6264.8	4093.5	7378.1	1739.4	2704.2	4134.5	2614.1	21371.6
2006	3719.4	461.1	7332.9	4656.3	8685.2	1895.3	3055.7	4808.1	3260.9	24097.0
2007	4272.3	475.9	8586.9	5296.7	10234.0	2038.1	3301.6	5335.4	4625.3	27255.5
2008	4718.1	494.5	9579.9	5817.7	11496.4	2048.6	3718.0	5781.0	5043.4	25488.8
2009	5175.8	518.9	10425.8	6477.2	12464.3	2364.4	4349.6	6095.9	5945.3	30718.6
2010	5820.0	542.5	11931.2	7181.2	14284.6	2646.9	4997.5	6793.5	6740.4	32077.8
2011	6402.0	565.1	13157.6	7923.3	15784.3	2839.3	5689.6	7611.8	7121.0	33855.8
2012	6925.7	586.9	14091.2	8700.4	16947.6	2930.7	6265.6	8587.8	7830.0	36759.0
2013	7511.7	601.2	15164.1	9564.0	18282.8	3045.0	6904.9	9329.5	9057.2	41539.1
2014	8094.9	620.6	16366.9	10328.3	19753.1	3234.0	7401.7	10341.6	9809.4	42638.4
2015	8742.1	641.1	17505.4	11305.9	21144.6	3427.9	7888.3	10915.1	11677.4	46533.9
2016	9401.2	661.1	18585.9	12340.5	22484.2	3568.0	8441.8	11953.8	12417.8	51278.9

6-5 地区生产总值产业构成

单位：%

年　份	地区生产总值	第一产业	第二产业	第三产业	# 工　业
1978	100. 0	29. 8	46. 6	23. 6	41. 0
1979	100. 0	31. 8	43. 8	24. 4	39. 3
1980	100. 0	33. 2	41. 1	25. 7	36. 0
1981	100. 0	32. 5	41. 4	26. 1	35. 7
1982	100. 0	34. 8	39. 8	25. 4	33. 3
1983	100. 0	32. 9	41. 3	25. 8	34. 1
1984	100. 0	31. 7	40. 9	27. 4	33. 6
1985	100. 0	29. 8	39. 8	30. 4	32. 2
1986	100. 0	28. 2	38. 3	33. 5	31. 2
1987	100. 0	27. 4	39. 0	33. 6	32. 3
1988	100. 0	26. 5	39. 8	33. 7	33. 4
1989	100. 0	25. 5	40. 1	34. 4	33. 6
1990	100. 0	24. 7	39. 5	35. 8	33. 6
1991	100. 0	22. 0	41. 3	36. 7	35. 7
1992	100. 0	19. 0	45. 0	36. 0	36. 7
1993	100. 0	16. 1	49. 1	34. 8	40. 0
1994	100. 0	15. 0	48. 8	36. 2	40. 4
1995	100. 0	14. 6	48. 9	36. 5	41. 3
1996	100. 0	13. 7	48. 4	37. 9	41. 6
1997	100. 0	12. 6	47. 6	39. 8	41. 6
1998	100. 0	11. 7	47. 7	40. 6	41. 8
1999	100. 0	10. 9	47. 1	42. 0	41. 4
2000	100. 0	9. 2	46. 5	44. 3	41. 6
2001	100. 0	8. 2	45. 7	46. 1	41. 0
2002	100. 0	7. 5	45. 5	47. 0	41. 1
2003	100. 0	6. 8	47. 9	45. 3	43. 5
2004	100. 0	6. 5	49. 2	44. 3	45. 0
2005	100. 0	6. 3	50. 4	43. 3	46. 5
2006	100. 0	5. 8	50. 6	43. 6	47. 1
2007	100. 0	5. 3	50. 4	44. 3	47. 0
2008	100. 0	5. 4	50. 3	44. 3	47. 0
2009	100. 0	5. 1	49. 0	45. 9	45. 6
2010	100. 0	5. 0	49. 6	45. 4	46. 2
2011	100. 0	5. 0	49. 1	45. 9	45. 7
2012	100. 0	5. 0	47. 7	47. 3	44. 4
2013	100. 0	4. 8	46. 4	48. 8	43. 0
2014	100. 0	4. 7	46. 3	49. 0	43. 0
2015	100. 0	4. 6	44. 8	50. 6	41. 6
2016	100. 0	4. 6	42. 8	52. 6	39. 7

6-6 三次产业贡献率

单位：%

年　份	地区生产总值	第一产业	第二产业	第三产业	# 工　业
1979	100. 0	30. 0	16. 6	53. 4	24. 2
1980	100. 0	31. 0	32. 1	36. 9	21. 0
1981	100. 0	22. 4	45. 4	32. 2	31. 0
1982	100. 0	37. 8	31. 5	30. 7	17. 8
1983	100. 0	18. 7	45. 1	36. 2	33. 4
1984	100. 0	29. 2	40. 5	30. 3	34. 1
1985	100. 0	12. 2	39. 8	48. 0	31. 4
1986	100. 0	14. 1	22. 3	63. 6	19. 1
1987	100. 0	14. 7	47. 3	38. 0	42. 9
1988	100. 0	11. 4	56. 8	31. 8	52. 0
1989	100. 0	25. 5	46. 2	28. 3	48. 8
1990	100. 0	16. 0	43. 1	40. 9	41. 7
1991	100. 0	7. 5	53. 1	39. 4	44. 8
1992	100. 0	5. 5	63. 1	31. 4	50. 1
1993	100. 0	2. 1	72. 0	25. 9	66. 8
1994	100. 0	2. 5	65. 9	31. 6	60. 4
1995	100. 0	4. 7	63. 9	31. 4	58. 5
1996	100. 0	5. 3	60. 9	33. 8	59. 4
1997	100. 0	4. 9	63. 5	31. 6	63. 5
1998	100. 0	3. 8	64. 4	31. 8	60. 6
1999	100. 0	4. 0	59. 5	36. 5	55. 7
2000	100. 0	2. 0	59. 7	38. 3	60. 1
2001	100. 0	2. 0	47. 3	50. 7	44. 4
2002	100. 0	3. 0	51. 7	45. 3	50. 3
2003	100. 0	1. 2	64. 5	34. 3	60. 6
2004	100. 0	1. 9	62. 7	35. 4	61. 8
2005	100. 0	2. 3	55. 0	42. 7	53. 2
2006	100. 0	1. 8	58. 0	40. 2	55. 6
2007	100. 0	1. 2	59. 1	39. 7	57. 2
2008	100. 0	1. 9	58. 0	40. 1	57. 8
2009	100. 0	2. 5	48. 1	49. 4	43. 2
2010	100. 0	1. 7	60. 8	37. 5	57. 7
2011	100. 0	2. 1	50. 9	47. 0	48. 5
2012	100. 0	2. 2	43. 1	54. 7	41. 8
2013	100. 0	1. 3	44. 2	54. 5	42. 9
2014	100. 0	1. 7	49. 8	48. 5	47. 5
2015	100. 0	1. 7	42. 5	55. 9	40. 5
2016	100. 0	1. 9	36. 7	61. 4	34. 9

注：三次产业贡献率指各产业增加值增量与 GDP 增量之比。

6-7 三次产业对地区生产总值增长的拉动

单位：%

年 份	地区生产总值	第一产业	第二产业	第三产业	# 工 业
1979	8.5	2.6	1.4	4.5	2.0
1980	16.6	5.2	5.3	6.1	3.5
1981	9.0	2.0	4.1	2.9	2.8
1982	12.0	4.5	3.8	3.7	2.1
1983	7.3	1.4	3.3	2.6	2.4
1984	15.6	4.6	6.3	4.7	5.3
1985	18.0	2.2	7.2	8.6	5.6
1986	12.7	1.8	2.8	8.1	2.4
1987	19.6	2.9	9.3	7.4	8.4
1988	15.8	1.8	9.0	5.0	8.2
1989	7.2	1.8	3.3	2.1	3.5
1990	11.6	1.9	5.0	4.7	4.8
1991	17.7	1.3	9.4	7.0	7.9
1992	22.1	1.2	14.0	6.9	11.1
1993	23.0	0.5	16.5	6.0	15.3
1994	19.7	0.5	13.0	6.2	11.9
1995	15.6	0.8	9.9	4.9	9.1
1996	11.3	0.6	6.9	3.8	6.7
1997	11.2	0.6	7.1	3.5	7.1
1998	10.8	0.4	7.0	3.4	6.5
1999	10.1	0.4	6.0	3.7	5.6
2000	11.5	0.2	6.9	4.4	6.9
2001	10.5	0.2	5.0	5.3	4.7
2002	12.4	0.4	6.4	5.6	6.2
2003	14.8	0.2	9.5	5.1	9.0
2004	14.8	0.3	9.3	5.2	9.1
2005	14.1	0.3	7.8	6.0	7.5
2006	14.8	0.3	8.6	5.9	8.2
2007	14.9	0.2	8.8	5.9	8.5
2008	10.4	0.2	6.0	4.2	6.0
2009	9.7	0.2	4.7	4.8	4.2
2010	12.4	0.2	7.6	4.6	7.2
2011	10.0	0.2	5.1	4.7	4.9
2012	8.2	0.2	3.5	4.5	3.4
2013	8.5	0.1	3.8	4.6	3.6
2014	7.8	0.1	3.9	3.8	3.7
2015	8.0	0.1	3.4	4.5	3.2
2016	7.5	0.1	2.8	4.6	2.6

注：三次产业拉动指 GDP 增长速度与各产业贡献率之乘积。

6-8 地区生产总值项目结构

单位：亿元

年　份	地区生产总值	劳动者报酬	生产税净额	固定资产折旧	营业盈余
1978	185.85	112.58	25.13	21.07	27.07
1979	209.34	126.64	28.07	23.67	30.96
1980	249.65	151.09	32.62	28.25	37.69
1981	290.36	175.16	38.66	33.28	43.26
1982	339.92	207.09	43.58	38.11	51.14
1983	368.75	222.02	48.33	41.82	56.58
1984	458.74	274.33	59.74	52.06	72.61
1985	577.38	343.38	74.24	65.66	94.10
1986	667.53	393.11	84.86	77.99	111.57
1987	846.69	486.39	108.63	99.73	151.94
1988	1155.37	662.14	149.93	135.89	207.41
1989	1381.39	769.17	176.84	169.99	265.39
1990	1559.03	864.69	197.92	192.05	304.37
1991	1893.30	1031.46	248.47	240.20	373.17
1992	2447.54	1287.81	352.00	328.48	479.25
1993	3469.28	1822.72	478.22	450.06	718.29
1994	4619.02	2451.06	630.43	635.37	902.15
1995	5933.05	3077.86	827.17	904.23	1123.79
1996	6834.97	3584.34	985.78	1076.00	1188.84
1997	7774.53	4053.33	1111.15	1209.40	1400.66
1998	8530.88	4858.94	1268.93	1369.14	1033.86
1999	9250.68	5109.07	1375.14	1592.07	1174.40
2000	10741.25	5600.63	1759.12	1853.60	1527.91
2001	12039.25	6104.83	1939.52	1988.27	2006.62
2002	13502.42	7116.01	1988.13	2162.42	2235.87
2003	15844.64	7941.03	2303.35	2471.85	3128.41
2004	18864.62	9016.48	2659.30	2843.99	4344.85
2005	22557.37	10618.90	3177.03	3622.78	5138.66
2006	26587.76	12075.99	4038.50	4275.66	6197.61
2007	31777.01	14212.84	4947.40	4740.53	7876.24
2008	36796.71	16658.38	5796.13	5231.17	9111.03
2009	39492.52	17894.47	5996.57	5500.73	10100.75
2010	46036.25	20472.88	6769.63	6073.85	12719.90
2011	53246.18	24332.90	8453.19	6878.78	13581.31
2012	57147.75	27296.10	8860.93	7389.92	13600.80
2013	62474.79	29809.60	9623.38	7763.87	15277.94
2014	67809.85	32361.55	10669.94	8930.36	15848.00
2015	72812.55	35775.58	10204.88	9644.88	17187.21
2016	79512.05	39116.40	10977.35	10367.73	19050.57

6-9 各行业增加值构成项目

2016 年　　单位：亿元

行　　业	地区生产总值	劳动者报酬	生产税净额	固定资	营业盈余
地区生产总值	79512.05	39116.40	10977.35	10367.73	19050.57
农、林、牧、渔业	3781.83	3743.72	1.55	36.56	
工业	31539.56	13682.48	4985.47	4457.84	8413.77
建筑业	2551.82	1482.55	404.99	113.09	551.19
批发和零售业	8382.48	4028.21	2289.43	228.59	1836.25
交通运输、仓储和邮政业	3208.35	1625.58	203.43	778.62	600.72
住宿和餐饮业	1569.37	1121.93	133.51	162.35	151.58
信息传输、软件和信息技术服务业	2877.08	1034.10	212.13	432.57	1198.28
金融业	6127.05	1746.30	767.19	80.40	3533.16
房地产业	6229.50	953.31	1400.97	2389.02	1486.20
租赁和商务服务业	2967.18	1570.11	292.00	684.12	420.95
科学研究和技术服务业	1167.51	693.00	104.42	86.18	283.91
水利、环境和公共设施管理业	534.75	234.87	35.57	171.86	92.45
居民服务、修理和其他服务业	1313.73	1090.36	58.33	47.42	117.62
教育	2442.14	2083.14	22.69	248.02	88.29
卫生和社会工作	1635.07	1260.46	19.30	115.39	239.92
文化、体育和娱乐业	395.30	224.78	34.77	100.20	35.55
公共管理、社会保障和社会组织	2789.33	2541.50	11.60	235.50	0.73
第一产业	3694.37	3657.10	1.55	35.72	
第二产业	34001.31	15110.11	5384.28	4562.46	8944.46
第三产业	41816.37	20349.19	5591.52	5769.55	10106.11

6-10 支出法地区生产总值

年份	支出法地区生产总值（亿元）	最终消费支出	资本形成总额	货物和服务净流出	最终消费率（消费率）(%)	资本形成率（投资率）(%)
1978	194.14	130.02	54.79	9.33	67.0	28.2
1979	215.43	147.11	55.86	12.46	68.3	25.9
1980	259.32	180.93	71.37	7.02	69.8	27.5
1981	305.22	201.43	96.74	7.05	66.0	31.7
1982	349.13	233.21	112.35	3.57	66.8	32.2
1983	367.36	252.07	113.49	1.80	68.6	30.9
1984	446.06	288.26	150.07	7.72	64.6	33.6
1985	568.98	347.18	238.58	-16.78	61.0	41.9
1986	650.99	415.91	256.75	-21.67	63.9	39.4
1987	815.05	516.02	312.33	-13.29	63.3	38.3
1988	1129.64	667.03	462.07	0.54	59.0	40.9
1989	1348.54	857.33	472.75	18.46	63.6	35.1
1990	1541.99	938.48	502.90	100.61	60.9	32.6
1991	1847.99	1081.39	610.18	156.42	58.5	33.0
1992	2440.58	1359.08	987.96	93.54	55.7	40.5
1993	3465.31	1852.06	1554.46	58.79	53.4	44.9
1994	4618.25	2598.57	1930.86	88.82	56.3	41.8
1995	5933.05	3363.38	2394.79	174.89	56.7	40.4
1996	6834.97	3859.32	2782.89	192.75	56.5	40.7
1997	7774.53	4245.18	2974.45	554.90	54.6	38.3
1998	8530.88	4582.16	3331.11	617.60	53.7	39.0
1999	9250.68	5083.60	3511.30	655.78	55.0	38.0
2000	10741.25	5714.46	3850.81	1175.99	53.2	35.9
2001	12039.25	6255.92	4392.51	1390.82	52.0	36.5
2002	13502.42	7286.63	4762.90	1452.89	54.0	35.3
2003	15844.64	8643.44	5911.97	1289.23	54.6	37.3
2004	18864.62	10162.04	7214.70	1487.89	53.9	38.2
2005	22557.37	11450.96	8239.73	2866.68	50.8	36.5
2006	26587.76	12635.59	9307.90	4644.28	47.5	35.0
2007	31777.01	14842.85	10701.48	6232.69	46.7	33.7
2008	36796.71	17202.13	12257.94	7336.63	46.7	33.3
2009	39492.52	19179.39	14951.42	5361.71	48.6	37.9
2010	46036.25	22480.91	17706.61	5848.74	48.8	38.5
2011	53246.18	26074.76	21003.62	6167.80	49.0	39.4
2012	57147.75	29264.26	22871.85	5011.64	51.2	40.0
2013	62474.79	30437.61	26050.75	5986.43	48.7	41.7
2014	67809.85	33920.56	28759.81	5129.48	50.0	42.4
2015	72812.55	37211.27	30374.17	5227.11	51.1	41.7
2016	79512.05	40926.54	33263.60	5321.91	51.5	41.8

注：2013 年起，国家统计局推行城乡住户调查一体化改革，支出法地区生产总值数据与以前年份不可比（以下相关表同）。

6-11 资本形成总额及构成

年份	资本形成总额（亿元）	固定资本形成总额	存货变动	比重（资本形成总额=100）固定资本形成总额	存货变动
1978	54.79	37.93	16.86	69.2	30.8
1979	55.86	41.81	14.05	74.8	25.2
1980	71.37	57.15	14.23	80.1	19.9
1981	96.74	73.39	23.34	75.9	24.1
1982	112.35	94.64	17.71	84.2	15.8
1983	113.49	96.80	16.69	85.3	14.7
1984	150.07	133.04	17.03	88.7	11.3
1985	238.58	163.84	74.74	68.7	31.3
1986	256.75	182.15	74.59	70.9	29.1
1987	312.33	197.01	115.32	63.1	36.9
1988	462.07	286.00	176.07	61.9	38.1
1989	472.75	266.68	206.07	56.4	43.6
1990	502.90	336.61	166.29	66.9	33.1
1991	610.18	396.49	213.70	65.0	35.0
1992	987.96	683.66	304.30	69.2	30.8
1993	1554.46	1110.69	443.77	71.5	28.5
1994	1930.86	1375.09	555.76	71.2	28.8
1995	2394.79	1819.17	575.62	76.0	24.0
1996	2782.89	1919.41	863.48	69.0	31.0
1997	2974.45	2079.15	895.30	69.9	30.1
1998	3331.11	2473.82	857.30	74.3	25.7
1999	3511.30	2870.40	640.89	81.7	18.3
2000	3850.81	3093.82	756.99	80.3	19.7
2001	4392.51	3447.52	944.99	78.5	21.5
2002	4762.90	4023.73	739.17	84.5	15.5
2003	5911.97	4986.53	925.44	84.3	15.7
2004	7214.70	5957.86	1256.83	82.6	17.4
2005	8239.73	7418.23	821.50	90.0	10.0
2006	9307.90	8489.71	818.19	91.2	8.8
2007	10701.48	9964.01	737.47	93.1	6.9
2008	12257.94	11471.36	786.58	93.6	6.4
2009	14951.42	14025.08	926.33	93.8	6.2
2010	17706.61	16515.11	1191.50	93.3	6.7
2011	21003.62	19432.79	1570.83	92.5	7.5
2012	22871.85	22033.82	838.03	96.3	3.7
2013	26050.75	24997.73	1053.02	96.0	4.0
2014	28759.81	27930.81	829.00	97.1	2.9
2015	30374.17	29250.44	1123.73	96.3	3.7
2016	33263.60	31896.16	1367.44	95.9	4.1

6-12 最终消费及构成

年 份	最终消费支出(亿元)	居民消费支出			政府消费支出	比重			
						最终消费支出=100		居民消费支出=100	
			农村居民	城镇居民		居民消费支出	政府消费支出	农村居民	城镇居民
1978	130.02	111.46	71.34	40.12	18.56	85.7	14.3	64.0	36.0
1979	147.11	128.48	81.91	46.57	18.63	87.3	12.7	63.8	36.2
1980	180.93	156.51	95.95	60.55	24.42	86.5	13.5	61.3	38.7
1981	201.43	175.12	110.62	64.50	26.31	86.9	13.1	63.2	36.8
1982	233.21	202.70	127.93	74.76	30.51	86.9	13.1	63.1	36.9
1983	252.07	220.14	134.45	85.69	31.93	87.3	12.7	61.1	38.9
1984	288.26	250.92	145.05	105.87	37.34	87.0	13.0	57.8	42.2
1985	347.18	298.00	160.16	137.84	49.17	85.8	14.2	53.7	46.3
1986	415.91	349.52	185.03	164.49	66.39	84.0	16.0	52.9	47.1
1987	516.02	442.20	218.69	223.51	73.82	85.7	14.3	49.5	50.5
1988	667.03	566.25	282.86	283.39	100.77	84.9	15.1	50.0	50.0
1989	857.33	743.90	366.82	377.08	113.42	86.8	13.2	49.3	50.7
1990	938.48	807.84	401.62	406.22	130.64	86.1	13.9	49.7	50.3
1991	1081.39	923.37	412.36	511.00	158.02	85.4	14.6	44.7	55.3
1992	1359.08	1118.52	470.01	648.51	240.55	82.3	17.7	42.0	58.0
1993	1852.06	1574.61	617.45	957.16	277.45	85.0	15.0	39.2	60.8
1994	2598.57	2287.69	845.03	1442.66	310.88	88.0	12.0	36.9	63.1
1995	3363.38	2912.58	1021.83	1890.75	450.80	86.6	13.4	35.1	64.9
1996	3859.32	3343.01	1188.44	2154.56	516.32	86.6	13.4	35.6	64.4
1997	4245.18	3539.62	1222.48	2317.15	705.56	83.4	16.6	34.5	65.5
1998	4582.16	3781.21	1281.92	2499.29	800.95	82.5	17.5	33.9	66.1
1999	5083.60	4072.05	1297.91	2774.14	1011.55	80.1	19.9	31.9	68.1
2000	5714.46	4474.11	1348.67	3125.44	1240.35	78.3	21.7	30.1	69.9
2001	6255.92	4733.53	1415.25	3318.28	1522.40	75.7	24.3	29.9	70.1
2002	7286.63	5449.58	1424.04	4025.54	1837.05	74.8	25.2	26.1	73.9
2003	8643.44	6537.53	1263.84	5273.69	2105.91	75.6	24.4	19.3	80.7
2004	10162.04	7953.60	1224.22	6729.38	2208.44	78.3	21.7	15.4	84.6
2005	11450.96	8968.54	1408.30	7560.24	2482.42	78.3	21.7	15.7	84.3
2006	12635.59	9895.13	1425.11	8470.02	2740.46	78.3	21.7	14.4	85.6
2007	14842.85	11781.66	1552.25	10229.41	3061.19	79.4	20.6	13.2	86.8
2008	17202.13	13599.73	1787.13	11812.60	3602.40	79.1	20.9	13.1	86.9
2009	19179.39	15261.28	2028.28	13233.01	3918.11	79.6	20.4	13.3	86.7
2010	22480.91	17702.35	2263.93	15438.42	4778.56	78.7	21.3	12.8	87.2
2011	26074.76	20504.11	2768.58	17735.53	5570.65	78.6	21.4	13.5	86.5
2012	29264.26	23022.47	3123.49	19898.98	6241.79	78.7	21.3	13.6	86.4
2013	30137.61	23110.85	3758.12	19601.73	6907.76	77.0	23.0	16.0	84.0
2014	33920.56	26263.14	4349.29	21913.85	7657.42	77.4	22.6	16.6	83.4
2015	37211.27	28438.58	4554.46	23884.12	8772.69	76.4	23.6	16.0	84.0
2016	40926.54	31127.58	5013.64	26113.94	9798.96	76.1	23.9	16.1	83.9

6-13 三大需求对地区生产总值增长的贡献率和拉动

年 份	最终消费支出		资本形成总额		货物和服务净流出	
	贡献率（%）	拉动（百分点）	贡献率（%）	拉动（百分点）	贡献率（%）	拉动（百分点）
1979	95.7	5.3	-13.8	-0.8	18.2	1.0
1980	71.3	13.0	33.5	6.1	-4.8	-0.9
1981	50.5	6.3	56.4	7.1	-6.9	-0.9
1982	72.7	8.3	40.6	4.6	-13.2	-1.5
1983	124.4	5.6	-12.9	-0.6	-11.5	-0.5
1984	56.5	8.5	42.2	6.3	1.3	0.2
1985	32.0	6.9	80.6	17.4	-12.6	-2.7
1986	83.6	8.8	15.5	1.6	0.8	0.1
1987	38.6	4.9	34.9	4.4	26.4	3.3
1988	-2.8	-0.3	60.1	7.4	42.8	5.2
1989	110.8	9.4	-35.6	-3.0	24.8	2.1
1990	60.9	7.2	9.5	1.1	29.6	3.5
1991	39.9	7.1	35.1	6.3	25.0	4.5
1992	56.0	12.4	65.2	14.5	-21.1	-4.7
1993	50.2	11.6	60.1	13.9	-10.3	-2.4
1994	53.8	10.4	36.1	7.0	10.1	1.9
1995	50.2	8.0	40.2	6.4	9.6	1.5
1996	45.3	5.1	52.0	5.9	2.7	0.3
1997	21.8	2.4	6.9	0.8	71.3	8.0
1998	39.8	4.3	43.7	4.7	16.5	1.8
1999	55.5	5.6	21.2	2.2	23.2	2.3
2000	33.8	3.9	25.5	2.9	40.7	4.7
2001	46.2	4.8	48.5	5.1	5.3	0.6
2002	68.5	8.5	22.8	2.8	8.8	1.1
2003	63.6	9.4	50.2	7.5	-13.8	-2.0
2004	50.5	7.5	37.2	5.5	12.3	1.8
2005	43.0	6.1	30.2	4.3	26.8	3.8
2006	31.5	4.7	28.5	4.2	40.0	5.9
2007	45.5	6.8	22.8	3.4	31.7	4.7
2008	45.9	4.8	34.4	3.6	19.6	2.0
2009	64.5	6.3	80.0	7.8	-44.5	-4.3
2010	53.5	6.7	46.2	5.8	0.3	0.0
2011	49.1	4.9	48.8	4.9	2.0	0.2
2012	54.2	4.4	43.6	3.6	2.2	0.2
2013	44.3	3.8	69.2	5.9	-13.5	-1.1
2014	50.4	3.9	49.3	3.8	0.3	0.0
2015	48.5	3.9	47.8	3.8	3.7	0.3
2016	50.6	3.8	47.7	3.6	1.7	0.1

注：1. 三大需求指支出法地区生产总值的三大构成项目，即最终消费支出、资本形成总额、货物和服务净流出；

2. 贡献率指三大需求增量与地区支出法生产总值增量之比。

3. 拉动指地区生产总值增长速度与三大需求贡献率的乘积。

6-14 人均地区生产总值及人均消费水平

年份	人均地区生产总值		人均消费水平					
			全体居民		农村居民		城镇居民	
	绝对数（元）	增长速度（%）	绝对数（元）	增长速度（%）	绝对数（元）	增长速度（%）	绝对数（元）	增长速度（%）
1978	370		222		171		466	
1979	410	6.9	252	8.3	196	9.8	507	2.6
1980	481	14.8	302	14.9	228	14.1	620	12.7
1981	550	7.1	332	7.9	260	13.3	627	-1.9
1982	633	10.0	377	10.3	298	10.4	696	8.3
1983	675	5.6	403	7.2	310	5.1	764	8.5
1984	827	13.8	453	10.3	334	7.8	878	9.7
1985	1026	16.2	529	5.7	372	-2.6	1038	10.2
1986	1164	10.6	609	9.5	430	6.3	1146	8.4
1987	1443	17.0	754	6.4	515	4.9	1382	1.1
1988	1926	13.2	944	-3.5	651	0.5	1716	-6.8
1989	2251	4.8	1212	19.7	831	23.1	2188	15.0
1990	2484	9.1	1287	9.3	896	12.9	2263	4.7
1991	2941	14.7	1434	8.3	906	0.2	2712	14.8
1992	3699	18.8	1690	14.7	1023	9.7	3210	15.7
1993	5085	19.3	2308	20.5	1347	17.6	4280	17.0
1994	6530	15.5	3234	17.8	1831	14.3	5870	15.7
1995	8129	12.0	3991	10.1	2206	8.4	7091	7.6
1996	9139	8.6	4470	6.9	2547	11.6	7660	2.3
1997	10130	8.4	4612	-2.1	2597	-0.4	7807	-4.8
1998	10819	7.9	4796	4.2	2681	5.8	8054	2.2
1999	11415	7.1	5025	4.5	2661	0.8	8598	5.9
2000	12736	7.1	5305	0.2	2680	-1.3	9189	0.2
2001	13852	7.2	5445	1.9	2759	3.0	9312	0.3
2002	15365	11.1	6199	13.2	2904	5.7	10358	10.2
2003	17798	13.4	7342	17.0	3032	3.4	11136	6.4
2004	20876	13.1	8800	15.9	3386	8.2	12409	7.9
2005	24647	12.7	9799	10.0	3915	13.2	13609	8.5
2006	28534	12.8	10619	7.4	4009	2.2	14695	6.9
2007	33272	12.1	12336	12.9	4401	5.0	16982	12.6
2008	37638	7.9	13911	7.1	4975	5.6	19101	7.1
2009	39446	7.1	15243	10.9	5533	6.9	20852	11.3
2010	44758	9.5	17211	9.3	6255	9.4	23159	7.5
2011	50842	8.0	19578	7.9	7854	14.1	25527	5.3
2012	54171	7.4	21823	8.3	8898	7.7	28269	7.9
2013	58833	7.8	22083	6.4	10841	8.0	27531	5.5
2014	63469	7.1	24582	8.3	12674	13.4	30216	6.9
2015	67503	7.0	26365	6.8	13344	7.6	32303	6.3
2016	72787	6.2	28495	5.7	14784	7.0	34667	4.9

注：2006-2009 年根据 2010 年全国人口普查快速汇总数据进行平滑调整，本表人均地区生产总值是人口平滑后的数据（以下相关表同）。

6-15 人均地区生产总值及人均消费水平指数

年 份	人均地区生产总值		人均消费水平					
			全体居民		农村居民		城镇居民	
	绝对数（元）	1978年为100（%）	绝对数（元）	1978年为100（%）	绝对数（元）	1978年为100（%）	绝对数（元）	1978年为100（%）
1978	370	100.0	222	100.0	171	100.0	466	100.0
1979	410	106.9	252	108.3	196	109.8	507	102.6
1980	481	122.6	302	124.4	228	125.2	620	115.6
1981	550	131.3	332	134.2	260	141.9	627	113.4
1982	633	144.4	377	148.1	298	156.7	696	122.8
1983	675	152.5	403	158.7	310	164.8	764	133.3
1984	827	173.5	453	175.0	334	177.6	878	146.3
1985	1026	201.6	529	184.9	372	172.9	1038	161.2
1986	1164	223.1	609	202.5	430	183.7	1146	174.7
1987	1443	260.9	754	215.6	515	192.6	1382	176.6
1988	1926	295.4	944	208.1	651	193.6	1716	164.6
1989	2251	309.6	1212	249.0	831	238.2	2188	189.3
1990	2484	337.7	1287	272.1	896	269.0	2263	198.2
1991	2941	387.5	1434	294.7	906	269.5	2712	227.5
1992	3699	460.3	1690	338.1	1023	295.7	3210	263.2
1993	5085	549.0	2308	407.5	1347	347.8	4280	308.1
1994	6530	633.9	3234	480.2	1831	397.6	5870	356.5
1995	8129	709.8	3991	528.9	2206	430.8	7091	383.5
1996	9139	770.8	4470	565.4	2547	480.6	7660	392.3
1997	10130	835.2	4612	553.4	2597	478.6	7807	373.5
1998	10819	900.8	4796	576.9	2681	506.5	8054	381.6
1999	11415	965.1	5025	602.6	2661	510.6	8598	404.2
2000	12736	1033.7	5305	603.5	2680	503.8	9189	405.0
2001	13852	1108.3	5445	615.2	2759	519.0	9312	406.3
2002	15365	1231.8	6199	696.1	2904	548.8	10358	447.6
2003	17798	1396.4	7342	814.5	3032	567.2	11136	476.2
2004	20876	1579.1	8800	944.4	3386	613.6	12409	513.8
2005	24647	1779.5	9799	1039.1	3915	694.6	13609	557.5
2006	28534	2006.6	10619	1116.3	4009	709.7	14695	596.4
2007	33272	2248.7	12336	1260.1	4401	745.0	16982	671.4
2008	37638	2426.0	13911	1349.9	4975	787.0	19101	719.2
2009	39446	2598.8	15243	1496.7	5533	841.1	20852	800.4
2010	44758	2844.5	17211	1636.2	6255	920.4	23159	860.3
2011	50842	3073.0	19578	1765.5	7854	1050.1	25527	905.9
2012	54171	3300.2	21823	1912.0	8898	1131.7	28269	977.2
2013	58833	3556.0	22083	2035.0	10841	1222.4	27531	1031.0
2014	63469	3808.8	24582	2204.7	12674	1385.7	30216	1102.4
2015	67503	4074.2	26365	2354.6	13344	1489.7	32393	1170.8
2016	72787	4326.3	28495	2487.7	14784	1594.1	34667	1227.7

6-16 各市地区生产总值

单位：亿元

市别	2000	2005	2010	2011	2012	2013	2014	2015	2016
广州	2492.74	5154.23	10748.28	12423.44	13551.21	15497.23	16706.87	18100.41	19547.44
深圳	2187.45	4950.91	9773.31	11515.86	12971.47	14572.67	16001.82	17502.86	19492.60
珠海	332.35	635.45	1210.79	1410.34	1509.24	1679.00	1867.21	2025.41	2226.37
汕头	450.16	635.88	1132.23	1279.08	1430.72	1573.73	1716.51	1868.03	2080.97
佛山	1050.38	2429.38	5622.63	6179.68	6579.18	7010.68	7441.60	8003.92	8630.00
# 顺德	364.59	825.12	1790.86	1941.94	2112.39	2326.61	2419.68	2586.69	2793.23
韶关	192.72	337.03	683.10	816.81	906.48	1015.12	1113.49	1149.98	1218.39
河源	87.22	204.81	454.47	533.45	609.51	690.29	768.95	810.08	898.72
梅州	180.50	314.61	608.36	695.75	750.72	806.02	885.84	959.78	1045.57
惠州	439.19	803.92	1729.97	2094.94	2379.49	2705.13	3000.37	3140.03	3412.17
汕尾	128.49	205.75	454.56	538.14	609.46	671.75	716.99	762.06	828.49
东莞	820.25	2183.20	4278.21	4771.93	5039.21	5517.47	5881.32	6275.07	6827.69
中山	345.44	885.72	1853.45	2194.73	2446.30	2651.93	2823.01	3010.03	3202.78
江门	504.66	801.70	1570.42	1830.64	1880.39	2000.18	2082.76	2240.02	2418.78
阳江	160.20	294.40	636.23	767.24	888.71	1049.63	1168.55	1250.01	1270.76
湛江	373.81	680.97	1401.47	1717.88	1872.12	2070.01	2258.99	2380.02	2584.43
茂名	417.36	738.35	1472.10	1721.25	1916.41	2170.97	2349.03	2445.63	2636.74
肇庆	249.78	435.05	1088.39	1328.83	1467.68	1673.37	1845.06	1970.01	2084.02
清远	157.92	323.28	873.35	1009.09	1033.17	1103.97	1197.74	1277.86	1387.71
潮州	177.87	282.39	560.00	648.38	707.85	784.24	850.22	910.11	976.83
揭阳	311.09	414.00	1005.24	1223.88	1393.02	1605.35	1780.44	1890.01	2006.90
云浮	137.70	201.84	401.09	480.70	532.24	608.30	664.00	713.14	778.31
按经济区域分									
珠三角	8422.24	18279.55	37875.45	43750.39	47824.18	53307.67	57650.02	62267.78	67841.85
东翼	1067.61	1538.02	3152.03	3689.48	4141.05	4635.09	5064.17	5430.21	5893.19
西翼	951.37	1713.72	3509.79	4206.37	4677.24	5290.61	5776.57	6075.66	6491.93
山区	756.06	1381.57	3020.37	3535.80	3832.12	4223.70	4630.02	4910.84	5328.69

6-17 各市地区生产总值指数

上年=100

市别	2000	2005	2010	2011	2012	2013	2014	2015	2016
广州	113.3	112.9	113.2	111.3	110.5	111.6	108.6	108.4	108.2
深圳	115.7	115.1	112.4	110.0	110.0	110.5	108.8	108.9	109.0
珠海	112.0	113.1	112.9	111.3	107.3	110.8	110.4	110.0	108.5
汕头	107.0	111.3	110.4	110.0	109.5	110.0	109.0	108.4	108.7
佛山	112.5	119.4	114.1	111.3	108.0	109.8	108.3	108.5	108.3
# 顺德	114.5	118.9	107.5	112.3	111.4	110.2	107.9	108.5	108.4
韶关	111.3	110.1	112.5	112.1	110.0	112.2	109.5	106.2	106.3
河源	110.7	122.9	112.7	112.8	111.7	112.1	110.9	108.1	108.6
梅州	108.2	107.8	114.1	113.6	110.1	111.1	108.5	108.6	107.5
惠州	111.3	115.9	118.0	114.7	112.7	113.8	110.0	109.0	108.2
汕尾	111.5	116.0	117.0	113.7	113.3	112.2	108.9	108.1	107.0
东莞	119.7	119.5	110.3	108.0	106.1	109.8	107.8	108.0	108.1
中山	112.4	120.9	114.0	113.1	111.3	110.0	108.0	108.4	107.8
江门	110.2	112.6	114.5	113.0	108.1	109.8	107.8	108.4	107.4
阳江	109.6	113.9	116.4	114.9	112.8	115.3	110.5	108.5	106.7
湛江	107.1	113.3	114.2	112.8	109.6	112.0	110.0	108.5	107.9
茂名	111.2	114.1	114.1	110.8	110.6	113.2	110.4	108.0	107.1
肇庆	110.6	115.7	117.1	114.7	111.0	111.5	110.0	108.2	105.0
清远	108.3	127.8	112.9	108.3	105.1	108.2	107.9	108.2	107.9
潮州	105.6	111.4	114.1	112.9	110.6	111.1	108.2	108.3	107.1
揭阳	105.4	111.3	119.6	114.6	111.3	114.5	110.7	108.0	106.3
云浮	105.3	113.4	113.9	114.1	113.0	113.3	110.3	108.5	107.9
按经济区域分									
珠三角	113.7	115.7	112.2	109.9	108.1	109.3	107.8	108.6	108.3
东翼	106.7	111.9	114.1	111.5	110.1	110.5	109.2	108.2	107.3
西翼	109.4	113.8	114.1	111.1	110.0	112.0	110.0	108.3	107.3
山区	108.7	115.7	113.0	110.4	108.7	108.4	108.9	107.9	107.5

注：2009 年-2014 年区域生产总值增速由广东省统计局统一调整核算，其它年份增速由分市汇总计算。

6-18 各市第三产业增加值

单位：亿元

市别	2000	2005	2010	2011	2012	2013	2014	2015	2016
广州	1376.75	2978.79	6557.45	7641.92	8616.79	10026.26	10897.20	12147.49	13556.57
深圳	1085.80	2298.64	5246.33	6170.20	7239.98	8280.11	9184.22	10288.28	11704.97
珠海	145.14	273.58	516.43	609.38	693.86	792.36	884.57	973.00	1102.96
汕头	193.39	264.83	467.95	552.53	614.05	663.85	721.07	809.62	922.72
佛山	435.03	876.52	1995.43	2223.72	2383.28	2632.03	2705.68	3028.00	3338.68
# 顺德	138.89	309.32	641.83	730.26	839.35	914.28	936.56	1035.10	1144.12
韶关	73.00	138.05	304.79	366.45	413.10	465.25	521.37	567.23	604.38
河源	35.87	81.93	175.68	209.65	250.81	288.54	319.33	345.75	406.49
梅州	61.30	112.56	234.47	277.34	315.12	343.41	380.64	419.46	469.43
惠州	121.70	273.09	613.36	764.75	892.10	1041.36	1162.27	1262.35	1402.98
汕尾	44.48	76.53	174.32	201.23	225.84	252.22	273.95	295.33	330.05
东莞	343.64	934.78	2069.86	2336.52	2575.85	2875.25	3066.55	3332.00	3630.25
中山	141.09	315.59	727.55	911.24	1027.83	1117.65	1195.26	1310.85	1457.26
江门	200.73	303.66	581.35	695.30	770.43	838.48	893.12	980.80	1079.05
阳江	50.21	103.32	230.19	278.80	321.28	379.30	414.30	480.59	530.90
湛江	133.24	222.75	544.09	680.73	787.29	854.64	935.46	1017.29	1100.97
茂名	143.73	311.83	616.18	721.71	807.37	948.15	1010.10	1058.08	1142.12
肇庆	104.93	200.36	440.60	513.46	557.16	588.25	651.26	691.49	767.52
清远	55.77	124.83	355.39	421.28	463.82	503.95	529.10	600.53	665.75
潮州	62.59	99.08	210.32	249.48	269.67	312.30	323.29	361.56	403.64
揭阳	98.11	146.66	320.46	369.94	408.70	459.73	525.29	595.82	700.00
云浮	42.90	65.34	138.52	162.59	194.75	221.26	230.82	260.54	299.36
按经济区域分									
珠三角	3954.80	8455.01	18748.36	21866.51	24757.29	28191.76	30640.14	34014.26	38040.23
东翼	398.57	587.10	1173.06	1373.18	1518.25	1688.10	1843.60	2062.32	2356.41
西翼	327.18	637.90	1390.45	1681.24	1915.93	2182.09	2359.86	2555.96	2773.99
山区	268.84	522.71	1208.85	1437.31	1637.60	1822.42	1981.26	2193.50	2445.39

6-19 各市第三产业增加值指数

上年=100

市别	2000	2005	2010	2011	2012	2013	2014	2015	2016
广州	116.3	113.3	113.6	111.3	112.0	112.0	109.4	109.4	109.6
深圳	113.3	112.2	110.6	108.5	112.5	111.3	109.7	110.1	109.8
珠海	108.9	109.1	107.2	111.8	112.7	109.8	108.8	110.2	110.0
汕头	106.9	109.9	111.5	113.7	107.4	107.3	108.6	110.5	109.0
佛山	113.6	112.3	113.1	110.8	106.4	108.6	107.3	110.7	109.7
#顺德	116.1	115.6	105.7	112.0	115.4	107.7	107.9	110.6	109.6
韶关	110.9	113.9	113.8	112.6	110.2	112.6	109.7	109.3	109.0
河源	112.4	117.1	113.6	112.8	110.5	110.9	106.9	109.2	110.5
梅州	112.6	110.9	113.2	114.8	109.7	109.3	108.2	110.6	109.7
惠州	108.6	117.4	110.6	116.7	111.6	112.9	107.5	108.6	108.8
汕尾	112.0	117.1	114.3	109.1	109.0	108.2	109.0	110.8	109.7
东莞	120.0	119.3	103.7	108.7	106.2	107.7	106.3	110.2	107.6
中山	110.0	126.0	112.0	113.0	107.6	109.0	107.9	110.2	109.9
江门	110.2	104.0	111.9	109.9	112.2	109.4	106.8	108.9	108.7
阳江	111.1	120.5	116.9	113.3	111.6	110.9	106.8	107.4	110.7
湛江	110.4	114.2	116.1	117.4	111.4	114.2	107.4	109.2	110.3
茂名	114.4	120.5	117.5	111.8	108.3	115.4	108.9	108.7	107.8
肇庆	112.2	120.2	110.5	111.4	105.2	104.2	110.2	107.8	107.5
清远	120.0	118.2	117.6	112.7	106.4	108.4	104.1	111.2	109.6
潮州	107.8	110.2	114.0	113.7	111.0	108.2	107.9	111.5	109.0
揭阳	107.2	112.0	113.0	108.9	105.8	109.1	112.0	111.3	114.4
云浮	104.7	111.0	112.1	110.7	115.3	110.3	108.3	113.8	111.7
按经济区域分									
珠三角	113.9	113.7	110.4	109.7	109.7	111.2	108.2	109.8	109.4
东翼	107.7	111.4	112.1	110.9	107.0	108.0	109.4	110.9	110.7
西翼	112.3	118.2	116.7	112.9	110.0	113.6	107.9	108.7	109.3
山区	111.9	114.4	113.7	111.9	109.6	109.5	107.4	110.6	109.8

6-20 各市地区生产总值

2016年 单位：亿元

市别	地区生产总值	第一产业	第二产业	第三产业	# 农、林、牧、渔业	# 工 业
广　州	19547.44	239.28	5751.59	13556.57	259.71	5215.72
深　圳	19492.60	7.17	7780.45	11704.97	7.50	7268.93
珠　海	2226.37	43.53	1079.89	1102.96	47.09	960.84
汕　头	2080.97	107.23	1051.03	922.72	109.20	957.02
佛　山	8630.00	145.31	5146.02	3338.68	152.00	4967.25
# 顺　德	2793.23	43.34	1605.77	1144.12	45.37	1550.15
韶　关	1218.39	167.61	446.40	604.38	169.33	387.64
河　源	898.72	100.81	391.42	406.49	103.24	350.37
梅　州	1045.57	207.01	369.13	469.43	210.51	300.96
惠　州	3412.17	171.66	1837.53	1402.98	173.77	1733.70
汕　尾	828.49	129.75	368.69	330.05	133.93	338.67
东　莞	6827.69	24.20	3173.24	3630.25	24.62	3089.26
中　山	3202.78	68.26	1677.26	1457.26	68.85	1608.25
江　门	2418.78	188.97	1150.77	1079.05	191.41	1085.15
阳　江	1270.76	219.02	520.84	530.90	227.73	485.59
湛　江	2584.43	497.58	985.88	1100.97	505.56	862.25
茂　名	2636.74	435.94	1058.68	1142.12	446.42	948.22
肇　庆	2084.02	317.07	999.43	767.52	319.14	940.93
清　远	1387.71	213.67	508.30	665.75	216.92	466.14
潮　州	976.83	70.41	502.78	403.64	72.73	471.69
揭　阳	2006.90	188.51	1118.39	700.00	192.63	1050.11
云　浮	778.31	156.87	322.08	299.36	159.42	281.71
按经济区域分						
珠三角	67841.85	1205.45	28596.17	38040.23	1244.10	26870.03
东　翼	5893.19	495.90	3040.88	2356.41	508.49	2817.49
西　翼	6491.93	1152.55	2565.40	2773.99	1179.72	2296.06
山　区	5328.69	845.98	2037.32	2445.39	859.43	1786.82

6-20 续表 单位：亿元

市　　别	# 建筑业	# 批发和零售业	# 交通运输、仓储和邮政业	# 住宿和餐饮业	# 金融业	# 房地产业
广　　州	568.74	2938.36	1364.64	427.11	1809.37	1620.54
深　　圳	526.57	2175.07	626.32	358.82	2810.73	1777.57
珠　　海	126.86	227.59	46.29	48.16	166.76	199.38
汕　　头	95.38	324.01	54.26	47.61	61.19	105.48
佛　　山	178.77	620.13	289.63	77.53	378.82	706.73
# 顺　德	55.62	191.22	93.30	24.40	120.14	245.76
韶　　关	59.75	118.88	88.76	32.57	53.78	59.53
河　　源	41.26	91.55	24.50	28.29	47.18	73.95
梅　　州	69.35	101.35	27.56	21.05	47.53	62.42
惠　　州	104.65	350.88	82.32	88.58	152.92	250.45
汕　　尾	30.65	79.94	32.32	13.30	22.69	53.34
东　　莞	91.37	854.14	210.46	151.12	441.77	488.91
中　　山	69.27	294.97	78.24	43.56	180.20	215.51
江　　门	65.97	197.30	92.14	35.74	128.91	154.80
阳　　江	35.55	120.51	81.36	24.03	37.12	78.78
湛　　江	127.72	217.35	123.87	42.52	73.16	132.70
茂　　名	111.09	273.48	82.84	30.84	70.61	162.60
肇　　庆	59.70	180.44	67.74	51.71	64.29	65.79
清　　远	43.33	117.20	91.15	22.86	64.70	92.77
潮　　州	32.31	108.82	24.36	9.35	43.40	63.60
揭　　阳	72.93	371.01	25.41	26.78	27.55	49.01
云　　浮	40.60	58.34	30.84	9.63	36.88	38.34
按经济区域分						
珠 三 角	1791.90	7838.87	2857.77	1282.32	6133.76	5479.69
东　　翼	231.28	883.77	136.36	97.04	151.83	271.43
西　　翼	274.35	611.34	288.07	97.39	180.89	374.09
山　　区	254.29	487.32	262.81	114.40	250.06	327.00

6-21 各市地区生产总值增长速度

2016年　　单位：%

市别	地区生产总值	第一产业	第二产业	第三产业	# 农、林、牧、渔业	# 工业
广州	8.2	0.4	5.5	9.6	0.8	6.0
深圳	9.0	-0.6	8.0	9.8	0.1	7.9
珠海	8.5	-6.6	7.8	10.0	-5.9	8.1
汕头	8.7	2.6	9.0	9.0	2.8	8.9
佛山	8.3	2.2	7.6	9.7	2.2	7.6
# 顺德	8.4	2.8	7.8	9.6	2.7	7.8
韶关	6.3	4.1	3.5	9.0	4.1	7.5
河源	8.6	2.4	8.4	10.5	2.5	7.7
梅州	7.5	3.0	7.2	9.7	3.1	7.1
惠州	8.2	4.8	8.1	8.8	4.9	8.5
汕尾	7.0	2.4	6.3	9.7	2.7	6.4
东莞	8.1	5.6	8.7	7.6	5.5	8.9
中山	7.8	-1.3	6.4	9.9	-1.2	6.5
江门	7.4	3.3	6.8	8.7	3.4	6.9
阳江	6.7	1.0	5.3	10.7	1.1	9.5
湛江	7.9	2.8	7.6	10.3	2.9	7.2
茂名	7.1	4.0	7.6	7.8	4.2	7.3
肇庆	5.0	3.6	3.7	7.5	3.7	4.1
清远	7.9	4.5	7.1	9.6	4.6	9.0
潮州	7.1	3.5	6.1	9.0	3.6	6.0
揭阳	6.3	3.9	2.3	14.4	4.1	2.1
云浮	7.9	2.3	7.3	11.7	2.4	6.7
按经济区域分						
珠三角	8.3	2.2	7.2	9.4	2.3	7.3
东翼	7.3	3.2	5.6	10.7	3.4	5.4
西翼	7.3	2.9	7.1	9.3	3.0	7.8
山区	7.5	3.4	6.6	9.8	3.5	7.7

单位：%

市 别	# 建筑业	# 批发和零售业	# 交通运输、仓储和邮政业	# 住宿和餐饮业	# 金融业	# 房地产业
广 州	4.0	5.1	12.7	1.4	11.7	6.4
深 圳	9.2	5.9	10.9	2.8	11.7	-0.7
珠 海	5.8	7.7	0.5	11.2	12.6	12.8
汕 头	9.7	6.9	11.1	0.8	4.7	17.0
佛 山	7.0	7.9	6.8	4.2	7.8	17.2
# 顺 德	7.0	7.5	11.1	4.9	7.2	16.9
韶 关	-16.6	9.6	6.8	7.1	5.2	6.4
河 源	15.0	6.9	9.5	4.4	6.3	7.0
梅 州	7.5	8.4	10.9	6.8	11.4	11.2
惠 州	2.2	5.3	-3.6	9.0	25.2	11.1
汕 尾	5.7	4.5	20.1	6.0	8.1	6.9
东 莞	2.1	11.6	4.8	-4.2	8.2	-13.2
中 山	4.8	2.9	3.0	2.5	11.6	6.4
江 门	6.0	3.8	10.7	11.0	0.9	11.3
阳 江	-34.0	12.3	6.2	5.6	6.7	7.6
湛 江	9.9	11.5	1.6	9.5	1.0	10.9
茂 名	10.7	0.9	5.0	-10.6	12.8	37.2
肇 庆	-1.5	17.0	16.3	10.4	16.2	4.7
清 远	-10.2	7.1	3.9	3.9	5.6	10.4
潮 州	7.3	10.9	24.8	8.9	7.9	7.0
揭 阳	5.8	16.3	28.6	-11.6	9.0	12.5
云 浮	11.6	8.6	35.3	3.6	3.8	4.8
按经济区域分						
珠 三 角	5.6	6.5	10.6	2.8	11.3	3.9
东 翼	7.6	10.9	19.1	-1.3	7.0	11.8
西 翼	1.3	6.8	3.9	2.0	6.4	20.2
山 区	-0.8	8.1	9.1	5.5	6.4	8.4

6-22 各市地区生产总值产业构成

2016年　　单位：%

市　别	地区生产总值	第一产业	第二产业	第三产业	# 工　业
广　州	100.0	1.2	29.4	69.4	26.7
深　圳	100.0	0.0	39.9	60.1	37.3
珠　海	100.0	2.0	48.5	49.5	43.2
汕　头	100.0	5.2	50.5	44.3	46.0
佛　山	100.0	1.7	59.6	38.7	57.6
# 顺　德	100.0	1.5	57.5	41.0	55.5
韶　关	100.0	13.8	36.6	49.6	31.8
河　源	100.0	11.2	43.6	45.2	39.0
梅　州	100.0	19.8	35.3	44.9	28.8
惠　州	100.0	5.0	53.9	41.1	50.8
汕　尾	100.0	15.7	44.5	39.8	40.9
东　莞	100.0	0.3	46.5	53.2	45.2
中　山	100.0	2.1	52.4	45.5	50.2
江　门	100.0	7.8	47.6	44.6	44.9
阳　江	100.0	17.2	41.0	41.8	38.2
湛　江	100.0	19.3	38.1	42.6	33.4
茂　名	100.0	16.5	40.2	43.3	36.0
肇　庆	100.0	15.2	48.0	36.8	45.1
清　远	100.0	15.4	36.6	48.0	33.6
潮　州	100.0	7.2	51.5	41.3	48.3
揭　阳	100.0	9.4	55.7	34.9	52.3
云　浮	100.0	20.1	41.4	38.5	36.2
按经济区域分					
珠三角	100.0	1.8	42.1	56.1	39.6
东　翼	100.0	8.4	51.6	40.0	47.8
西　翼	100.0	17.8	39.5	42.7	35.4
山　区	100.0	15.9	38.2	45.9	33.5

6-23 各市支出法地区生产总值

2016 年

市别	支出法地区生产总值（亿元）	最终消费支出	资本形成总额	货物和服务净流出	最终消费率（消费率）（%）	资本形成率（投资率）（%）
广州	19547.44	10111.88	7014.61	2420.95	51.7	35.9
深圳	19492.60	8328.25	6317.46	4846.89	42.7	32.4
珠海	2226.37	945.62	1730.89	-450.14	42.5	77.7
汕头	2080.97	1266.88	779.58	34.52	60.9	37.5
佛山	8630.00	3543.02	3385.33	1701.65	41.1	39.2
韶关	1218.39	739.34	619.94	-140.89	60.7	50.9
河源	898.72	619.86	732.86	-454.00	69.0	81.5
梅州	1045.57	805.50	442.12	-202.05	77.0	42.3
惠州	3412.17	1738.77	1783.62	-110.22	51.0	52.3
汕尾	828.49	511.58	547.51	-230.60	61.7	66.1
东莞	6827.69	3838.00	2310.23	679.46	56.2	33.8
中山	3202.78	1550.27	1275.84	376.67	48.4	39.8
江门	2418.78	1197.18	1126.56	95.04	49.5	46.6
阳江	1270.76	564.68	684.86	21.21	44.4	53.9
湛江	2584.43	1668.47	1139.49	-223.53	64.6	44.1
茂名	2636.74	1178.60	885.25	572.90	44.7	33.6
肇庆	2084.02	1029.51	964.90	89.61	49.4	46.3
清远	1387.71	938.30	693.80	-244.39	67.6	50.0
潮州	976.83	645.68	317.50	13.65	66.1	32.5
揭阳	2006.90	1082.73	822.83	101.34	54.0	41.0
云浮	778.31	501.21	473.47	-196.38	64.4	60.8
按经济区域分						
珠三角	67841.85	32282.50	25909.44	9649.90	47.6	38.2
东翼	5893.19	3506.87	2467.41	-81.09	59.5	41.9
西翼	6491.93	3411.75	2709.60	370.58	52.6	41.7
山区	5328.69	3604.20	2962.19	-1237.71	67.6	55.6

6-24 各市资本形成总额及构成

2016年

市别	资本形成总额（亿元）			比重（资本形成总额=100）	
		固定资本形成总额	存货增加	固定资本形成总额	存货增加
广州	7014.61	6647.94	366.67	94.8	5.2
深圳	6317.46	5675.00	642.47	89.8	10.2
珠海	1730.89	1611.32	119.57	93.1	6.9
汕头	779.58	729.95	49.63	93.6	6.4
佛山	3385.33	3160.92	224.42	93.4	6.6
韶关	619.94	603.10	16.84	97.3	2.7
河源	732.86	705.51	27.35	96.3	3.7
梅州	442.12	426.92	15.20	96.6	3.4
惠州	1783.62	1678.68	104.94	94.1	5.9
汕尾	547.51	535.94	11.57	97.9	2.1
东莞	2310.23	1792.26	517.97	77.6	22.4
中山	1275.84	1198.73	77.10	94.0	6.0
江门	1126.56	1000.60	125.96	88.8	11.2
阳江	684.86	656.35	28.51	95.8	4.2
湛江	1139.49	1088.77	50.72	95.5	4.5
茂名	885.25	619.27	265.97	70.0	30.0
肇庆	964.90	903.15	61.75	93.6	6.4
清远	693.80	672.84	20.97	97.0	3.0
潮州	317.50	305.92	11.59	96.4	3.6
揭阳	822.83	747.05	75.78	90.8	9.2
云浮	473.47	462.56	10.92	97.7	2.3
按经济区域分					
珠三角	25909.44	23668.60	2240.85	91.4	8.6
东翼	2467.41	2318.85	148.56	94.0	6.0
西翼	2709.60	2364.40	345.20	87.3	12.7
山区	2962.19	2870.92	91.27	96.9	3.1

6-25 各市最终消费及构成

2016 年

市别	最终消费(亿元)	居民消费	农村居民	城镇居民	政府消费	比重			
						最终消费=100		居民消费=100	
						居民消费	政府消费	农村居民	城镇居民
广州	10111.88	7551.68	619.36	6932.32	2560.21	74.7	25.3	8.2	91.8
深圳	8328.25	6665.66	0.00	6665.66	1662.59	80.0	20.0	0.0	100.0
珠海	945.62	689.54	41.27	648.27	256.08	72.9	27.1	6.0	94.0
汕头	1266.88	1061.11	136.31	924.80	205.76	83.8	16.2	12.8	87.2
佛山	3543.02	2790.50	105.28	2685.22	752.52	78.8	21.2	3.8	96.2
韶关	739.34	519.50	132.64	386.86	219.84	70.3	29.7	25.5	74.5
河源	619.86	440.84	184.56	256.27	179.02	71.1	28.9	41.9	58.1
梅州	805.50	592.75	231.62	361.13	212.75	73.6	26.4	39.1	60.9
惠州	1738.77	1316.12	271.66	1044.46	422.65	75.7	24.3	20.6	79.4
汕尾	511.58	426.19	142.33	283.86	85.39	83.3	16.7	33.4	66.6
东莞	3838.00	3133.37	315.33	2818.04	704.63	81.6	18.4	10.1	89.9
中山	1550.27	1338.10	87.34	1250.76	212.17	86.3	13.7	6.5	93.5
江门	1197.18	979.64	201.89	777.75	217.54	81.8	18.2	20.6	79.4
阳江	564.68	404.92	143.63	261.29	159.75	71.7	28.3	35.5	64.5
湛江	1668.47	1325.07	555.91	769.16	343.40	79.4	20.6	42.0	58.0
茂名	1178.60	885.72	367.21	518.51	292.88	75.2	24.8	41.5	58.5
肇庆	1029.51	736.10	264.99	471.10	293.41	71.5	28.5	36.0	64.0
清远	938.30	744.69	231.00	513.68	193.61	79.4	20.6	31.0	69.0
潮州	645.68	558.96	117.62	441.34	86.72	86.6	13.4	21.0	79.0
揭阳	1082.73	921.64	312.52	609.11	161.09	85.1	14.9	33.9	66.1
云浮	501.21	374.02	124.55	249.48	127.18	74.6	25.4	33.3	66.7
按经济区域分									
珠三角	32282.50	25200.70	1907.13	23293.57	7081.80	78.1	21.9	7.6	92.4
东翼	3506.87	2967.91	708.79	2259.12	538.96	84.6	15.4	23.9	76.1
西翼	3411.75	2615.72	1066.75	1548.97	796.03	76.7	23.3	40.8	59.2
山区	3604.20	2671.80	904.37	1767.43	932.40	74.1	25.9	33.8	66.2

6-26 各市人均地区生产总值

单位：元

市　别	2000	2005	2010	2011	2012	2013	2014	2015	2016
广　州	25626	53809	87458	97588	105909	120294	128478	136188	141933
深　圳	32800	60801	96184	110520	123451	137632	149495	157985	167411
珠　海	27770	45320	78030	90140	95819	105834	116537	124706	134548
汕　头	9741	12883	21330	23658	26336	28804	31201	33732	37390
佛　山	20231	42066	79902	85650	90792	96317	101617	108299	115891
#顺　德	22213	42382	74475	78677	85225	93491	96722	102538	109972
韶　关	7028	11608	24050	28760	31702	35239	38386	39380	41388
河　源	3826	7483	15592	17961	20344	22828	25208	26401	29205
梅　州	4728	7670	14447	16346	17536	18742	20529	22155	24032
惠　州	13877	21909	38650	45371	51130	57716	63657	66231	71605
汕　尾	5262	7419	15487	18261	20576	22560	23928	25283	27351
东　莞	13679	33287	53193	57913	60907	66440	70605	75616	82682
中　山	15077	36435	60888	70063	77694	83804	88682	94030	99471
江　门	12851	19546	35622	41063	42028	44546	46237	49608	53374
阳　江	7377	12717	26525	31508	36164	42413	46938	49894	50431
湛　江	6231	10243	20110	24414	26408	28999	31420	32933	35612
茂　名	7981	12729	25154	29400	32344	36243	38951	40324	43211
肇　庆	7422	11890	28052	33754	36999	41811	45795	48670	51178
清　远	5003	9079	23665	27119	27537	29217	31477	33392	36136
潮　州	7444	11215	21136	24212	26296	28981	31301	33954	36956
揭　阳	6001	7417	17191	20746	23469	26867	29600	31255	33027
云　浮	6399	8664	17079	20274	22197	25111	27252	29078	31502
按经济区域分									
珠三角	20280	40336	69002	77689	84434	93548	100448	107011	114281
东　翼	7294	9729	18829	21792	24327	27070	29393	31426	34036
西　翼	7099	11608	23060	27446	30231	33908	36770	38461	40884
山　区	5344	8838	18872	21882	23530	25745	28047	29583	31941

注：2009年-2014年区域人均生产总值增速由广东省统计局统一调整核算，其他年份增速由分市汇总计算。

6-27 各市人均地区生产总值指数

上年=100

市别	2000	2005	2010	2011	2012	2013	2014	2015	2016
广州	108.3	114.3	106.1	107.5	110.0	110.8	107.6	106.0	104.4
深圳	105.2	111.6	107.8	107.3	109.1	109.7	107.6	105.2	103.7
珠海	104.9	110.3	111.1	110.4	106.6	110.1	109.3	108.6	106.5
汕头	104.5	110.3	107.8	108.0	108.9	109.3	108.3	107.7	108.2
佛山	106.3	117.8	109.0	108.5	107.6	109.3	107.7	107.5	107.5
#顺德	108.0	116.4	102.4	109.4	111.0	109.7	107.4	107.6	107.7
韶关	111.8	108.7	113.2	112.1	109.3	111.3	108.8	105.5	105.4
河源	111.9	118.3	110.7	110.7	110.7	111.1	109.9	107.4	108.3
梅州	108.9	106.4	112.9	112.4	109.5	110.6	108.2	108.2	107.0
惠州	107.7	113.0	112.5	111.2	111.8	113.0	109.4	108.4	107.7
汕尾	110.2	113.3	116.6	113.3	112.8	111.6	108.3	107.4	106.5
东莞	106.6	119.4	105.4	105.4	105.7	109.4	107.4	108.4	108.6
中山	105.4	120.6	108.3	109.9	110.7	109.4	107.4	107.8	107.1
江门	108.8	112.1	112.4	111.7	107.7	109.4	107.5	108.1	107.0
阳江	109.6	112.7	114.9	113.2	111.8	114.5	109.9	107.8	106.0
湛江	106.0	111.3	113.5	111.7	108.8	111.2	109.2	108.0	107.4
茂名	110.5	112.0	115.1	110.8	109.3	111.9	109.7	107.4	106.4
肇庆	109.9	114.1	115.3	113.0	110.2	110.5	109.3	107.7	104.4
清远	108.8	124.8	112.3	107.4	104.2	107.5	107.1	107.6	107.5
潮州	104.3	110.7	112.5	111.7	110.0	110.5	107.8	109.8	108.6
揭阳	103.0	110.2	118.5	113.6	110.6	113.8	109.9	107.5	105.8
云浮	105.1	111.9	113.3	113.0	111.7	112.2	109.6	107.8	107.1
按经济区域分									
珠三角	107.2	114.6	107.3	107.1	107.4	108.6	107.0	107.1	106.1
东翼	104.7	110.6	112.6	110.3	109.5	109.9	108.5	107.9	107.1
西翼	108.6	111.8	113.9	110.4	109.0	111.0	109.3	107.7	106.8
山区	109.2	113.4	112.3	109.4	107.8	107.6	108.2	107.3	107.0

6-28 各市人均地区生产总值指数

2000 年=100

市别	2000	2005	2010	2011	2012	2013	2014	2015	2016
广州	100.0	194.0	285.1	306.4	336.9	373.4	401.8	426.0	444.8
深圳	100.0	174.5	261.4	280.4	305.9	335.6	361.2	379.9	394.1
珠海	100.0	163.0	262.9	290.3	309.3	340.4	372.2	404.1	430.5
汕头	100.0	130.5	203.3	219.5	239.2	261.5	283.1	305.0	329.9
佛山	100.0	191.4	332.3	360.7	387.9	424.2	456.8	491.0	527.8
# 顺德	100.0	189.1	294.9	322.6	357.9	392.8	421.8	454.0	488.9
韶关	100.0	155.9	289.6	324.6	354.8	395.0	429.7	453.5	478.2
河源	100.0	179.3	361.6	400.2	443.1	492.1	541.0	581.2	629.4
梅州	100.0	147.9	245.6	276.0	302.1	334.0	361.2	390.8	418.2
惠州	100.0	156.7	262.6	292.0	326.4	368.8	403.5	437.3	470.9
汕尾	100.0	158.1	318.8	361.2	407.2	454.6	492.1	528.7	563.0
东莞	100.0	230.2	350.5	369.4	390.4	427.1	458.9	497.5	540.3
中山	100.0	228.6	348.6	383.2	424.2	464.2	498.5	537.4	575.7
江门	100.0	153.4	263.2	294.0	316.7	346.3	372.3	402.5	430.7
阳江	100.0	163.5	304.5	344.6	385.2	441.2	484.7	522.4	554.0
湛江	100.0	146.8	258.6	288.8	314.3	349.6	381.6	412.1	442.6
茂名	100.0	158.9	280.2	310.5	339.4	379.9	416.6	447.4	476.3
肇庆	100.0	160.3	319.1	360.7	397.4	439.2	480.0	517.0	539.8
清远	100.0	181.2	394.2	423.4	441.1	474.0	507.9	546.4	587.4
潮州	100.0	151.6	267.0	298.3	328.3	362.8	391.1	429.2	466.0
揭阳	100.0	125.8	261.8	297.5	328.9	374.2	411.3	442.1	467.5
云浮	100.0	139.9	254.8	288.0	321.7	360.9	395.7	426.5	456.7
按经济区域分									
珠三角	100.0	187.6	291.1	311.8	335.0	363.7	389.4	416.9	442.5
东翼	100.0	135.3	239.4	264.1	289.1	317.7	344.8	372.1	398.6
西翼	100.0	154.9	273.3	301.6	328.6	364.8	398.7	429.4	458.4
山区	100.0	158.5	299.7	327.8	353.5	380.5	411.7	441.6	472.5

6-29 全省生产性服务业增加值

单位：亿元

分行业	增加值			指数(上年=100)		
	2014	2015	2016	2014	2015	2016
合　计	17621.58	19551.98	21719.60	109.0	110.1	106.5
研发设计与其他技术服务	894.20	1052.63	1105.97	114.4	116.9	103.9
货物运输、仓储和邮政快递服务	1890.52	2058.44	2162.35	111.5	105.3	105.0
信息服务	1968.84	2289.07	2871.41	108.3	109.8	119.4
金融服务	3046.39	4556.38	4772.26	108.9	124.5	95.9
节能与环保服务	319.86	392.67	413.95	107.4	123.7	103.1
生产性租赁服务	118.85	136.78	155.55	107.1	112.0	106.5
商务服务	2217.67	2182.59	2487.18	111.5	107.6	110.0
人力资源管理与培训服务	647.93	767.23	913.06	108.5	117.7	115.8
批发经纪代理服务	4345.85	3798.43	4225.13	107.4	101.8	106.8
生产性支持服务	2171.47	2317.75	2612.75	107.2	106.6	111.1

注：考虑到可操作性，表中数据计算范围相对宽泛，生产性服务业所涉及的国民经济行业小类除货币银行服务外，其他全部计入生产性服务业。

6-30 各县(市)区地区生产总值

县(市)区	地区生产总值（万元）		指数(上年=100)	
	2015	2016	2015	2016
广 州 市				
越 秀 区	26996261	29094805	107.3	107.5
海 珠 区	14229675	15498479	108.5	108.2
荔 湾 区	10157960	10810189	107.2	106.3
天 河 区	34386497	38008205	108.8	109.0
白 云 区	15349652	16407452	107.7	107.6
黄 埔 区	28740745	29419493	108.1	105.6
花 都 区	10802099	11687566	108.3	108.1
番 禺 区	16042156	17536797	108.5	108.3
南 沙 区	11391882	12791465	113.3	113.8
从 化 区	3491247	3751501	108.2	107.5
增 城 区	9415961	10468468	107.5	108.5
深 圳 市				
福 田 区	32561471	35572870	109.0	108.6
罗 湖 区	17275004	19724939	108.0	109.0
盐 田 区	4864379	5375327	108.9	108.8
南 山 区	37155228	38452711	109.3	109.3
宝 安 区	49480569	55873822	108.6	108.5
龙 岗 区	33691983	39926343	109.6	110.0
珠 海 市				
香 洲 区	13196221	14606661	109.5	108.9
金 湾 区	4184002	4573813	109.9	108.5
斗 门 区	2873888	3083234	113.3	107.0
汕 头 市				
金 平 区	3812328	4264261	108.5	109.1
龙 湖 区	2762556	3096322	108.6	109.1
澄 海 区	3802319	4258542	108.5	109.6
濠 江 区	793780	895232	106.9	108.3
潮 阳 区	3347303	3714994	107.9	106.2
潮 南 区	3121078	3467073	110.1	109.7
南 澳 县	157690	171208	107.8	106.0
佛 山 市				
禅 城 区	14686726	15852622	108.2	108.1
南 海 区	22289912	24109954	108.5	108.3
顺 德 区	25866862	27932306	108.5	108.4
高 明 区	7105400	7573161	108.6	107.9
三 水 区	10090933	10832101	109.0	108.4
韶 关 市				
浈 江 区	2008200	2101271	107.0	105.5
武 江 区	2174537	2297155	106.7	105.2
曲 江 区	1282231	1395026	94.4	108.1
乐 昌 市	1070896	1146719	106.6	105.6
南 雄 市	1262695	1385230	110.9	108.2
仁 化 县	933991	1022128	106.9	107.8
始 兴 县	750661	829120	108.8	108.2
翁 源 县	890104	965655	108.3	106.8
新 丰 县	740313	802940	108.5	107.1
乳 源 县	666490	737620	110.4	109.7

6-30 续表 1

县(市)区	地区生产总值（万元）		指数(上年=100)	
	2015	2016	2015	2016
河源市				
源城区	3024181	3370986	111.9	110.1
东源县	934040	1043831	103.2	109.2
和平县	918633	1020217	109.8	108.4
龙川县	1224473	1364738	106.1	107.9
紫金县	1166522	1285090	108.1	107.1
连平县	832945	902300	102.3	106.6
梅州市				
梅江区	2066596	2173206	108.7	104.8
梅县区	1703287	1876364	107.8	108.1
兴宁市	1533660	1663732	108.7	106.0
平远县	685676	762255	110.2	108.6
蕉岭县	671065	730624	110.1	106.1
大埔县	720922	811909	109.7	109.3
丰顺县	947271	1032093	110.5	106.9
五华县	1269305	1405486	109.7	109.0
惠州市				
惠城区	11675216	12298434	106.1	106.3
惠阳区	7952164	8543621	107.1	107.2
惠东县	5202897	6081128	114.5	112.5
博罗县	5471179	6136203	114.1	111.9
龙门县	1586316	1800036	115.0	112.0
汕尾市				
市城区	1738118	1850326	101.6	107.5
陆丰市	2317165	2490346	109.0	106.3
海丰县	2637640	2857591	112.1	106.9
陆河县	483081	523675	108.2	111.0
东莞市	62750737	68276868	108.0	108.1
中山市	30100326	32027780	108.4	107.8
江门市				
蓬江区	5478122	6049179	111.2	108.5
江海区	1461229	1585078	109.0	107.8
新会区	5199364	5399793	108.2	106.5
台山市	3287153	3567209	106.5	107.6
开平市	2879164	3100371	108.2	107.1
鹤山市	2607187	2870406	109.0	108.2
恩平市	1505308	1651775	104.8	107.1
阳江市				
江城区	2893104	2841938	108.0	106.5
阳东区	2702194	2767834	108.0	106.5
阳春市	3697417	3801860	107.9	106.5
阳西县	2053946	2194659	108.6	106.8
湛江市				
赤坎区	2611384	2880882	110.0	107.4
霞山区	3658855	3895094	107.0	107.2
麻章区	1171592	1305240	110.1	110.2
坡头区	2308921	2436742	108.2	107.2
雷州市	2543950	2762062	107.7	107.0

6-30 续表 2

县(市)区	地区生产总值（万元）		指数(上年=100）	
	2015	2016	2015	2016
廉江市	4163578	4727725	113.1	110.8
吴川市	2209300	2477249	108.4	109.3
遂溪县	2630748	2836786	107.1	106.7
徐闻县	1447310	1584303	106.5	106.1
茂名市				
茂南区	2201752	2410225	112.0	109.0
电白区	5388429	5809720	110.8	108.1
信宜市	3668601	4032925	110.3	108.0
高州市	4568117	5017770	110.7	109.0
化州市	4025663	4365130	110.3	106.9
肇庆市				
端州区	1940302	2066638	109.0	105.5
鼎湖区	961526	1041318	108.2	106.1
高要区	3914145	3895508	107.5	98.8
四会市	5437299	5742785	109.0	105.9
广宁县	1307415	1400019	107.2	106.0
德庆县	1207508	1308173	107.2	105.6
封开县	1344777	1423465	107.9	104.1
怀集县	2185627	2300827	106.8	104.5
清远市				
清城区	4553003	4890380	108.2	107.3
清新区	2323539	2533502	108.8	108.0
英德市	2374232	2550014	108.6	107.9
连州市	1256292	1366657	108.2	106.1
佛冈县	1045999	1149222	108.8	108.8
阳山县	872555	931826	106.9	104.0
连山县	293948	309710	105.4	103.4
连南县	365691	400416	107.3	108.0
潮州市				
湘桥区	1965295	2124527	108.3	107.2
潮安区	5246617	5618330	108.3	107.3
饶平县	2261296	2421012	108.6	106.8
揭阳市				
榕城区	4661802	4956202	108.1	106.4
揭东区	3991588	4287235	109.1	107.0
普宁市	5964849	6402775	108.6	106.5
揭西县	2149976	2319859	108.1	106.4
惠来县	2450996	2646314	107.1	105.6
云浮市				
云城区	970543	1075072	108.7	108.6
云安区	754683	826551	108.5	108.1
罗定市	1777821	1954599	108.7	108.3
新兴县	2215145	2431510	108.7	108.1
郁南县	980432	1080469	108.5	107.6

6-31 各县(市)区三次产业地区生产总值

单位：万元

县(市)区	第一产业		第二产业		第三产业	
	2015	2016	2015	2016	2015	2016
广州市						
越秀区			542920	539800	26453341	28555005
海珠区	23242	7795	1988923	2011227	12217510	13479457
荔湾区	48678	51026	2162258	2264752	7947024	8494411
天河区	14238	5823	4171170	3784797	30201089	34217585
白云区	328371	357836	3310277	3166785	11711004	12882831
黄埔区	68087	68463	19159585	18404698	9513073	10946332
花都区	301616	323730	5966923	6264089	4533560	5099747
番禺区	261069	305766	5596849	6277450	10184238	10953581
南沙区	512796	518586	7953422	8216783	2925664	4056096
从化区	237236	253119	1547933	1644114	1706078	1854268
增城区	473076	500665	4860523	4941451	4082362	5026352
深圳市						
福田区	20272	5967	2146621	2239206	30394578	33327697
罗湖区	4218	5892	821273	757652	16449513	18961395
盐田区	349	472	788122	834421	4075908	4540434
南山区	8423	18376	19876056	17780968	17270749	20653367
宝安区	19783	24413	27046231	30252450	22414555	25596959
龙岗区	13441	16605	21401056	25939850	12277486	13969888
珠海市						
香洲区	31291	25274	5477670	5802448	7687260	8778939
金湾区	62519	66356	3075986	3389406	1045497	1118051
斗门区	357270	343650	1519336	1607023	997282	1132561
汕头市						
金平区	32546	36612	1369479	1503327	2410303	2724322
龙湖区	66239	74094	1142444	1235441	1553873	1786787
澄海区	329135	364696	2147401	2356948	1325783	1536898
濠江区	84651	92107	503275	565195	205854	237930
潮阳区	228403	252750	2140406	2393131	978494	1069113
潮南区	152012	168614	1879884	2098649	1089182	1199810
南澳县	39440	43199	52718	64292	65532	73717
佛山市						
禅城区	4991	6246	6743155	7329817	7938580	8516559
南海区	458495	481313	13282486	14022410	8548931	9606231
顺德区	414678	433442	15101167	16057700	10351017	11441164
高明区	175940	191522	5611315	5932951	1318145	1448687
三水区	311032	340685	7656565	8117276	2123336	2374140
韶关市						
浈江区	63577	68766	345823	309717	1598799	1722789
武江区	61152	66035	1039310	1056188	1074075	1174932
曲江区	161784	178991	612032	658810	508416	557225
乐昌市	215510	233849	276529	264738	578856	648132
南雄市	258583	285799	506909	546102	497204	553329
仁化县	185411	201421	358413	356752	390167	463955
始兴县	169148	190661	301334	326109	280179	312350
翁源县	216156	236163	286771	288582	387177	440910
新丰县	114291	127285	343727	356344	282295	319311
乳源县	73206	80611	313355	345527	279929	311482

6-31 续表 1　　单位：万元

县(市)区	第一产业		第二产业		第三产业	
	2015	2016	2015	2016	2015	2016
河源市						
源城区	27337	29120	1686796	1841484	1310048	1500382
东源县	153812	163499	396533	432018	383695	448315
和平县	146933	162875	417067	432001	354633	425341
龙川县	248433	260733	369225	375295	606814	728710
紫金县	260875	279663	421798	416478	483849	588949
连平县	102752	112217	411736	416898	318457	373185
梅州市						
梅江区	91123	101566	1060061	1088559	915412	983081
梅县区	430144	483638	636148	687446	636995	705280
兴宁市	414624	457488	386273	393836	732763	812408
平远县	114207	121386	259619	271032	311850	369837
蕉岭县	113933	124550	202459	217074	354673	389000
大埔县	189334	217059	210887	240903	320701	353947
丰顺县	219606	236277	414829	423891	312836	371925
五华县	291642	322007	348064	368526	629599	714953
惠州市						
惠城区	255473	284472	6152056	6275906	5267687	5738057
惠阳区	152447	172435	5329251	5619517	2470466	2751669
惠东县	426805	499145	2435857	2835346	2340235	2746637
博罗县	459038	518916	2961702	3344905	2050439	2272382
龙门县	198048	241650	745382	817305	642886	741081
汕尾市						
市城区	170803	178481	916342	920407	650973	751438
陆丰市	491262	553234	1048885	1054848	777018	882264
海丰县	357142	388917	1214114	1278740	1066384	1189934
陆河县	104239	116289	89217	83228	289625	324158
东莞市	210250	241986	29220473	31732421	33320014	36302461
中山市	664811	682565	16327001	16772574	13108514	14572641
江门市						
蓬江区	73827	77085	2555672	2788704	2848623	3183390
江海区	47770	58015	895603	954189	517856	572874
新会区	383738	385901	3097162	3065333	1718464	1948559
台山市	560966	624940	1736301	1859286	989886	1082983
开平市	281200	312184	1432838	1516622	1165126	1271565
鹤山市	197177	231044	1406000	1496054	1004010	1143308
恩平市	200362	200511	515142	534840	789804	916424
阳江市						
江城区	214070	235118	1423371	1222019	1255663	1384801
阳东区	436987	488108	1577958	1457204	687249	822521
阳春市	656028	741967	1403850	1177555	1637539	1882338
阳西县	536414	584053	750337	764330	767196	846276

6-31 续表 2　　　　　　　　　　　　　　　　　　　　单位：万元

县(市)区	第一产业		第二产业		第三产业	
	2015	2016	2015	2016	2015	2016
湛江市						
赤坎区	20104	19884	497931	476883	2093349	2384115
霞山区	18830	20267	1699456	1791715	1940568	2083112
麻章区	187912	206390	718857	816201	264823	282649
坡头区	154189	171383	1723610	1797017	431123	468341
雷州市	953191	1059786	380690	329429	1210069	1372847
廉江市	947463	1048554	1800219	2094157	1415897	1585015
吴川市	280913	298139	953563	1083099	974824	1096011
遂溪县	985833	1058535	772958	788193	871957	990058
徐闻县	677421	770679	139438	109195	630451	704430
茂名市						
茂南区	193643	210743	872042	944995	1136067	1254487
电白区	1052795	1199070	2200606	2343229	2135028	2267421
信宜市	801808	897747	1181217	1281186	1685576	1853992
高州市	1009944	1128717	1411572	1592793	2146601	2296261
化州市	812787	916733	1264733	1360182	1948143	2088215
肇庆市						
端州区	4456	3015	802814	843698	1133032	1219925
鼎湖区	137055	148876	542250	564589	282222	327854
高要区	657915	702946	2271353	2179279	984877	1013283
四会市	459926	501907	3460130	3541607	1517243	1699271
广宁县	308309	331541	466058	533161	533048	535317
德庆县	271762	280143	456960	510032	478786	517998
封开县	379691	403938	456138	483400	508947	536127
怀集县	666109	735655	639107	585974	880411	979198
清远市						
清城区	258858	281017	2107236	2193859	2186909	2415504
清新区	329705	364144	926374	1010586	1067460	1158771
英德市	511654	544877	767620	838745	1094958	1166392
连州市	308296	358530	280473	303648	667523	704479
佛冈县	104686	113450	493356	536837	447957	498934
阳山县	276834	311356	197093	192491	398628	427979
连山县	65226	74004	92696	92056	136026	143650
连南县	57444	63736	118409	110666	189838	226014
潮州市						
湘桥区	64870	64970	897043	957474	1003382	1102083
潮安区	179924	190028	3318502	3517595	1748191	1910707
饶平县	397902	450060	980189	1024019	883205	946933
揭阳市						
榕城区	148058	162169	2784614	2918411	1729130	1875622
揭东区	320644	360829	2695076	2787719	975868	1138687
普宁市	368998	416470	3902476	4125984	1693375	1860321
揭西县	321646	364815	1180426	1252311	647904	702733
惠来县	513259	585762	1379829	1448814	557908	611738
云浮市						
云城区	155047	160170	445441	400500	370055	420290
云安区	145831	154466	423121	457642	185731	214443
罗定市	392366	415475	706142	765565	679313	773559
新兴县	523019	547713	897416	946403	794710	937395
郁南县	274871	282887	330830	296329	374731	501253

6-32 各县（市）区三次产业地区生产总值指数

上年=100

县(市)区	第一产业		第二产业		第三产业	
	2015	2016	2015	2016	2015	2016
广州市						
越秀区			97.0	97.5	107.6	107.7
海珠区	102.6	98.6	103.8	106.8	109.5	108.4
荔湾区	101.0	101.9	99.7	100.2	109.8	108.0
天河区	96.8	92.0	107.9	104.7	109.0	109.7
白云区	102.0	101.6	106.0	104.5	108.4	108.6
黄埔区	98.7	94.0	107.1	102.3	111.0	112.4
花都区	101.8	100.5	107.8	110.5	109.7	105.4
番禺区	102.5	99.0	108.8	111.9	108.5	106.6
南沙区	104.8	102.1	111.0	109.1	123.5	128.6
从化区	104.4	101.0	108.2	106.8	108.7	108.9
增城区	101.3	101.7	107.1	104.4	108.7	114.3
深圳市						
福田区	142.7	35.8	106.9	105.7	109.1	108.8
罗湖区	253.4	125.0	97.3	104.1	109.0	109.2
盐田区	41.8	57.3	101.5	105.1	110.8	109.5
南山区	98.5	114.5	108.5	105.8	110.4	113.4
宝安区	117.1	65.8	106.8	107.1	111.5	110.2
龙岗区	87.7	119.0	110.7	111.6	107.3	107.4
珠海市						
香洲区	96.3	85.0	110.4	106.2	108.8	110.9
金湾区	89.2	94.9	109.5	110.8	113.4	102.5
斗门区	103.6	93.8	111.8	107.5	117.9	111.0
汕头市						
金平区	102.0	102.1	107.2	110.4	109.3	108.4
龙湖区	102.7	102.8	106.6	107.6	110.7	110.4
澄海区	102.8	103.0	108.5	109.6	109.6	111.2
濠江区	102.8	101.3	107.5	108.9	106.8	109.7
潮阳区	103.9	105.3	106.9	105.7	111.4	107.6
潮南区	103.4	102.3	110.6	111.4	109.9	107.7
南澳县	103.5	102.0	109.1	104.0	109.6	109.9
佛山市						
禅城区	82.8	116.0	106.6	106.8	109.8	109.3
南海区	100.8	101.4	105.9	107.5	113.6	110.0
顺德区	101.9	102.8	107.5	107.8	110.6	109.6
高明区	102.4	101.8	107.7	107.6	115.1	110.0
三水区	103.6	104.1	108.1	108.0	114.3	110.5
韶关市						
浈江区	104.8	105.0	99.5	91.1	109.1	108.6
武江区	104.1	103.2	102.3	102.4	111.6	108.1
曲江区	104.2	103.8	88.2	108.9	102.9	108.5
乐昌市	104.3	103.1	107.5	96.3	106.8	110.9
南雄市	104.1	103.6	115.8	108.7	109.1	110.2
仁化县	105.0	103.1	103.2	99.8	112.6	117.3
始兴县	105.1	104.6	111.1	108.5	108.6	109.9
翁源县	104.3	104.7	105.3	100.5	113.0	112.7
新丰县	105.8	103.8	106.9	104.1	111.7	112.0
乳源县	104.5	104.4	106.2	110.8	117.3	110.0

6-32 续表 1　　　上年=100

县(市)区	第一产业		第二产业		第三产业	
	2015	2016	2015	2016	2015	2016
河源市						
源城区	101.1	98.4	114.5	112.1	108.0	107.8
东源县	103.7	101.6	98.5	111.7	111.0	109.7
和平县	104.8	105.3	113.2	105.9	107.2	112.5
龙川县	103.6	101.4	100.9	104.0	111.6	113.0
紫金县	104.0	104.0	109.6	101.3	108.5	113.7
连平县	103.5	104.1	98.2	104.1	110.9	110.6
梅州市						
梅江区	102.5	101.9	106.8	103.6	112.0	106.4
梅县区	104.1	103.1	107.6	108.6	110.4	110.9
兴宁市	104.2	102.4	108.3	106.1	111.3	107.9
平远县	104.3	103.0	111.4	110.4	111.2	109.1
蕉岭县	102.8	102.4	113.0	108.8	109.1	105.7
大埔县	104.4	104.1	112.2	114.7	109.6	108.7
丰顺县	103.4	101.0	114.2	105.6	107.9	112.7
五华县	103.0	103.3	112.1	111.2	111.0	110.3
惠州市						
惠城区	101.8	103.3	104.1	104.5	108.9	108.6
惠阳区	104.7	102.7	105.7	107.1	111.8	107.8
惠东县	105.5	106.1	118.6	115.9	110.7	110.1
博罗县	103.1	103.4	120.7	116.0	105.7	107.8
龙门县	105.0	105.8	123.0	115.7	108.7	109.6
汕尾市						
市城区	104.4	99.4	96.9	106.2	110.6	111.4
陆丰市	104.4	103.5	111.6	105.9	107.3	108.7
海丰县	104.4	102.7	116.2	107.7	108.3	107.4
陆河县	104.3	103.8	112.8	126.7	106.6	108.7
东莞市	101.9	105.6	106.1	108.7	110.2	107.6
中山市	99.6	98.7	107.6	106.4	110.2	109.9
江门市						
蓬江区	92.1	93.0	105.9	108.2	118.4	109.1
江海区	111.2	103.3	108.5	108.0	109.9	107.8
新会区	103.3	103.1	107.9	104.9	110.2	110.1
台山市	104.8	105.0	106.0	108.3	108.6	107.8
开平市	103.3	104.3	108.5	107.1	108.8	107.7
鹤山市	109.6	105.0	108.8	106.5	109.2	111.3
恩平市	105.3	103.3	100.7	104.5	107.3	109.7
阳江市						
江城区	105.0	104.0	107.1	102.2	109.5	111.8
阳东区	103.5	103.3	109.8	103.8	106.5	114.6
阳春市	104.0	104.5	106.8	102.0	111.3	111.1
阳西县	104.6	103.7	112.3	107.4	106.7	108.4

6-32 续表 2 上年=100

县(市)区	第一产业		第二产业		第三产业	
	2015	2016	2015	2016	2015	2016
湛江市						
赤坎区	101.6	100.1	97.7	94.7	114.6	110.5
霞山区	101.7	101.4	103.1	110.4	111.4	104.5
麻章区	102.6	104.5	112.3	113.6	108.0	105.1
坡头区	102.7	104.8	108.9	105.9	106.5	113.4
雷州市	103.5	104.8	105.1	100.0	111.9	110.9
廉江市	103.7	103.0	120.9	115.0	108.2	110.7
吴川市	103.4	104.3	107.9	114.1	110.5	105.9
遂溪县	103.2	104.1	105.5	104.7	111.8	111.5
徐闻县	104.8	103.9	104.0	93.6	108.8	111.3
茂名市						
茂南区	102.6	100.3	111.5	109.5	114.2	110.1
电白区	104.0	104.2	115.1	109.0	108.7	109.1
信宜市	103.5	103.1	114.2	109.1	109.4	109.6
高州市	104.5	103.8	122.2	110.7	105.7	110.3
化州市	104.6	104.2	111.1	106.8	111.5	108.1
肇庆市						
端州区	85.9	61.2	108.5	104.8	109.5	106.2
鼎湖区	103.6	100.1	107.7	104.8	111.7	111.6
高要区	102.3	101.4	107.4	94.9	111.3	106.0
四会市	103.1	100.9	108.2	104.1	113.2	111.5
广宁县	104.7	104.3	110.7	111.1	105.3	102.4
德庆县	104.1	103.1	107.7	105.9	108.2	106.6
封开县	104.0	103.9	110.8	106.6	107.9	102.1
怀集县	105.5	105.4	107.7	104.5	106.9	103.9
清远市						
清城区	102.1	103.4	107.3	106.4	110.1	108.6
清新区	104.6	105.0	110.5	111.4	108.0	105.9
英德市	104.5	102.4	107.0	114.7	111.8	105.7
连州市	105.5	106.8	106.1	110.4	110.2	104.0
佛冈县	106.5	109.9	110.1	111.1	107.5	106.1
阳山县	105.0	104.2	107.3	104.9	107.9	103.5
连山县	104.4	105.2	98.7	103.1	112.2	102.9
连南县	106.6	106.5	101.8	95.2	113.1	116.5
潮州市						
湘桥区	102.6	101.8	107.3	107.1	109.6	107.6
潮安区	104.6	104.0	107.4	106.6	110.4	109.0
饶平县	105.5	112.9	106.5	103.1	112.2	108.2
揭阳市						
榕城区	102.3	103.1	108.4	104.9	108.2	109.1
揭东区	103.0	104.4	108.6	105.8	112.5	111.0
普宁市	104.8	104.4	107.3	105.5	112.5	109.3
揭西县	103.5	104.4	107.6	105.9	111.1	108.2
惠来县	102.7	103.4	107.5	104.9	110.0	109.2
云浮市						
云城区	101.0	102.2	106.2	109.3	114.9	110.3
云安区	102.9	102.4	114.0	108.9	98.1	110.9
罗定市	103.9	104.2	107.5	109.9	112.8	109.1
新兴县	103.1	102.1	105.0	109.2	118.5	110.8
郁南县	103.6	100.4	102.5	88.8	120.3	129.6

6-33 各县(市)区人均地区生产总值及指数

县(市)区	绝对数（元）		指数（上年=100）	
	2015	2016	2015	2016
广州市				
越秀区	234414	251045	106.1	106.8
海珠区	88562	95328	107.1	106.9
荔湾区	112051	117076	103.5	104.3
天河区	225352	239294	105.3	104.8
白云区	65425	67725	102.0	104.2
黄埔区	323184	297002	104.9	94.8
花都区	108515	112885	103.4	103.9
番禺区	106536	110114	102.4	102.4
南沙区	176468	190463	108.8	109.4
从化区	56066	59519	106.4	106.2
增城区	85991	92412	101.8	104.9
深圳市				
福田区	232773	241803	105.0	103.3
罗湖区	179081	199282	106.1	106.2
盐田区	222270	240131	107.0	106.4
南山区	306170	290483	101.5	100.2
宝安区	103286	111378	105.3	103.6
龙岗区	135184	152484	106.4	104.7
珠海市				
香洲区	140406	152391	107.7	106.8
金湾区	161945	174174	109.0	106.8
斗门区	67472	71108	112.0	105.1
汕头市				
金平区	45816	51014	107.7	108.6
龙湖区	50133	55895	107.8	108.5
澄海区	46344	51672	107.8	109.1
濠江区	28865	32395	106.2	107.8
潮阳区	20031	22116	107.2	105.7
潮南区	23530	26002	109.3	109.1
南澳县	25496	27570	107.2	105.5
佛山市				
禅城区	131808	140600	107.6	106.9
南海区	82961	89018	107.2	107.5
顺德区	102538	109972	107.6	107.7
高明区	165434	175711	108.0	107.6
三水区	158314	169331	108.4	108.0
韶关市				
浈江区	49794	51679	106.4	104.6
武江区	70671	73923	105.7	104.2
曲江区	40946	44202	93.7	107.3
乐昌市	26116	27766	106.0	104.8
南雄市	38380	41780	110.2	107.4
仁化县	45197	49082	106.4	106.9
始兴县	35425	38844	108.1	107.4
翁源县	26004	27982	107.5	106.0
新丰县	34789	37416	107.8	106.2
乳源县	36351	39893	109.6	108.8

6-33 续表 1

县(市)区	绝对数（元）		指数（上年=100）	
	2015	2016	2015	2016
河　源　市				
源　城　区	62535	69426	111.2	109.7
东　源　县	20412	22746	102.6	108.9
和　平　县	23600	26136	109.1	108.1
龙　川　县	16938	18829	105.5	107.6
紫　金　县	17552	19286	107.5	106.8
连　平　县	23771	25685	101.7	106.3
梅　州　市				
梅　江　区	49346	51675	108.3	104.3
梅　县　区	31633	34712	107.4	107.6
兴　宁　市	15591	16845	108.3	105.5
平　远　县	29365	32540	109.8	108.2
蕉　岭　县	32032	34734	109.7	105.6
大　埔　县	18927	21232	109.3	108.8
丰　顺　县	19385	21010	110.0	106.3
五　华　县	11769	12968	109.2	108.4
惠　州　市				
惠　城　区	71539	74967	105.3	105.8
惠　阳　区	99682	106234	106.1	106.4
惠　东　县	55957	65137	114.1	112.0
博　罗　县	51365	57364	113.5	111.4
龙　门　县	50144	56748	114.7	111.7
汕　尾　市				
市　城　区	41898	44383	101.0	107.0
陆　丰　市	16684	17842	108.3	105.8
海　丰　县	32334	34857	111.5	106.4
陆　河　县	16803	18123	107.6	110.5
东　莞　市	75616	82682	108.4	108.6
中　山　市	94030	99471	107.8	107.1
江　门　市				
蓬　江　区	74608	81862	110.9	107.8
江　海　区	56104	60349	108.5	106.8
新　会　区	60258	62389	107.9	106.1
台　山　市	34603	37520	106.3	107.5
开　平　市	40750	43757	107.9	106.8
鹤　山　市	51941	56969	108.8	107.8
恩　平　市	30139	32937	104.5	106.6
阳　江　市				
江　城　区	53442	52198	107.3	105.9
阳　东　区	59168	60255	107.3	105.9
阳　春　市	42292	43237	107.2	105.9
阳　西　县	44166	46925	107.9	106.2

6-33 续表 2

县(市)区	绝对数（元）		指数（上年=100）	
	2015	2016	2015	2016
湛 江 市				
赤 坎 区	83165	91268	109.3	106.9
霞 山 区	72654	76967	106.4	106.7
麻 章 区	43232	47959	109.4	109.8
坡 头 区	66674	70045	107.5	106.8
雷 州 市	17260	18664	107.2	106.5
廉 江 市	27976	31640	112.6	110.4
吴 川 市	23042	25733	107.8	108.8
遂 溪 县	28714	30838	106.6	106.3
徐 闻 县	20104	21923	106.1	105.7
茂 名 市				
茂 南 区	46762	51039	111.7	108.7
电 白 区	32427	34865	110.4	107.8
信 宜 市	38141	41512	109.5	107.0
高 州 市	33761	36852	110.0	108.3
化 州 市	32398	34864	109.5	106.1
肇 庆 市				
端 州 区	98482	104270	108.4	104.9
鼎 湖 区	56197	60507	107.6	105.5
高 要 区	50317	49773	107.1	98.2
四 会 市	94917	99658	108.3	105.3
广 宁 县	30014	31946	106.7	105.3
德 庆 县	34412	37059	106.7	105.0
封 开 县	32904	34622	107.5	103.5
怀 集 县	26077	27287	106.4	103.9
清 远 市				
清 城 区	54206	58001	107.5	106.9
清 新 区	32133	34916	108.1	107.6
英 德 市	24357	26072	108.0	107.5
连 州 市	33030	35807	107.6	105.7
佛 冈 县	33376	36545	108.2	108.5
阳 山 县	23708	25229	106.3	103.7
连 山 县	31405	32969	104.9	103.1
连 南 县	27382	29882	106.7	107.7
潮 州 市				
湘 桥 区	33158	36385	109.9	108.8
潮 安 区	43656	47316	109.5	108.6
饶 平 县	25525	27765	110.2	108.5
揭 阳 市				
榕 城 区	47762	50473	107.6	105.8
揭 东 区	40916	43625	108.5	106.2
普 宁 市	28226	30214	108.0	106.2
揭 西 县	25301	27103	107.4	105.6
惠 来 县	21641	23282	106.6	105.2
云 浮 市				
云 城 区	27933	28978	101.5	101.7
云 安 区	26924	29274	107.8	107.3
罗 定 市	18216	20315	110.3	109.9
新 兴 县	49784	54245	108.0	107.3
郁 南 县	24274	26557	107.7	106.9

七、农村经济综合

7-1 农林牧渔业总产值

单位：亿元

年 份	合 计	农 业	林 业	牧 业	渔 业	农林牧渔服务业
1978	85.94	59.56	4.98	15.98	5.42	
1979	91.53	67.19	7.67	13.58	3.09	
1980	126.25	97.15	6.83	17.75	4.52	
1981	133.85	99.33	7.81	21.62	5.09	
1982	135.52	98.33	8.33	21.73	7.13	
1983	169.96	120.06	10.72	28.57	10.61	
1984	200.07	141.22	12.13	33.81	12.91	
1985	245.21	149.09	21.09	54.68	20.35	
1986	279.15	168.68	24.38	60.74	25.35	
1987	348.61	214.47	16.74	78.26	39.14	
1988	473.78	277.38	27.66	114.28	54.46	
1989	548.60	323.15	28.00	134.60	62.85	
1990	600.71	359.39	28.46	143.68	69.18	
1991	654.82	388.90	29.64	156.08	80.20	
1992	737.11	428.99	32.86	175.36	99.90	
1993	899.03	486.46	35.51	223.16	153.90	
1994	1151.38	628.17	41.07	279.98	202.16	
1995	1445.48	777.72	46.12	349.11	272.53	
1996	1577.89	825.60	49.64	398.12	304.53	
1997	1656.46	851.35	52.10	425.67	327.34	
1998	1705.44	861.97	54.65	441.61	347.21	
1999	1745.02	859.66	58.77	457.51	369.08	
2000	1701.18	807.94	59.64	450.18	383.42	
2001	1722.35	817.95	56.78	457.56	390.06	
2002	1781.06	841.77	57.09	465.91	416.29	
2003	1908.66	851.72	55.72	482.83	432.74	85.65
2004	2154.79	959.97	61.72	571.09	466.45	95.56
2005	2447.57	1109.18	66.25	638.61	523.79	109.74
2006	2536.27	1235.40	67.60	623.34	519.03	90.90
2007	2821.24	1328.70	73.45	775.62	541.87	101.60
2008	3298.01	1481.69	79.41	967.91	652.59	116.41
2009	3337.59	1551.03	88.30	917.14	661.23	119.89
2010	3754.86	1760.18	176.34	947.25	741.44	129.66
2011	4384.44	2042.16	208.68	1146.42	843.01	144.18
2012	4656.85	2229.27	222.74	1134.14	914.04	156.66
2013	4946.81	2444.70	249.43	1106.86	975.28	170.53
2014	5234.21	2613.18	279.83	1077.37	1080.31	183.53
2015	5520.03	2793.76	296.75	1117.15	1117.16	195.21
2016	6078.43	3134.44	314.74	1221.75	1195.63	211.87

注：1. 本表按当年价格计算。

2. 表中 2006、2007 年数据为第二次全国农业普查后调整数。

3. 从 2010 年起，农业产值、林业产值统计范围作了调整，原农业中的野生植物采集归入林业，原林业中板栗、桂皮等归入农业。

7-2 农林牧渔业总产值指数（1949 年=100）

年　份	合　计	农　业	林　业	牧　业	渔　业	农林牧渔服务业
1949	100.0	100.0	100.0	100.0	100.0	
1952	133.7	128.5	340.0	147.0	200.0	
1957	179.1	169.9	1720.0	160.0	342.0	
1962	150.8	145.6	2220.0	118.4	202.0	
1965	226.0	202.9	3360.0	281.6	320.0	
1970	260.1	233.7	4320.0	299.5	412.0	
1975	278.9	243.4	4410.0	367.5	483.1	
1978	323.8	288.8	5566.9	398.2	445.6	
1980	356.7	322.8	6029.7	415.9	458.1	
1985	510.8	420.2	8617.3	805.0	963.2	
1990	741.2	581.9	12007.2	1219.3	1912.9	
1995	980.3	684.6	13336.0	1766.1	3563.5	
1996	1039.9	707.5	13733.2	1934.9	3934.5	
1997	1110.6	761.3	13884.3	2028.7	4249.3	
1998	1164.4	787.4	14381.2	2133.7	4606.9	
1999	1228.4	828.3	15146.5	2245.5	4911.0	
2000	1261.2	833.3	15679.4	2308.2	5278.6	
2003	1419.4	957.5	15485.7	2448.3	6094.0	100.0
2004	1483.4	1011.6	16006.0	2492.9	6384.7	107.8
2005	1554.5	1046.3	16475.0	2630.0	6748.0	120.5
2006	1616.7	1083.5	15652.7	2710.7	7153.1	132.3
2007	1669.7	1112.8	16237.7	2791.8	7446.1	143.1
2008	1735.7	1130.5	16759.2	2986.5	7795.9	155.0
2009	1822.5	1193.5	18043.9	3100.1	8193.6	163.2
2010	1900.2	1250.3	18848.7	3198.1	8560.5	171.4
2011	1974.5	1319.1	20384.8	3162.8	9008.2	180.8
2012	2048.2	1369.8	21659.9	3225.0	9451.6	191.1
2013	2093.5	1409.6	22862.4	3165.9	9831.7	203.1
2014	2156.1	1470.3	23970.5	3130.2	10177.9	213.5
2015	2222.2	1528.7	25370.4	3115.9	10513.9	224.6
2016	2286.0	1584.4	26994.4	3083.8	10867.0	238.3

注：本表按可比价格计算。

7-3 农林牧渔业总产值指数（上年=100）

年份	合　计	农　业	林　业	牧　业	渔　业	农林牧渔服务业
1979	99.2	99.4	85.1	104.6	93.7	
1980	111.1	112.5	127.3	99.8	109.7	
1981	102.4	98.7	110.4	117.6	108.9	
1982	116.3	115.5	111.5	120.9	120.6	
1983	102.6	99.9	105.2	107.6	121.7	
1984	109.3	109.2	105.1	109.8	112.9	
1985	107.3	104.8	104.9	115.2	116.5	
1986	106.1	103.8	112.0	108.6	118.9	
1987	109.6	109.8	96.3	108.2	121.9	
1988	107.7	104.6	133.7	109.0	111.8	
1989	107.8	107.8	104.1	107.8	111.3	
1990	107.4	107.8	92.9	109.6	110.1	
1991	106.2	105.1	99.1	108.6	109.5	
1992	106.0	103.9	102.4	107.6	114.1	
1993	103.8	97.0	101.7	111.5	120.1	
1994	104.4	102.7	102.2	104.1	111.1	
1995	108.3	108.0	105.3	106.8	111.7	
1996	106.0	103.3	102.9	109.6	110.3	
1997	106.8	107.6	101.1	104.8	108.0	
1998	104.8	103.4	103.6	105.2	108.4	
1999	105.5	105.2	105.3	105.2	106.6	
2000	102.7	100.6	103.5	102.8	107.5	
2001	102.8	102.4	104.5	102.2	103.8	
2002	106.5	109.4	97.2	101.5	106.5	
2003	102.8	102.5	97.2	102.2	104.3	
2004	104.5	105.7	103.4	101.8	104.8	107.8
2005	104.8	103.4	102.9	105.5	105.7	111.8
2006	104.0	103.6	95.0	103.1	106.0	109.8
2007	103.3	102.7	103.7	103.0	104.1	108.2
2008	104.0	101.6	103.2	107.0	104.7	108.3
2009	105.0	105.6	107.7	103.8	105.1	105.3
2010	104.3	104.8	104.5	103.2	104.5	105.0
2011	103.9	105.5	108.1	98.9	105.2	105.5
2012	103.7	103.8	106.3	102.0	104.9	105.7
2013	102.2	102.9	105.6	98.2	104.0	106.3
2014	103.0	104.3	104.8	98.9	103.5	105.1
2015	103.1	104.0	105.8	99.5	103.3	105.2
2016	102.9	103.6	106.4	99.0	103.4	106.1

注：1. 本表按可比价格计算。

2. 表中 2007 年数据为第二次全国农业普查后调整数。

7-4 农林牧渔业总产值

项　　目	按现行价格计算（亿元）		2016比2015增长（%）
	2016年	2015年	
甲	1	2	3
农林牧渔业总产值	6078.43	5520.03	2.9
一、农业产值	3134.44	2793.76	3.6
（一）谷物及其他作物	812.01	784.35	0.6
1.谷　物	371.54	375.53	
稻　谷	335.46	340.39	
2.薯　类	149.77	135.89	
3.油　料	94.87	89.82	
4.豆　类	17.64	16.33	
大　豆	12.92	12.08	
5.生　麻	1.97	2.02	
6.糖　料	81.06	72.14	
7.烟　草	12.69	12.70	
8.其他农作物	82.47	79.91	
（二）蔬菜、食用菌及花卉盆景园艺产品	1521.86	1301.37	5.0
1.蔬菜(含菜用瓜)	1345.95	1168.96	
2.食用菌	27.25	19.96	
3.花卉	91.09	80.39	
4.盆景及园艺产品	57.56	32.06	
（三）水果、坚果、茶、饮料和香料	747.97	665.87	3.7
1.水果	703.13	627.59	
2.坚果	3.97	3.44	
3.茶及饮料原料	35.70	30.41	
4.香料原料	5.17	4.43	
（四）中草药材	52.61	42.17	16.0
二、林业产值	314.74	296.75	6.4
(一)林木的培育和种植	38.74	38.66	3.1
(二)竹木采运	100.49	96.84	4.6
(三)林产品	175.51	161.25	8.2
三、牧业产值	1221.75	1117.15	-1.0
(一)牲畜饲养	41.99	41.61	0.4
1.牛的饲养	26.07	26.59	
2.羊的饲养	4.28	4.00	
3.奶产品	11.64	11.02	
(二)猪的饲养	690.93	595.71	-3.6
(三)家禽饲养	389.51	397.93	0.1
1.肉禽	351.60	357.58	
2.禽蛋	37.91	40.35	
(四)狩猎和捕捉动物	3.91	2.69	33.2
(五)其他畜牧业	95.41	79.21	10.5
四、渔业产值	1195.63	1117.16	3.4
(一)海水产品	598.32	551.79	4.4
其中：养殖	454.12	416.60	
(二)淡水产品	597.31	565.37	2.3
其中：养殖	585.06	549.26	
五、农林牧渔服务业	211.87	195.21	6.1

注：2016比2015年增长（%）按可比价格计算。

7-5 各市农林牧渔业总产值及发展速度

单位：亿元，%

市　　别	合计	农业	林业	牧业	渔业	农林牧渔服务业	发展速度
广 东 省	6078.43	3134.44	314.74	1221.75	1195.63	211.87	102.9
广 州 市	436.65	240.75	3.87	65.80	76.70	49.53	100.7
深 圳 市	16.73	5.19	0.32	1.83	8.59	0.80	96.3
珠 海 市	84.13	11.84	0.05	13.54	50.08	8.63	95.0
汕 头 市	197.09	100.36	0.79	32.10	59.07	4.77	102.8
佛 山 市	293.05	102.62	1.36	57.75	115.08	16.23	102.1
韶 关 市	269.13	192.25	19.73	44.88	8.10	4.18	103.6
河 源 市	163.09	95.65	22.30	34.93	4.31	5.90	102.2
梅 州 市	334.88	222.44	15.47	77.87	10.62	8.48	102.7
惠 州 市	277.51	193.33	5.54	51.96	21.56	5.12	104.5
汕 尾 市	216.58	96.54	4.88	29.90	75.12	10.14	102.5
东 莞 市	38.44	27.01	0.39	3.50	6.51	1.02	103.1
中 山 市	116.08	40.44	0.06	8.89	65.23	1.45	99.1
江 门 市	345.61	118.47	8.07	84.60	128.56	5.91	102.8
阳 江 市	368.98	106.47	19.28	60.09	162.02	21.12	101.2
湛 江 市	792.30	442.51	22.29	112.67	195.49	19.34	102.8
茂 名 市	694.83	364.44	39.65	181.73	83.61	25.40	103.9
肇 庆 市	479.80	232.65	71.77	122.48	47.89	5.01	103.2
清 远 市	328.77	198.99	31.72	73.54	16.62	7.88	104.1
潮 州 市	122.24	60.79	3.48	20.25	32.04	5.68	103.7
揭 阳 市	290.20	186.55	23.90	49.60	20.18	9.99	103.9
云 浮 市	252.21	101.26	34.77	99.76	10.17	6.25	102.4

注：本表产值按现行价格计算，发展速度按可比价格计算。

7-6 各县（市）区农林牧渔业总产值

单位：万元

县（市）区别	合计	农业	林业	牧业	渔业	农林牧渔服务业
广州市	**4366531.83**	**2407530.04**	**38691.34**	**657982.57**	**767014.88**	**495313.00**
海珠区	14493.53	9063.54			2705.98	2724.00
天河区	53070.70	6084.62	23.79	3395.71	381.59	43185.00
白云区	664729.06	414871.41	454.19	123586.35	35959.11	89858.00
黄埔区	146124.32	59500.73	2390.87	50188.34	9230.38	24814.00
荔湾区	79338.85	68755.90			6182.95	4400.00
花都区	605185.22	299521.00	1971.35	174710.67	77966.20	51016.00
从化区	461956.85	291324.20	13966.11	89963.89	9594.64	57108.00
增城区	967061.48	592102.75	19759.19	102685.31	63452.22	189062.00
番禺区	530260.97	208819.77	123.93	48640.87	250332.40	22344.00
南沙区	844308.96	457486.11	1.92	64809.53	311209.40	10802.00
深圳市	**167329.21**	**51853.49**	**3221.87**	**18318.56**	**85918.29**	**8017.00**
福田区	41294.91	189.25	91.63		41014.03	
罗湖区	14460.46	1176.39	73.30		13210.77	
南山区	25831.28	8399.89	96.89		11334.50	6000.00
宝安区	51590.38	28640.09	219.95	10386.73	12343.60	
龙岗区	38085.96	13380.46	90.28	7554.90	15043.32	2017.00
盐田区	1472.32	706.69	658.95		106.67	
珠海市	**841274.34**	**118403.98**	**455.56**	**135374.49**	**500758.31**	**86282.00**
香洲区	47042.15	4469.60	52.97	2741.69	35403.38	4374.50
金湾区	121104.32	37033.81	237.40	11626.76	60938.35	11268.00
斗门区	673128.10	76900.58	165.22	121006.64	404416.59	70639.07
汕头市	**1970945.29**	**1003569.66**	**7939.90**	**320976.06**	**590747.67**	**47712.00**
金平区	65460.21	29510.09	210.73	20162.66	14796.73	780.00
龙湖区	141686.18	82127.54	4.68	43994.27	12617.70	2942.00
澄海区	670013.99	379337.56	410.11	125972.54	145709.78	18584.00
濠江区	128656.35	33570.48	422.24	10802.04	82878.47	983.11
潮阳区	455510.81	239874.61	2527.73	60574.27	140234.19	12300.00
潮南区	310708.27	225621.05	2849.21	48976.51	28538.50	4723.00
南澳县	179489.84	11327.73	1431.28	10494.01	148836.82	7400.00
佛山市	**2930523.30**	**1026242.08**	**13639.02**	**577535.92**	**1150808.32**	**162297.96**
禅城区	13805.84	2657.48		3485.03	6745.20	918.13
南海区	887287.90	488422.51	1574.36	62586.62	277603.85	57100.56
顺德区	892275.98	208172.26	52.07	29879.58	605008.07	49164.00
高明区	401777.61	114532.64	9567.25	158463.35	101869.09	17345.27
三水区	735347.21	213204.29	2305.39	322570.08	159497.45	37770.00
韶关市	**2691316.63**	**1922480.60**	**197268.31**	**448803.69**	**80998.50**	**41765.53**
浈江区	113605.92	68801.35	11523.34	22610.64	9344.82	1325.77
武江区	110563.06	75123.21	8172.73	21504.35	3594.87	2167.90
曲江区	291747.15	203012.36	11582.89	55204.16	19322.18	2625.56
南雄市	468863.79	316113.66	32419.56	94096.62	17694.37	8539.58
始兴县	308040.37	218055.94	21991.57	56920.84	6817.02	4255.00
翁源县	371974.38	294707.65	18319.28	46205.42	6926.03	5816.00
仁化县	327392.46	221268.04	43992.22	47811.81	8277.13	6043.26
新丰县	200859.23	155590.44	13282.72	24341.22	4672.49	2972.36
乳源自治县	129746.74	80822.63	23513.24	20549.12	2325.75	2536.00

7-6 续表 1　　单位：万元

县（市）区别	合计	农业	林业	牧业	渔业	农林牧渔服务业
乐昌市	372168.46	290818.47	11948.40	59502.67	4412.28	5486.64
河源市	**1630879.61**	**956454.13**	**223045.56**	**349300.15**	**43094.58**	**58985.19**
源城区	51780.69	26591.66	435.35	22274.34	1379.33	1100.00
东源县	271491.84	152763.40	31008.97	65594.47	9742.63	12382.37
和平县	265336.69	152599.12	39755.08	58349.74	3624.24	11008.51
龙川县	421590.89	215753.01	82431.47	97384.80	13659.37	12362.23
紫金县	441110.53	285651.28	60282.32	69131.35	9039.88	17005.70
连平县	179568.97	123095.66	9132.36	36565.45	5649.13	5126.38
梅州市	**3348847.49**	**2224437.40**	**154742.19**	**778668.83**	**106184.94**	**84814.13**
梅江区	171160.35	100692.19	3782.81	56030.28	7994.91	2660.16
梅县区	774123.85	606634.00	9399.20	118354.79	27917.53	11818.33
蕉岭县	209261.35	104708.94	31596.44	62212.12	6163.85	4580.00
大埔县	346563.67	266423.74	8557.69	56626.10	5901.14	9055.00
丰顺县	400996.02	208889.95	31504.80	133194.05	15061.29	12345.93
五华县	560147.74	324592.25	29391.22	157630.68	17887.29	30646.29
兴宁市	736392.64	530404.65	16120.55	160650.77	19306.01	9910.67
平远县	202642.07	132260.11	10133.01	40298.87	9410.08	10540.00
惠州市	**2775149.61**	**1933286.53**	**55387.57**	**519643.43**	**215632.21**	**51199.87**
惠城区	463532.60	308809.64	6700.91	108356.66	33266.39	6399.00
惠东县	812863.71	540099.00	16856.84	108334.18	120776.80	26796.87
惠阳区	270810.67	214541.53	2034.33	29794.49	20038.34	4402.00
博罗县	856355.84	543899.71	24037.39	244296.06	34210.68	9912.00
龙门县	371586.79	325936.65	5758.10	28862.04	7340.00	3690.00
汕尾市	**2165810.58**	**965426.10**	**48847.74**	**298987.03**	**751185.71**	**101364.00**
汕尾城区	286561.35	42313.84	1645.85	24469.39	216582.28	1550.00
红海湾区	83251.51	18334.75	287.84	2098.88	62530.04	
海丰县	663282.98	343985.99	15975.21	70576.24	179998.93	52746.61
陆河县	196840.49	115305.95	21135.25	50155.52	3915.76	6328.00
陆丰市	935878.75	445491.81	9803.60	151685.24	288158.71	40739.39
东莞市	**384373.27**	**270134.20**	**3889.21**	**34975.85**	**65124.06**	**10249.95**
中山市	**1160768.41**	**404443.70**	**606.93**	**88928.08**	**652288.53**	**14501.17**
江门市	**3456083.59**	**1184747.45**	**80686.56**	**845977.99**	**1285592.43**	**59079.16**
蓬江区	155491.98	30020.87	197.65	91064.96	32730.70	1477.80
江海区	107615.13	29738.04	31.94	21058.16	54609.99	2177.00
新会区	693979.99	178595.79	11589.39	151245.17	339583.38	12966.26
台山市	1138775.92	327389.28	17415.32	100988.73	672669.59	20313.00
开平市	566140.84	249381.99	24539.78	232750.84	53468.22	6000.00
恩平市	368771.59	197917.01	12224.62	87656.13	59130.84	11843.00
鹤山市	425308.15	171704.47	14687.86	161214.00	73399.71	4302.10
阳江市	**3689819.73**	**1064692.78**	**192829.48**	**600870.13**	**1620186.57**	**211240.77**
江城区	472350.11	86189.71	2982.80	36025.92	334236.18	12915.50
阳东区	797896.75	226767.43	17912.59	104182.81	435525.92	13508.00
阳西县	914564.31	235830.93	42704.85	85242.51	535260.02	15526.00
阳春市	1216250.00	523803.37	134937.16	367284.77	50911.43	139313.27
海陵区	291562.51	14134.84	2268.45	8220.22	236960.99	29978.00
湛江市	**7923021.59**	**4425090.57**	**222930.88**	**1126664.55**	**1954936.59**	**193399.00**
赤坎区	30154.31	12211.90	2.34	2849.39	14879.68	211.00
霞山区	32965.83	12286.92		293.99	19628.92	756.00

单位：万元

县（市）区别	合　计	农　业	林　业	牧　业	渔　业	农林牧渔服务业
坡头区	278649.61	105207.94	8426.75	63035.05	97220.87	4759.00
麻章区	324197.47	129551.18	4418.54	35737.61	150215.14	4275.00
东海区	516129.42	83832.66	436.26	18345.23	393480.27	20035.00
吴川市	497167.90	192699.55	6709.22	128547.38	153197.75	16014.00
徐闻县	1172431.60	944908.45	6426.47	60703.45	148586.23	11807.00
雷州市	1672017.37	1137439.28	56171.60	146999.26	281691.23	49716.00
遂溪县	1685370.41	866486.07	60499.77	308084.76	424061.81	26238.00
廉江市	1713932.92	940466.74	79839.89	362063.70	271974.59	59588.00
茂名市	**6948311.74**	**3644412.02**	**396531.11**	**1817260.09**	**836059.86**	**254048.66**
茂南区	360245.94	165115.60	942.70	157615.15	21059.51	15512.98
电白区	1958700.88	733150.04	76881.45	420248.37	658778.33	69642.70
信宜市	1400559.63	830583.95	111355.79	383106.50	25541.64	49971.75
高州市	1760551.24	1139564.78	100191.49	407375.06	50603.71	62816.20
化州市	1466605.38	774781.81	107697.15	447874.56	80146.83	56105.03
肇庆市	**4798036.52**	**2326488.95**	**717725.05**	**1224827.89**	**478908.99**	**50085.64**
端州区	4923.18	3712.45	113.42	652.37	436.94	8.00
鼎湖区	288686.86	89798.59	5266.30	138555.13	54759.18	307.66
高要区	1092627.64	559475.06	92783.04	257465.20	159417.84	23486.50
广宁县	458181.63	228895.61	146815.36	74514.94	7190.72	765.00
四会市	795143.76	260287.57	40343.84	324618.13	165655.22	4239.00
德庆县	437183.01	300771.62	60218.44	56365.01	17278.94	2549.00
封开县	631873.99	384255.99	104316.69	102164.49	36175.07	4961.75
怀集县	1019104.62	471342.62	244631.35	262060.16	27301.76	13768.73
清远市	**3287651.73**	**1989934.83**	**317243.64**	**735440.84**	**166196.42**	**78836.00**
清城区	449477.15	242541.64	18625.34	129185.93	49050.24	10074.00
英德市	830079.17	491703.62	106455.77	183352.31	31268.48	17299.00
佛冈县	176787.17	124094.72	14004.86	30880.58	6243.01	1564.00
连山自治县	121595.20	67851.78	18211.43	19964.68	1992.31	13575.00
连南自治县	95593.36	54319.22	18509.30	18982.14	1542.70	2240.00
连州市	539122.78	387358.77	33946.84	100659.58	7266.59	9891.00
阳山县	479109.48	300217.55	39808.14	125127.65	6283.14	7673.00
清新区	568482.20	305313.82	59081.78	126604.02	60962.58	16520.00
潮州市	**1222391.37**	**607933.24**	**34765.66**	**202539.47**	**320355.58**	**56797.42**
湘桥区	106644.68	82937.20	1890.01	15083.44	5608.03	1126.00
饶平县	807907.34	336259.35	20872.37	132838.48	289894.83	28042.31
潮安区	307628.70	191402.16	12633.01	54417.48	21546.93	27629.11
揭阳市	**2902023.82**	**1865482.46**	**238966.47**	**495951.58**	**201753.29**	**99870.02**
榕城区	262703.19	169445.05	18971.22	43272.24	24933.36	6081.32
揭东区	573945.99	408298.36	55264.97	76331.16	11355.76	22695.73
惠来县	820621.20	463952.55	80951.39	117328.13	135407.59	22981.53
普宁市	653478.48	490233.91	29570.74	113625.88	9344.83	10703.12
揭西县	580980.22	333868.57	47864.85	145082.55	19455.13	34709.12
云浮市	**2522147.77**	**1012630.00**	**347678.75**	**997623.03**	**101684.70**	**62531.29**
云城区	265407.03	107419.37	53681.43	88300.44	8895.79	7110.00
新兴县	933093.53	236887.49	90392.06	566801.91	28166.63	10845.44
郁南县	435688.80	266761.15	20720.92	125464.71	11643.02	11099.00
罗定市	654195.86	258857.50	156083.64	172272.10	41111.77	25870.85
云安区	233762.55	142704.49	26800.70	44783.87	11867.49	7606.00

7-7 农林牧渔业中间消耗

单位：亿元

指标名称	代码	金额	指标名称	代码	金额
甲	乙	1	甲	乙	1
农林牧渔业中间消耗总计	1	2296.60	7.办公用品购置	23	1.70
一、农业中间消耗合计	2	944.78	8.其　他	24	13.19
(一)物质消耗	3	706.07	(二)生产服务支出	25	20.02
(1)用种量	4	209.77	三、牧业中间消耗合计	26	666.93
(2)役畜用饲料、饲草	5	23.60	(一)物质消耗	27	606.50
(3)肥料	6	291.85	1.用种量	28	26.04
(4)燃料	7	40.31	2.饲料、饲草	29	534.76
(5)农药	8	23.08	3.燃　料	30	19.33
(6)农用塑料薄膜	9	7.01	4.用电量	31	5.52
(7)用电量	10	38.94	5.畜牧用药品	32	13.80
(8)小农具购置	11	14.53	6.其　他	33	7.06
(9)办公用品购置	12	9.14	(二)生产服务支出	34	60.43
(10)其　他	13	47.85	四、渔业中间消耗合计	35	480.26
(二)生产服务支出	14	238.71	(一)物质消耗	36	375.11
二、林业中间消耗合计	15	80.22	1.饲　料	37	191.49
(一)物质消耗	16	60.20	2.燃　料	38	42.93
1.用种量	17	14.47	3.用电量	39	12.78
2.肥　料	18	8.32	4.办公用品购置	40	1.97
3.燃　料	19	1.78	5.其　他	41	125.94
4.农　药	20	1.70	(二)生产服务支出	42	105.14
5.用电量	21	0.85	五、农林牧渔服务业中间消耗合计	43	124.42
6.小农机具购置	22	18.19	(一)物质消耗	44	101.83
			(二)生产服务支出	45	22.58

7-8 农林牧渔业增加值

项目	合计	农业	林业	牧业	渔业	农林牧渔服务业
一、农林牧渔业总产值						
按当年价格计算（亿元）	6078.43	3134.44	314.74	1221.75	1195.63	211.87
比2015年增长（%）	2.9	3.6	6.4	-1.0	3.4	6.1
二、农林牧渔业中间消耗（亿元）	2296.60	944.78	80.22	666.93	480.26	124.42
三、农林牧渔业增加值（亿元）	3781.83	2189.66	234.52	554.82	715.37	87.46
比2015年增长（%）	3.2	3.7	6.7	-1.1	3.3	6.1

注：比 2015 年增长按可比价格计算。

7-9 各市农林牧渔业中间消耗

2016 年　　单位：亿元

市　别	合　计	农　业	林　业	牧　业	渔　业	服务业
广东省	2296.60	944.78	80.22	666.93	480.26	124.42
广州市	176.94	74.32	1.20	38.97	33.35	29.10
深圳市	9.23	2.39	0.18	1.03	5.16	0.47
珠海市	37.04	3.76	0.01	7.69	20.52	5.07
汕头市	87.89	38.04	0.45	17.92	28.69	2.80
佛山市	141.05	33.99	0.29	35.96	61.27	9.54
韶关市	99.80	60.37	6.64	26.85	3.49	2.45
河源市	59.84	28.00	6.18	20.62	1.59	3.47
梅州市	124.37	69.78	3.91	41.98	3.72	4.98
惠州市	103.74	62.77	2.42	26.98	8.56	3.01
汕尾市	82.65	31.43	1.97	15.92	27.37	5.96
东莞市	13.82	7.56	0.15	2.26	3.25	0.60
中山市	47.22	13.57	0.04	4.71	28.05	0.85
江门市	154.20	38.50	3.93	47.15	61.16	3.47
阳江市	141.25	34.87	6.14	31.13	56.71	12.41
湛江市	286.74	142.31	6.47	58.17	68.42	11.36
茂名市	248.41	99.60	7.93	92.53	33.42	14.93
肇庆市	160.67	64.21	14.35	62.40	16.75	2.94
清远市	111.84	55.40	0.70	38.40	6.52	4.60
潮州市	49.51	20.12	0.93	9.95	15.15	3.35
揭阳市	97.57	50.91	7.29	25.46	8.05	5.87
云浮市	92.80	26.69	10.04	48.41	3.94	3.71

7-10 各县（市）区农林牧渔业中间消耗

2016 年　　单位：万元

县（市）区别	合　计	农　业	林　业	牧　业	渔　业	农林牧渔服务业
广　州　市	**1769404.75**	**743204.51**	**12048.50**	**389657.28**	**333498.06**	**290996.40**
海　珠　区	5574.82	2797.91			1176.56	1600.35
天　河　区	29433.77	1878.32	7.41	2010.94	165.92	25371.19
白　云　区	269826.67	128070.80	141.43	73187.84	15635.02	52791.58
黄　埔　区	67425.55	18367.88	744.52	29721.54	4013.37	14578.23
荔　湾　区	26498.30	21224.95			2688.35	2585.00
花　都　区	260411.31	92462.13	613.88	103463.70	33899.70	29971.90
从　化　区	185280.14	89931.78	4349.05	53276.62	4171.75	33550.95
增　城　区	388408.31	182782.10	6153.01	60810.24	27589.03	111073.93
番　禺　区	215278.00	64462.66	38.59	28805.12	108844.53	13127.10
南　沙　区	321266.79	141225.96	0.60	38380.20	135313.85	6346.18
深　圳　市	**92296.04**	**23867.48**	**1762.43**	**10320.43**	**51636.89**	**4708.81**
福　田　区	24786.66	87.11	50.12		24649.43	
罗　湖　区	8521.26	541.49	40.10		7939.67	
南　山　区	14255.09	3865.66	53.00		6812.03	3524.40
宝　安　区	26573.60	13183.00	120.30	5851.90	7418.40	
龙　岗　区	20690.76	6159.03	49.38	4256.43	9041.13	1184.79
盐　田　区	749.85	325.29	360.45		64.11	
珠　海　市	**370402.97**	**37593.27**	**106.24**	**76852.10**	**205160.68**	**50690.68**
香　洲　区	20062.69	1419.10	12.35	1556.46	14504.76	2570.02
金　湾　区	50000.50	11758.23	55.36	6600.51	24966.44	6619.95
斗　门　区	300339.86	24415.93	38.53	68695.47	165689.48	41500.45
汕　头　市	**878949.65**	**380352.91**	**4470.94**	**179168.85**	**286926.14**	**28030.81**
金　平　区	28129.17	11922.08	82.82	9286.92	6776.90	60.45
龙　湖　区	66353.39	38821.69	3.29	18037.65	7787.64	1703.12
澄　海　区	300473.13	138723.75	149.36	79362.70	68498.17	13739.15
濠　江　区	35913.05	8060.27	160.75	3144.47	24200.51	347.04
潮　阳　区	196723.86	90096.90	2347.50	43353.01	54663.29	6263.16
潮　南　区	139068.70	101123.35	1349.10	21343.96	13555.79	1696.50
南　澳　县	133530.44	5534.72	778.19	7645.94	114931.79	4639.80
佛　山　市	**1410509.42**	**339891.38**	**2946.02**	**359631.62**	**612690.35**	**95350.05**
禅　城　区	7180.83	880.16		2170.13	3591.14	539.40
南　海　区	382421.15	161765.54	340.06	38972.69	147796.29	33546.58
顺　德　区	438554.06	68946.65	11.25	18606.02	322106.30	28883.85
高　明　区	203100.31	37933.21	2066.52	98675.13	54235.10	10190.35
三　水　区	379081.92	70613.26	497.96	200864.39	84916.44	22189.88
韶　关　市	**997988.44**	**603658.90**	**66439.99**	**268474.36**	**34877.94**	**24537.25**
浈　江　区	44296.74	21707.87	3898.35	13589.88	4318.24	782.40
武　江　区	42792.98	23473.00	3367.98	13077.01	1574.55	1300.44
曲　江　区	110598.80	63799.74	3898.04	33017.11	8337.11	1546.80
南　雄　市	179542.33	99671.95	10786.16	56025.12	8042.09	5017.00
始　兴　县	115605.15	68524.77	7521.57	34079.80	2998.62	2480.40
翁　源　县	133412.53	93098.15	6191.92	27723.21	2982.35	3416.90
仁　化　县	125124.89	73905.31	14807.78	29217.79	3643.59	3550.42
新　丰　县	72367.14	49511.54	4478.10	14565.48	2046.61	1765.40
乳源自治县	48089.50	25386.38	7919.26	12292.48	1001.47	1489.90

单位：万元

县（市）区别	合计	农业	林业	牧业	渔业	农林牧渔服务业
乐昌市	127090.67	87603.06	4846.31	29656.27	1842.66	3142.36
河源市	**598441.46**	**279954.12**	**61761.31**	**206191.88**	**15880.35**	**34653.80**
源城区	22207.01	7783.38	120.55	13148.54	508.28	646.25
东源县	102885.45	44713.85	8586.38	38720.41	3590.16	7274.64
和平县	97920.83	44665.76	11008.19	34443.85	1335.53	6467.50
龙川县	155758.71	63150.91	22825.27	57486.25	5033.48	7262.81
紫金县	154432.58	83610.12	16692.18	40808.23	3331.20	9990.85
连平县	65236.89	36030.10	2528.75	21584.59	2081.70	3011.75
梅州市	**1243713.72**	**697806.01**	**39134.29**	**419780.38**	**37164.73**	**49828.31**
梅江区	68617.15	31707.97	2358.58	30049.04	2818.21	1683.35
梅县区	285278.44	205952.24	2513.35	61840.38	8361.30	6611.17
蕉岭县	82961.85	34292.18	10388.91	33208.83	2242.41	2829.52
大埔县	125075.16	88585.89	1948.59	27888.34	2027.04	4625.30
丰顺县	158539.85	69226.13	8540.95	69101.07	5504.90	6166.79
五华县	221514.52	110231.53	8626.32	83244.76	5391.23	14020.67
兴宁市	273750.70	179701.10	4816.82	78012.01	6463.65	4757.12
平远县	76402.91	42415.82	2240.41	22764.83	3294.47	5687.38
惠州市	**1037411.28**	**627738.14**	**24209.91**	**269798.87**	**85584.43**	**30079.93**
惠城区	176421.08	100270.49	2928.97	56258.77	13203.43	3759.41
惠东县	302664.86	175370.14	7368.13	56247.11	47936.32	15743.16
惠阳区	96559.54	69661.64	889.20	15469.30	7953.22	2586.18
博罗县	333351.01	176604.23	10506.74	126838.52	13578.21	5823.31
龙门县	128414.79	105831.63	2516.87	14985.17	2913.25	2167.87
汕尾市	**826530.92**	**314342.73**	**19739.39**	**159240.49**	**273656.95**	**59551.36**
汕尾城区	107441.36	13840.84	664.85	13123.39	78901.28	911.00
红海湾区	29799.64	5930.34	117.60	1108.43	22643.27	
海丰县	252608.58	112001.82	6455.58	37588.91	65573.62	30988.64
陆河县	77941.43	37543.64	8540.75	26712.83	1426.51	3717.70
陆丰市	358739.90	145026.08	3960.61	80706.90	105112.28	23934.03
东莞市	**138159.18**	**75556.53**	**1489.98**	**22587.40**	**32503.42**	**6021.85**
中山市	**472221.30**	**135690.88**	**421.69**	**47105.21**	**280484.07**	**8519.45**
江门市	**1542033.87**	**385042.94**	**39262.07**	**471463.53**	**611556.33**	**34709.00**
蓬江区	77798.02	10327.20	89.28	50542.05	15970.69	868.80
江海区	48702.26	7800.48	15.39	11795.53	27811.86	1279.00
新会区	302703.04	48245.36	6086.83	84162.65	156618.02	7590.18
台山市	505456.02	109895.98	8375.99	55804.69	319445.47	11933.89
开平市	251508.86	80522.97	11706.25	130295.32	25432.63	3551.69
恩平市	163554.76	80589.02	5818.02	48974.07	21036.69	7136.96
鹤山市	192310.92	47661.93	7170.31	89889.22	45240.97	2348.48
阳江市	**1412484.50**	**348686.90**	**61377.62**	**311250.72**	**567065.31**	**124103.95**
江城区	181737.22	28192.59	949.39	20383.84	124623.90	7587.50
阳东区	304251.09	76420.63	6376.88	56258.72	157224.86	7970.00
阳西县	324107.27	77144.64	13592.62	44285.52	179962.98	9121.51
阳春市	496848.53	163447.31	42933.28	190806.13	17816.81	81845.00
海陵区	108971.92	4623.24	722.01	4270.52	81744.15	17612.00
湛江市	**2867394.88**	**1423109.13**	**64739.12**	**581696.92**	**684227.80**	**113621.91**
赤坎区	10870.44	4064.27	0.69	1473.59	5207.93	123.96
霞山区	11392.96	3926.90		151.79	6870.12	444.15

单位：万元

县（市）区别	合　　计	农　　业	林　　业	牧　　业	渔　　业	农林牧渔服务业
坡头区	105303.03	33487.69	2447.13	32545.00	34027.30	2795.91
麻章区	116044.52	41223.19	1283.14	18451.33	52575.30	2511.56
东海区	185745.77	26658.79	126.69	9471.64	137718.09	11770.56
吴川市	192623.27	61278.46	1948.36	66369.01	53619.21	9408.23
徐闻县	396882.21	304732.98	1866.25	31341.19	52005.18	6936.61
雷州市	591723.19	371715.16	16312.23	75895.72	98591.93	29208.15
遂溪县	616012.32	275542.57	17569.13	159064.16	148421.63	15414.83
廉江市	640797.17	300479.12	23185.50	186933.49	95191.11	35007.95
茂名市	**2484099.61**	**996017.81**	**79306.23**	**925348.83**	**334173.14**	**149253.60**
茂南区	143103.63	45126.10	188.54	80257.61	8417.48	9113.88
电白区	730799.33	200369.91	15760.70	210544.43	263313.67	40810.62
信宜市	482199.52	226170.11	22033.99	194428.01	10209.01	29358.40
高州市	605917.12	320219.21	20031.22	208535.53	20226.64	36904.52
化州市	526027.50	212135.26	21539.42	228057.73	32034.69	32260.39
肇庆市	**1606653.46**	**642110.94**	**143545.01**	**624049.81**	**167522.37**	**29425.33**
端州区	1902.02	1266.93	47.60	350.83	234.46	2.20
鼎湖区	139709.67	40975.10	1582.53	68695.64	28250.26	206.14
高要区	380085.20	155821.18	19075.03	148557.40	42741.67	13889.92
广宁县	126283.70	72462.41	21265.69	29346.07	2801.53	408.00
四会市	299129.76	66767.87	14156.01	145600.59	70083.29	2522.00
德庆县	156463.11	106714.45	14163.35	26841.05	6771.63	1972.63
封开县	225500.03	123277.05	33235.24	55179.41	11283.00	2525.33
怀集县	277580.04	74826.02	40019.56	149478.82	5356.53	7899.11
清远市	**1118432.17**	**554594.84**	**67572.90**	**384782.66**	**65165.62**	**46316.15**
清城区	164304.71	67596.36	3967.20	67590.07	19232.60	5918.48
英德市	278066.33	137037.81	22675.07	95929.92	12260.37	10163.16
佛冈县	57091.69	34585.20	2983.04	16156.72	2447.88	918.85
连山自治县	41991.34	18910.29	3879.04	10445.52	781.18	7975.31
连南自治县	30933.60	15138.76	3942.48	9931.46	604.89	1316.00
连州市	176512.85	107956.89	7230.68	52665.09	2849.23	5810.96
阳山县	164588.06	83670.63	8479.13	65466.79	2463.62	4507.89
清新区	197523.53	85090.96	12584.42	66239.22	23903.43	9705.50
潮州市	**495062.48**	**201225.91**	**9313.73**	**99467.14**	**151528.19**	**33527.51**
湘桥区	41232.35	31527.69	505.97	6152.54	2362.15	684.00
饶平县	343584.21	118372.72	4481.75	67597.10	139353.36	13779.27
潮安区	108547.41	52735.48	4962.04	25518.55	6267.11	19064.24
揭阳市	**975703.64**	**509090.16**	**72908.67**	**254571.94**	**80459.21**	**58673.66**
榕城区	87847.26	46241.55	5788.12	19905.26	12339.55	3572.78
揭东区	188925.97	111349.35	16861.34	39777.27	7604.26	13333.75
惠来县	266330.94	94136.18	18574.33	90272.94	51521.29	11826.20
普宁市	210737.91	112340.74	17655.54	70068.38	4664.26	6008.99
揭西县	202541.47	109319.09	13568.27	47903.73	10665.41	21084.97
云浮市	**927985.65**	**266929.27**	**100409.63**	**484146.46**	**39412.98**	**37087.31**
云城区	94336.10	28315.75	15503.20	42852.20	3448.01	4216.94
新兴县	380967.55	62443.54	26105.23	275068.97	10917.38	6432.43
郁南县	148286.11	70318.24	5984.20	60888.02	4512.83	6582.82
罗定市	228194.37	68234.83	45076.96	83603.66	15934.92	15344.00
云安区	76201.51	37616.90	7740.04	21733.61	4599.84	4511.12

7-11 农林牧渔业增加值

单位：亿元

年 份	合 计	农 业	林 业	牧 业	渔 业	农林牧渔服务业
2007	1577.12	877.42	50.28	290.83	322.13	36.46
2008	1695.57	929.13	54.70	347.29	322.53	41.92
2009	1973.05	1036.57	59.13	438.23	391.07	48.04
2010	2010.27	1085.09	65.75	415.25	394.70	49.47
2011	2665.20	1426.17	155.49	519.98	504.06	59.51
2012	2847.26	1555.73	165.96	514.41	546.50	64.65
2013	3047.52	1706.09	185.86	502.05	583.13	70.38
2014	3242.57	1823.72	208.51	488.67	645.92	75.75
2015	3426.12	1949.75	221.11	506.72	667.96	80.57
2016	3781.83	2189.66	234.52	554.82	715.37	87.46

7-12 农林牧渔业增加值指数(上年=100)

年 份	合 计	农 业	林 业	牧 业	渔 业	农林牧渔服务业
2007	103.2	102.7	103.8	103.0	104.0	108.2
2008	103.9	101.6	103.1	108.2	105.4	108.3
2009	104.9	105.5	107.1	103.5	104.7	105.3
2010	104.5	104.9	104.5	103.5	104.6	105.0
2011	104.2	105.3	108.1	98.5	105.2	105.5
2012	103.8	103.8	106.2	102.0	104.9	105.7
2013	102.5	102.9	105.6	98.2	104.0	106.3
2014	103.3	104.3	104.8	98.8	103.5	105.1
2015	103.4	104.0	106.0	99.7	103.3	105.2
2016	103.2	103.7	106.7	98.9	103.3	106.1

7-13 各市农林牧渔业增加值

单位：亿元

市　　别	合　　计	农　　业	林　　业	牧　　业	渔　　业	农林牧渔服务业
广 东 省	3781.83	2189.66	234.52	554.82	715.37	87.46
广 州 市	259.71	166.43	2.66	26.83	43.35	20.43
深 圳 市	7.50	2.80	0.15	0.80	3.43	0.33
珠 海 市	47.09	8.08	0.03	5.85	29.56	3.56
汕 头 市	109.20	62.32	0.35	14.18	30.38	1.97
佛 山 市	152.00	68.64	1.07	21.79	53.81	6.69
韶 关 市	169.33	131.88	13.08	18.03	4.61	1.72
河 源 市	103.24	67.65	16.13	14.31	2.72	2.43
梅 州 市	210.51	152.66	11.56	35.89	6.90	3.50
惠 州 市	173.77	130.55	3.12	24.98	13.00	2.11
汕 尾 市	133.93	65.11	2.91	13.97	47.75	4.18
东 莞 市	24.62	19.46	0.24	1.24	3.26	0.42
中 山 市	68.85	26.88	0.02	4.18	37.18	0.60
江 门 市	191.40	79.97	4.14	37.45	67.40	2.44
阳 江 市	227.73	71.60	13.15	28.96	105.31	8.71
湛 江 市	505.56	300.20	15.82	54.50	127.07	7.98
茂 名 市	446.42	264.84	31.72	89.19	50.19	10.48
肇 庆 市	319.14	168.44	57.42	60.08	31.14	2.07
清 远 市	216.92	143.53	24.97	35.07	10.10	3.25
潮 州 市	72.73	40.67	2.55	10.31	16.88	2.33
揭 阳 市	192.63	135.64	16.61	24.14	12.13	4.12
云 浮 市	159.42	74.57	24.73	51.35	6.23	2.54

7-14 各县（市）区农林牧渔业增加值

单位：万元

市别	合计	农业	林业	牧业	渔业	农林牧渔服务业
广州市	**2597127.07**	**1664325.53**	**26642.84**	**268325.29**	**433516.81**	**204316.60**
海珠区	8918.71	6265.63			1529.42	1123.65
天河区	23636.93	4206.30	16.38	1384.77	215.67	17813.81
白云区	394902.39	286800.61	312.76	50398.51	20324.09	37066.42
黄埔区	78698.77	41132.85	1646.35	20466.80	5217.01	10235.77
荔湾区	52840.55	47530.95			3494.60	1815.00
花都区	344773.91	207058.87	1357.47	71246.97	44066.50	21044.10
从化区	276676.71	201392.42	9617.06	36687.27	5422.89	23557.05
增城区	578653.17	409320.65	13606.18	41875.07	35863.19	77988.07
番禺区	314982.97	144357.11	85.34	19835.75	141487.87	9216.90
南沙区	523042.17	316260.15	1.32	26429.33	175895.55	4455.82
深圳市	**75033.17**	**27986.01**	**1459.44**	**7998.13**	**34281.40**	**3308.19**
福田区	16508.25	102.14	41.51		16364.60	
罗湖区	5939.20	634.90	33.20		5271.10	
南山区	11576.19	4534.23	43.89		4522.47	2475.60
宝安区	25016.78	15457.09	99.65	4534.83	4925.20	
龙岗区	17395.20	7221.43	40.90	3298.47	6002.19	832.21
盐田区	722.47	381.40	298.50		42.56	
珠海市	**470871.39**	**80810.71**	**349.33**	**58522.39**	**295597.64**	**35591.32**
香洲区	26979.46	3050.50	40.62	1185.23	20898.62	1804.48
金湾区	71103.82	25275.58	182.04	5026.25	35971.91	4648.05
斗门区	372788.24	52484.65	126.69	52311.17	238727.11	29138.62
汕头市	**1091995.65**	**623216.75**	**3468.96**	**141807.22**	**303821.53**	**19681.19**
金平区	37331.04	17588.01	127.91	10875.74	8019.83	719.55
龙湖区	75332.79	43305.85	1.39	25956.62	4830.06	1238.88
澄海区	369540.86	240613.81	260.75	46609.84	77211.61	4844.85
濠江区	92743.30	25510.21	261.49	7657.57	58677.96	636.07
潮阳区	258786.95	149777.71	180.23	17221.26	85570.90	6036.84
潮南区	171639.57	124497.70	1500.11	27632.55	14982.71	3026.50
南澳县	45959.40	5793.01	653.09	2848.07	33905.03	2760.20
佛山市	**1520013.88**	**686350.70**	**10692.99**	**217904.30**	**538117.98**	**66947.91**
禅城区	6625.01	1777.32		1314.90	3154.06	378.73
南海区	504866.75	326656.97	1234.30	23613.93	129807.56	23553.98
顺德区	453721.92	139225.61	40.82	11273.56	282901.77	20280.15
高明区	198677.30	76599.43	7500.73	59788.22	47633.99	7154.92
三水区	356265.29	142591.03	1807.43	121705.69	74581.01	15580.12
韶关市	**1693328.19**	**1318821.70**	**130828.32**	**180329.33**	**46120.56**	**17228.28**
浈江区	69309.18	47093.48	7624.99	9020.76	5026.58	543.37
武江区	67770.08	51650.21	4804.75	8427.34	2020.32	867.46
曲江区	181148.35	139212.62	7684.85	22187.05	10985.07	1078.76
南雄市	289321.46	216441.71	21633.40	38071.50	9652.28	3522.58
始兴县	192435.22	149531.17	14470.00	22841.04	3818.40	1774.60
翁源县	238561.85	201609.50	12127.36	18482.21	3943.08	2099.10
仁化县	202267.57	147362.73	29184.44	18594.02	4633.54	2492.84
新丰县	128492.09	106078.90	8804.62	9775.74	2625.88	1206.96
乳源自治县	81657.24	55436.25	15593.98	8256.64	1324.28	1046.10

单位：万元

市别	合计	农业	林业	牧业	渔业	农林牧渔服务业
乐昌市	245077.79	203215.41	7102.09	29846.40	2569.62	2344.28
河源市	**1032438.14**	**676500.01**	**161284.24**	**143108.27**	**27214.23**	**24331.39**
源城区	29573.68	18808.28	314.80	9125.80	871.05	453.75
东源县	168606.39	108049.55	22422.59	26874.06	6152.47	5107.73
和平县	167415.86	107933.36	28746.89	23905.89	2288.71	4541.01
龙川县	265832.18	152602.10	59606.20	39898.55	8625.89	5099.42
紫金县	286677.95	202041.16	43590.14	28323.12	5708.68	7014.85
连平县	114332.08	87065.56	6603.61	14980.86	3567.43	2114.63
梅州市	**2105133.76**	**1526631.39**	**115607.90**	**358888.44**	**69020.21**	**34985.82**
梅江区	102543.20	68984.22	1424.23	25981.24	5176.70	976.81
梅县区	488845.41	400681.76	6885.85	56514.41	19556.23	5207.16
蕉岭县	126299.50	70416.76	21207.53	29003.29	3921.44	1750.48
大埔县	221488.51	177837.85	6609.10	28737.76	3874.10	4429.70
丰顺县	242456.17	139663.82	22963.85	64092.98	9556.39	6179.14
五华县	338633.22	214360.72	20764.90	74385.92	12496.06	16625.62
兴宁市	462641.94	350703.55	11303.73	82638.76	12842.36	5153.55
平远县	126239.16	89844.29	7892.60	17534.04	6115.61	4852.62
惠州市	**1737738.34**	**1305548.40**	**31177.66**	**249844.56**	**130047.78**	**21119.94**
惠城区	339921.54	235882.53	4999.19	57037.56	39362.69	2639.59
惠东县	510349.59	364729.10	9488.71	52259.94	72818.13	11053.71
惠阳区	174251.27	144879.85	1145.14	14325.35	12085.11	1815.82
博罗县	523004.83	367295.48	13530.65	117457.54	20632.47	4088.69
龙门县	243172.00	220105.02	3241.23	13876.87	4426.75	1522.13
汕尾市	**1339279.66**	**651083.37**	**29108.35**	**139746.54**	**477528.76**	**41812.64**
汕尾城区	179119.99	28473.00	981.00	11346.00	137681.00	639.00
红海湾区	53451.87	12404.41	170.24	990.45	39886.77	
海丰县	410674.40	231984.17	9519.63	32987.33	114425.31	21757.97
陆河县	118899.06	77762.31	12594.50	23442.69	2489.25	2610.30
陆丰市	577138.85	300465.73	5842.99	70978.34	183046.43	16805.36
东莞市	**246214.10**	**194577.68**	**2399.23**	**12388.45**	**32620.64**	**4228.10**
中山市	**688547.12**	**268752.82**	**185.24**	**41822.88**	**371804.46**	**5981.72**
江门市	**1914049.72**	**799704.51**	**41424.49**	**374514.46**	**674036.10**	**24370.16**
蓬江区	77693.96	19693.67	108.37	40522.91	16760.01	609.00
江海区	58912.87	21937.56	16.55	9262.63	26798.13	898.00
新会区	391276.95	130350.43	5502.56	67082.52	182965.36	5376.08
台山市	633319.90	217493.30	9039.33	45184.04	353224.12	8379.11
开平市	314631.98	168859.02	12833.53	102455.52	28035.59	2448.31
恩平市	205216.83	117327.99	6406.60	38682.06	38094.15	4706.04
鹤山市	232997.23	124042.54	7517.55	71324.78	28158.74	1953.62
阳江市	**2277335.23**	**716005.88**	**131451.86**	**289619.41**	**1053121.26**	**87136.82**
江城区	290612.89	57997.12	2033.41	15642.08	209612.28	5328.00
阳东区	493645.66	150346.80	11535.71	47924.09	278301.06	5538.00
阳西县	590457.04	158686.29	29112.23	40956.99	355297.04	6404.49
阳春市	719401.47	360356.06	92003.88	176478.64	33094.62	57468.27
海陵区	182590.59	9511.60	1546.44	3949.70	155216.84	12366.00
湛江市	**5055626.72**	**3001981.45**	**158191.76**	**544967.63**	**1270708.79**	**79777.09**
赤坎区	19283.87	8147.63	1.65	1375.80	9671.75	87.04
霞山区	21572.87	8360.02		142.20	12758.80	311.85

单位：万元

市别	合计	农业	林业	牧业	渔业	农林牧渔服务业
坡头区	173346.58	71720.25	5979.62	30490.05	63193.57	1963.09
麻章区	208152.95	88327.99	3135.40	17286.28	97639.84	1763.44
东海区	330383.65	57173.87	309.57	8873.59	255762.18	8264.44
吴川市	304544.63	131421.09	4760.86	62178.37	99578.54	6605.77
徐闻县	775549.39	640175.47	4560.22	29362.26	96581.05	4870.39
雷州市	1080294.18	765724.12	39859.37	71103.54	183099.30	20507.85
遂溪县	1069358.09	590943.50	42930.64	149020.60	275640.18	10823.17
廉江市	1073135.75	639987.62	56654.39	175130.21	176783.48	24580.05
茂名市	**4464212.13**	**2648394.21**	**317224.88**	**891911.26**	**501886.72**	**104795.06**
茂南区	217142.31	119989.50	754.16	77357.54	12642.03	6399.10
电白区	1227901.55	532780.13	61120.75	209703.94	395464.66	28832.08
信宜市	918360.11	604413.84	89321.80	188678.49	15332.63	20613.35
高州市	1154634.12	819345.57	80160.27	198839.53	30377.07	25911.68
化州市	940577.88	562646.55	86157.73	219816.83	48112.14	23844.64
肇庆市	**3191383.06**	**1684378.01**	**574180.04**	**600778.08**	**311386.62**	**20660.31**
端州区	3021.16	2445.52	65.82	301.54	202.48	5.80
鼎湖区	148977.19	48823.49	3683.77	69859.49	26508.92	101.52
高要区	712542.44	403653.88	73708.01	108907.80	116676.17	9596.58
广宁县	331897.93	156433.20	125549.67	45168.87	4389.19	357.00
四会市	496014.00	193519.70	26187.83	179017.54	95571.93	1717.00
德庆县	280719.90	194057.17	46055.09	29523.96	10507.31	576.37
封开县	406373.96	260978.94	71081.45	46985.08	24892.07	2436.42
怀集县	741524.58	396516.60	204611.79	112581.34	21945.23	5869.62
清远市	**2169219.56**	**1435339.98**	**249670.74**	**350658.19**	**101030.80**	**32519.85**
清城区	285172.44	174945.28	14658.14	61595.86	29817.64	4155.52
英德市	552012.84	354665.81	83780.70	87422.39	19008.11	7135.84
佛冈县	119695.48	89509.52	11021.82	14723.86	3795.13	645.15
连山自治县	79603.86	48941.49	14332.39	9519.16	1211.13	5599.69
连南自治县	64659.76	39180.46	14566.82	9050.68	937.81	924.00
连州市	362609.93	279401.88	26716.16	47994.49	4417.36	4080.04
阳山县	314521.42	216546.92	31329.01	59660.86	3819.52	3165.11
清新区	370958.67	220222.86	46497.36	60364.80	37059.15	6814.50
潮州市	**727328.89**	**406707.33**	**25451.93**	**103072.33**	**168827.39**	**23269.91**
湘桥区	65412.33	51409.51	1384.04	8930.90	3245.88	442.00
饶平县	464323.13	217886.63	16390.62	65241.38	150541.47	14263.04
潮安区	199081.29	138666.68	7670.97	28898.93	15279.82	8564.87
揭阳市	**1926320.18**	**1356392.30**	**166057.80**	**241379.64**	**121294.08**	**41196.36**
榕城区	174855.93	123203.50	13183.10	23366.98	12593.81	2508.54
揭东区	385020.02	296949.01	38403.63	36553.89	3751.50	9361.98
惠来县	554290.26	369816.37	62377.06	27055.19	83886.30	11155.33
普宁市	442740.57	377893.17	11915.20	43557.50	4680.57	4694.13
揭西县	378438.75	224549.48	34296.58	97178.82	8789.72	13624.15
云浮市	**1594162.13**	**745700.74**	**247269.12**	**513476.57**	**62271.72**	**25443.98**
云城区	171070.93	79103.62	38178.23	45448.24	5447.78	2893.06
新兴县	552125.98	174443.95	64286.83	291732.94	17249.25	4413.01
郁南县	287402.69	196442.91	14736.72	64576.69	7130.19	4516.18
罗定市	426001.49	190622.67	111006.68	88668.44	25176.85	10526.85
云安区	157561.04	105087.59	19060.66	23050.26	7267.65	3094.88

八、种植业

2016 年 7 月，中国工程院院士罗锡文主持验收华南双季超级稻亩产 3000 斤模式攻关项目

2016 年 10 月，强台风海马造成广东晚稻大面积受灾倒伏

倒伏受淹水稻发芽

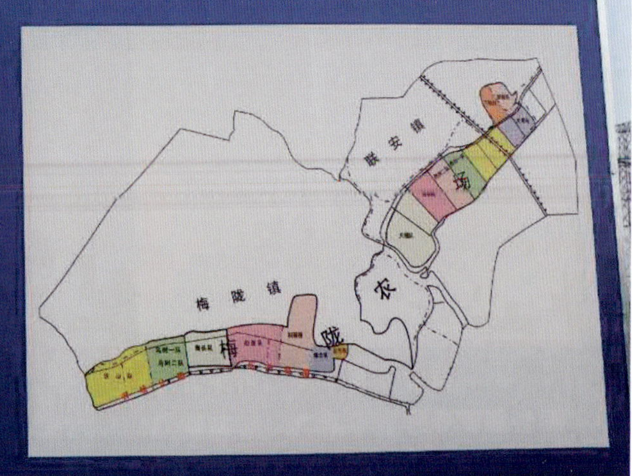

海丰县省级现代粮食产业示范区

惠东县创建国家级绿色高产高效项目县

陆丰市冬种番薯

种植业

【概况】 2016年，我省种植业生产稳定发展，保障了粮油果菜大宗产品有效供给。粮油生产稳中有增。粮食继续保持平稳增长。2016年全省粮食播种面积3763.95万亩，比上年增加5.25万亩，总产量1360.2万吨，比上年增加2.1万吨，连续保持3年恢复性增长。在全国粮食产量在“十二连增”之后首次回落的情况下，我省粮食产量逆势上扬保持增长。油料、花生作物实现七连增。主要经济、园艺作物生产稳中向优。蔬菜种植面积2122万亩，总产量3569万吨，分别增2.4%和3.8%。甘蔗种植面积继续减少，总面积242.8万亩，比去年减少0.3%。水果产量1581万吨,增长4.0%。除了荔枝有所减产，其他水果都有不同程度的增产。茶叶生产发展较快，全年茶园面积79.9万亩，总产量8.7万吨，分别增长7.9%和9.4%。

【主要措施和成效】

启动种植业供给侧结构性改革行动。制定《广东省种植业供给侧结构性改革行动计划》，明确种植业供给侧结构性改革的指导思想、基本原则、工作目标和主要措施。

全面落实粮食安全责任制。国家从2016年起对各省、自治区、直辖市人民政府实行粮食安全省长责任制考核，省政府成立由省领导担任组长的全省粮食安全责任考核工作领导小组，省发展改革委、农业厅、粮食局等15个部门具体承办国家对省政府考核工作，并开展对各地级以上市和顺德区人民政府的责任制考核。

推进农业三项补贴改革。国家财政部、农业部在2015年选择5省试点的基础上,2016年在全国全面推开农业“三项补贴”改革工作。省财政厅、农业厅、农垦总局联合制定了《广东省全面推行农业“三项补贴”改革工作实施方案》，经省政府同意后印发各地执行。2016年落实耕地地力保护补贴资金251977.4万元。

推进现代设施农业发展。协调联合省国土厅出台了《关于合理界定和规范管理设施农用地，进一步支持设施农业发展的补充通知》，细化设施农业用地分类、规范设施农用地使用和备案，为加快现代农业发展创造更为有利的条件。推进粤东西北36个现代农业温室大棚“五位一体”项目实施。

推进岭南特色农业加快发展。以现代农业“五位一体”、良种良法、水肥一体化、园艺作物标准园、柑橘黄龙病防控专项等项目为载体，支持蔬果集约化育苗基地建设，推动改善果菜茶生产基地设施条件，探索提升岭南丘陵地区果园机械化装备水平，不断提升全省菜果茶等特色产业标准化生产水平。

提升广东种业竞争能力。种业科技创新取得突破性进展，育成了不感香蕉枯萎病的新品种中蕉9号，水稻品种深两优870被农业部确认为超级稻新品种，深优9516等41个新品种（系）获得农业部植物新品种权。全年共审定通过新品种136个，登记品种5个。举办第十五届广东种业博览会，来自世界各地300多个种业单位的近6000个优新品种同台竞技，30多种技术集成推广，有效推进我省现代特色高效农业发展。

实施化肥农药使用量零增长行动。继续推进化肥农药使用量零增长行动，全省累计推广测土配方施肥技术面积3480万亩次，施用配方肥57.9万吨，面积1420万亩次；全省建立20个统防统治与绿色防控融合示范区，实现化学农药使用量减少20%以上。

实施耕地质量提升行动。制订了《广东省耕地质量保护与提升行动方案》，统筹国家和省级专项资金共5000多万元，大力支持和推进耕地质量保护和提升工作，完成24个水肥一体化项目工程建设，实施农产品产地土壤重金属污染修复示范面积1700亩。

大力发展节水农业。进一步扩大我省优势农作物“水肥一体化”技术示范面积，实施级水肥一体化示范项目24个，新增高效节水灌溉面积7747亩，取得平均节约用水量50%、节约用肥量20%、节省生产成本20%和增产10%的成效。

8-1 主要年份农作物播种面积及构成

年　　份	农作物播种面积	一、粮食作物			二、大豆	三、经济作物
			稻谷	薯类		
一、绝对数（千公顷）						
1949	5285.95	4782.8	4126.2	495.8	92.58	155.04
1952	5608.83	4942.6	4053.6	665.6	93.81	239.9
1957	6326.93	5386.67	4040.93	817.45	95.87	401.94
1962	5687.57	4767.53	3655.8	787.5	77.33	313.47
1965	5799.75	4589.6	3609.07	655.65	75.33	629.45
1970	6254.66	4638.8	3771.79	601.62	77.63	726.08
1975	6836.83	5037.54	3914.25	612.29	131.73	815.45
1978	6641.64	5068.98	3860.66	582.01	109.14	851.52
1980	5969.89	4605.35	3730.73	533.78	132.12	809.32
1985	5357.88	3833.84	3210.54	487.22	116.81	945.12
1990	5671.56	3881.37	3175.78	501.13	114.96	892.28
1995	5304.8	3368.16	2701.42	515.01	103.9	790.11
2000	5156.9	3099.89	2412.7	426.76	96.97	728.7
2005	4815.37	2786.5	2137.6	386.5	83.8	667.7
2010	4524.51	2531.93	1952.75	329.11	63.58	665.73
2015	4784.72	2505.84	1887.3	351.24	63.57	742.99
2016	4830.83	2509.33	1888.6	351.06	63.78	753.53
二、构成（%）						
1949	100	90.5	78.1	9.4	1.8	2.9
1952	100	88.1	72.3	11.9	1.7	4.3
1957	100	85.1	63.9	12.9	1.5	6.4
1962	100	83.8	64.3	13.8	1.4	5.5
1965	100	79.1	62.2	11.3	1.3	10.9
1970	100	74.2	60.3	9.6	1.2	11.6
1975	100	73.7	57.3	9	1.9	11.9
1978	100	76.3	58.1	8.8	1.7	12.8
1980	100	77.1	62.5	8.9	2.2	13.6
1985	100	71.6	59.9	9.1	2.2	17.6
1990	100	68.5	56	8.8	2	15.7
1995	100	63.5	50.9	9.7	2	14.8
2000	100	60.1	46.8	8.3	1.9	14.1
2005	100	57.9	44.4	8	1.7	13.9
2010	100	56	43.2	7.3	1.4	14.7
2015	100	52.4	39.4	7.3	1.3	15.5
2016	100	51.9	39.1	7.3	1.3	15.6

8-1 续表

年份	经济作物					四、其他作物
	糖蔗	花生	黄红麻	红（土）烟	黄（烤）烟	
一、绝对数（千公顷）						
1949	28.93	75.33	3.72	5	3	255.53
1952	59.93	133.58	8.07	10.87	4.82	332.52
1957	96.95	201.69	22.5	16.07	6.69	442.45
1962	61.49	195.95	12.89	15.54	4.13	529.24
1965	148.55	287.89	17.31	15.07	5.12	505.37
1970	170.03	310.05	23.09	14.09	7.67	812.15
1975	184.28	316.87	46.21	22.85	15.35	852.11
1978	172.64	324.41	63.29	18.17	27.96	612
1980	145.71	368.83	28.03	14.58	11.17	423.11
1985	295.22	363.85	38.87	19.13	17.71	462.11
1990	279.82	323.97	4.84	14.59	31.11	782.95
1995	213.45	330.07	2.7	5.62	23.93	1042.63
2000	159.74	331.07	1.03	5.32	25.78	1231.34
2005	125.39	309.41	0.53	5.1	26.54	1361.17
2010	136.41	328.51	0.21	2.3	21.57	1326.85
2015	141.5	365.91	0.11	1.98	20.55	1537
2016	140.46	369.08	0.08	2.23	20.15	1567.98
二、构成（%）						
1949	0.5	1.4	0.1	0.1	0.1	4.8
1952	1.1	2.4	0.1	0.2	0.1	5.9
1957	1.5	3.2	0.4	0.3	0.1	7
1962	1.1	3.4	0.2	0.3	0.1	9.3
1965	2.6	5	0.3	0.3	0.1	8.7
1970	2.7	5	0.4	0.2	0.1	13
1975	2.7	4.6	0.7	0.3	0.2	12.5
1978	2.6	4.9	1	0.3	0.4	9.2
1980	2.4	6.2	0.5	0.2	0.2	7.1
1985	5.5	6.8	0.7	0.4	0.3	8.6
1990	4.9	5.7	0.1	0.3	0.5	13.8
1995	4	6.3	0.1	0.2	0.5	19.7
2000	3.1	6.4	...	0.1	0.5	23.9
2005	2.6	6.4	...	0.1	0.6	28.3
2010	3	7.3	...	0.1	0.5	29.3
2015	3	7.6	...	...	0.4	32.1
2016	2.9	7.6	0.0	0.0	0.4	32.5

8-2 主要年份农作物产量及指数

年　份	粮食			大豆	糖蔗	花生	黄红麻	红(土)烟	黄(烤)烟
		稻谷	薯类						
一、绝对数（万吨）									
1949	685.85	621.35	55.85	4.62	66.91	6.63	0.48	0.58	0.23
1952	797.4	707.15	76.5	5.41	265.47	13.2	1.44	1.29	0.34
1957	1007.15	849.1	130.15	4.39	429.72	16.86	3.98	1.63	0.49
1962	929.6	820.25	89.15	3.84	180.6	15.6	2.22	1.15	0.26
1965	1227.65	1098.6	106.9	4.74	637.93	25.97	3.99	1.49	0.59
1970	1283.82	1157.04	103.1	5.79	656.93	32.16	6.24	1.6	0.7
1975	1464.58	1301.35	122.27	9.13	711.61	31.84	13.77	2.52	1.54
1978	1509.51	1328.56	121.04	7.99	835.42	35.17	18.07	1.97	2.76
1980	1681.91	1523.92	123.68	11.47	734.73	50	10.18	1.68	1.04
1985	1604.37	1454.29	131.88	11.32	1831.4	57.07	11.3	2.6	2.29
1990	1896.29	1687	167.05	13.87	2093.46	57.95	1.04	2.44	4.64
1995	1803.33	1553.9	209.4	16.5	1472.21	69.98	0.79	1.08	3.96
2000	1822.33	1528.53	199.05	18.73	1137.59	77.68	0.27	1.26	4.95
2005	1394.97	1116.99	185.48	18.87	946.03	75.86	0.14	1.24	5.06
2010	1316.5	1060.6	162.32	14.7	1134.35	87.13	0.05	0.58	4.93
2015	1358.13	1088.42	167.73	16.66	1250.93	109.04	0.03	0.59	4.98
2016	1360.22	1087.06	167.21	17.04	1271.69	111.93	0.02	0.66	4.86
二、指数									
1949	100	100	100	100	100	100	100	100	100
1952	116.3	113.8	137	117.1	396.8	199.1	300	222.4	147.8
1957	146.8	136.7	233	95	642.2	254.3	829.2	281	213
1962	135.5	132	159.6	83.1	269.9	235.3	462.5	198.3	113
1965	179	176.8	191.4	102.6	953.4	391.7	831.3	256.9	256.5
1970	187.2	186.2	184.6	125.3	981.8	485.1	1300	275.9	304.3
1975	213.5	209.4	218.9	197.6	1063.5	480.2	2868.8	434.5	669.6
1978	220.1	213.8	216.7	172.9	1248.6	530.5	3764.6	339.7	1200
1980	245.2	245.3	221.5	248.3	1247.5	754.1	2120.8	289.7	452.2
1985	233.9	234.1	236.1	245	2737.1	860.8	2354.2	448.3	995.7
1990	276.5	271.5	299.1	300.2	3128.8	874.1	216.7	420.7	2017.4
1995	262.9	250.1	374.9	357.1	2100.3	955.5	164.6	186.2	1721.7
2000	265.7	246	356.4	405.4	1700.2	1171.6	56.3	217.2	2152.2
2005	203.4	179.8	332.1	408.4	1413.9	1144.2	29.2	213.8	2200
2010	192	170.7	290.6	318.2	1695.3	1314.2	10.4	100	2143.5
2015	198	175.2	300.3	360.6	1869.6	1644.6	6.3	101.7	2165.2
2016	198.3	175.0	299.4	368.8	1900.6	1688.2	4.2	113.8	2113.0

8-3 主要农作物播种面积、单产及总产量

单位：千公顷、千克、万吨

项目	2014 年			2015 年			2016 年		
	面积	亩产	总产量	面积	亩产	总产量	面积	亩产	总产量
农作物总播种面积	4744.95			4784.72			4830.83		
一、粮食作物	**2507.01**	**361**	**1357.34**	**2505.84**		**1358.13**	**2509.33**	**361**	**1360.22**
1.稻谷	1893.28	384	1091.64	1887.3	384	1088.42	1888.6	384	1087.06
早稻	893.2	390	523.19	889.4	394	524.97	891.8	399	533.34
晚稻	1000.08	379	568.45	997.9	376	563.45	996.8	370	553.72
2.小麦	0.93	212	0.3	0.91	220	0.3	0.91	220	0.3
3.旱粮	201.01	279	83.97	202.82	279	85.02	204.98	288	88.61
其中：玉米	177.18	289	76.86	178.96	290	77.85	180.93	298	80.96
4.薯类（五折一）	349.17	315	165.16	351.24	318	167.73	351.06	318	167.21
番薯	304.39	312	142.26	304.89	316	144.61	304.49	318	145.08
马铃薯	44.78	341	22.9	46.35	333	23.12	46.57	317	22.13
5.大豆	62.63	173	16.27	63.57	175	16.66	63.78	178	17.04
二、经济作物	**735.33**			**742.99**			**753.53**		
1.甘蔗	168.51	5953	1504.67	162.36	5966	1452.85	161.86	6093	1479.29
糖蔗	148.51	5876	1308.84	141.50	5894	1250.93	140.46	6036	1271.69
果蔗	20.01	6525	195.83	20.86	6452	201.92	21.40	6467	207.60
2.油料作物	366.78	192	105.48	375.58	196	110.34	379.08	199	113.29
其中：花生	357.36	195	104.31	365.91	199	109.04	369.08	202	111.93
芝麻	2.82	89	0.38	2.97	101	0.45	2.97	105	0.47
油菜籽	6.6	80	0.79	6.70	85	0.85	7.03	84	0.89
3.麻类	0.15	163	0.04	0.11	182	0.03	0.08	167	0.02
其中：黄红麻	0.15	163	0.04	0.11	182	0.03	0.08	167	0.02
4.烟叶	22.73	164	5.58	22.53	165	5.57	22.38	164	5.52
烤烟	21.15	160	5.07	20.55	164	5.07	20.15	161	4.86
红烟	1.58	214	0.51	1.98	172	0.51	2.23	197	0.66
5.木薯	82.69	1325	164.29	81.8	1369	167.97	82.13	1386	170.75
6.药材	20.37			22.37			25.94		
7.其他经济作物	74.09			77.86			82.05		
三、其他作物	**1502.61**			**1535.88**			**1567.98**		
蔬菜(含菜用瓜)	1350.4	1617	3274.75	1381.98	1659	3438.78	1414.84	1682	3569.12

8-4 各市粮食作物播种面积和产量

2016 年　　单位：公顷、千克、吨

市别	粮食作物			#稻谷			#晚稻		
	播种面积	亩产	总产量	播种面积	亩产	总产量	播种面积	亩产	总产量
全　省	2509330	361	13602200	1888600	384	10870600	996800	370	5537200
广州市	88865	327	436500	58044	345	300200	28213	341	144500
深圳市	6	632	60						
珠海市	7042	406	42843	4456	396	26500	2139	357	11440
汕头市	71097	443	472400	47889	455	326800	23807	438	156300
佛山市	20637	318	98300	9324	360	50300	5478	350	28800
韶关市	157193	379	892700	123019	414	764800	74960	414	465700
河源市	163647	372	913200	134751	405	818700	68824	394	407100
梅州市	215341	384	1239700	173433	410	1066750	88359	396	524200
惠州市	117612	340	599880	80873	347	421300	42686	345	220740
汕尾市	95113	304	434410	69005	319	330200	35132	296	156110
东莞市	2778	302	12577	617	371	3430	317	370	1757
中山市	14913	344	76890	5005	382	28700	2543	394	15030
江门市	191490	334	958300	171809	344	886450	89182	333	444800
阳江市	145861	325	710200	105067	355	559200	57747	350	302800
湛江市	288156	337	1455900	209465	353	1109700	119192	328	586573
茂名市	249585	390	1461000	199487	409	1223920	106573	381	608700
肇庆市	201983	383	1160500	164036	412	1013300	83165	408	508900
清远市	179140	298	800400	134069	324	651600	68849	313	323500
潮州市	44586	413	275940	32077	443	212950	15329	423	97350
揭阳市	136613	419	858400	77487	413	480400	39600	399	237300
云浮市	117671	398	702100	88687	448	595400	44704	441	295600

8-5 各市农作物播种面积和产量

2016 年　　单位：公顷、千克、吨

市别	小麦			旱粮			薯类			大豆		
	播种面积	亩产	总产量	播种面积	亩产	总产量	播种面积	亩产	总产量	播种面积	亩产	总产量
全　省	910	220	3000	204980	288	886100	351060	318	1672100	63780	178	170400
广州市				17369	297	77280	11874	300	53440	1579	236	5580
深圳市				3	1000	48	3	255	12			
珠海市				1423	522	11130	1008	299	4520	156	295	693
汕头市				2335	380	13310	20621	426	131760	252	140	530
佛山市				4330	306	19877	6655	273	27260	329	175	863
韶关市				12452	262	49014	12791	268	51460	8932	205	27426
河源市				9192	245	33740	9291	239	33340	10413	176	27420
梅州市	11	324	55	14697	251	55264	18325	341	93601	8873	181	24030
惠州市				22181	356	118350	12311	300	55430	2247	142	4800
汕尾市	7	200	20	2538	279	10630	21600	277	89730	1963	130	3830
东莞市				454	289	1969	1580	290	6871	127	161	307
中山市				5072	322	24500	3780	358	20320	1056	213	3370
江门市				5213	281	21963	11873	240	42780	2596	183	7107
阳江市				11646	287	50056	21981	259	85450	7167	144	15494
湛江市	235	198	700	24224	263	95640	52628	311	245280	1603	190	4580
茂名市	595	232	2075	16805	324	81670	31042	318	148065	1655	212	5270
肇庆市				12668	273	51839	23232	258	89911	2047	177	5450
清远市				22935	232	79787	17077	222	56883	5060	160	12130
潮州市				3921	337	19799	8254	343	42451	334	148	740
揭阳市				3765	385	21730	52340	444	348570	3021	170	7700
云浮市	61	163	150	11759	275	48504	12795	234	44966	4368	200	13080

市别	甘蔗			糖蔗			油料			花生		
	播种面积	亩产	总产量	播种面积	亩产	总产量	播种面积	亩产	总产量	播种面积	亩产	总产量
全　省	161855	6093	14792892	140464	6036	12716863	379082	199	1132919	369080	202	1119325
广州市	7139	8178	875741	50	6470	4885	6988	181	18983	6916	182	18828
深圳市							1	250	2	1	250	2
珠海市	62	4665	4343	35	3599	1893	283	176	748	283	176	747
汕头市	37	6889	3858				1282	176	3375	1282	176	3375
佛山市	23	4567	1594				1828	204	5597	1828	204	5597
韶关市	5640	6930	586246	2842	5342	227692	47937	209	149983	41647	228	142221
河源市	955	3261	46712	481	3792	27346	26345	207	81988	26243	208	81781
梅州市	672	2244	22625				15422	183	42306	15351	183	42213
惠州市	1723	4073	105262	1275	3212	61439	23297	183	63832	23250	183	63745
汕尾市	309	4108	19046	67	5000	5000	13688	148	30416	12396	154	28614
东莞市	52	5279	4091				51	211	161	51	211	161
中山市	48	4982	3577	27	3939	1603	98	252	371	98	252	371
江门市	3701	6106	338973	1828	6454	176934	11598	174	30257	11590	174	30241
阳江市	1957	4480	131513	927	4272	59385	25630	152	58462	25540	152	58337
湛江市	127046	6142	11704341	124473	6150	11482560	61427	240	221216	60324	242	219041
茂名市	5323	4865	388442	4661	4983	348403	46861	210	147605	46844	210	147565
肇庆市	1564	4465	104756	492	4968	36666	25708	194	74647	25665	194	74602
清远市	4344	5686	370479	3189	5681	271726	41499	188	117267	40769	190	116380
潮州市	169	7532	19094	70	8050	8453	1433	168	3406	1400	160	3372
揭阳市	357	4926	26384	48	4025	2878	7607	216	24646	7607	216	24646
云浮市	734	3254	35815				20099	191	57651	19990	192	57486

8-5 续表

市 别	麻类			烟叶			木薯			药材面积
	播种面积	亩产	总产量	播种面积	亩产	总产量	播种面积	亩产	总产量	
全 省	85	167	212	22385	164	55204	82127	1386	1707517	25941
广州市				...	167	1	70	1256	1319	749
深圳市										
珠海市							15	942	210	12
汕头市							33	3451	1691	29
佛山市				...	200	1	123	1692	3133	
韶关市				13077	164	32147	1993	1416	42337	1139
河源市							2834	967	41092	473
梅州市	6	232	22	5008	149	11155	9496	1114	158738	3602
惠州市							89	1554	2082	12
汕尾市							1631	2196	53720	87
东莞市										15
中山市							1	800	16	
江门市							2398	1594	57332	757
阳江市				52	182	143	3936	1020	60229	1186
湛江市				528	227	1796	11052	2068	342858	4570
茂名市	19	155	45	972	211	3069	6732	1206	121753	6341
肇庆市	13	126	24	1612	172	4151	16103	1250	301953	2737
清远市				1002	162	2438	8298	1172	145868	1702
潮州市							331	1464	7274	223
揭阳市	25	224	83	3	306	15	1119	1317	22097	1156
云浮市	21	118	38	130	148	288	15871	1444	343815	1151

市 别	其他经济作物播种面积	蔬菜			瓜类			青饲料面 积	绿肥面积
		播种	亩产	总产量	播种面积	亩产	总产量		
全 省	82054	1414835	1682	35691175	48704	1862	1360472	55892	33959
广州市	19384	145848	1710	3740161	394	1311	7744	1082	182
深圳市	95	4823	1139	82423	18	1104	298		
珠海市	1260	7932	1221	145298	421	1421	8981	488	31
汕头市	91	50221	2420	1823010	376	2208	12449	126	
佛山市	10118	48211	1551	1121917	2296	1504	51787	6443	
韶关市	2407	98805	1574	2332178	6923	2044	212237	4887	8488
河源市	296	40044	1268	761499	885	1177	15630	1336	2153
梅州市	936	77499	2067	2402814	4328	1850	120062	11999	4878
惠州市	639	120747	1647	2983137	2326	1618	56437	1326	110
汕尾市	113	55322	1556	1290903	2617	2051	80517	167	73
东莞市	1158	20871	1360	425741	172	1520	3918		
中山市	5949	22235	1514	505117	368	1724	9513	138	2
江门市	11323	62935	1462	1379917	1488	1641	36629	3993	27
阳江市	625	64074	1091	1048998	3035	1488	67769		180
湛江市	13526	157218	1634	3852316	10178	1941	296273	1376	17
茂名市	918	109516	1775	2916344	542	1455	11825	1426	1743
肇庆市	7864	81882	2026	2488282	6725	2254	227398	6458	3529
清远市	2502	137616	1508	3113908	2909	1895	82695	7246	9403
潮州市	639	14773	2162	479167	100	1811	2715	2048	
揭阳市	1088	67129	2240	2255615	549	2273	18703	2616	480
云浮市	1123	27135	1333	542430	2056	1196	36892	2737	2665

8-6 各县（市）区粮食作物播种面积和产量

2016 年　　　　单位：公顷、千克、吨

县（市）区别	粮食作物			稻谷			薯类		
	播种面积	亩产	总产量	播种面积	亩产	总产量	播种面积	亩产	总产量
广州市	**88865**	**327**	**436500**	**58044**	**345**	**300200**	**11874**	**300**	**53440**
海珠区									
天河区									
白云区	6300	332	31399	3580	347	18607	763	321	3672
黄埔区	2941	297	13103	1740	329	8579	1104	243	4020
荔湾区									
花都区	14489	336	72928	5607	375	31578	2946	319	14116
从化区	23285	332	115802	20599	336	103769	1388	315	6558
增城区	32721	316	155229	25194	346	130591	3513	239	12603
番禺区	2672	346	13871	110	364	603	1218	347	6335
南沙区	6457	353	34169	1214	355	6473	941	435	6137
深圳市	**6**	**632**	**60**				**3**	**255**	**12**
福田区									
罗湖区									
南山区									
宝安区									
龙岗区	6	632	60				3	255	12
盐田区									
珠海市	**7042**	**406**	**42843**	**4456**	**396**	**26500**	**1008**	**299**	**4520**
香洲区	68	394	404	20	416	123	32	229	111
金湾区	459	651	4475	20	444	132	104	184	288
斗门区	6515	388	37965	4416	396	26245	871	315	4122
汕头市	**71097**	**443**	**472400**	**47889**	**455**	**326800**	**20621**	**426**	**131760**
金平区	1531	429	9850	1480	428	9498	52	456	352
龙湖区	2822	447	18940	2060	459	14182	407	496	3026
澄海区	13800	455	94211	10483	461	72447	1497	493	11076
濠江区	2338	427	14972	1166	453	7919	1076	420	6783
潮阳区	26266	445	175157	16973	473	120320	9174	394	54188
潮南区	23799	434	155071	15406	433	100121	8217	443	54584
南澳县	541	517	4199	322	479	2313	199	587	1751
佛山市	**20637**	**318**	**90300**	**9324**	**360**	**50300**	**6655**	**273**	**27260**
禅城区								0	0
南海区	1406	336	7080	214	347	1116	1161	328	5705
顺德区	80	329	395				24	113	42
高明区	11797	313	55434	8562	359	46156	2220	193	6437
三水区	7354	321	35391	548	368	3028	3249	309	15076
韶关市	**157193**	**379**	**892700**	**123019**	**414**	**764800**	**12791**	**268**	**51460**
浈江区	4424	386	25621	3611	398	21570	430	320	2063
武江区	4951	368	27351	4395	381	25138	195	279	817
曲江区	14968	389	87357	13004	412	80404	857	250	3208
南雄市	36005	402	216850	29830	436	195090	2830	249	10561
始兴县	14313	413	88673	12315	428	79099	1161	299	5202
翁源县	19693	353	104151	16579	379	94374	484	230	1666
仁化县	16202	423	102853	12329	452	83513	1686	317	8020
新丰县	11968	314	56425	7848	377	44388	958	238	3420
乳源自治县	12088	328	59459	8130	392	47821	1534	234	5380
乐昌市	22582	366	123960	14978	416	93403	2656	279	11123

8-6 续表 1

县（市）区别	粮食作物			稻谷			薯类		
	播种面积	亩产	总产量	播种面积	亩产	总产量	播种面积	亩产	总产量
河 源 市	**163647**	**372**	**913200**	**134751**	**405**	**818700**	**9291**	239	33340
源 城 区	2398	352	12648	1933	377	10931	136	245	497
东 源 县	31354	363	170716	25653	399	153505	2476	255	9464
和 平 县	25413	353	134689	20615	374	115770	1038	204	3176
龙 川 县	44072	413	273110	35630	469	250830	2007	233	7014
紫 金 县	40435	364	220949	35236	375	198318	2313	300	10409
连 平 县	19974	337	101087	15683	380	89346	1322	140	2779
梅 州 市	**215341**	**384**	**1239700**	**173433**	**410**	**1066750**	**18325**	341	93601
梅 江 区	4349	381	24873	3255	409	19986	308	449	2075
梅 县 区	31468	406	191775	23355	464	162649	3014	235	10631
蕉 岭 县	11757	371	65423	10003	400	60017	498	269	2014
大 埔 县	20009	332	99650	15624	366	85848	2304	238	8214
丰 顺 县	24244	344	125188	17956	354	95229	4884	339	24835
五 华 县	55404	369	306998	46806	404	283744	3831	106	6083
兴 宁 市	51832	432	336069	42668	442	283014	3014	796	36004
平 远 县	16278	367	89724	13766	369	76263	472	529	3745
惠 州 市	**117612**	**340**	**599880**	**80873**	**347**	**421300**	**12311**	300	55430
惠 城 区	19427	360	104878	11151	356	59505	876	357	4697
惠 东 区	39099	330	193730	26588	351	140011	7544	296	33484
惠 阳 区	7722	372	43056	5141	374	28835	681	290	2962
博 罗 县	31662	339	160936	20852	341	106510	1806	281	7608
龙 门 县	19701	329	97280	17142	336	86439	1404	317	6679
汕 尾 市	**95113**	**304**	**434410**	**69005**	**319**	**330200**	**21600**	277	89730
汕尾城区	3669	299	16432	2998	302	13569	672	284	2863
红海湾区	1718	321	8281	970	348	5070	748	286	3211
海 丰 县	35005	303	158939	30261	308	139633	3964	289	17201
陆 河 县	12424	297	55373	8362	314	39447	2880	280	12083
陆 丰 市	42297	308	195384	26414	334	132481	13336	272	54371
东 莞 市	**2778**	**302**	**12577**	**617**	**371**	**3430**	**1580**	290	6871
中 山 市	**14913**	**344**	**76890**	**5005**	**382**	**28700**	**3780**	358	20320
江 门 市	**191490**	**334**	**958300**	**171809**	**344**	**886450**	**11873**	240	42780
蓬 江 区	1067	290	4636	688	324	3347	173	176	458
江 海 区	231	380	1313	190	405	1155	14	280	58
新 会 区	31417	322	151926	26750	337	135247	2780	200	8350
台 山 市	69305	349	362816	65143	355	346572	2429	281	10255
开 平 市	45261	329	223400	40103	340	204463	2948	244	10811
恩 平 市	28020	316	132690	24694	327	121151	2121	265	8427
鹤 山 市	16190	336	81519	14241	349	74515	1407	209	4421
阳 江 市	**145861**	**325**	**710200**	**105067**	**355**	**559200**	**21981**	259	85450
江 城 区	19791	267	79342	16141	291	70357	2428	116	4234
阳 东 县	32963	321	158619	23295	350	122173	5178	271	21047
阳 西 县	28583	351	150623	20447	386	118398	5052	270	20463
阳 春 市	61863	335	310765	43404	369	240202	8594	294	37900
海 陵 区	2660	272	10851	1779	302	8070	729	165	1806
湛 江 市	**288156**	**337**	**1455900**	**209465**	**353**	**1109700**	**52628**	311	245280
赤 坎 区	619	337	3132	421	387	2442	194	233	679
霞 山 区	1470	355	7834	1198	377	6780	222	264	880

8-6 续表 2

县（市）区别	粮食作物			稻谷			薯类		
	播种面积	亩产	总产量	播种面积	亩产	总产量	播种面积	亩产	总产量
坡头区	15862	295	70181	10619	315	50190	4728	261	92619
麻章区	9560	340	48795	8006	344	41362	812	388	23644
东海区	8331	301	37672	5134	325	25011	1657	253	31391
吴川市	30197	353	159798	24785	355	132068	4203	366	115248
徐闻县	27104	318	129170	12565	358	67463	3116	338	78991
雷州市	63800	352	336928	54591	363	296962	6187	302	140071
遂溪县	46995	342	241012	32095	345	166136	12384	344	319655
廉江市	84218	334	421378	60052	357	321286	19125	291	416985
茂名市	**249585**	**390**	**1461000**	**199487**	**409**	**1223920**	**31042**	318	740325
茂南区	20283	332	100912	16316	344	84110	2070	279	43288
电白区	58405	372	325514	46502	372	259336	8850	404	268257
信宜市	52383	411	322680	35160	451	237679	7549	318	179925
高州市	58625	434	382050	53379	453	362995	3868	213	61785
化州市	59888	367	329844	48130	388	279800	8704	287	187070
肇庆市	**201983**	**383**	**1160500**	**164036**	**412**	**1013300**	**23232**	258	449555
端州区	95	348	497	93	354	496	2	40	6
鼎湖区	6994	395	41390	5443	420	34286	533	284	11354
高要区	38200	412	235800	32334	423	205072	4490	369	124102
广宁县	28496	367	156931	22154	416	138388	4036	203	61298
四会市	20986	388	122266	14030	428	90061	4998	316	118425
德庆县	23431	358	125797	20553	375	115581	1775	181	24057
封开县	34260	398	204600	27924	432	180964	3404	191	48767
怀集县	49521	368	273218	41506	399	248452	3994	205	61546
清远市	**179140**	**298**	**800400**	**134069**	**324**	**651600**	**17077**	222	284415
清城区	19070	256	73100	18053	257	69532	436	233	7622
英德区	48021	301	216586	36584	325	178406	4257	222	70911
佛冈县	13093	306	60118	11848	306	54448	706	327	17322
连山自治县	8241	337	41628	7066	338	35873	563	329	13861
连南自治县	9428	247	34871	4345	322	20972	1282	180	17312
连州市	26060	334	130463	17483	385	100991	3709	224	62297
阳山县	27048	269	109067	14696	306	67532	4012	236	71014
清新区	28181	318	134565	23993	344	123846	2113	152	24076
潮州市	**44586**	**413**	**275940**	**32077**	**443**	**212950**	**8254**	343	212255
湘桥区	3955	463	27495	3108	474	22085	427	418	13389
饶平县	25543	368	141158	17647	409	108252	5585	296	123829
潮安区	15087	474	107287	11322	486	82613	2242	446	75037
揭阳市	136613	419	858400	77487	413	480400	52340	444	1742850
榕城区	9883	502	74425	7323	480	52723	2202	603	99625
揭东区	25501	499	190977	13982	505	105911	8984	549	370080
惠来县	36678	370	203701	16571	374	93017	18415	387	534150
普宁市	34700	411	214136	20852	394	123338	12988	446	434915
揭西县	29852	391	175161	18759	375	105411	9750	416	304080
云浮市	**117671**	**398**	**702100**	**88687**	**448**	**595400**	**12795**	234	224830
云城区	10355	392	60940	7753	443	51505	1480	251	27865
新兴县	23867	411	147260	19963	446	133594	2087	225	35270
郁南县	24334	395	144200	18164	430	117112	2889	267	57800
罗定市	42827	404	259750	33172	460	228825	3559	178	47400
云安区	16289	368	89950	9635	445	64364	2780	271	56495

8-7 各县（市）区农作物播种面积和产量

2016 年　　　　单位：公顷、千克、吨

县（市）区别	糖蔗			花生			蔬菜			瓜类		
	播种面积	亩产	总产量	播种面积	亩产	总产量	播种面积	亩产	总产量	播种面积	亩产	总产量
广州市	**50**	**6470**	**4885**	**6916**	**182**	**18828**	**145848**	**1710**	**3740161**	**394**	**1311**	**7744**
海珠区							787	1295	15294	0		0
天河区							763	1128	12906	3	67	3
白云区				372	168	939	37781	1515	858345	51	1279	976
黄埔区	3	5500	220	101	198	301	4339	1148	74754	22	1385	457
荔湾区							293	984	4319	0		0
花都区	48	6524	4665	1185	185	3293	13193	1690	334378	132	1565	3097
从化区				3214	183	8843	15783	1562	369902	10	401	61
增城区				1997	176	5258	43791	1929	1267144	93	1050	1459
番禺区				1	375	3	8698	1398	182391	20	668	197
南沙区				45	283	191	20420	2027	620728	63	1569	1494
深圳市				**1**	**250**	**2**	**4823**	**1139**	**82423**	**18**	**1104**	**298**
福田区							6	5489	483	0		0
罗湖区							5	28325	2266	0		0
南山区							6	2000	184	0		0
宝安区							2562	1377	52895	0		0
龙岗区				1	250	2	2244	790	26595	18	1104	298
盐田区										0		0
珠海市	**35**	**3599**	**1893**	**283**	**176**	**747**	**7932**	**1221**	**145298**	**421**	**1421**	**8981**
香洲区	27	3000	1200	10	252	36	624	852	7980	2	1406	45
金湾区				91	152	207	2815	1053	44447	275	1198	4940
斗门区	8	5500	693	183	184	504	4493	1378	92871	144	1845	3996
汕头市				**1282**	**176**	**3375**	**50221**	**2420**	**1823010**	**376**	**2208**	**12449**
金平区							1715	2125	54668	0		0
龙湖区				112	240	404	5723	2708	232493	0		0
澄海区				131	246	482	19940	2703	808502	347	2191	11415
濠江区				358	153	823	1907	2127	60847	15	2441	537
潮阳区				79	257	306	10762	1934	312139	2	1400	42
潮南区				573	145	1248	9821	2286	336721	0		0
南澳县				29	255	112	351	3346	17640	12	2528	455
佛山市				**1828**	**204**	**5597**	**48211**	**1551**	**1121917**	**2296**	**1504**	**51787**
禅城区							442	752	4986	0		0
南海区				37	225	124	22574	1140	385983	212	1170	3716
顺德区				1	500	5	5650	1164	98668	27	932	381
高明区				997	217	3250	7496	1920	215825	198	1589	4718
三水区				794	186	2218	12049	2304	416455	1859	1541	42972
韶关市	**2842**	**5342**	**227692**	**41647**	**228**	**142221**	**98805**	**1574**	**2332178**	**6923**	**2044**	**212237**
浈江区				1841	257	7096	3821	2031	116399	127	2106	4021
武江区				1266	216	4093	4042	2112	128052	242	1739	6318
曲江区				5046	251	19019	9978	1865	279107	239	2846	10213
南雄市				7701	229	26424	11824	1731	307003	571	1864	15954
始兴县				3461	239	12401	9042	1910	259070	1318	1838	36320
翁源县	2757	5412	223791	4780	266	19081	17557	1320	347575	55	1181	971
仁化县				8639	260	33650	9314	1672	233580	1842	2273	62796
新丰县	28	2609	1109	3720	111	6177	12030	1309	236268	85	1329	1696
乳源自治县				1937	169	4896	4947	1159	85988	312	1607	7515
乐昌市	57	3285	2792	3255	192	9384	16251	1391	339136	2132	2077	66433

县（市）区别	糖蔗			花生			蔬菜			瓜类		
	播种面积	亩产	总产量	播种面积	亩产	总产量	播种面积	亩产	总产量	播种面积	亩产	总产量
河源市	**481**	**3792**	**27346**	**26243**	**208**	**81781**	**40044**	**1268**	**761499**	**885**	**1177**	**15630**
源城区	30	5820	2619	687	263	2708	2303	1123	38802	3	1400	70
东源县	244	2692	9869	7430	193	21470	6910	890	92243	96	1618	2318
和平县				2466	212	7832	6319	1709	162005	123	987	1828
龙川县				5009	169	12698	8202	1124	138277	101	1917	2912
紫金县	206	4799	14858	5383	227	18346	9998	1577	236500	374	1035	5805
连平县				5268	237	18727	6313	989	93672	188	957	2697
梅州市				**15351**	**183**	**42213**	**77499**	**2067**	**2402814**	**4328**	**1850**	**120062**
梅江区				398	174	1042	5014	1662	124993	201	1515	4575
梅县区				3720	213	11892	13169	2583	510297	1883	1793	50623
蕉岭县				1508	142	3203	5409	1426	115687	180	1280	3456
大埔县				1392	156	3252	9216	1436	198448	1249	2139	40065
丰顺县				1931	210	6088	7799	2018	236116	110	2397	3945
五华县				2844	188	8019	12980	1975	384488	117	1717	3008
兴宁市				2047	154	4736	19291	2624	759223	67	3176	3189
平远县				1510	176	3981	4621	1061	73562	521	1433	11201
惠州市	**1275**	**3212**	**61439**	**23250**	**183**	**63745**	**120747**	**1647**	**2983137**	**2326**	**1618**	**56437**
惠城区	21	4394	1362	4698	189	13351	19657	1801	531038	218	1550	5060
惠东县	13	5911	1129	6973	193	20168	37306	1572	879454	1298	1498	29179
惠阳区	483	176	1279	1804	180	4866	17548	1650	434289	314	1626	7653
博罗县	729	5093	55712	6789	169	17200	34460	1647	851335	434	2026	13202
龙门县	29	4448	1957	2985	182	8160	11777	1625	287021	62	1447	1343
汕尾市	**67**	**5000**	**5000**	**12396**	**154**	**28614**	**55322**	**1556**	**1290903**	**2617**	**2051**	**80517**
汕尾城区				479	154	1103	2302	1446	49915	73	2595	2841
红海湾区				420	137	863	1233	1535	28376			
海丰县	67	5000	5000	2809	141	5933	18664	1798	503449	1416	2188	46482
陆河县				1235	195	3611	4553	1286	87833	153	1596	3670
陆丰市				7453	153	17104	28570	1450	621330	974	1883	27524
东莞市				**51**	**211**	**161**	**20871**	**1360**	**425741**	**172**	**1520**	**3918**
中山市	**27**	**3939**	**1603**	**98**	**252**	**371**	**22235**	**1514**	**505117**	**368**	**1724**	**9513**
江门市	**1828**	**6454**	**176934**	**11590**	**174**	**30241**	**62935**	**1462**	**1379917**	**1488**	**1641**	**36629**
蓬江区				65	231	225	2676	1604	64392	13	1089	208
江海区							1941	1598	46528	158	804	1907
新会区	80	2344	2811	350	255	1342	7048	1496	158147	124	965	1788
台山市	728	5963	65097	4692	170	11964	16717	1272	318928	776	1836	21365
开平市	82	2722	3365	2753	152	6273	15779	1354	320380	43	2193	1421
恩平市	938	7512	105661	2516	156	5872	5897	1869	165352			
鹤山市				1213	251	4565	12878	1585	306190	374	1770	9940
阳江市	**927**	**4272**	**59385**	**25540**	**152**	**58337**	**64074**	**1091**	**1048998**	**3035**	**1488**	**67769**
江城区				1863	158	4411	6914	1011	104835	38	1763	1005
阳东区	617	3928	36343	7268	143	15580	13132	1162	228842	227	1257	4280
阳西县				5015	149	11204	15244	1195	273196	2770	1504	62484
阳春市	310	4956	23042	10808	159	25794	27721	1018	423406			
海陵区				586	153	1348	1060	1174	18719			
湛江市	**124473**	**6150**	**11482560**	**60324**	**242**	**219041**	**157218**	**1634**	**3852316**	**10178**	**1941**	**296273**
赤坎区	14	4000	860	86	178	229	1187	1390	24749	3	1820	91
霞山区	75	3747	4200	217	233	758	1134	1017	17286			

8-7 续表 2

县（市）区别	糖蔗			花生			蔬菜			瓜类		
	播种面积	亩产	总产量	播种面积	亩产	总产量	播种面积	亩产	总产量	播种面积	亩产	总产量
坡头区	257	5329	20533	3253	114	5552	4384	1398	91913	45	1617	1090
麻章区	4782	4952	355188	1462	193	4238	4586	1175	80830	54	1501	1225
东海区	14	5226	1087	1120	131	2208	3089	976	45203	483	1080	7830
吴川市	431	6023	38957	6511	238	23208	7451	1291	144307	105	1512	2376
徐闻县	16024	4678	1124404	6067	197	17892	34528	1520	787127	288	1659	7160
雷州市	51882	5898	4590151	14811	313	69523	31890	1679	803154	7084	1913	203290
遂溪县	44550	7417	4956645	11517	250	43208	24962	2085	780671	1828	2281	62558
廉江市	6444	4040	390535	15280	228	52225	44009	1632	1077076	288	2469	10653
茂名市	**4661**	**4983**	**348403**	**46844**	**210**	**147565**	**109516**	**1775**	**2916344**	**542**	**1455**	**11825**
茂南区	197	3772	11123	3938	198	11677	8625	1881	243384	2	1129	35
电白区	37	5881	3305	17692	202	53563	35777	1658	889646	51	1537	1182
信宜市				5681	214	18229	15932	1776	424522	265	1371	5452
高州市	139	3752	7796	7877	238	28099	24100	2125	768013	120	1732	3109
化州市	4289	5070	326179	11655	206	35997	25082	1570	590779	104	1318	2047
肇庆市	**492**	**4968**	**36666**	**25665**	**194**	**74602**	**81882**	**2026**	**2488282**	**6725**	**2254**	**227398**
端州区				9	138	18	230	2128	7336			
鼎湖区				403	220	1329	4188	1886	118477	245	2510	9211
高要区				3572	224	12004	31892	1893	905407	2405	2282	82319
广宁县				3121	161	7515	6953	1859	193860	843	1953	24691
四会市				4759	199	14206	8438	1948	246575	239	1446	5186
德庆县				3739	195	10954	6987	1908	199996	124	2488	4616
封开县	465	4996	34861	5732	213	18286	9191	2002	276063	1315	2221	43814
怀集县	27	4490	1805	4331	158	10290	14003	2573	540568	1555	2468	57561
清远市	**3189**	**5681**	**271726**	**40769**	**190**	**116380**	**137616**	**1508**	**3113908**	**2909**	**1895**	**82695**
清城区	44	10268	6705	4851	218	15846	13646	1790	366412	139	1191	2478
英德市	3071	5638	259681	12673	172	32706	26730	1886	756289	694	1918	19969
佛冈县				2366	186	6588	8433	1170	147983	6	894	76
连山自治县				1232	256	4738	4857	1256	91524	71	1856	1979
连南自治县				2057	243	7506	6655	554	55279	4	2648	143
连州市				5223	204	15992	30501	1593	728885	1325	2185	43435
阳山县	6	3000	270	6588	182	17968	30721	1131	521289	467	1198	8395
清新区	68	4946	5070	5777	174	15036	16073	1851	446247	204	2036	6220
潮州市	**70**	**8050**	**8453**	**1408**	**160**	**3372**	**14773**	**2162**	**479167**	**100**	**1811**	**2715**
湘桥区				137	168	345	2119	2056	65363	1	1000	10
饶平县	70	8050	8453	1042	153	2391	7519	2235	252070	91	1844	2506
潮安区				230	184	636	5135	2100	161734	9	1531	199
揭阳市	**48**	**4025**	**2878**	**7607**	**216**	**24646**	**67129**	**2240**	**2255615**	**549**	**2273**	**18703**
榕城区	3			228	347	1188	7611	2185	249426			
揭东区	45	4264	2878	1854	341	9489	18777	2232	628534	2	720	18
惠来县				4109	143	8835	13639	2561	523989	380	2477	14135
普宁市				608	171	1560	18522	2008	557770	120	2124	3823
揭西县				808	295	3574	8580	2299	295896	47	1042	727
云浮市				**19990**	**192**	**57486**	**27135**	**1333**	**542430**	**2056**	**1196**	**36892**
云城区				1322	172	3412	2750	1348	55600	150	1397	3148
新兴县				2862	254	10892	10095	1690	255981	18	1956	532
郁南县				4413	206	13605	3646	1054	57659	963	950	13730
罗定市				8094	175	21268	7306	1019	111615	361	1366	7402
云安区				3299	168	8309	3338	1230	61575	563	1431	12080

8-8 主要年份茶叶、桑叶、水果面积及产量

项　目	单位	1990	1995	2000	2005	2010	2014	2015	2016	2016年比上年增长（%）
一、茶叶年末实有面积	**千公顷**	**42.95**	**45.83**	**43.2**	**36.03**	**40.82**	**48.24**	**49.38**	**53.28**	**7.9**
茶叶总产量	万吨	2.59	3.96	4.21	4.45	5.33	7.39	7.93	8.68	9.4
二、桑叶年末实有面积	**千公顷**	**19.81**	**25.17**	**17.93**	**29.67**	**31.82**	**34.47**	**34.17**	**33.57**	**-1.7**
桑叶总产量	万吨			51.25	81.34	94.35	111.39	113.54	113.97	0.4
三、水果年末实有面积	**千公顷**	**644.74**	**735.64**	**1001.56**	**996.91**	**1084.81**	**1121.85**	**1136.62**	**1130.59**	**-0.5**
水果总产量	万吨	328.58	414.51	643.52	831.69	1128.73	1438.49	1519.89	1580.96	4.0
# 柑桔橙年末实有面积	千公顷	192.66	113.23	82.23	166.02	250.04	259.51	259.42	244.56	-5.7
柑桔橙总产量	万吨	151.42	107.43	81.06	143.02	293.07	390.42	403.60	396.24	-1.8
香（大）蕉年末实有面积	千公顷	68.73	87.61	101.01	128.39	125.48	127.89	131.14	130.81	-0.3
香（大）蕉总产量	万吨	105.39	157.6	235.3	330.23	371.27	426.32	451.67	481.65	6.6
菠萝年末实有面积	千公顷	34.1	25.74	29.72	27.13	27.51	33.25	33.73	35.19	4.3
菠萝总产量	万吨	21.47	26.3	47.53	52.1	67.55	91.76	96.86	103.38	6.7
荔枝年末实有面积	千公顷	119.33	196.11	316.56	278.14	273.12	273.76	273.89	274.08	0.1
荔枝总产量	万吨	9.73	26.91	64.75	86.21	100.83	124.05	128.05	124.63	-2.7

8-9 水果、桑叶和茶叶生产情况

2016年　　单位：千公顷、万吨

项　目	年末实有面积	总产量
一、水果	**1130.59**	**1580.96**
1.柑桔橙	244.56	396.24
2.香（大）蕉	130.81	481.65
3.菠萝	35.19	103.38
4.荔枝	274.08	124.63
5.龙眼	125.44	86.53
6.梨	8.94	10.89
7.柿子	16.09	15.70
8.李子	57.58	66.40
9.番石榴	11.31	32.85
10.芒果	18.62	22.91
11.柚子	47.13	98.08
12.杨桃	7.36	11.17
13.其他杂果	153.48	130.52
二、桑叶	**33.57**	**113.97**
三、茶叶	**53.28**	**8.68**
1.绿茶		3.35
2.青茶（乌龙茶）		4.00
3.红茶		0.57
4.黄茶		
5.其他茶		0.76

8-10 各市水果、桑叶和茶叶生产情况

2016年　　单位：公顷、吨

市别	一、水果合计		1. 柑、桔、橙		2. 香（大）蕉	
	年末实有面积	总产量	年末实有面积	总产量	年末实有面积	总产量
全省	1130589	15809623	244555	3962424	130806	4816507
广州市	62548	494768	3545	54470	5057	182152
深圳市	2152	12304	14	23	4	20
珠海市	6055	66404	153	2854	986	25557
汕头市	13030	223004	825	23002	2375	60692
佛山市	2789	49587	190	8451	1075	33992
韶关市	39102	537899	19634	279788	293	4281
河源市	39510	425349	9911	114794	988	13586
梅州市	89632	1508586	9418	185216	4425	81955
惠州市	58915	773732	23841	388715	6255	176685
汕尾市	38872	317529	1399	42236	2661	49211
东莞市	13258	59410	6	65	2072	43123
中山市	6314	182570	190	5248	3013	108235
江门市	20787	284006	4622	88871	4032	123305
阳江市	67085	448775	7561	121042	3825	77838
湛江市	104784	2983059	3447	45671	35284	1574691
茂名市	237994	3264610	2809	30323	42133	1919171
肇庆市	78673	1556240	59154	1252730	6406	136738
清远市	65802	884961	44302	634141	856	19932
潮州市	17471	251543	2720	46577	676	20460
揭阳市	81968	656613	5074	75041	4499	104200
云浮市	83848	828674	45742	563166	3890	60683

市别	3. 菠萝		4. 荔枝		5. 龙眼	
	年末实有面积	总产量	年末实有面积	总产量	年末实有面积	总产量
全省	35190	1033792	274077	1246276	125444	865325
广州市	86	924	30431	56833	7744	37793
深圳市			1796	9537	322	2360
珠海市	6	43	2836	3414	406	1386
汕头市	70	656	2502	7536	395	3736
佛山市	9	390	459	1496	585	1784
韶关市			1	24	190	1284
河源市	60	312	4593	6400	1318	6180
梅州市	195	1609	4246	23853	4268	36237
惠州市	377	5106	16589	87658	7167	58510
汕尾市	1580	10701	17304	110953	2877	29323
东莞市	1	13	9265	5492	1256	2541
中山市	196	2665	790	7250	597	4666
江门市	31	374	5924	18102	4073	20956
阳江市	186	1741	30626	93093	14610	71036
湛江市	27739	922973	18302	133680	7510	62800
茂名市	212	2693	92745	488470	52219	380450
肇庆市	414	4733	1749	23363	2073	20270
清远市	10	71	1477	9241	1486	12802
潮州市	679	12304	2598	23613	2829	33484
揭阳市	3112	63172	17796	94667	7432	38772
云浮市	226	3312	12047	41601	6085	38955

8-10 续表

市别	6.梨		7.柿子(鲜)		8.李子	
	年末实有面积	总产量	年末实有面积	总产量	年末实有面积	总产量
全省	8944	108949	16088	157034	57581	664025
广州市	14	53	2211	13613	2630	9929
深圳市			…	2	2	25
珠海市						
汕头市	11	32	555	3379	37	486
佛山市	3	22	2	22	9	31
韶关市	763	11299	688	3224	9545	127631
河源市	359	4345	3518	33106	10853	126104
梅州市	1194	8584	3738	38149	6862	97214
惠州市	12	287	210	2226	696	6065
汕尾市	242	1025	994	5518	1728	16666
东莞市	1	30	2	2	1	1
中山市			…	4		
江门市			4	5	14	24
阳江市	189	542	201	1098	1493	7806
湛江市	…	2	3	91	39	410
茂名市	623	5061	1305	22183	16687	177951
肇庆市	739	15184	887	19032	1798	26731
清远市	4033	57623	683	5648	1387	18275
潮州市	96	564	197	1624	105	1136
揭阳市	495	2763	478	4425	2344	32962
云浮市	170	1533	412	3683	1351	14578

市别	9.其他		二、桑叶		三、茶叶	
	年末实有面积	总产量	年末实有面积	总产量	年末实有面积	总产量
全省	237904	2955291	33574	1139730	53276	86797
广州市	10830	139001	9	43	121	33
深圳市	15	337			23	2
珠海市	1667	33150				
汕头市	6260	123485			509	456
佛山市	456	3399			34	72
韶关市	7989	110368	4581	83234	3785	4546
河源市	7910	120522	21	548	5845	5729
梅州市	55286	1035769	56	435	12738	15241
惠州市	3769	48480			542	344
汕尾市	10088	51896			1307	2036
东莞市	653	8143			37	1
中山市	1527	54502			3	48
江门市	2088	32369	21		700	612
阳江市	8393	74579	6189	176069	184	438
湛江市	12459	242741	3452	143241	1762	5774
茂名市	29261	238308	5997	354852	380	903
肇庆市	5452	57459	644	18120	2160	5843
清远市	11569	127228	4501	108485	5655	5947
潮州市	7570	111781			10573	16592
揭阳市	40737	240611			4865	18909
云浮市	13925	101163	8102	254703	2054	3271

8-11 各县（市）区水果、桑叶和茶叶生产情况

2016 年

单位：公顷、吨

县（市）区别	一、水果合计		1.柑、桔、橙		2.香（大）蕉		3.菠萝	
	年末实有面积	总产量	年末实有面积	总产量	年末实有面积	总产量	年末实有面积	总产量
广州市	**62548**	**494768**	**3545**	**54470**	**5057**	**182152**	**86**	**924**
海珠区	933	5470			21	906		
天河区	81	212				3		
白云区	1676	6804	48	282	40	1383	11	37
黄埔区	3128	11504	49	533	265	3950	8	130
荔湾区								
花都区	3572	20772	57	365	155	3001		
从化区	25581	103328	1996	18364	107	1155	9	45
增城区	21857	164723	1342	33862	1430	45628	58	712
番禺区	579	14247			159	4979		
南沙区	5140	167708	52	1064	2880	121147		
深圳市	**2152**	**12304**	**14**	**23**	**4**	**20**		
福田区								
罗湖区	68	3						
南山区	1131	9970			1	15		
宝安区	639	463	10	6				
龙岗区	244	1861	4	17	4	5		
盐田区	70	7						
珠海市	**6055**	**66404**	**153**	**2854**	**986**	**25557**	**6**	**43**
香洲区	628	1843	7	105	57	883	2	2
金湾区	3056	40467	118	1757	512	9220	…	1
斗门区	2371	24094	29	992	417	15454	3	40
汕头市	13030	223004	825	23002	2375	60692	70	656
金平区	41	1370	3	50	1	20		
龙湖区								
澄海区	2238	96769	48	4044	325	14331		
濠江区	35	480			1	16		
潮阳区	5612	98317	342	10882	1577	38387	70	656
潮南区	4587	21289	324	6794	403	6969		
南澳县	516	4779	108	1232	67	969		
佛山市	**2789**	**49587**	**190**	**8451**	**1075**	**33992**	**9**	**390**
禅城区								
南海区	30	96			10	22		
顺德区	249	8272			237	8196		
高明区	1451	17240	177	8051	249	5083	9	390
三水区	1059	23979	13	400	580	20691		
韶关市	**39102**	**537899**	**19634**	**279788**	**293**	**4281**		
浈江区	580	13604	175	3870	22	355		
武江区	789	11598	384	5821	3	90		
曲江区	2782	41999	1430	19452	37	302		
南雄市	3229	33046	2039	18419	1	9		
始兴县	5270	71260	3104	39486	8	118		
翁源县	3164	60152	987	19906	3	44		
仁化县	5723	63260	3628	42268	117	2560		
新丰县	6668	40951	2165	11193	45	228		
乳源自治县	2141	10861	1121	4754	0	0		
乐昌市	8756	191168	4601	114619	57	575		

县（市）区别	一、水果合计		1.柑、桔、橙		2.香（大）蕉		3.菠萝	
	年末实有面积	总产量	年末实有面积	总产量	年末实有面积	总产量	年末实有面积	总产量
河源市	**39510**	**425349**	**9911**	**114794**	**988**	**13586**	**60**	**312**
源城区	932	4001	19	865	20	224	1	7
东源县	4198	36580	774	7407	161	1446		
和平县	4191	46237	1118	11125	54	1608		
龙川县	6614	84992	2139	31782	131	2145		
紫金县	16475	153167	4431	48930	591	7943	60	305
连平县	7100	100372	1429	14685	31	220		
梅州市	**89632**	**1508586**	**9418**	**185216**	**4425**	**81955**	**195**	**1609**
梅江区	2358	40652	391	6957	59	1045		
梅县区	30481	785086	3053	77409	1202	25584		
蕉岭县	3361	44615	318	5219	258	5217		
大埔县	14992	209698	238	3347	836	11884	65	906
丰顺县	7589	73434	229	3305	869	14683	65	557
五华县	17457	87374	1468	14751	656	7642	66	146
兴宁市	6640	174623	540	24290	194	11996		
平远县	6755	93104	3181	49938	351	3904		
惠州市	**58915**	**773732**	**23841**	**388715**	**6255**	**176685**	**377**	**5106**
惠城区	5444	40384	205	4991	651	9586	40	259
惠东县	10075	94857	1422	17469	937	12450	286	4326
惠阳区	7551	34851	205	1454	353	7769	31	252
博罗县	11823	175156	1950	29027	2326	78318	18	245
龙门县	24020	428484	20058	335774	1989	68562	3	24
汕尾市	**38872**	**317529**	**1399**	**42236**	**2661**	**49211**	**1580**	**10701**
汕尾城区	1260	11276	6		39	409	1	8
红海湾区	150	615			16	122		
海丰县	7873	96152	662	15680	965	18391	166	2551
陆河县	14355	101988	520	25247	1070	21520	263	2050
陆丰市	15234	107498	210	1309	570	8769	1150	6092
东莞市	**13258**	**59410**	**6**	**65**	**2072**	**43123**	**1**	**13**
中山市	**6314**	**182570**	**190**	**5248**	**3013**	**108235**	**196**	**2665**
江门市	**20787**	**284006**	**4622**	**88871**	**4032**	**123305**	**31**	**374**
蓬江区	76	1529	5	70	54	1260		
江海区	169	5412	49	1474	53	2591		
新会区	4304	91615	2383	49827	823	27093	11	223
台山市	5415	48232	447	4322	593	23507		
开平市	3986	49825	696	10899	728	23402		
恩平市	4871	78838	896	19268	1669	43847	1	23
鹤山市	1966	8555	146	3011	111	1605	18	128
阳江市	**67085**	**448775**	**7561**	**121042**	**3825**	**77838**	**186**	**1741**
江城区	4035	14109	64	317	102	221	79	963
阳东区	24606	74884	1271	16202	824	9308		
阳西县	12728	60304	989	6178	428	8042	107	778
阳春市	25658	298436	5237	98345	2471	60267		
海陵区	58	1042						
湛江市	**104784**	**2983059**	**3447**	**45671**	**35284**	**1574691**	**27739**	**922973**
赤坎区	22	406	1	10	8	156		
霞山区	12	518			7	296		

8-11 续表 2

县（市）区别	一、水果合计		1.柑、桔、橙		2.香（大）蕉		3.菠萝	
	年末实有面积	总产量	年末实有面积	总产量	年末实有面积	总产量	年末实有面积	总产量
坡头区	1444	39052	11	782	906	33596		
麻章区	834	17335	4	56	425	8610	11	320
东海区	2206	130531			1628	107842		
吴川市	3841	103011	69	1530	2351	87587		
徐闻县	29958	1193486			11367	547621	17271	616232
雷州市	24892	811374	204	2289	10027	458570	10186	293135
遂溪县	8415	224637	106	2272	3814	155672	235	11753
廉江市	33159	462709	3052	38732	4751	174741	37	1533
茂名市	**237994**	**3264610**	**2809**	**30323**	**42133**	**1919171**	**212**	**2693**
茂南区	3121	20354			141	3208		
电白区	43157	372331	149	638	3020	134012		
信宜市	55956	864681	2432	27298	10636	410591	136	1871
高州市	90101	1418626	98	610	22329	1028656		
化州市	45659	588618	130	1777	6007	342704	76	822
肇庆市	**78673**	**1556240**	**59154**	**1252730**	**6406**	**136738**	**414**	**4733**
端州区	12	171	1	14	10	149		
鼎湖区	1094	26376	135	1092	762	23093		
高要区	10903	191703	6023	111811	1183	29231	380	4369
广宁县	13556	154805	11994	139137	271	5261	17	202
四会市	8429	118152	5121	62028	2280	45046		
德庆县	19586	424217	17551	412630	228	2416	12	127
封开县	15999	364014	11385	279505	1250	22735	4	35
怀集县	9094	276802	6943	246513	423	8807		
清远市	**65802**	**884961**	**44302**	**634141**	**856**	**19932**	**10**	**71**
清城区	7408	153832	5913	130838	156	3985	5	47
英德市	18388	198899	16554	185666	116	1229		
佛冈县	9487	93778	5184	50253	273	3563	5	24
连山自治县	1406	29198	458	9216	4	35		
连南自治县	822	6575	97	1172				
连州市	11524	115213	2419	24591				
阳山县	5595	61932	4309	47745				
清新区	11171	225534	9369	184660	307	11120		
潮州市	**17471**	**251543**	**2720**	**46577**	**676**	**20460**	**679**	**12304**
湘桥区	2150	85975	116	6203	198	7744	2	63
饶平县	10531	119763	2327	34412	182	3176	166	2511
潮安区	4789	45805	278	5962	296	9540	511	9730
揭阳市	**81968**	**656613**	**5074**	**75041**	**4499**	**104200**	**3112**	**63172**
榕城区	4716	74179	107	1958	1886	62930	76	1864
揭东区	5438	43264	134	1906	748	9237	185	2247
惠来县	25654	170144	147	1666	964	14798	2272	54312
普宁市	33181	256414	3849	53323	228	2100	402	1133
揭西县	12980	112612	838	16188	672	15135	178	3616
云浮市	**83848**	**828674**	**45742**	**563166**	**3890**	**60683**	**226**	**3312**
云城区	12753	134700	11047	116209	297	2146	6	108
新兴县	10750	112285	1336	22084	1256	24562	36	720
郁南县	39512	363104	23605	304520	944	9167	70	755
罗定市	8962	86328	1833	17021	962	17593	59	1141
云安区	11869	132257	7920	103332	431	7215	55	588

8-11 续表 3

县（市）区别	4. 荔枝		5. 龙眼		6. 梨		7. 柿子（鲜）	
	年末实有面积	总产量	年末实有面积	总产量	年末实有面积	总产量	年末实有面积	总产量
广州市	**30431**	**56833**	**7744**	**37793**	**14**	**53**	**2211**	**13613**
海珠区	31	292	321	567				
天河区	30	60	26	47				
白云区	739	1756	496	1474			...	1
黄埔区	1809	2550	638	1376			2	31
荔湾区								
花都区	1709	6404	1277	6719			11	137
从化区	13598	35043	2071	13489	14	53	1692	9470
增城区	11549	7155	2610	10359			505	3974
番禺区	14	74	111	1602				
南沙区	953	3499	195	2160				
深圳市	**1796**	**9537**	**322**	**2360**			**...**	**2**
福田区								
罗湖区	67	2	1	1				
南山区	937	8178	192	1765			...	2
宝安区	576	398	54	59				
龙岗区	147	952	75	535				
盐田区	70	7						
珠海市	**2836**	**3414**	**406**	**1386**				
香洲区	344	248	146	185				
金湾区	939	979	106	553				
斗门区	1553	2187	154	648				
汕头市	**2502**	**7536**	**395**	**3736**	**11**	**32**	**555**	**3379**
金平区	7	500	3	300				
龙湖区								
澄海区	213	2805	144	2455			3	29
濠江区	8	68	2	26				
潮阳区	129	1140	31	287	...	4	480	3008
潮南区	2067	2695	112	270	7	8	68	294
南澳县	77	328	103	398	4	20	4	48
佛山市	**460**	**1496**	**585**	**1784**	**3**	**22**	**2**	**22**
禅城区								
南海区								
顺德区			3	34				
高明区	372	703	260	875	3	22	2	22
三水区	87	793	322	875				
韶关市	**1**	**24**	**190**	**1284**	**763**	**11299**	**688**	**3224**
浈江区								
武江区								
曲江区			1	10	22	232	11	126
南雄市					86	1162	4	65
始兴县					43	828	10	112
翁源县	1	24	129	1101	54	740	25	305
仁化县					2	17		
新丰县			60	173	62	301	456	1247
乳源自治县					15	61	145	804
乐昌市					479	7958	37	565

8-11　续表4

县（市）区别	4.荔枝		5.龙眼		6.梨		7.柿子（鲜）	
	年末实有面　积	总产量	年末实有面　积	总产量	年末实有面　积	总产量	年末实有面　积	总产量
河　源　市	**4593**	**6400**	**1318**	**6180**	**359**	**4345**	**3518**	**33106**
源　城　区	496	951	297	979				
东　源　县	106	456	200	719	81	825	504	5845
和　平　县					88	1136	809	7420
龙　川　县	21	368	132	983	74	1377	1876	16264
紫　金　县	3971	4625	689	3499	77	638	274	2987
连　平　县					39	369	56	590
梅　州　市	**4246**	**23853**	**4268**	**36237**	**1194**	**8584**	**3738**	**38149**
梅　江　区	...	1	54	830	4	7	91	2173
梅　县　区	202	3172	562	7103	108	2072	536	11466
蕉　岭　县	61	435	497	3850	6	102	74	1385
大　埔　县	132	1294	91	764	91	1104	449	4674
丰　顺　县	881	7441	784	11018	17	161	88	871
五　华　县	2686	9275	375	3266	874	4207	1835	9148
兴　宁　市	282	2235	1905	9406	68	610	312	4527
平　远　县					26	321	352	3905
惠　州　市	**16589**	**87658**	**7167**	**58510**	**12**	**287**	**210**	**2226**
惠　城　区	2671	9339	1187	7641	1	4	14	113
惠　东　县	4542	31205	1330	17320			147	1706
惠　阳　区	5009	13213	1473	6262			4	18
博　罗　县	3806	29912	2361	18546			11	74
龙　门　县	561	3989	815	8741	11	283	34	315
汕　尾　市	**17304**	**110953**	**2877**	**29323**	**242**	**1025**	**994**	**5518**
汕尾城区	1037	8894	133	1473	2	2	1	4
红海湾区	83	362	10	17				
海　丰　县	3086	20036	594	6313	50	151	47	290
陆　河　县	2010	9953	785	7634	150	800	943	5200
陆　丰　市	11087	71708	1356	13886	40	72	2	24
东　莞　市	**9265**	**5492**	**1256**	**2541**	**1**	**30**	**2**	**2**
中　山　市	**790**	**7250**	**597**	**4666**			**...**	**4**
江　门　市	**5924**	**18102**	**4073**	**20956**			**4**	**5**
蓬　江　区	5	51	5	57				
江　海　区			...	3				
新　会　区	614	4353	247	2275			1	2
台　山　市	3137	6448	869	6044				
开　平　市	891	1428	821	2020				
恩　平　市	615	5230	1583	9968				
鹤　山　市	663	592	548	589			3	3
阳　江　市	**30626**	**93093**	**14610**	**71036**	**189**	**542**	**201**	**1098**
江　城　区	2195	7671	1425	2665				
阳　东　区	15482	31526	5726	13497				
阳　西　县	8740	21212	1958	8652				
阳　春　市	4169	32010	5489	45905	189	542	201	1098
海　陵　区	40	674	13	317				
湛　江　市	**18302**	**133680**	**7510**	**62800**	**...**	**2**	**3**	**91**
赤　坎　区	2	6						
霞　山　区	...	14	...	3				

8-11 续表 5

县（市）区别	4. 荔枝		5. 龙眼		6. 梨		7. 柿子（鲜）	
	年末实有面 积	总产量	年末实有面 积	总产量	年末实有面 积	总产量	年末实有面 积	总产量
坡头区	281	1159	133	868				
麻章区	129	1751	9	179				
东海区	7	155	11	177				
吴川市	336	2678	702	3427				
徐闻县	337	5183	108	858				
雷州市	570	6911	534	5706			3	91
遂溪县	1607	14147	690	6379				
廉江市	15033	101676	5321	45203	...	2		
茂名市	**92745**	**488470**	**52219**	**380450**	**623**	**5061**	**1305**	**22183**
茂南区	1606	7361	1094	7867				
电白区	26651	146268	6787	47718				
信宜市	9224	71695	8882	83519	623	5061	1249	21954
高州市	38270	193586	21290	139734			56	229
化州市	16993	69560	14166	101612				
肇庆市	**1749**	**23363**	**2073**	**20270**	**739**	**15184**	**887**	**19032**
端州区								
鼎湖区	55	513	59	629	32	195	3	65
高要区	863	15484	664	9451			67	779
广宁县	38	452	18	118	82	1154	107	1565
四会市	150	2248	326	3068			25	356
德庆县	523	2726	474	1375	73	336	65	993
封开县	119	1928	482	5210	470	11786	493	12234
怀集县	1	12	50	419	82	1713	127	3040
清远市	**1477**	**9241**	**1486**	**12802**	**4033**	**57623**	**683**	**5648**
清城区	318	3647	497	4921			24	134
英德市	37	265	445	3778	7	58	100	718
佛冈县	1113	5277	485	3726	343	576	100	547
连山自治县					...	23	10	61
连南自治县					54	547	44	478
连州市					3471	54518	288	2248
阳山县					157	1901	42	510
清新区	10	52	59	377			74	952
潮州市	**2598**	**23613**	**2829**	**33484**	**96**	**564**	**197**	**1624**
湘桥区	129	7259	60	851			6	185
饶平县	1912	10805	2640	31623	59	363	129	1148
潮安区	558	5549	129	1010	37	201	62	291
揭阳市	**17796**	**94667**	**7432**	**38772**	**495**	**2763**	**478**	**4425**
榕城区	277	3056	1720	1968	42	46	7	40
揭东区	1025	12213	2418	10495	26	222	20	222
惠来县	11786	39794	1253	9897	395	2088	198	1840
普宁市	3000	18638	913	4982	27	112	127	747
揭西县	1709	20966	1128	11430	6	295	126	1576
云浮市	**12047**	**41601**	**6085**	**38955**	**170**	**1533**	**412**	**3683**
云城区	283	2286	350	2118	...	7	8	130
新兴县	2284	10812	1263	9222	21	420	35	421
郁南县	7031	13485	1601	6565	9	50	110	442
罗定市	1616	9514	1638	12971	113	845	103	1224
云安区	832	5504	1234	8079	27	211	155	1466

8-11 续表 6

县（市）区别	8.李子		9.其他		二、桑叶		三、茶叶	
	年末实有面积	总产量	年末实有面积	总产量	年末实有面积	总产量	年末实有面积	总产量
广州市	**2630**	**9929**	**10830**	**139001**	**9**	**43**	**121**	**33**
海珠区			560	3705				
天河区			25	102				
白云区	7	8	336	1863				
黄埔区	1	6	357	2928				
荔湾区			0	0				
花都区	6	47	356	4099	9	43		
从化区	2570	9343	3525	16366			121	33
增城区	47	525	4315	62508				
番禺区			294	7592				
南沙区			1061	39838				
深圳市	**2**	**25**	**15**	**337**			**23**	**2**
福田区			0	0				
罗湖区			0	0				
南山区			2	10				
宝安区			0	0				
龙岗区	2	25	13	327				
盐田区			0	0			23	2
珠海市			**1667**	**33150**				
香洲区			72	420				
金湾区			1381	27957				
斗门区			214	4773				
汕头市	**37**	**486**	**6260**	**123485**			**509**	**456**
金平区			27	500				
龙湖区			0	0				
澄海区	1	21	1503	73084			3	1
濠江区			24	370				
潮阳区	13	326	2969	43627				
潮南区	13	57	1593	4202			362	283
南澳县	10	82	144	1702			144	172
佛山市	**9**	**31**	**456**	**3399**			**34**	**72**
禅城区			0	0				
南海区			20	74				
顺德区			8	42				
高明区	9	31	371	2063			34	72
三水区			57	1220				
韶关市	**9545**	**127631**	**7989**	**110368**	**4581**	**83234**	**3785**	**4546**
浈江区	62	750	322	8629	24			
武江区	198	4033	203	1654				
曲江区	196	2609	1085	19268			611	485
南雄市	856	11660	243	1731	60	299	95	270
始兴县	767	17509	1338	13207	1897	29525	97	308
翁源县	640	2387	1324	35645	2085	43935	216	108
仁化县	156	2514	1821	15901	362	5405	1582	2165
新丰县	3645	26860	236	949	6	16	352	389
乳源自治县	214	2648	646	2594	95	3024	492	465
乐昌市	2811	56661	771	10790	53	1030	340	356

8-11 续表 7

县（市）区别	8.李子		9.其他		二、桑叶		三、茶叶	
	年末实有面 积	总产量	年末实有面 积	总产量	年末实有面 积	总产量	年末实有面 积	总产量
河 源 市	**10853**	**126104**	**7910**	**120522**	**21**	**548**	**5845**	**5729**
源 城 区	46	346	52	629			21	11
东 源 县	1449	11057	924	8825			3109	2431
和 平 县	981	9621	1141	15327			580	1013
龙 川 县	1661	22392	580	9681			603	1050
紫 金 县	4841	63110	1541	21130			767	755
连 平 县	1873	19578	3671	64930	21	548	765	469
梅 州 市	**6862**	**97214**	**55286**	**1035769**	**56**	**435**	**12738**	**15241**
梅 江 区	139	2720	1620	26919			290	333
梅 县 区	2166	45890	22652	612390			985	976
蕉 岭 县	416	3258	1729	25149			690	1996
大 埔 县	701	5047	12389	180678	6	85	3103	4761
丰 顺 县	28	198	4627	35200			3399	2347
五 华 县	1030	3144	8466	35795			1789	1685
兴 宁 市	982	19965	2355	101594	50	350	1688	2383
平 远 县	1399	16992	1447	18044			794	760
惠 州 市	**696**	**6065**	**3769**	**48480**			**542**	**344**
惠 城 区	51	461	625	7990			20	20
惠 东 县	293	1600	1119	8781			97	77
惠 阳 区	119	1384	355	4499			88	3
博 罗 县	164	2105	1188	16929			298	229
龙 门 县	68	515	481	10281			39	15
汕 尾 市	**1728**	**16666**	**10088**	**51896**			**1307**	**2036**
汕尾城区	2	24	40	462				
红海湾区	1	4	39	110				
海 丰 县	929	13020	1373	19720			580	846
陆 河 县	602	2591	8011	26993			527	950
陆 丰 市	194	1027	625	4611			200	240
东 莞 市	**1**	**1**	**653**	**8143**			**37**	**1**
中 山 市			**1527**	**54502**			**3**	**48**
江 门 市	**14**	**24**	**2088**	**32369**	**21**		**700**	**612**
蓬 江 区			6	91				
江 海 区			67	1344				
新 会 区	...	2	224	7840	21		18	
台 山 市			369	7911			233	26
开 平 市			851	12076			207	175
恩 平 市			107	502			80	211
鹤 山 市	14	22	463	2605			162	200
阳 江 市	**1493**	**7806**	**8393**	**74579**	**6189**	**176069**	**184**	**438**
江 城 区	1	20	169	2252				
阳 东 区	2	8	1301	4343	23	243	7	10
阳 西 县	20	313	487	15129	322	4558	34	9
阳 春 市	1470	7465	6432	52804	5843	171268	143	419
海 陵 区			5	51				
湛 江 市	**39**	**410**	**12459**	**242741**	**3452**	**143241**	**1762**	**5774**
赤 坎 区			12	234				
霞 山 区			4	205				

8-11 续表 8

县（市）区别	8. 李子		9. 其他		二、桑叶		三、茶叶	
	年末实有面积	总产量	年末实有面积	总产量	年末实有面积	总产量	年末实有面积	总产量
坡头区			113	2647				
麻章区			257	6419			9	9
东海区			560	22357				
吴川市			383	7789				
徐闻县			875	23592	1143	47219	169	185
雷州市	3	50	3364	44622	431	5015	3	112
遂溪县			1963	34414	927	44792		
廉江市	36	360	4928	100462	951	46215	1581	5468
茂名市	**16687**	**177951**	**29261**	**238308**	**5997**	**354852**	**380**	**903**
茂南区			281	1918				
电白区			6549	43695				
信宜市	16577	177257	6197	65435	74	321	188	682
高州市	45	263	8012	55548	304	13702	28	11
化州市	64	431	8223	71712	5619	340829	163	210
肇庆市	**1798**	**26731**	**5452**	**57459**	**644**	**18120**	**2160**	**5843**
端州区			1	8				
鼎湖区	6	50	42	739			30	35
高要区	72	1572	1651	19006			261	883
广宁县	103	1116	927	5800	93	5930	261	1521
四会市	9	135	518	5271			208	408
德庆县	402	2078	258	1536	533	12055	201	201
封开县	756	14974	1040	15607	3	21	440	1039
怀集县	450	6806	1017	9492	15	114	759	1756
清远市	**1387**	**18275**	**11569**	**127228**	**4501**	**108485**	**5655**	**5947**
清城区	6	103	490	10157			28	
英德市	221	1594	908	5591	3188	87761	3755	4566
佛冈县	261	3903	1724	25909			120	1
连山自治县	172	5249	763	14614			156	124
连南自治县	92	129	534	4249	842	12622	442	574
连州市	405	2813	4942	31043	44	671	231	122
阳山县	198	3416	888	8360	428	7431	303	110
清新区	33	1068	1320	27305			620	450
潮州市	**105**	**1136**	**7570**	**111781**			**10573**	**16592**
湘桥区	6	390	1633	63280			513	1331
饶平县	79	551	3037	35174			5895	10250
潮安区	20	195	2899	13327			4164	5011
揭阳市	**2344**	**32962**	**40737**	**240611**			**4865**	**18909**
榕城区	4	124	598	2193				
揭东区	38	697	844	6025			1033	2065
惠来县	916	16036	7723	29713			344	1657
普宁市	550	7075	24085	168304			1161	1756
揭西县	835	9030	7489	34376			2327	13431
云浮市	**1351**	**14578**	**13925**	**101163**	**8102**	**254703**	**2054**	**3271**
云城区	43	325	717	11371			128	120
新兴县	289	3180	4231	40864	2	50	227	103
郁南县	541	6720	5599	21400	3596	45270	41	83
罗定市	331	3560	2309	22459	2981	166118	1449	2786
云安区	147	793	1069	5069	1523	43265	209	179

8-12 全省水稻品种种植面积

2016 年　　单位：万亩

品　　种	面积（早稻）	品　　种	面积（晚稻）
总面积	1385.0	总面积	1532.0
1.常规稻	598.0	1.常规稻	633.0
其中：美香占2号	31.6	其中：美香占2号	50.3
华航31号	31.0	华航31号	39.2
合美占	29.6	五山丝苗	33.3
金农丝苗	24.0	金农丝苗	32.1
五山丝苗	23.7	粤农丝苗	28.3
玉香油占	22.6	合美占	23.8
粤晶丝苗2号	21.6	粤晶丝苗2号	21.7
粤农丝苗	21.1	玉香油占	19.1
合丰占	19.9	华航丝苗	14.1
粤香占	17.3	黄莉占	12.6
2.杂交稻	787.0	2.杂交稻	899.0
其中：五丰优615	54.8	其中：深两优5814	43.1
深优9516	46.3	深优9516	31.9
五优308	32.2	广8优165	30.8
恒丰优387	17.0	Y两优3088	28.7
特优524	15.4	广8优169	24.5
五优1179	14.8	五丰优615	23.3
天优998	13.9	珍优9822	19.1
深优9708	13.3	恒丰优387	19.0
广8优2168	13.2	丰优9802	17.1
Y两优3088	13.1	吉丰优1002	15.8
3.优质稻(含国标、省标优质，以及外观一级以上品种)	967.5	3.优质稻(含国标、省标优质，以及外观一级以上品种)	1180.2
其中：深优9516	46.3	其中：美香占2号	50.3
五优308	32.2	深两优5814	43.1
美香占2号	31.6	华航31号	39.2
华航31号	31.0	五山丝苗	33.3
合美占	29.6	金农丝苗	32.1
金农丝苗	24.0	深优9516	31.9
五山丝苗	23.7	Y两优3088	28.7
玉香油占	22.6	粤农丝苗	28.3
粤晶丝苗2号	21.6	广8优169	24.5
粤农丝苗	21.1	合美占	23.8

8-13 主要农作物病虫草鼠螺发生、防治面积及挽回损失

2016 年　　单位：万亩次；吨

项　　目	发生面积	防治面积	挽回损失	实际损失	发生程度
生物灾害总计	**35258.25**	**46490.94**	**4619030.02**	**892900.02**	**3**
一、病虫害合计	**26269.64**	**35054.16**	**2982459.54**	**584922.11**	**3**
1.病害小计	7967.59	10616.76	1111775.72	238526.31	2
2.虫害小计	26269.64	35054.16	2982459.54	584922.11	4
二、农田草害合计	**5527.95**	**7431.78**	**878155.10**	**85058.50**	**3**
三、农田鼠害合计	**2578.14**	**2918.80**	**606248.38**	**196346.10**	**3**
四、农田螺害合计	**882.19**	**1085.68**	**151356.50**	**26491.21**	**1**

注：发生程度：1——轻发生；2——中偏轻；3——中等；4——中等偏重；5——大发生，下同。

8-14 各市农作物病虫草鼠螺发生面积、防治面积及挽回损失

2016 年　　单位：万亩次；吨

市别	病虫草鼠螺总计					病虫害合计				
	发生面积	防治面积	挽回损失	实际损失	发生程度	发生面积	防治面积	挽回损失	实际损失	发生程度
广东省	35258.25	46490.94	4619030.02	892900.02	3	26269.64	35054.16	2982459.54	584922.11	3
广州	1675.55	2375.78	128404.25	18123.06	3	1102.56	1718.57	71591.17	8299.04	3
韶关	2813.22	4841.56	220189.19	45228.64	3	2146.15	3047.58	134715.52	16574.97	3
深圳	9.98	33.67	0.00	0.00		9.98	33.67	0.00	0.00	
珠海	43.05	83.38	6019.00	2081.00	1	38.10	63.78	5019.00	1821.00	1
汕头	614.15	1293.19	70279.47	14467.78	2	429.39	1011.76	38152.54	6583.77	2
佛山	780.88	792.39	41114.77	5677.91	3	524.68	572.13	14900.77	1814.75	3
江门	2322.51	3096.23	452145.09	62877.95	3	1688.36	2280.45	291216.94	47726.55	3
湛江	3586.21	3955.59	509764.96	124805.04	4	2376.67	2593.39	328695.09	46425.32	4
茂名	3827.00	3577.39	301247.38	106978.85	4	2931.45	2777.74	259887.08	86884.00	4
肇庆	2302.98	3619.07	579660.81	45508.45	3	1781.51	2859.26	385828.95	32738.61	3
惠州	2227.35	2804.07	205362.87	40956.99	3	1696.52	2173.75	162238.32	35012.71	3
梅州	1702.90	2612.19	510445.33	20208.25	3	1292.72	2046.93	211213.14	16076.30	3
汕尾	1408.51	1872.13	176871.40	25833.59	2	1009.50	1394.55	104589.93	17036.13	2
河源	2161.87	2890.58	230128.70	86279.56	3	1770.79	2437.74	182808.60	65771.73	3
阳江	2617.47	3325.54	258881.65	116214.11	3	1997.20	2629.76	196467.83	90198.29	3
清远	3670.45	4349.38	382701.73	38253.51	3	2867.19	3516.81	229129.55	23595.06	3
东莞	318.70	340.60	13866.00	1252.00	2	246.70	268.90	4056.00	687.00	2
中山	261.75	340.28	44660.40	27849.00	2	119.70	155.64	7413.00	4554.00	2
潮州	447.97	567.50	68207.54	18811.88	2	303.10	432.06	42606.61	13425.07	2
揭阳	1340.49	1766.00	252950.57	73139.14	3	1035.52	1389.30	182923.79	58934.20	3
云浮	1125.26	1954.42	166128.91	18353.31	3	901.85	1650.39	129005.71	10763.61	3

市别	病害合计					虫害合计				
	发生面积	防治面积	挽回损失	实际损失	发生程度	发生面积	防治面积	挽回损失	实际损失	发生程度
广东省	7967.59	10616.76	1111775.72	238526.31	2	18302.05	24437.40	1870683.82	346395.80	4
广州	256.00	482.24	19270.04	2483.72	2	846.56	1236.33	52321.13	5815.32	4
韶关	738.92	976.27	41363.99	6020.85	3	1407.23	2071.31	93351.53	10554.12	4
深圳	2.17	8.81	0.00	0.00		7.81	24.86	0.00	0.00	1
珠海	10.76	18.13	1678.00	650.00		27.34	45.65	3341.00	1171.00	1
汕头	90.03	199.53	11098.15	2959.72	2	339.36	812.23	27054.39	3624.05	2
佛山	170.99	163.87	4046.60	628.90	2	353.69	408.26	10854.17	1185.85	3
江门	550.21	691.61	67425.29	8030.00	2	1138.15	1588.84	223791.65	39696.55	3
湛江	936.65	1073.72	67425.29	24783.85	3	1440.02	1519.67	143672.22	21641.47	4
茂名	868.10	824.74	67425.29	52762.13	3	2063.35	1953.00	125174.94	34121.87	4
肇庆	570.76	873.02	67425.29	18845.97	2	1210.75	1986.24	232115.22	13892.64	3
惠州	527.09	728.76	67425.29	11942.10	2	1169.43	1444.99	104077.40	23070.61	3
梅州	442.08	748.60	67425.29	8333.28	2	850.64	1298.33	128955.73	7743.02	3
汕尾	337.52	467.64	67425.29	9031.26	2	671.98	926.91	48245.78	8004.87	2
河源	562.11	828.29	67425.29	22630.12	2	1208.68	1609.45	116343.60	43141.61	3
阳江	483.96	634.79	67425.29	26090.75	2	1513.24	1994.97	138437.36	64107.54	4
清远	737.80	845.08	67425.29	10529.29	2	2129.39	2671.73	165072.03	13065.77	4
东莞	64.80	69.90	67425.29	185.00	2	181.90	199.00	3056.00	502.00	2
中山	30.42	39.51	67425.29	1170.00	1	89.28	116.13	5510.00	3384.00	2
潮州	86.32	122.90	67425.29	8054.68	2	216.78	309.16	26971.77	5370.39	2
揭阳	244.29	330.28	67425.29	19849.08	2	791.23	1059.02	126590.31	39085.12	3
云浮	256.61	489.07	67425.29	3545.61	2	645.24	1161.32	95747.59	7218.00	3

8-14 续表 1

单位：万亩次；吨

市别	农田草害合计					农田鼠害合计				
	发生面积	防治面积	挽回损失	实际损失	发生程度	发生面积	防治面积	挽回损失	实际损失	发生程度
广东省	5527.95	7431.78	878155.10	85058.50	2	2578.14	2918.80	606248.38	196346.10	3
广州	312.05	325.89	18683.63	3552.61	2	204.11	274.79	29146.44	5749.05	3
韶关	484.86	1573.13	32968.86	6547.84	3	99.26	109.33	46179.16	21147.05	2
深圳	0.00	0.00	0.00	0.00		0.00	0.00	0.00	0.00	
珠海	0.45	7.00	500.00	50.00		4.10	12.00	400.00	180.00	2
汕头	111.31	97.08	4915.33	909.71	2	71.45	181.25	27006.30	6917.80	2
佛山	106.50	93.36	839.00	69.41	2	135.00	113.00	24275.00	3243.75	3
江门	301.05	372.98	89614.90	3235.70	3	260.50	312.20	55152.60	10180.80	3
湛江	589.57	738.98	30604.71	4911.95	3	496.74	491.65	143560.50	71669.74	3
茂名	594.35	578.15	24155.50	9447.60	3	244.50	169.50	12575.50	8725.75	3
肇庆	363.70	508.11	153360.55	8867.19	3	103.53	165.83	27723.05	1899.48	2
惠州	334.73	404.70	8635.00	2043.45	2	129.57	145.41	21479.88	2421.60	2
梅州	265.97	366.80	265039.11	1049.96	3	83.17	111.88	31811.58	2071.11	2
汕尾	302.32	343.80	60194.67	4402.38	2	80.80	114.09	10468.42	4196.31	2
河源	266.21	309.38	24123.60	10333.53	2	73.04	81.32	12594.00	5290.44	2
阳江	406.78	462.18	36658.37	15925.13	3	134.53	143.89	15313.22	6317.16	3
清远	552.44	598.01	85987.98	5226.00	2	162.63	142.84	23705.54	6098.72	3
东莞	51.90	45.15	230.00	80.00	2	19.50	26.00	9450.00	420.00	2
中山	41.15	53.49	4459.40	3115.00	1	98.40	127.92	31980.00	19680.00	3
潮州	81.48	82.69	10903.92	1446.14	2	52.92	39.80	11336.78	3467.60	2
揭阳	222.28	278.14	15871.57	1954.20	2	64.93	75.83	50253.21	11371.74	2
云浮	138.85	192.76	10409.00	1890.70	2	59.46	80.27	21837.20	5298.00	2

市别	农田螺害合计					水稻病虫害合计				
	发生面积	防治面积	挽回损失	实际损失	发生程度	发生面积	防治面积	挽回损失	实际损失	发生程度
广东省	882.19	1085.68	151356.50	26491.21	1	11285.79	15471.86	2633729.81	509185.45	3
广州	56.83	56.53	8983.01	522.36	1	222.91	402.53	59581.40	6869.78	3
韶关	82.95	111.52	6325.65	958.78	1	882.87	1448.41	116075.08	14723.84	3
深圳	0.00	0.00	0.00	0.00		0.00	0.00	0.00	0.00	
珠海	0.40	0.60	100.00	30.00		19.96	29.75	3806.00	1206.00	1
汕头	2.00	3.10	205.30	56.60	1	201.21	618.81	36504.00	6369.64	2
佛山	14.70	13.90	1100.00	550.00	1	88.08	120.98	12818.49	965.11	2
江门	72.60	130.60	16160.65	1734.90	2	1194.13	1617.64	273342.16	45999.99	4
湛江	122.90	131.05	6094.16	1715.93	2	1120.63	1215.12	285585.48	37347.92	4
茂名	56.70	52.00	4629.30	1921.50	1	1298.87	1277.61	232396.67	78330.29	4
肇庆	54.24	85.87	12748.26	2003.17	1	693.74	1071.33	373301.61	30406.59	3
惠州	66.53	80.21	13009.67	1479.23	1	474.70	601.59	113501.36	24521.26	3
梅州	61.04	86.58	2381.50	1010.88	1	724.66	1169.53	203423.50	14812.53	3
汕尾	15.89	19.69	1618.38	198.77	1	419.49	570.67	68561.02	10317.44	2
河源	51.83	62.14	10602.50	4883.86	1	947.00	1404.64	163396.20	59333.11	3
阳江	78.96	89.71	10442.23	3773.53	1	637.35	885.36	171524.97	84205.57	3
清远	88.19	91.72	43878.66	3333.73	1	1175.48	1287.97	201078.59	18511.30	3
东莞	0.60	0.55	130.00	65.00		7.00	10.30	2355.00	305.00	1
中山	2.50	3.23	808.00	500.00		17.80	23.16	5796.00	3560.00	1
潮州	10.47	12.95	3360.23	473.07		189.26	274.51	35773.78	11214.54	2
揭阳	17.76	22.73	3902.00	879.00		498.40	721.05	149920.50	50019.00	3
云浮	25.10	31.00	4877.00	401.00	1	442.25	720.90	124988.00	10166.54	3

8-14 续表 2 单位：万亩次；吨

市别	水稻病害小计					水稻稻瘟病				
	发生面积	防治面积	挽回损失	实际损失	发生程度	发生面积	防治面积	挽回损失	实际损失	发生程度
广东省	3736.93	5095.14	967359.57	202488.95	2.00	509.43	816.25	109705.04	20979.81	2
广州	71.22	130.49	15905.45	1999.81	2.00	2.31	6.11	251.25	19.05	2
韶关	280.67	476.59	35783.98	5530.70	2.00	48.50	78.03	9607.90	2109.42	3
深圳	0.00	0.00	0.00	0.00		0.00	0.00	0.00	0.00	
珠海	5.06	8.15	1130.00	360.00		0.06	0.15	120.00	40.00	
汕头	68.55	151.73	10050.15	2845.72	2.00	0.02	4.90	26.50	1.80	
佛山	21.03	32.48	3786.60	428.90	2.00	7.30	18.80	361.00	53.00	
江门	404.96	480.45	60370.49	7365.35	2.00	29.04	39.55	8796.62	936.70	2
湛江	494.23	552.83	164028.77	20889.63	3.00	109.12	118.87	4452.99	797.26	3
茂名	411.37	408.94	123872.07	49819.49	3.00	46.61	47.28	13082.55	2280.95	3
肇庆	241.14	333.33	148092.78	17866.93	2.00	24.66	47.41	15303.11	1570.93	2
惠州	140.39	198.98	36149.60	6563.90	2.00	15.11	42.98	7271.34	646.09	2
梅州	263.87	466.32	78063.67	7424.86	2.00	22.58	71.19	4895.10	402.47	2
汕尾	162.48	218.12	44830.86	5522.33	2.00	14.78	15.96	3732.84	383.58	2
河源	284.49	462.11	57761.60	20026.87	2.00	67.52	146.19	16390.10	5928.41	2
阳江	177.80	241.43	46116.04	23124.01	2.00	20.37	29.48	6907.20	2943.34	2
清远	361.34	365.95	53121.87	7433.16	2.00	65.48	67.50	5348.43	459.26	2
东莞	2.20	2.90	735.00	60.00		0.00	0.00	0.00	0.00	
中山	3.56	4.60	1157.00	712.00		0.00	0.00	0.00	0.00	
潮州	61.54	89.43	14028.64	7225.29	2.00	13.37	23.66	3530.11	1385.95	2
揭阳	137.06	204.57	41275.00	14083.40	2.00	1.85	2.87	1038.00	256.60	2
云浮	143.97	265.74	31100.00	3206.60	2.00	20.75	55.32	8590.00	765.00	2

市别	水稻纹枯病					水稻白叶枯病				
	发生面积	防治面积	挽回损失	实际损失	发生程度	发生面积	防治面积	挽回损失	实际损失	发生程度
广东省	2591.52	3340.49	712992.46	150597.90	3	144.77	207.25	47487.99	8187.04	2
广州	65.58	118.08	14696.20	1825.05	2	1.60	2.70	415.00	87.00	2
韶关	146.36	252.38	21589.48	2734.55	3	1.40	2.10	90.00	46.00	
深圳	0.00	0.00	0.00	0.00		0.00	0.00	0.00	0.00	
珠海	4.50	7.00	750.00	220.00		0.50	1.00	260.00	100.00	
汕头	50.75	100.53	8400.00	1267.42	2	3.31	21.62	1056.20	751.55	2
佛山	13.70	13.65	3425.60	375.90	2	0.00	0.00	0.00	0.00	
江门	353.26	369.88	41123.57	5519.46	3	10.44	13.60	5262.74	464.30	2
湛江	300.47	323.07	119098.36	15847.46	3	30.88	34.13	14011.54	1107.35	3
茂名	296.30	297.10	97340.00	41485.00	3	13.21	12.61	4476.82	1505.68	3
肇庆	197.73	252.67	128298.34	15842.67	3	8.32	12.91	2801.03	200.03	2
惠州	106.97	133.27	27071.26	5651.48	3	2.00	2.60	165.27	33.81	2
梅州	187.84	310.54	64640.25	6032.62	3	13.38	18.68	4144.62	259.37	2
汕尾	87.65	125.32	30312.46	3714.72	2	19.72	25.24	2177.89	357.32	2
河源	159.75	231.93	30831.20	10582.73	3	9.28	12.96	839.50	565.76	2
阳江	121.36	163.87	29800.63	15279.78	3	12.34	17.17	3230.07	1547.89	2
清远	221.98	232.46	34638.55	5492.03	3	9.02	11.90	4189.81	290.78	2
东莞	2.20	2.90	735.00	60.00		0.00	0.00	0.00	0.00	
中山	3.56	4.60	1157.00	712.00		0.00	0.00	0.00	0.00	
潮州	43.63	57.22	9484.56	5574.23	2	0.11	2.00	115.00	18.00	2
揭阳	114.43	168.02	31070.00	10410.80	3	4.82	5.37	1112.50	484.20	2
云浮	113.50	176.00	18530.00	1970.00	3	4.44	10.66	3140.00	368.00	2

8-14 续表 3 单位：万亩次；吨

市别	水稻虫害小计					水稻三化螟				
	发生面积	防治面积	挽回损失	实际损失	发生程度	发生面积	防治面积	挽回损失	实际损失	发生程度
广东省	7548.86	10376.72	1666370.24	306696.50	3	649.66	935.90	159697.48	25836.05	2
广州	151.69	272.04	43675.95	4869.97	3	4.65	7.56	1350.50	183.21	1
韶关	602.20	971.82	80291.10	9193.14	3	30.60	69.20	10313.68	1084.70	2
深圳	0.00	0.00	0.00	0.00		0.00	0.00	0.00	0.00	
珠海	14.90	21.60	2676.00	846.00	1	1.20	1.50	380.00	120.00	
汕头	162.66	467.08	26453.85	3523.92	2	10.09	36.24	708.50	18.72	2
佛山	67.05	88.50	9031.89	536.21	3	6.40	15.60	20.99	9.62	2
江门	789.17	1137.19	212971.67	38634.64	3	11.00	13.80	3183.56	1038.80	2
湛江	626.40	662.29	121556.71	16458.29	3	41.83	50.77	3843.21	588.95	2
茂名	887.50	868.67	108524.60	28510.80	3	55.70	55.50	3852.40	303.20	2
肇庆	452.60	738.00	225208.83	12539.66	3	33.14	61.35	13789.53	849.57	2
惠州	334.31	402.61	77351.76	17957.36	3	12.51	19.13	2598.07	781.65	2
梅州	460.79	703.21	125359.83	7387.67	3	95.55	153.48	21076.06	1147.00	2
汕尾	257.01	352.55	23730.16	4795.11	3	13.40	16.80	1442.70	372.60	2
河源	662.51	942.53	105634.60	39306.24	3	94.45	120.99	17211.80	8398.80	2
阳江	459.55	643.93	125408.93	61081.56	3	30.66	41.51	7555.57	4415.36	2
清远	814.14	922.02	147956.72	11078.14	3	168.36	199.98	58880.41	2990.57	2
东莞	4.80	7.40	1620.00	245.00	1	0.00	0.00	0.00	0.00	
中山	14.24	18.56	4639.00	2848.00	1	1.78	2.30	575.00	356.00	2
潮州	127.72	185.08	21745.14	3989.25	2	5.40	5.52	300.00	38.10	
揭阳	361.34	516.48	108645.50	35935.60	3	23.89	36.07	9755.50	2782.20	2
云浮	298.28	455.16	93888.00	6959.94	3	9.05	28.60	2860.00	357.00	2

市别	水稻稻纵卷叶螟					水稻稻飞虱				
	发生面积	防治面积	挽回损失	实际损失	发生程度	发生面积	防治面积	挽回损失	实际损失	发生程度
广东省	2458.19	3344.90	458662.63	98444.99	3	3293.07	4441.57	877575.98	143160.76	3
广州	63.83	110.94	11763.47	1672.08	3	74.68	136.94	28827.48	2754.26	3
韶关	181.04	307.56	20743.57	2739.19	3	287.15	437.23	40690.36	4327.54	3
深圳	0.00	0.00	0.00	0.00		0.00	0.00	0.00	0.00	
珠海	7.00	10.00	1200.00	300.00		6.00	9.20	900.00	240.00	
汕头	52.72	133.67	11740.60	763.00	2	49.12	146.44	6889.25	1953.67	2
佛山	26.65	28.30	5075.50	228.29	3	26.00	29.90	3738.40	284.60	3
江门	303.94	471.67	47351.79	13085.98	3	374.92	462.56	146711.52	21711.03	3
湛江	260.03	282.75	54975.99	6867.28	3	268.35	279.52	50828.53	6737.30	3
茂名	329.00	324.00	45963.80	9875.10	3	414.90	411.20	51479.70	15414.10	3
肇庆	157.23	257.84	53932.16	3990.74	3	209.51	338.57	141245.93	5692.50	3
惠州	99.24	123.64	25876.36	6276.16	3	132.16	171.64	40196.18	9335.21	3
梅州	119.28	147.90	6119.48	463.43	3	191.10	268.76	93924.31	4990.33	3
汕尾	57.94	77.47	6181.41	1328.59	3	71.23	95.04	9801.94	1703.08	3
河源	173.56	228.01	25532.00	9029.00	3	270.76	430.76	42971.90	11601.90	3
阳江	176.21	244.22	48235.10	22038.80	3	210.39	292.74	57631.00	28694.20	3
清远	195.08	228.89	23176.50	1754.33	3	285.14	319.29	39609.22	4062.16	3
东莞	2.80	5.00	1010.00	160.00		2.00	2.40	610.00	85.00	
中山	5.34	7.00	1750.00	1068.00		7.12	9.26	2314.00	1424.00	
潮州	26.93	36.11	8377.50	446.59	2	68.30	114.85	11187.26	3004.68	2
揭阳	122.20	174.63	37048.50	13164.80	3	165.77	228.97	44075.00	16032.20	3
云浮	98.17	145.30	22609.00	3193.00	3	178.47	256.30	63944.00	3113.00	3

8-14 续表 4 单位：万亩次；吨

市别	花生病虫害合计					柑桔病虫害合计				
	发生面积	防治面积	挽回损失	实际损失	发生程度	发生面积	防治面积	挽回损失	实际损失	发生程度
广东省	1348.91	1585.41	158865.74	41957.10	2	2631.61	3972.42	764547.45	122093.63	3
广州	17.30	26.85	2824.24	413.02	2	21.45	29.02	4020.99	1160.37	2
韶关	163.43	190.37	22312.13	2059.97	2	252.28	375.52	53100.58	10093.22	3
深圳	0.00	0.00	0.00	0.00		0.00	0.00	0.00	0.00	
珠海	0.77	1.33	89.00	43.00		0.00	0.00	0.00	0.00	
汕头	2.08	3.13	191.52	10.20	2	21.87	49.80	8124.12	194.76	2
佛山	9.61	8.80	249.00	179.00	2	1.25	1.85	925.00	50.71	
江门	57.23	77.77	2787.77	394.66	2	56.71	51.18	14497.31	3628.57	3
湛江	161.05	164.03	24696.80	4342.63	2	56.05	56.05	5965.00	1023.00	2
茂名	192.59	160.76	18044.05	10595.81	2	39.70	40.30	3439.50	1768.50	2
肇庆	47.24	76.65	9872.46	1921.02	2	372.87	728.17	79067.67	26623.97	3
惠州	131.70	177.73	17206.83	3925.24	2	270.49	291.60	67267.60	4587.34	3
梅州	34.14	46.16	2106.16	653.46	2	261.66	443.44	46149.60	6222.49	3
汕尾	51.64	66.83	6165.00	1213.06	2	10.03	13.43	6051.67	1047.19	2
河源	106.49	139.11	20344.90	8704.78	2	228.95	304.69	79023.10	19593.30	2
阳江	147.78	189.64	14150.00	4136.71	2	159.29	207.32	20367.90	6963.20	3
清远	156.07	169.47	9146.71	1252.80	2	656.58	838.68	313328.36	25822.92	3
东莞	0.00	0.00	0.00	0.00		0.00	0.00	0.00	0.00	
中山	0.00	0.00	0.00	0.00		0.00	0.00	0.00	0.00	2
潮州	5.21	6.40	1215.27	445.44	2	18.92	35.36	8528.35	2378.28	2
揭阳	32.64	31.54	3152.30	654.70	2	15.73	27.73	16438.10	4118.51	2
云浮	31.94	48.84	4311.60	1011.60	2	187.78	478.28	38252.60	6817.30	3

市别	蔬菜病虫害合计				
	发生面积	防治面积	挽回损失	实际损失	发生程度
广东省	6352.72	8453.48	2673967.84	476535.72	4
广州	635.11	967.99	192653.79	50114.72	3
韶关	456.14	610.08	309482.22	47195.95	4
深圳	9.98	33.67	1475.00	40.09	2
珠海	13.95	26.55	5255.00	2405.00	2
汕头	144.39	283.74	34923.15	2148.00	3
佛山	393.33	413.96	217730.00	34882.07	3
江门	264.20	367.03	82163.54	12339.17	4
湛江	507.49	588.76	201633.47	26534.75	4
茂名	247.11	218.81	80813.10	41276.15	3
肇庆	541.07	763.15	316105.66	27937.65	4
惠州	524.81	691.94	138306.83	26941.35	4
梅州	191.74	282.56	113363.21	8626.42	3
汕尾	159.59	221.89	106384.86	23656.13	3
河源	254.21	283.48	73344.90	11706.75	3
阳江	677.78	872.98	137105.59	46095.15	4
清远	689.63	1000.70	286481.60	29528.66	3
东莞	148.10	178.20	55005.00	14781.00	3
中山	91.51	118.96	74351.88	45755.00	3
潮州	56.57	78.65	27455.08	1955.83	3
揭阳	212.12	265.29	181134.46	12865.98	3
云浮	133.89	185.09	38799.50	9749.90	3

九、林　业

中央政治局委员、广东省委书记胡春华参加义务植树活动

朱小丹省长同国家林业局张建龙局长
在广州签署“广东省率先建设全国绿色生态省合作框架协议”

邓海光副省长调研林业工作

陈俊光厅长到深圳调研森林城市建设

森林防火演练

十里画廊

原始森林（天井山国家森林公园）

林业产业稳步发展

林　业

2016年是全面建成小康社会决胜阶段的第十三个五年规划的开局之年，也是我省全面深化林业改革的攻坚之年。全省各级林业部门紧紧围绕“建设全国绿色生态第一省”的目标，精心组织造林绿化和四大林业重点生态工程建设，大力发展绿色惠民产业，深入推进新一轮绿化广东大行动，以发展惠民生，以民生促发展，为林业增效、城乡增绿、民生增福奠定了坚实的基础。2016年全省完成营造林101.8万公顷，建设生态景观林带1657.9公里，新建森林公园265个、湿地公园36个，绿化美化村庄2609个。截止2016年末，全省森林面积达1087.9万公顷，森林蓄积量5.73亿立方米，森林覆盖率达58.98%，林业产业产值达7696亿元，对区域经济发展的生态保障能力不断提升。

一、生态建设与保护

（一）营造林总体状况。

2016年，全省完成营造林共计1,017,641公顷。其中人工造林100,594公顷，新封山（沙）育林97,347公顷，退化林修复59,791公顷，人工更新47,608公顷，森林抚育712,301公顷。

人工造林按区域划分：珠三角九市完成人工造林面积6,471公顷，占全省6.4%。山区五市完成人工造林面积60,086公顷，占全省59.7%。东翼完成人工造林面积24,213公顷，占全省24.1%。西翼完成人工造林面积9,824公顷，占全省9.8%。山区五市和东西两翼仍是我省造林主要区域。

2016年全省各地在进一步巩固原有绿化成绩的基础上，继续强化森林抚育的管理和技术指导，全省造林绿化质量持续提高。按林种用途划分，在全部人工造林面积中，用材林造林37,090公顷，经济林造林3,296公顷，防护林造林56,312公顷，薪炭林造林357公顷，特种用途林造林3,537公顷。所占比重分别是36.87%、3.28%、55.98%、0.35%、3.52%。其中用材林造林面积较上年增加了11,196公顷，增长43.2%

（二）林业重点工程

1、三北及长江流域等防护林体系建设工程。2016年我省继续提升林业重点生态工程建设水平，强化珠江流域和沿海防护林体系建设。全省共完成国家重点林业工程营造林81,653公顷。其中人工造林20,999公顷，当年新封山育林35,196公顷,退化林修复100公顷，人工更新366公顷，森林抚育24,992公顷。

分工程项目看，沿海防护林体系工程营造林共61,416公顷，珠江流域防护林体系工程营造林共20,237公顷。

2、动植物保护及自然保护区建设工作持续加强。截至2016年底，全省林业部门已建立各种类型、不同级别的自然保护区284个，总面积124.8万公顷，约占全省国土面积的6.95%。其中国家级野生动植物保护区8个，实有保护小区面积21.8万公顷。国际重要湿地3个，面积4.9万公顷。

2016年末，全省现有野生植物种源培育基地11个，野生动物种源繁育基地（不含观赏展演单位）80个，野生动物观赏展演单位11个，野生动植物保护管理站80个，野生动物疫源疫病监测站70个，野生动植物科研及监测机构35个。全省从事野生动植物及自然保护区建设的职工人数1126人，其中各类专业技术人员445人。

二、林业产业发展

2016年，我省林业产业产值稳步提高，产业结构不断优化，实现了生态建设与产业发展“双丰收”。

（一）林业产业总产值稳定增长。按照现行价格统计，2016年全省林业产业总产值为7,696亿元，比上年增加546亿元，增幅7.6%。其中第一产业产值883亿元，占全部林业产值的11.47%；第二产业产值5,023亿元，占全部林业产值的65.27%；第三产业产值1,790亿元，占全部林业产值的23.26%。

从产业结构看，我省林业三产结构持续优化。其中以林业旅游和休闲服务为主体的第三产业在总体产值中的占比逐年提高，比重由2012年19.1%提高至2016年的23.3%。

从增幅看，2016年，以包括干鲜果品、茶、中药材以及森林食品等在内的经济林产品种植与采集业的产值为883亿元，增速7.0%，基本同步于产业平均增速。以家具制造，木、竹、苇浆造纸和纸制品制造的第二产业产值为5,023亿元，增速4.0%，低于产业平均增速3.6个百分点。而以林业旅游和休闲服务为主体的第三产业产值为1,790亿元，增长19.6%，高于产业平均增幅12.6个百分点。从中可以看出，在全国经济“降档提质”的大环境下，我省跟农民脱贫致富联系较为紧密的林下经济和生态旅游发展形势良好。

分地区看，珠三角地区林业产业产值为5,909亿元，占全省林业产业产值的76.8%，同比增长6.7%；山区韶关、河源、梅州、清远和云浮5市林业产业产值为778亿元，占全省林业产业产值的10.1%，同比增长14.8%；东西两翼地区林业产业产值为1,009亿元，占全省林业产业产值的13.1%，同比增长8.0%。山区五市和东西两翼林业产业发展明显快于珠三角区域。

2016年，林业产业产值超过300亿元的地市共有8个，分别是广州、深圳、佛山、东莞、中山、肇庆、江门、湛江。8市林业产业产值合计5,844亿元，占全省林业产业总产值的75.9%，较2015年占比减少1.1个百分点。

（二）2016年全省人造板产量1,389万立方米，比上年减少427万立方米，减幅23.5%。

（三）林产化工产品产量平稳增长。2016年全省松香及其深加工产品产量203,827吨，比上年增长30.4%；松节油产量30,607吨，比上年增长18.6%；木炭产量13,404吨，比上年增长29.6%。

（四）2016年全省商品材总产量756万立方米，比上年减少6.02%。其中原木693.4万立方米，减少4.97%；薪材62.6万立方米，减少14.53%。

商品材产量按生产单位分，其中林业系统内国有企业单位生产商品材6.2万立方米，较上年增加14.8%；系统内国有林场、事业单位生产商品材64.4万立方米，减少30.1%；系统外企、事业单位采伐自营地商品材93.4万立方米，增加23.2%；乡镇集体企业及单位生产的商品材56.6万立方米，增加33.4%；村及村以下各级组织和农民个人生产的商品材535.4万立方米，减少6.9%。

（五）经济林产品产量和竹产业产量平稳增长。2016年全省各类经济林产品总量达到1,019.3万吨，比上年增长19.5%。其中水果产量946.7万吨，比上年增长22.1%；干果产量6.4万吨，比上年增长6.1%；林产饮料产品产量10.5万吨，比上年增长60.6%；林产调料产品产量5.5万吨，比上年增长30.0%；竹笋干、食用菌等森林食品产量7.4万吨，比上年增长1.8%；森林药材产量3.6万吨，比上年增长27.7%；木本油料产量15.1万吨，比上年减少2.0%；林产工业原料产量23.8万吨，比上年减少4.5%。

2016年全省大径竹产量为1.69亿根，比上年增长32.0%。其中毛竹5,197万根，其他竹11,734万根，分别占全部大径竹产量的30.7%和69.3%。村及村以下各级组织和农民所生产的大径竹6,304万根，同上年持平。

（六）油茶与花卉产业平稳发展。根据国家林业产业布局，我省逐年加大政策扶持力度，全省油茶种植面积和花卉产量稳步提高。2016年全省油茶种植面积达185,660公顷，总种植面积增加了8.3%。其中当年新造油茶林4,686公顷，低产林改造100公顷。当年油茶籽产量146,833吨。2016年末全省实有花卉种植面积8.29万公顷，较上年增加32.4%。其中切花切叶产量22.78亿支，盆栽植物2.67亿盆，观赏苗木1.42亿株，草坪3,077万平方米。全省现有花卉市场103个，花卉企业9,041个，花卉从业人员15.6万人，花农5.9万户，控温温室面积147万平方米，日光温室面积1,036万平方米。

林业旅游与休闲产业发展良好。随着全省林业重点生态工程建设不断推进，各区域各具特色的森林公园和特色小镇蓬勃发展，全省林业生态旅游资源品质和数量持续提升。2016年全省林业旅游与休闲人次达2.67亿人次，比上年增加6.2%；旅游收入1,626亿元，比上年增加18.8%；直接带动其他产业产值218亿元。

三、林业投资

伴随经济下行压力加大，财政收入增速回落的严峻形势，2016年全省林业建设资金投入略有减少。2016年全省林业累计完成投资790,191万元，较上年减少177,038万元，降幅18.3%。

（一）按资金来源分，其中中央财政资金96,927万元，占总资金的12.3%；地方财政资金611,423万元，占总资金的77.4%；国内贷款12,956万元，占总资金的1.6%；利用外资3,654万元，占总资金0.5 %；自筹资金45,627万元，占总资金5.8%；其他社会资金19,604万元，占总资金2.5%。

（二）按资金投入项目分，其中用于生态建设与保护方面的投资为502,344万元，占全部林业投资完成额的63.6%。因全省营林面积较上年任务减少的影响，此项投入较上年减少了23.2%；用于林木种苗、森林防火、有害生物防治等林业支撑与保障方面的投资为128，069万元，占全部林业投资完成额的16.2%，较上年增加22.5%；用于林业产业发展方面的资金为41,066万元，占全部林业投资完成额的5.2%，较上年增加54.4%；财政事业性经费118,712万元，占全部林业投资完成额的15.0%，较上年增加1.9%。

（三）分区域看，2016年珠三角地区累计完成林业投资337,722万元，占全部林业投资完成额的42.7%；山区五市林业完成投资329.464万元，占全部林业投资完成额的41.7%；东翼林业完成投资58,835万元，占全部林业投资完成额7.4%；西翼林业完成投资64,170万元，占全部林业投资完成额8.2%。各区域与上年完成投资额相比，珠三角地区减少11.9%，东西两翼和山区五市合计减少22.5%。东西两翼和山区五市全年完成林业投资额较珠三角地区下滑快10.6个百分点。

四、林业系统从业人员和安全生产情况

截至 2016 年底，全省林业系统各种经济类型单位共计 1,722 个，其中企业 38 家、事业单位 1,424 个家、机关 260 家。事业单位仍为主力军，占单位总数的 82.7%。

2016 年林业系统年末实有人数 29,601 人，单位从业人员 28,809 人。按照单位性质分，事业单位职工人数最多，达到 20,128 人，占 69.9%；按照所属行业分，农林牧渔业年末实有人数 14,297 人，制造业 191 人，包括自然保护区和机关在内的服务业 14,746 人，其他人员 367 人。

2016 年全省林业系统在岗职工年平均工资 65,862 元，比上年增长 15.1%；离退休人员平均年生活费 35,494 元，增长 23.9%，快于在岗职工年均工资增速 8.8 个百分点。分行业看，林业工程技术与规划管理年平均工资最高，为 122,814 元；制造业年平均工资最低，为 18,409 元。

2016 年，全省林业系统因工致伤 9 人，其中轻伤 8 人，重伤 1 人。

9-1　主要年份林业主要指标

年　份	林业用地面积（千公顷）	有林地面积（千公顷）	活立木总蓄积量（万 m^3）	森林覆盖率（%）
1950	10899	3231	13230	18.7
1957	10284	3503	14878	20.2
1965	10855	4214	15186	24.1
1975	10973	5198	16737	29.9
1978	10518	5165	16894	30.2
1980	10518	5165	16894	30.2
1985	10204	4638	14983	27.2
1990	10713	7998	21243	48.4
1995	10848	9083	27313	55.9
2000	10823	9226	31634	56.9
2005	11022	9212	36459	59.1
2010	10981	9532	43936	57.0
2015	10959	9954	56636	58.88
2016	10920	9932	57855	58.98

年份	造林面积（千公顷）	人工造林	飞机造林	迹地更新面积（千公顷）	人工更新	低产林改造面积（千公顷）
1950	10	10				
1952	55	55				
1957	242	242				
1962	110	110		7	6	9.3
1965	419	411	8	21	15.3	4.7
1970	474	279	195	11	7.3	1.3
1975	359	288	71	35	34.7	8
1978	301	301		41	38	17
1980	371	201	170	46	39	23
1985	612	353	259	77	64	33
1990	312	259	53	52	51	113
1995	21	21		87	83	109
2000	17	17		106	97	125
2005	18	18		96	92	46
2010	95	92		48	48	19
2015	123	118		81	81	71
2016	101	101		48	48	

年份	育苗面积（本年新育）（千公顷）	幼林抚育实际面积（千公顷）	幼林抚育作业面积（千公顷）	成林抚育面　积（千公顷）	零星植树（万株）
1950	0.06				
1952	0.07				
1957	1.84	97	115		
1962	1.79	95	108	43	3969
1965	6.24	226	389	114	1202
1970	1.60	281	339	147	1120
1975	2.85	331	390	96	5384
1978	2.57	439	506	123	6975
1980	1.82	314	367	159	5425
1985	3.19	331	403	152	8252
1990	5.47	536	652	268	8834
1995	1.88	390	453	274	8232
2000	1.83	222	294	288	6653
2005	1.00	146	175	122	6201
2010	0.96	173	207	182	6923
2015	7.93				8066
2016	6.60				7108

注：1.从2002年起，森林资源数据包括红树林。2.从2006年起，森林覆盖率采用新的计算方法。

9-1　续表

年　份	油桐籽（吨）	油茶籽（吨）	棕片（吨）	松脂（吨）	竹笋干（吨）	板栗（吨）	乌桕籽（吨）
1950							
1952							
1957							
1962	3435	6854					4
1965	5831	6868					
1970	3001	30649					
1975	1780	17985	327	90654	74	245	108
1978	1231	11721	381	96680	55	303	39
1980	976	13109	340	119829	125	400	20
1985	865	16303	248	95917	249	589	68
1990	2622	23736	466	100230	2770	1614	5
1995	3536	24997	606	114568	9004	3577	59
2000	3817	26268	663	110877	14132	5440	70
2005	5193	30470	1640	154593	17825	8637	253
2010	6050	82417	2536	181141	30291	10616	527
2015	7500	149374	3463	235109	39805	21229	900
2016	6904	146833	3541	225805	45118	22556	956

年　份	木材总产量（万立方米）	原木	薪材	人造板产量（万立方米）	胶合板	纤维板	刨花板	松香类产品（万吨）
1950	0.60	0.60						0.53
1952	20.10	20.10						1.09
1957	203.30	203.30						4.50
1962	155.30	115.40	39.90	0.19	0.03	0.16		1.21
1965	234.70	190.40	44.30	0.11		0.11		5.72
1970	213.90	173.50	40.40	1.21	0.73	0.48		7.11
1975	252.00	217.10	34.90	2.70	0.94	1.56	0.20	8.63
1978	305.80	240.80	65.00	4.06	1.05	2.90	0.11	8.97
1980	306.40	259.50	46.90	5.23	1.39	3.53	0.31	10.18
1985	403.90	314.40	89.50	6.10	1.26	4.60	0.24	8.89
1990	211.60	188.00	23.60	21.39	7.80	4.30	9.30	9.42
1995	306.70	275.40	31.30	89.06	24.99	27.09	23.38	11.11
2005	362.15	323.97	38.18	340.05	58.55	261.60	15.69	7.38
2010	654.91	611.56	43.35	784.11	208.53	387.48	94.65	12.91
2015	790.83	711.74	79.09	1815.92	1108.4	552.01	138.30	14.00
2016	756.01	693.43	62.58	1389.18	668.53	501.01	205.42	20.34

9-2 林业主要指标

项　目	计算单位	1980	1985	1990	1995	2000	2005	2010	2015	2016
一、森林资源										
有林地面积	千公顷	5165	4638	7998	9083	9226	9212	9532	9954	9932
活立木总蓄积量	万 m^3	16894	14983	21243	27313	31634	36459	43936	56636	57855
森林覆盖率	%	30.2	27.2	48.4	55.9	56.9	59.1	57.0	58.88	58.98
二、营林生产										
造林面积	千公顷	371.00	612.00	312.00	21.00	17.00	18.00	95.14	123.00	
人工造林	千公顷	201.00	353.00	259.00	21.00	17.00	18.00	91.95	118.46	100.66
飞播造林	千公顷	17	259.00	53.00						
新育苗面积	千公顷	1.82	3.19	5.47	1.90	1.90	1.00	0.96		-
幼林抚育实际面	千公顷	314	330	536	390	236	146	173		-
成林抚育面积	千公顷	159	152	268	274	289	122	182		-
迹地更新面积	千公顷	46	77	52	87	115	96	48	81	48
其中：人工更新	千公顷	39	64	51	83	106	92	48	81	48
低产林改造面积	千公顷	23	33	113	109	127	46	19	71	60
三、主要林产品产量										
油桐籽	吨	976	865	2622	3536	3817	5193	6050	7500	6904
油茶籽	吨	13109	16303	23736	24997	26268	30407	82417	149374	146833
松脂	吨	119829	95917	100230	114568	113118	154593	181141	235109	225805
竹笋干	吨	125	248	2770	9004	14132	17825	30291	39805	45118
板栗	吨	400	589	1614	3936	5440	8637	10616	21229	22556
四、森工主要产品产量										
木材	万 m^3	306	404	212	307	275	362	655	791	756
原木	万 m^3	260	314	188	275	256	324	612	712	693
薪材	万 m^3	47	90	24	31	19	38	43	79	62
竹材	万根	289	888	4823	7180	6809	11180	13252	12754	16931
毛竹	万根			2072	2451	2889	2669	3478	4094	5197
篙竹	万根			2751	4729	3921	8510	9774	8660	11734
人造板	万 m^3	5	6	21	89	145	340	784	1816	1389
胶合板	万 m^3	1	1	8	25	66	59	209	1108	668
纤维板	万 m^3	3	5	4	27	51	262	387	552	501
刨花板	万 m^3			9	23	28	16	95	138	205
松香类产品	万吨	10	9	9	11	10	7	13	14	20
紫胶	吨	104	80	179	395		20	357	1119	1031
五、林业系统机构人员										
单位个数	个		1302	1932	2062	2002	1871	2159	1810	1722
在岗职工人数	人		95148	90661	79952	52227	37232	35916	30424	26265

9-3 各市全部林业生产情况

2016 年　　单位：公顷

市别	当年造林、迹地更新、低产林改造面积				
	总计	荒山造林（人工造林）	迹地更新	人工更新	低产林改造
全省	251836	100594		47608	59791
广州	2766			1333	127
深圳	59	59			
珠海	787	83		269	57
汕头	4872	2205			1759
佛山	133				522
韶关	27347	9961		6491	9060
河源	34606	19602		858	1288
梅州	29505	18684		2460	8233
惠州	5966	820		1432	3005
汕尾	23885	12907		540	892
东莞	199			199	
中山					66
江门	14283	103		11230	2167
阳江	6284	3834		734	2534
湛江	4141	1214		1799	2837
茂名	14361	4776		3482	3713
肇庆	11659	4666		4280	5037
清远	26061	6140		1440	5699
潮州	10240	3582		696	1399
揭阳	13355	5519		1075	2013
云浮	8819	5699		491	4646
雷州林业局	7441			7441	3973
省直属林场	5067	740		1358	764
国家级保护区					

9-3 续表 1 单位：公顷

市别	封山育林面积	无林地和疏林地新封	有林地和灌木林地新封	零星（四旁）植树（万株）	林木种子采集量（吨）	育苗面积	本年新育	未成林抚育作业面积	中、幼龄林抚育
全省	97347	6804	90543	7107.58	64	6599			712301
广州	1433		1433	109.42		2412			6667
深圳				1.10		1			3032
珠海	435		435	112.53					2667
汕头	2667		2667	101.75		107			6803
佛山	133		133	84.97		3			3523
韶关	9632		9632	571.54	14	177			75627
河源	13307	1007	12300	399.20	2	1132			70137
梅州	7957	5464	2493	798.00	13	216			113578
惠州	3116		3116	540.50	1	129			30339
汕尾	10438		10438	65.00	1	173			23062
东莞						30			2068
中山									668
江门	2950	333	2617	170.57	2	361			26547
阳江	1716		1716	511.20		35			19333
湛江	1128		1128	519.24		944			47998
茂名	4599		4599	1086.32		73			31568
肇庆	1900		1900	230.62		82			60386
清远	18481		18481	216.07		138			63385
潮州	5599		5599	321.62	11	128			11352
揭阳	6761		6761	960.20	12	269			29765
云浮	2629		2629	306.50	8	125			38143
雷州林业局				0.50		42			31374
省直属林场	2466		2466	0.23		22			14146
国家级保护区									133

9-3 续表 2 单位：公顷

市别	主要林产品产量（吨）					
	1. 油桐籽	2. 油茶籽	3. 棕片	4. 松脂	5. 竹笋干	6. 板栗
全省	6904	146833	3541	225805	45118	22556
广州		4			10	7
深圳						
珠海						
汕头		249			225	
佛山						
韶关	1306	11729	176	21758	6012	1153
河源	2012	68574	8	3483	617	2258
梅州	642	30141	16	326	245	327
惠州					91	
汕尾		5		355	148	
东莞						
中山						
江门				5387		8
阳江				1960	1140	
湛江		647		1595	84	
茂名	212	3698		33285	357	
肇庆	637	6428		75951	3619	6404
清远	1271	21591	3258	7121	23608	7774
潮州					147	
揭阳	7	561	41	192	5945	
云浮	817	3196	42	74292	2870	4625
雷州林业局						
省直属林场		10		100		
省农垦总局						

9-4 各县（市）区造林更新低产林改造面积

2016 年　　单位：公顷

县（市）区别	人工造林（荒山造林）	人工更新	退化林修复（森林改培）	无林地和疏林地新封	有林地和灌木林地新封
广东省	**100594**	**47608**	**59791**	**6804**	**90543**
广州市		**1333**	**127**		**1433**
市辖区					
天河区					
白云区					
黄埔区					
番禺区					
花都区					
南沙区					
增城市		1000			333
从化区		333	127		1100
流溪河林场					
大岭山林场					
增城林场					
梳脑林场					
深圳市	**59**				
市辖区					
龙华区	8				
大鹏新区	7				
罗湖区	1				
福田区	1				
南山区	4				
宝安区	7				
龙岗区	14				
盐田区	1				
光明新区	4				
坪山区	12				
市公园管理中心					
内伶仃福田国家级自然保护区					
珠海市	**83**	**269**	**57**		**435**
市辖区					
香洲区					
斗门区	40	253	40		40
金湾区	19				
万山海洋开发实验区公共建设					282
高新技术产业开发区			17		
高栏港经济区海洋和农渔局	24	16			86
横琴新区					27
汕头市	**2205**		**1759**		**2667**
龙湖区					
金平区					

单位：公顷

县（市）区别	人工造林（荒山造林）	人工更新	退化林修复（森林改培）	无林地和疏林地新封	有林地和灌木林地新封
濠江区			137		
潮阳区	767		513		1467
潮南区	1105		985		1067
澄海区					
南澳县	333		124		133
市局本部					
佛山市			**522**		**133**
市辖区					
禅城区					
南海区			42		
顺德区			13		
三水区			67		
高明区			400		
云勇林场					133
市林科所					
韶关市	**9961**	**6491**	**9060**		**9632**
武江区	133	940	27		220
浈江区		1089	17		133
曲江区	333	167			300
始兴县	400	333	763		1400
仁化县	346	302	355		133
翁源县	1986	800	1276		1433
乳源瑶族自治县	1492	493	1720		1893
新丰县	1364	290	859		200
乐昌市	1907	365	2067		1920
南雄市林	2000	1000	1915		
国有韶关林场		22	61		2000
国有曲江林场		258			
国有仁化林场		241			
国有河口林场		70			
国有九曲水林场		83			
国有华溪林场		38			
华南虎自然保护区					
林业科学研究所（中心苗圃）					
市野生动植物和自然保护区办					
市林业局、韶关市森林分局					
市属国有林场管理处					
河源市	**19602**	**858**	**1288**	**1007**	**12300**
市辖区（含江东新区）					
源城区					
紫金县	2803				5333

9-4 续表 2 单位：公顷

县（市）区别	人工造林（荒山造林）	人工更新	退化林修复（森林改培）	无林地和疏林地新封	有林地和灌木林地新封
龙川县	1420				467
连平县	2443	839	867		1500
和平县	2903			1007	
东源县			310		
新丰江			92		5000
牛岭水林场	19	19	19		
黎明林场	10014				
桂山林场					
红星林场					
坪山林场					
梅州市	**18684**	**2460**	**8233**	**5464**	**2493**
市辖区					
梅江区	333	372	600		
梅县	333	623		166	
大埔县	800	150	750		
丰顺县	5667	391	1333		1960
五华县	5000	378	2899	2333	
平远县	2017				533
蕉岭县		533	651		
兴宁市	4534	13	2000	2965	
梅南林场					
洲瑞林场					
大埔林场					
水口林场					
七畲径林场					
林业科学研究所					
惠州市	**820**	**1432**	**3005**		**3116**
市辖区					
惠城区	33	33	91		
惠阳区		178	800		600
大亚湾区	580				
仲恺区					
博罗县		1031	1667		1500
惠东县	148		154		216
龙门县	33	43	293		
梁化林场					
九龙峰林场					133
罗浮山林场					
象头山林场					
汤泉林场					
平安林场		25			

9-4 续表3　　单位：公顷

县（市）区别	人工造林（荒山造林）	人工更新	退化林修复（森林改培）	无林地和疏林地新封	有林地和灌木林地新封
鸡笼山林场		87			
水东陂林场		35			
油田林场	26				
东江林场					
市林科所					
市局本部					
罗浮山省级自然保护区					
龙门南昆山省级自然保护区					667
惠东古田省级自然保护区					
惠东莲花山白盆珠省级自然保护区					
汕尾市	**12907**	**540**	**892**		**10438**
城区	629	25			1066
红海湾经济开发区农林水务局	279				
海丰县	1964	152	613		3333
陆河县林业局	2932	363	279		333
陆丰市林业局	5555				5000
黄羌林场	467				
吉溪林场	267				406
红岭林场	266				133
罗经嶂林场	67				167
东海岸林场	281				
湖东林场	200				
市局本部					
东莞市		**199**			
市自然保护区森林公园管理办					
银瓶山森林公园					
大岭山森林公园					
大屏嶂森林公园					
市林科所					
市公安局森林分局					
市局本部		199			
中山市			**66**		
江门市	**103**	**11230**	**2167**	**333**	**2617**
蓬江区	20	1			
江海区					
新会区		1333			300
台山市	27	1407	1167		413
开平市	10	1766	867	333	
鹤山市		2923			504

县（市）区别	人工造林（荒山造林）	人工更新	退化林修复（森林改培）	无林地和疏林地新封	有林地和灌木林地新封
恩平市	43	1757	133		892
古兜山林场					
大沙林场		835			
狮山林场		129			
河排林场		538			
西坑林场		211			
古斗林场	3	9			
四堡林场		261			508
林业科学研究所					
市局本部					
阳江市	**3834**	**734**	**2534**		**1716**
江城区林业局					
海陵岛试验区					
高新区林业局					
阳西县林业局	667		1067		333
阳东区林业局	1000		467		1000
阳春市林业局	2067	667	1000		333
阳江林场	100				27
花滩林场		67			23
森林公园管理处					
河尾山林场					
市公安局森林公安分局					
野生动植物保护站					
市局本部					
林业有害生物防治检疫					
百涌自然保护区					
湛江市	**1214**	**1799**	**2837**		**1128**
坡头区		33	100		
麻章区		133			
开发区		100			
遂溪县		266	118		327
徐闻县	200	133	1067		
廉江市	666	200	1133		267
雷州市林业局	261	67	133		467
吴川市		367	233		
国营防护林场	**40**	**200**	**53**		
国营东海林场	**47**				
国营吴川林场		**200**			
市林业良种繁育场					
市林科所					
市局本部		**100**			**67**

9-4 续表 5 单位：公顷

县（市）区别	人工造林（荒山造林）	人工更新	退化林修复（森林改培）	无林地和疏林地新封	有林地和灌木林地新封
茂名市	**4776**	**3482**	**3713**		**4599**
市辖区					
茂南区		103			
高州市林业局	2667	667	220		2213
化州市林业局	333	697	135		333
信宜市	1377	667	2667		1667
电白区林业局	399	667	667		333
八一林场		8			
厚元林场		20			
大雾岭林场					
东镇林场			24		
新田林场		47			
荷塘林场					
文楼林场		220			
播扬林场		280			
平定林场		37			53
丽岗林场					
电白林场		36			
河尾山林场					
云开山自然保护区					
市林科所					
市森林公园管理处		33			
市野生动物救护研究中心					
市防治检疫办					
市生态中心					
市保护办					
肇庆市	**4666**	**4280**	**5037**		**1900**
高新区					
端州区					
鼎湖区			100		
广宁县	1000	667	1062		200
怀集县	1333	1000	1060		967
封开县	2333	1060	1400		233
德庆县		333	395		500
高要市		167	833		
四会市		333			
市国有北岭山林场		40	87		
清桂林场		80	7		
葵洞林场		20	13		
大南山林场					
大水口林场		227	33		

县（市）区别	人工造林（荒山造林）	人工更新	退化林修复（森林改培）	无林地和疏林地新封	有林地和灌木林地新封
市国有大坑山林场		160	47		
市国有新岗林场		193			
市局本部					
清远市	**6140**	**1440**	**5699**		**18481**
清城区		53	333		53
佛冈县	53	27	687		373
阳山县	1487	47	340		6387
连山壮族瑶族自治县	334	334			334
连南瑶族自治县林业局	333		333		600
清远市清新区林业局	1400	314	1800		2500
英德市林业局	1700	26	1700		7134
连州市	833	127	400		933
银盏林场		106			
笔架山林场					
天堂山林场		80			
英德林场					
长江坝林场					
金鸡林场		68			
铁溪林场		87			
国营羊角山林场		40			
小龙林场		131			
龙坪林场					100
杨梅林场					67
市局本部			106		
潮州市	**3582**	**696**	**1399**		**5599**
市辖区					
湘桥区农林业局	200	24	13		333
枫溪区农林水局					
潮安区林业局	933	267	519		2213
饶平县林业局	2433	405	867		3053
韩江林场					
凤凰山自然保护区	16				
市野生动物救护中心					
市林业科技推广中心					
揭阳市	**5519**	**1075**	**2013**		**6761**
市辖区					
榕城区					
揭东区			186		667
揭西县	3141	525	884		3367
惠来县	1100	397	525		1400

9-4 续表 7 单位：公顷

县（市）区别	人工造林（荒山造林）	人工更新	退化林修复（森林改培）	无林地和疏林地新封	有林地和灌木林地新封
空港经济区					
蓝城区	11		18		
后溪林场	200				307
云浮市	**5699**	**491**	**4646**		**2629**
云城区	605	34	140		167
新兴县	999		415		67
郁南县	1114	243	1578		967
云安区	1471		1180		695
罗定市	1388		1333		733
大云雾林场		43			
市国有龙埇林场	87	130			
飞马林场	35	16			
同乐林场		25			
水台林场					
市林业科学和技术推广中心					
市苗圃场					
市局本部					
雷州林业局		**7441**	**3973**		
省直属林场	**740**	**1358**	**764**		**2466**
西江林业局	433	345			694
乳阳林业局	200		423		306
沙头角林场					
龙眼洞林场					
天井山林场		333			1333
樟木头林场		92			
乐昌林场		130			133
连山林场	107	140	333		
东江林场		178	8		
九连山林场		140			
国家级自然保护区					
南岭国家级自然保护区					
湛江红树林国家级自然保护区					
车八岭国家级自然保护区					
象头山国家级自然保护区					
石门台国家级自然保护区					

9-5 主要经济林产品及花卉生产情况

2016 年　　　　单位：吨

项　目	本年实际	项　目	本年实际
主要经济林产品生产情况		3. 山野菜	265
一、水果产量	**9466713**	4. 其他森林食品	705
1. 苹果		**六、森林药材**	**36103**
2. 柑橘	2664495	1. 银杏（白果）	819
3. 梨	85482	2. 山杏仁（苦杏仁）	
4. 葡萄	5191	3. 厚朴	282
5. 桃	56123	4. 五味子	
6. 杏		5. 山茱萸	
7. 荔枝	1195771	6. 其他木本药材	35002
8. 龙眼	801646	**七、木本油料**	**151431**
9. 猕猴桃	4476	1. 油茶籽	146833
10. 其他水果	4653529	2. 油橄榄	
二、干果产量	**64203**	3. 文冠果	
1. 核桃		4. 其他木本油料	4598
2. 板栗	22556	**八、林产工业原料**	**238292**
3. 枣（干重）	2121	1. 生漆	55
4. 柿子（干重）	33212	2. 油桐籽	6904
5. 仁用杏		3. 乌桕籽	956
6. 山杏仁		4. 五倍子	
7. 银杏（白果）		5. 棕片	3541
8. 榛子		6. 松脂	225805
9. 松子		7. 紫胶(原胶)	1031
10. 其他干果	6314	**花卉生产情况**	
三、林产饮料产品（干重）	**105194**	**一、年末实有花卉种植面积（万公顷）**	**8.3**
1. 毛茶	91540	**二、切花切叶产量（万支）**	**227755.2**
2. 可可豆		**三、盆栽植物产量（万盆）**	**26725.0**
3. 咖啡		**四、观赏苗木产量（万株）**	**14211.3**
4. 其他林产饮料产品	13654	**五、草坪产量（万平方米）**	**3077.2**
四、林产调料产品（干重）	**55456**	**六、花卉市场（个）**	**103**
1. 花椒	36	**七、花卉企业（个）**	**9041**
2. 八角	5207	其中:大中型企业（个）	864
3. 桂皮	49850	**八、花农（户）**	**58965**
4. 其他林产调料产品	363	**九、花卉从业人员（人）**	**156154**
五、森林食品（干重）	**74050**	其中:专业技术人员（人）	9930
1. 竹笋干	45118	**十、控温温室面积（万平方米）**	**147.2**
2. 食用菌	27962	**十一、日光温室面积（万平方米）**	**1035.7**

9-6 全部林业产业产值

2016 年　　单位：万元

指　　标	总 产 值
林业产业产值	**76957847**
一、第一产业	**8831061**
1、林木育种和育苗	101797
(1)林木育种	11483
(2)林木育苗	90314
2、营造林	402936
3、森林经营和管护	
4、木材和竹材采运	813773
(1)木材采运	564187
(2)竹材采运	249586
5、经济林产品的种植与采集	5190287
(1)水果种植	3526842
(2)坚果、含油果和香料作物种植	192199
(3)茶及其他饮料作物的种植	284507
(4)森林药材种植	204845
(5)森林食品种植	268262
(6)林产品采集	713632
6、花卉及其他观赏植物种植	2166601
7、陆生野生动物繁育与利用	26549
8、林业系统非林产业	129118
二、第二产业	**50227583**
1.木材加工及木、竹、藤、棕、苇制品制造	7930432
（1）木材加工	1095455
（2）人造板制造	4528211
（3）木制品制造	1933710
（4）竹、藤、棕、苇制品制造	373056
2.木、竹、藤家具制造	17364512
3.木、竹、苇浆造纸和纸制品	17962309
4.其他	6970330
三、第三产业	**17899203**
1.林业旅游与休闲服务	16259173
2.林业生态服务	275171
3.林业专业技术服务	3760
4.林业公共管理及其他组织服务	604624
5.林业生产服务	77978

9-7 各市全部林业产业产值

2016 年　　　　单位：万元

市别	林业产业产值	第一产业	第二产业	第三产业
全省	76957847	8831061	50227583	17899203
广州	8765054	856169	4370092	3538793
深圳	8969237	892355	4488043	3588839
珠海	1926055	13905	1229500	682650
汕头	689247	36349	522910	129988
佛山	12049244	292119	11746766	10359
韶关	2083798	548391	502165	1033242
河源	1328926	405801	244795	678330
梅州	1335144	490697	416240	428207
惠州	2254670	471181	1106764	676725
汕尾	624063	60517	461226	102320
东莞	10798956	27967	9607272	1163717
中山	6001461	158288	5152474	690699
江门	3540900	386919	2415610	738371
阳江	1849393	218933	1161810	468650
湛江	3581332	243595	3039858	297879
茂名	1963737	1230740	319015	413982
肇庆	4735487	1091056	2416432	1227999
清远	2352702	567977	571934	1212791
潮州	390212	148376	18339	223497
揭阳	867656	182244	296990	388422
云浮	675942	444911	125171	105860
雷州林业局	123055	34098	5912	83045
省直属林场	51313	28398	8265	14650
国家级自然保护区	263	75	0	188
省直单位				

9-8 各市商品材产量

2016 年　　　　单位：立方米

市　　别	总产量	林业系统内产量	国有企业	国有林场事业单位	系统外企事业单位产量	乡镇集体企业单位	村及村以下组织和农民生产
全　　省	7560105	705907	62322	643585	934143	565875	5354180
广　　州	215499	3925		3925		21740	189834
深　　圳	468	468	468				
珠　　海	9275						9275
汕　　头	7335						7335
佛　　山	96928					3000	93928
韶　　关	776810	58160	13489	44671	152129	277428	289093
河　　源	595779	13500		13500	1240	48023	533016
梅　　州	398881	5532		5532	104802	98800	189747
惠　　州	364168	25950	2845	23105			338218
汕　　尾	51776	8500	2500	6000	1273	12105	29898
东　　莞	3100	3100		3100			
中　　山	5133						5133
江　　门	744734	80249		80249	2654	2477	659354
阳　　江	312470	30643		30643			281827
湛　　江	417574	5568		5568	9520	2350	400136
茂　　名	226795	30398		30398			196397
肇　　庆	1596327	72492		72492	454765		1069070
清　　远	929032	105691	43020	62671	55207	99809	668325
潮　　州	41375				29120	143	12112
揭　　阳	45490				24713		20777
云　　浮	395819	35114		35114			360705
雷州林业局	173213	173213		173213			
省直属林场	152124	53404		53404	98720		
国家级保护区							

9-8 续表

市别	商品材总产量		
	合计	原木	薪材
全省	7560105	6934305	625800
广州	215499	214067	1432
深圳	468	468	
珠海	9275	9275	
汕头	7335		7335
佛山	96928	96928	
韶关	776810	676760	100050
河源	595779	494949	100830
梅州	398881	388478	10403
惠州	364168	364168	
汕尾	51776	41868	9908
东莞	3100		3100
中山	5133		5133
江门	744734	744734	
阳江	312470	303331	9139
湛江	417574	290600	126974
茂名	226795	226795	
肇庆	1596327	1449002	147325
清远	929032	883015	46017
潮州	41375	29557	11818
揭阳	45490	38998	6492
云浮	395819	390019	5800
雷州林业局	173213	142035	31178
省直属林场	152124	149258	2866
国家级保护区			

9-9 各市大径竹生产情况

2016 年　　单位：万根

市　　别	大径竹总产量		
	合　计	毛　竹	其　他
全　　省	16931.1	5197.2	11734.0
广　　州	220.1	117.6	102.5
深　　圳			
珠　　海			
汕　　头	13.5	13.5	
佛　　山			
韶　　关	1004.4	776.6	227.8
河　　源	301.9	268.1	33.8
梅　　州	165.4	165.4	
惠　　州	835.8	413.6	422.2
汕　　尾	52.8	39.7	13.0
东　　莞			
中　　山			
江　　门	103.8	103.8	
阳　　江	118.1	30.2	87.9
湛　　江	744.6	164.4	580.2
茂　　名	7101.8	1262.6	5839.2
肇　　庆	4419.1	1096.0	3323.1
清　　远	955.7	272.8	683.0
潮　　州	0.6	0.6	
揭　　阳	479.0	280.2	198.7
云　　浮	414.1	191.9	222.3
省直属林场	0.3	0.3	
国家级保护区			

9-10 林产工业主要产品产量

2016年

项目	计量单位	全部产量	项目	计量单位	全部产量
木材加工及竹藤棕草制品			4、竹地板（含竹木复合地板）	平方米	43700
一、锯材	立方米	1886885	5、其他木地板（含软木地板、集成材地板等）	平方米	2513000
1、普通锯材	立方米	1880575	**林产化学产品**		
2、特种锯材	立方米	4810	一、松香类产品	吨	203380
3、枕木及其他锯材	立方米	1500	1、松香	吨	152429
二、木片、木粒加工产品	实积立方米	2166395	2、松香深加工产品	吨	50951
三、人造板	立方米	13891774	二、松节油类产品	吨	30607
（一）胶合板	立方米	6685289	1、松节油	吨	28986
1、木胶合板	立方米	6531544	2、松节油深加工	吨	1621
2、竹胶合板	立方米	33100	三、樟脑	吨	
3、其他胶合板	立方米	120645	其中：合成樟脑	吨	
（二）纤维板	立方米	5010141	四、冰片	吨	
1、木质纤维板	立方米	5010144	其中：合成冰片	吨	
(1)硬质纤维板	立方米	322435	五、栲胶类产品	吨	
(2)中密度纤维板	立方米	4687706	1、栲胶	吨	
(3)软质纤维板	立方米		2、栲胶深加工产品	吨	
2、非木质纤维板	立方米		六、紫胶类产品	吨	186
（三）刨花板	立方米	2054247	1、紫胶	吨	186
1、木制刨花板	立方米	1729936	2、紫胶深加工产品	吨	
2、非木制刨花板	立方米	324311	七、木材热解产品	吨	13404
（四）其它人造板	立方米	142097	1、木炭	吨	12416
其中：细木工板	立方米	98106	2、竹炭	吨	
四、木竹地板	平方米	11198530	3、木质活性炭	吨	988
1、实木木地板	平方米	5348238	4、其他	吨	
2、实木复合木地板	平方米	3293592	八、木质生物质成型燃料	吨	86
3、浸渍纸层压木质地板（强化木地板）	平方米	0			

9-11 各市林产工业主要产品产量

2016 年　　　　单位：立方米

市别	锯材	木片、木粒加工	人造板					实木地板	实木复合木地板
			合计	胶合板	纤维板	刨花板	其它		
全省	1886885	2166395	13891774	6685289	5010141	2054247	142097	5348238	3293592
广州			449780	193931	171995	83854		2224998	1309971
深圳	8510		80503	24677	5382	15321	35123		555900
珠海									
汕头								3000000	
佛山	17000	2000	3868309	3586677	148877	42149	90606		1397681
韶关	202614	79957	1580042	108560	240315	1231167			
河源	86535		282694	50494	220700	11000	500	50060	30040
梅州	44217		84528	75437	4793	3355	943		
惠州	210977		287456		87456	200000			
汕尾	10560		89246		61246	28000			
东莞			213298	119145	27817	59336	7000		
中山									
江门	676657	152458	1113872	245330	868542			73180	
阳江		9800	1693052	6200	1686852				
湛江	156489	1655827	2402869	1951655	123787	327427			
茂名	21650	52770	470609	99650	345339	25620			
肇庆	313952	101789	802601	15204	754654	27018	5725		
清远	22903	16644	252476	88090	164386				
潮州	13302		16100	13900			2200		
揭阳	30119		34339	34339					
云浮	71400		170000	72000	98000				
雷州林业局		95150							

市别	松香类产品（吨）	松香	松节油类产品（吨）	松节油	樟脑（吨）	冰片（吨）	木炭（吨）
全省	203380	152429	30607	28986			12416
广州							
深圳							
珠海							
汕头							
佛山							
韶关	13557	13557	150	150			3000
河源	3324	3324					6
梅州							
惠州							
汕尾							
东莞							
中山							
江门	3500	3500	365	365			
阳江	2124	2124	245	245			726
湛江							7671
茂名	102	102					965
肇庆	101609	50658	29751	28130			
清远	5319	5319	96	96			
潮州							
揭阳							48
云浮	73845	73845					
雷州林业局							

9-12 各县（市）区主要林产品产量

2016 年

县（市）区别	商品材（立方米)			大径竹（根）			松香类产品（吨）	松节油类产品（吨）
	合计	原木	薪材	合计	毛竹	其他		
广东省	**7560105**	6934305	625800	**169311385**	**51971592**	**117339793**	**203380**	**30607**
广州市	**215499**	214067	1432	**2201185**	**1175743**	**1025442**		
市辖区				1940545	983103	957442		
天河区								
白云区	3400	3400						
黄埔区	4007	2805	1202	68000		68000		
番禺区								
花都区	21740	21740						
南沙区								
增城市	101531	101531		168780	168780			
从化区	80896	80896						
流溪河林场	29	29		3860	3860			
大岭山林场	180	180		20000	20000			
增城林场	2413	2413						
梳脑林场	1303	1073	230					
深圳市	468	468						
龙华区								
大鹏新区								
罗湖区								
福田区								
南山区								
宝安区	468	468						
龙岗区								
盐田区								
光明新区								
坪山区								
内伶仃自然保护区								
珠海市	**9275**	**9275**						
市辖区								
香洲区								
斗门区	9275	9275						
金湾区								
万山海洋开发实验区								
高新技术产业开发区								
高栏港经济区								
横琴新区								
汕头市	**7335**		**7335**	**135000**	**135000**			
龙湖区								
金平区								

9-12 续表 1

县（市）区别	商品材（立方米）			大径竹（根）			松香类产品（吨）	松节油类产品（吨）
	合计	原木	薪材	合计	毛竹	其他		
濠江区								
潮阳区				135000	135000			
潮南区林业局	3460		3460					
澄海区林业局	1475		1475					
南澳县	2400		2400					
市局本部								
佛山市	**96928**	**96928**						
市辖区								
禅城区								
南海区	2469	2469						
顺德区								
三水区	4459	4459						
高明区	90000	90000						
云勇林场								
韶关市	**776810**	**676760**	**100050**	**10044195**	**7765918**	**2278277**	**13557**	**150**
武江区	77920	61550	16370	512330	512330			
浈江区	79200	79200		200000	120000	80000		
曲江区	54951	47903	7048	1385361	904158	481203		
始兴县	46505	46505		388404	232380	156024	2500	150
仁化县	63990	63990		3700000	3200000	500000		
翁源县	125331	105659	19672	632723	632723			
乳源瑶族自治县	43873	35795	8078	87850	20000	67850		
新丰县	125963	94299	31664	129253	76010	53243		
乐昌市	71972	71972		1372000	433000	939000		
南雄市	49998	36174	13824	1572024	1571067	957	11057	
国有韶关林场	6343	5287	1056					
国有曲江林场	5791	5791						
国有仁化林场	12164	12164		64250	64250			
国有河口林场	6880	4542	2338					
国有九曲水林场	5079	5079						
国有华溪林场	850	850						
河源市	**595779**	**494949**	**100830**	**3019481**	**2681100**	**338381**	**3324**	
市辖区（含江东新区）								
源城区	1240	1240						
紫金县	265337	195892	69445	335000	335000			
龙川县	107916	103531	4385	380000	380000		1500	
连平县	33763	33763						
和平县	50723	48023	2700	2171481	1833100	338381	1682	
东源县	123300	99000	24300	23000	23000		142	
新丰江	13500	13500						

9-12　续表 2

县（市）区别	商品材（立方米）			大径竹（根）			松香类产品（吨）	松节油类产品（吨）
	合计	原木	薪材	合计	毛竹	其他		
牛岭水林场								
黎明林场				110000	110000			
桂山林场								
红星林场								
坪山林场								
梅州市	**398881**	**388478**	**10403**	**1654480**	**1654480**			
市辖区								
梅江区	11072	11072						
梅县	129800	129800		250000	250000			
大埔县	75942	65539	10403	654480	654480			
丰顺县	41055	41055		100000	100000			
五华县	97269	97269						
平远县	16930	16930						
蕉岭县	7998	7998		650000	650000			
兴宁市	13283	13283						
梅南林场	1227	1227						
洲瑞林场								
大埔林场	4305	4305						
水口林场								
国有七畲径林场								
惠州市	**364168**	**364168**		**8357830**	**4135830**	**4222000**		
市辖区								
惠城区	35911	35911		163656	163656			
惠阳区	14168	14168						
大亚湾区								
仲恺区	5794	5794						
博罗县	139044	139044		5550000	3050000	2500000		
惠东县	91765	91765		642054	642054			
龙门县	66227	66227		2002120	280120	1722000		
梁化林场	4308	4308						
九龙峰林场								
罗浮山林场								
象头山林场								
汤泉林场								
平安林场	350	350						
鸡笼山林场								
水东陂林场	2719	2719						
油田林场	3882	3882						
东江林场								
罗浮山自然保护区								
龙门南昆山自然保护区								
惠东古田自然保护区								

9-12 续表 3

县（市）区别	商品材（立方米）			大径竹（根）			松香类产品（吨）	松节油类产品（吨）
	合计	原木	薪材	合计	毛竹	其他		
惠东莲花山白盆珠自然保护区								
汕尾市	**51776**	**41868**	**9908**	**527899**	**397402**	**130497**		
城区								
红海湾经济开发区								
海丰县	29898	24740	5158					
陆河县	12105	7855	4250	260300	145300	115000		
陆丰市	1273	1273		267599	252102	15497		
黄羌林场	6000	6000						
吉溪林场	2500	2000	500					
红岭林场								
罗经嶂林场								
东海岸林场								
湖东林场								
东莞市	**3100**		**3100**					
银瓶山森林公园								
大岭山森林公园								
大屏嶂森林公园								
市局本部	3100		3100					
中山市	**5133**		**5133**					
江门市	**744734**	**744734**		**1037825**	**1037825**		**3500**	**365**
蓬江区	685	685						
江海区								
新会区	134274	134274						
台山市	177973	177973					3500	365
开平市	129312	129312		1037825	1037825			
鹤山市	167324	167324						
恩平市	67949	67949						
古兜山林场	3800	3800						
大沙林场	14467	14467						
狮山林场	4637	4637						
河排林场	16102	16102						
西坑林场	13121	13121						
古斗林场	2215	2215						
四堡林场	12875	12875						
阳江市	**312470**	**303331**	**9139**	**1181234**	**301971**	**879263**	**2124**	**245**
江城区	7346	7346						
海陵岛试验区	37	37					120	
高新区	528	332	196					
阳西县	23086	23086					1176	120
阳东区	40540	40540						

9-12　续表 4

县（市）区别	商品材（立方米）			大径竹（根）			松香类产品（吨）	松节油类产品（吨）
	合计	原木	薪材	合计	毛竹	其他		
阳春市	210290	210290		1181234	301971	879263	828	125
阳江林场	23143	16200	6943					
花滩林场	7500	5500	2000					
河尾山林场								
湛江市	**417574**	**290600**	**126974**	**7445750**	**1643672**	**5802078**		
坡头区	2800	1600	1200					
麻章区	5078	5078		50000		50000		
开发区	2350	2350						
遂溪县	43012	27098	15914	759499		759499		
徐闻县	39476	31659	7817					
廉江市	144996	93051	51945	5418251	483672	4934579		
雷州市	125662	100017	25645	1218000	1160000	58000		
吴川市	48632	29179	19453					
国营防护林场								
国营东海林场	568	568						
国营吴川林场	5000		5000					
茂名市	**226795**	**226795**		**71017909**	**12625696**	**58392213**	**102**	
市辖区								
茂南区	3937	3937						
高州市	45718	45718		6443919	1450398	4993521		
化州市	32050	32050		2299706	1869456	430250	102	
信宜市	86828	86828		51448735	4231406	47217329		
电白区	27864	27864		10825549	5074436	5751113		
八一林场	1178	1178						
厚元林场								
大雾岭林场								
东镇林场	28	28						
新田林场	1577	1577						
荷塘林场	3015	3015						
文楼林场	6635	6635						
播扬林场	6803	6803						
平定林场	7313	7313						
丽岗林场	3318	3318						
电白林场	531	531						
河尾山林场								
云开山自然保护区								
肇庆市	**1596327**	**1449002**	**147325**	**44191036**	**10959619**	**33231417**	**101609**	**29751**

9-12 续表 5

县（市）区别	商品材（立方米）			大径竹（根）			松香类产品（吨）	松节油类产品（吨）
	合计	原木	薪材	合计	毛竹	其他		
肇庆高新区	1789	1789						
端州区	1619	1619						
鼎湖区	10830	9400	1430	456116	129611	326505		
广宁县	220251	220251		4950961	4950961			
怀集县	446402	339885	106517	32237457	5879047	26358410	25596	
封开县	175041	175041					14467	1141
德庆县	285127	285127					51500	26400
高要市	247941	247941					10046	2210
四会市	139013	108013	31000	6205702		6205702		
国有北岭山林场	8439	7594	845					
清桂林场	6419	6419						
葵洞林场	5500	5500						
大南山林场	7729	6644	1085					
大水口林场								
国有大坑山林场	16070	14111	1959	340800		340800		
国有新岗林场	24157	19668	4489					
清远市	**929032**	**883015**	**46017**	**9557452**	**2727614**	**6829838**	**5319**	**96**
清城区	99809	99809		683556	192678	490878		
佛冈县	115896	115896		564382	361296	203086	101	
阳山县	41866	41866		1970529	645642	1324887		
连山壮族瑶族自治县	28000	28000		396341	320514	75827	4733	
连南瑶族自治县	37489	37489		814234	509077	305157		
清远市清新区	207148	180948	26200					
英德市	274766	274766		4628778	238961	4389817		
连州市	53317	40052	13265	491632	451446	40186	485	96
银盏林场	2164	1089	1075					
笔架山林场	7408	7408		8000	8000			
天堂山林场	5531	4988	543					
英德林场	17158	13087	4071					
长江坝林场	271	271						
金鸡林场	2800	2405	395					
铁溪林场	5056	5056						
国营羊角山林场	1320	1181	139					
小龙林场	15049	14720	329					
龙坪林场	11	11						
杨梅林场	1346	1346						
市局本部	12627	12627						

县（市）区别	商品材（立方米）			大径竹（根）			松香类产品（吨）	松节油类产品（吨）
	合计	原木	薪材	合计	毛竹	其他		
潮州市	**41375**	**29557**	**11818**	**6000**	**6000**			
湘桥区	143	143						
枫溪区				6000	6000			
潮安区	8992	8992						
饶平县	32240	20422	11818					
韩江林场								
凤凰山自然保护区								
揭阳市	**45490**	**38998**	**6492**	**4789828**	**2802341**	**1987487**		
揭阳市								
市辖区								
榕城区	41	41						
揭东区	3095	3095						
揭西县	13343	8151	5192	2012980	28900	1984080		
惠来县	3998	3998		2416848	2413441	3407		
普宁市	24713	23713	1000	360000	360000			
空港经济区								
蓝城区	300		300					
后溪林场								
市局本部								
云浮市	**395819**	**390019**	**5800**	**4141425**	**1918525**	**2222900**	**73845**	
云城区	45831	45831		3502625	1371525	2131100	9620	
新兴县	96805	96805						
郁南县	73141	67341	5800	222800	207000	15800	11980	
云安区	63358	63358		416000	340000	76000	9158	
罗定市	84764	84764					42269	
大云雾林场	7170	7170					250	
国有龙埇林场	7531	7531					462	
飞马林场	6275	6275					84	
同乐林场	6522	6522						
水台林场	4422	4422					22	
雷州林业局	**173213**	**142035**	**31178**					
省直属林场	**152124**	**149258**	**2866**	**2856**	**2856**			
西江林业局	98720	98720						
乳阳林业局								
沙头角林场								
龙眼洞林场								
天井山林场	6296	6296						

9-12 续表 6

县（市）区别	商品材（立方米）			大径竹（根）			松香类产品（吨）	松节油类产品（吨）
	合计	原木	薪材	合计	毛竹	其他		
樟木头林场	5850	5850						
乐昌林场	9639	6773	2866					
连山林场	6788	6788						
东江林场	14975	14975						
九连山林场	9856	9856		2856	2856			
国家级自然保护区								
南岭国家级自然保护区								
湛江红树林国家级自然保护区								
车八岭国家级自然保护区								
象头山国家级自然保护区								
石门台国家级自然保护区								

9-13 各市生态公益林重点工程建设投资完成情况

2016 年 单位:万元

	合 计	沿海防护林工程	珠江流域防护林工程	平原绿化工程
全 省	21026	17578	3448	
广 州				
深 圳				
珠 海				
汕 头	1080	1080		
佛 山				
韶 关	265		265	
河 源	2641		2641	
梅 州	240	240		
惠 州	271	271		
汕 尾	4087	4087		
东 莞				
中 山				
江 门				
阳 江	1127	1127		
湛 江	217	217		
茂 名	5346	5346		
肇 庆				
清 远				
潮 州	2715	2715		
揭 阳	2495	2495		
云 浮				
雷州林业局				
省直属林场	542		542	
国家级保护区				

9-14 林业投资完成与资金来源情况

单位:万元

项　　目	2015年	2016年	2016比2015增长（%）
一、本年计划投资	**646880**	/	
二、自年初累计完成投资	**967229**	**790191**	**-18.30**
其中：国家投资	590053	/	
1.生态建设与保护	654459	502344	-23.24
⑴营造林	310948	208188	-33.05
⑵湿地恢复与保护	26058	3867	-85.16
⑶沙地治理与封禁	443	1680	279.23
⑷野生动植物保护及自然保护区	11670	13935	19.41
⑸生态保护补偿	239813	199503	-16.81
⑹其他（含生态工程补助资金）	65527	75171	14.72
2.林业支撑与保障	104612	128069	22.42
⑴林木种苗	13241	12625	-4.65
⑵森林防火与森林公安	30628	40235	31.37
⑶林业有害生物防治	11027	8381	-24.00
⑷科技教育	2325	1926	-17.16
⑸林业信息化	4881	1388	-71.56
⑹其他	42510	54625	28.50
3.林业产业发展	25918	41066	58.45
⑴工业原料林	10895	4517	-58.54
⑵特色经济林（不含木本油料）	959	1640	71.01
⑶木本油料	852	7691	802.70
⑷花卉	477	1698	255.97
⑸林下经济	3650	3106	-14.90
⑹其他	9085	22414	146.71
4.林业民生工程	22545	8889	-60.57
⑴棚户区（危旧房）改造	426	736	72.77
⑵社会性基础设施	14306	8153	-43.01
⑶其他	7813	/	
5.其他投资	159695	/	
其中：财政事业费	116485	118712	1.91

9-15 林业系统从业人员与劳动报酬

2016 年

项　　目	单位个数（个）	单位从业人员（人）				离岗仍保留劳动关系的职工（人）	年末离退休人员（人）	在岗职工年平均人数（人）	在岗职工年劳动报酬（千元）	在岗职工年平均工资（元/人）	离退休人员年生活费（千元）
		合计	在岗职工		其他从业人员（人）						
			小计	其中：专业技术人员							
总　计	1722	28809	26265	4778	2544	792	29508	26778	1763659	65862	1047370
一、企业	38	2301	2131	315	170	95	4286	2159	70483	32646	119525
二、事业	1424	20128	17997	4463	2131	686	21162	18301	1096128	59894	691552
三、机关	260	6380	6137		243	11	4060	6318	597048	94500	236293
按行业分：											
（一）农林牧渔业	578	13616	12033	2238	1583	681	20986	12685	662998	52266	655798
1、林木育种育苗	48	612	600	146	12	1	777	612	29125	47589	20160
2、营造林	276	8939	7753	1457	1186	451	15708	8188	413777	50535	514978
3、木竹采运	29	800	624	68	176	116	1161	675	33158	49123	18416
4、经济林产品种植与采集	13	98	78	37	20	3	76	97	6401	65989	1825
5、花卉及其他观赏植物种植	1	1	1			2	1	1	36	36000	
6、陆生野生动物繁育与利用	2	10	10	4			3	10	832	83210	145
7、其他	209	3156	2967	526	189	108	3260	3102	179669	57920	100274
（二）制造业	15	127	122		5	64	183	127	2338	18409	2151
1、木材加工及木、竹、藤、棕、苇制品业	7	90	90			8	115	90	1352	15021	1135
2、木、竹、藤家具制造业											
3、木、竹、苇浆造纸业											
4、林产化学产品制造											
5、其他	8	37	32		5	56	68	37	986	26649	1017
（三）服务业	1114	14699	13743	2300	956	47	8200	13861	1090420	78668	388340
1、林业生产服务	111	1199	1185	220	14	19	547	1169	59302	50729	18916
2、野生动植物保护和自然保护区管理	101	1156	883	249	273		257	894	78020	87271	8997
3、林业工程技术与规划管理	15	276	252	182	24		218	253	31072	122814	17554
4、林业科技交流和推广服务	82	1271	1187	547	84	7	1043	1212	92239	76105	42934
5、林业公共管理和社会组织	434	7788	7471	364	317	21	4962	7542	679664	90117	265345
①林业行政管理、公安及监督检查机构	351	7133	6837	76	296	19	4374	6828	625934	91672	244812
②林业专业性、行业性团体	83	655	634	288	21	2	588	714	53730	75252	20533
6、其他	371	3009	2765	738	244		1173	2791	150123	53788	34595
（四）其他行业	15	367	367	240			139	105	7903	75270	1081

9-16 各市林业系统从业人员与劳动报酬

2016 年

市别	单位个数（个）	年末单位从业人员（人）	在岗职工	专业技术人员	离岗仍保留劳动关系的职工（人）	年末离退休人员（人）	在岗职工年平均人数（人）	在岗职工年劳动报酬（千元）	在岗职工年平均工资（元/人）	离退休人员年生活费（千元）
全省	1722	28809	26265	4778	792	29508	26778	1763659	65862	1047370
广州	54	1794	1781	96	34	1519	1795	153223	85361	93231
深圳	19	246	241	22		40	151	21569	142841	652
珠海	25	375	372	1		34	372	18551	49867	2499
汕头	54	379	362	39	3	125	381	21564	56597	6264
佛山	18	321	321	66		267	321	20206	62947	6617
韶关	259	3666	3349	520	99	3316	3471	195143	56221	87720
河源	197	1924	1890	607	4	1892	1871	100648	53794	44265
梅州	130	1511	1428	319	2	1200	1428	96357	67477	39635
惠州	89	1541	1497	122	185	1574	1530	116566	76187	58553
汕尾	48	866	757	17	63	623	744	37674	50637	10048
东莞	7	769	291	84		297	291	32027	110060	20803
中山	4	92	38	28		74	92	14986	162891	3179
江门	49	914	757	90		1325	794	70929	89331	53609
阳江	67	957	908	195	172	1053	1000	55304	55304	36701
湛江	90	835	749	215	12	777	771	41659	54032	20524
茂名	63	1281	1154	121	74	1885	1167	63210	54165	50949
肇庆	126	1836	1429	225	48	2164	1542	111819	72515	57587
清远	138	2618	2437	441	31	2352	2556	182585	71434	132410
潮州	43	443	430	34		506	430	23126	53781	12917
揭阳	92	1108	1108	80		660	1108	48633	43893	17995
云浮	94	767	726	103		762	755	49917	66115	20528
雷州林业局	1	1504	1504	292		2944	1527	45110	29542	99233
省直属林场	33	2026	1766	475	65	3513	1966	133405	67856	124382
国家级保护区	5	160	113	43		40	112	14183	126629	486
省直单位	17	876	857	543		566	603	95267	221787	46584

9-17 林业系统职工伤亡事故情况

2016 年

项目	轻伤（人次）	重伤（人次）	死亡（人）
合计	8	1	
一、农、林、牧、渔业	8	1	
其中：国有林场			
木材及竹材采运业			
二、采矿业			
三、制造业			
1. 木材加工及竹藤棕草制品业			
2. 林产化学产品制造业			
3. 机械制造及修理业			
4. 建筑材料制造加工业			
5. 其他制造业			
四、建筑业			
五、其他			

十、畜牧业与饲料工业

畜牧业与饲料工业

一、畜牧业生产

（一）畜禽生产。2016年，全省畜牧业生产形势总体稳定，肉类总产量415.5万吨、同比减少2.1%，禽蛋33.3万吨、减少1.5%，奶类13万吨、增长0.2%，出栏生猪3531.9万头、减少3.6%，出栏家禽9.7亿只、增长0.0%。全省年末肉牛存栏127.5万头、同比减少3.5%，山羊存栏42.7万只，增长2.8%。全省没有发生区域性重大动物疫病和畜产品质量安全事件。

2016年养殖效益良好，生猪价格一直在高位运行，出场价格从年初的17元/千克，逐步上升至二季度最高点22元/千克后，启动了省缓解生猪市场价格周期性波动调控预案，生猪价格二季度冲高后回落，10月以后于猪粮比8.5:1的警戒线以下稳定运行，在生猪价格的带动下，家禽价格基本稳定，肉鸡和鸡苗价格基本都略高于成本价，养殖有合理利润。生鲜乳收购价格在5.10～5.30元/千克之间，同比下降2%-3%，奶牛场仍有一定盈利。

（二）饲料生产。2016年，全省饲料企业909家，工业饲料总产量2824.81万吨，同比增长9.79%，再创历史新高。总产量连续14年稳居全国首位，占全国1/8强，在饲料总产量中，配合饲料2709.43万吨、增长9.94%，浓缩料47.17万吨、下降7.66%，添加剂预混合饲料68.21万吨，增长5.28%。在配合饲料产量中，猪料1122.21万吨、蛋禽料201.15万吨、肉禽料911.81万吨、水产料445.54万吨、精补料3.39万吨、其它饲料25.33万吨，分别比上年增长7.65%、19.49%、13.46%、2.50%、15.60%、104.98%。饲料添加剂（含混合型）产量9.63万吨，同比增长27.51%。

主要特点:一是质量水平高。全省饲料产品质量安全水平持续提高，饲料产品质量例行监测抽检合格率99.82%，保持较高水平，饲料中“瘦肉精”等违禁添加物保持“零检出”，生猪养殖环节“瘦肉精”监测合格率100%，保障了畜禽水产产品质量安全。二是转型升级快。集团化、规模化及产业链融合发展进程明显加快，行业发展主体力量不断壮大，规模化、现代化水平进一步提高，转型升级加快。全省538个配合饲料企业平均产量5万吨/个，远高于全国平均水平。年产10万吨以上企业98个、产量占总产量67%；年产50万吨集团企业9个、年产100万吨以上企业5个；三是创新动力足。集团化大型企业高度重视科技投入，高度重视产品开发不少企业建立研发中心，技术创新能力不断增强。饲料专业化和精细化加工快速发展，饲料膨化、微粉碎、高效调质、熟化等先进工艺应用日趋广泛，码垛机器人在大中型饲料企业快速推广。四是产品品牌响。饲料质量安全管理规范全面实施，饲料企业积极进行设备改造和产品升级，科技投入稳步增加，技术和经营管理模式创新能力明显增强，全省累计创建了部级示范企业11家、省级示范企业33家，位居全国前列；全省共有150个饲料产品为广东省名牌产品、占农业名牌产品16%。评出了“广东省饲料百强企业”，树立了行业标杆。

（三）兽药生产。兽药GMP生产企业102家，其中，生物制品企业7家（全国唯一的鸡球虫疫苗和水产疫苗生产厂均在我省），中化药企业95家。2015年2月，国务院下放兽药生产许可证核发审批事项到省级管理部门以来，我省已核发82个兽药生产许可证。据不完全统计，全省兽药年产值约40亿元，约为全国兽药产值的1/11。广东大华农2011年3月在深交所创业版上市，为我省动保企业的上市取得了突破。兽药经营企业5876家，其中生物制品企业470家，中化药企业5406家。通过实施GSP，经营领域的转型升级取得重大突破，经营者全部为公司性质的企业，不再存在个体经营户。

二、畜牧业扶持政策

2016年中央和省投入扶持畜牧业的专项有畜牧良种补贴、畜禽良种工程、畜禽标准化健康养殖、南方现代草地畜牧业、特色畜牧业、优质后备母牛饲养补贴等，资金达1.43亿元。大力发展草地畜牧业，推进畜牧业供给侧结构性改革，启动了草地畜牧业种业工程和牧草工程，根据全省草食动物养殖分布情况，扶持湛江市建设种公牛站、牧草种子场，填补我省未有种公牛站、牧草种子场的空白。组织高等院校和研究机构开展牛羊品种改良和试验示范工作，在湛江、清远等地举办了草食动物标准化养殖培训班，加强牛羊养殖技术推广。

三、畜牧业转型升级

（一）标准化规模养殖。开展标准化示范创建活动，推进以畜禽良种化、养殖设施化、生产规范化、防疫制度化及粪污无害化等“五化”为主要内容的标准化养殖，新增农业部授牌畜禽标准化示范场29家，其中生猪养殖场19家、肉鸡养殖场4家、蛋鸡养殖场1家、奶牛养殖场1家、肉牛养殖场2家、肉羊养殖场2家，总数达到193家，数量位居全国前列。举办了第41、42届养猪产业博览会，推动养猪产业健康发展。

（二）发展草食畜牧业。实施中央和省草食畜牧业项目推动种草养畜，建设全省肉牛、肉羊等草食动物标准化规模养殖示范基地，示范带动全省肉牛、肉羊等草食动物规模化养殖。启动了草地畜牧业种业工程和牧草工程，根据全省草食动物养殖分布情况，扶持湛江市建设种公牛站、牧草种子场，填补我省未有种公牛站、牧草种子场的空白。组织高等院校和研究机构开展牛羊品种改良和试验示范工作，在湛江、清远等地举办了草食动物标准化养殖培训班，加强牛羊养殖技术推广。建设了省奶牛生产性能测定（DHI）实验室。开展优质后备母牛登记核查工作，组织实施优质后备母牛饲养补贴，促进了草食动物发展。

（三）现代畜禽种业。组织实施国家畜牧良种补贴、畜禽良种工程和省特色畜禽品种保护开发利用等项目，扎实推进畜禽遗传资源保护，不断完善保护机制，健全保护体系。建设核心育种企业、省级以上保种场、种畜禽场及特色畜禽养殖企业，推进地方特色优良畜禽品种产业化开发利用，推进畜禽新品种配套系培育。对地方畜禽品种资源保护单位和国家级核心育种场给予技术指导和督导，规范保种育种工作，在蕉岭县新建了一个国家级中华蜜蜂保种区，国家级保种场（区）共达 11 个。

四、畜牧投入品及畜产品质量安全监管

（一）强化饲料行业管理。认真贯彻实施饲料管理新规，严把饲料生产许可准入关，加快推进实施《饲料质量安全管理规范》；加强日常监管，认真组织实施 2016 年饲料质量安全和生猪养殖场（户）“瘦肉精”专项监测计划，突出抓好“瘦肉精”等违禁添加剂物整治及重金属超标整治监测工作，加大对违法案件的查处力度。督导检查企业建立并落实粉尘防爆安全管理责任制，强化企业责任意识和提高管理水平，保障安全生产。全省出动执法检查人员 24390 人次，检查饲料生产企业 1402 个次、饲料经营店 4482 个次、养殖场（户）14785 个次，检测饲料和饲料添加剂样品 2004 个，合格率为 99.82 %；全年省级对 570 家饲料生产、经营企业及养殖场（户）的饲料产品进行质量安全监督检查，监测饲料产品 656 个，合格率为 99.23%；全省共查处饲料及饲料添加剂生产及经营企业案件 27 宗、移送司法机关 1 起，涉案价值 12.7 万元，罚款 26 万元，无害化处理饲料 19 吨。

（二）强化兽药行业监管。积极开展兽用疫苗和抗菌药质量安全专项检查，全省检查生产经营企业 103 个，经营企业 5979 个，使用单位 6240 个，责令整改经营企业 68 个，使用单位 182 个，立案查处 5 起。省执行农业部兽药质量监督抽检计划 419 批样品，检验合格 412 批，合格率为 98.32%；动物产品兽药残留抽检 628 批样品，合格率 99.5%。加强兽药生产企业和产品准入管理，推进兽药二维码信息追溯系统建设。

（三）生猪屠宰专项整治。组织开展生猪屠宰监管“扫雷行动”和市际交叉互查，始终保持对屠宰违法行为的高压严打态势。2016 年 5 月至 2017 年 4 月，全省各地共开展“扫雷行动”媒体宣传 3076 次，发放宣传材料 12.7 万份，举办培训班 280 次，培训监管队伍及行业从业人员 7048 人，接到各类举报 540 起，查实群众举报案件 443 起。开展多部门联合执法 1883 次，共立案查处 518 件，案件曝光 69 件，移送公安机关案件 23 件，追究刑责 22 人；清理小型屠宰场点 198 个，捣毁私屠滥宰窝点 231 个。

（四）“瘦肉精”专项整治。各级累计出动监督执法人员 66876 人（次），抽检饲料生产和养殖企业（场、户）59011 个，抽检样品数（含饲料生产、养殖、屠宰等环节）2320821 个，合格率 99.99%;省级对养殖环节 608 个养殖场进行尿样“瘦肉精”现场筛查，检测 1346 个样品，合格率 100%；饲料产品“瘦肉精”保持“零检出”。

（五）生鲜乳专项整治。实施 2016 年生鲜乳质量安全监测计划，组织相关质检机构对生鲜乳收购站和运输车进行了检查及监督抽样。全年共出动执法人员 425 人次，检查生鲜乳收购站 43 个、奶牛场 252 个，检测生鲜乳样品 340 批次，监测覆盖全部生鲜乳收购站、运输车和规模奶牛场，受检生鲜乳中三聚氰胺等违禁添加物、细菌总数、抗生素等多项指标检测结果均合格。

五、重大动物疫病防控

（一）全面落实动物疫病防控措施。按照农业部的部署要求，全力抓好动物疫病春防、秋防各项工作的落实，广东连续四年获得农业部重大动物疫病防控延伸绩效管理考核优秀，省主要领导、分管领导均作了肯定性批示。组织开展了对各地市重大动物疫病防控延伸绩效管理考核，有力促进各地落实重大动物疫病防控工作。加强疫苗计划、调拨、调控管理，落实疫苗补助，为动物疫病防控提供保障。一是狠抓强制免疫，确保全覆盖。广东各级畜牧兽医部门严格执行春秋集中免疫和常年免疫相结合的政策，全面推行强制免疫注射、标识佩戴、档案记录、监测补免等工作，确保“应免尽免，不留空当”。2016 年重大动物疫病群体免疫密度分别为：高致病性禽流感 99.49%，口蹄疫 99.46%，高致病性猪蓝耳病 98.37%，猪瘟 99.71%，新城疫 99.35%。二是加强监测预警，确保免疫效果。广东各级畜牧兽医部门按照国家和省的监测方案要求，认真开展重点场所、重点环节的疫情监测与流行病学调查工作。2016 年，累计监测样品 72.69 万份，其中家

畜样品 40.80 万份、家禽样品 31.89 万份。

（二）继续推进种畜禽动物疫病净化工程。广东通过举办动物疫病净化培训班、成立专家组、印发净化验收指南、委托第三方实验室开展检测复核等推进疫病净化工作。截至目前，广东有 25 个种畜禽场通过省级动物疫病净化评估验收，6 个种畜禽场通过了国家级动物疫病净化场、示范场评估。

（三）强化 H7N9 流感防控。2016 年 10 月，H7N9 流感卷土重来，人感染 H7N9 流感病例持续增加，再次引起全社会的广泛关注。广东省政府连续召开多次防控工作会议，部署防控工作，广东省农业厅认真落实省政府的部署和要求，进一步加大 H7N9 流感防控力度，切实加强跨省调运种禽和种雏的 H7N9 流感检测和跨省调运活禽的检疫监管，大力开展活禽与环境中禽流感流行病学调查和风险评估监测，在禽类 H7N9 流感病毒阳性地点开展紧急流行病学调查、应急处置和监测防控，取得积极成效。2016 年，广东共监测 H7N9 流感样品 17 多万份，对发现的阳性样品均按规范进行了处置。

（四）统筹兼顾，强化常见病防控。广东省本级财政专门安排狂犬病和新城疫防控经费，并提供免费疫苗给各地开展常见病防控。广东积极组织实施 H7N9 流感剔除计划和小反刍兽疫消灭计划，开展监测、净化等工作。广东省农业厅多次召开猪伪狂犬病、布病、禽白血病的防控专家座谈会，反复论证防控净化方案，推进防控措施落实。

六、动物防疫（无害化处理）体系建设

为加快构建科学完备、运转高效的病死畜禽无害化处理机制，省财政一次性投入 2 亿元建设 10 个病死畜禽无害化处理中心示范项目。省委省政府高度重视，邓海光副省长多次过问，相关提案也被列入重点提案由省政协温兰子副主席亲自督办，省政府领导和郑伟仪厅长亲率 10 个示范项目所在地政府主要负责人到深圳无害化处理中心实地考察、现场督办。我厅建立了定点联系制度，成立了 10 个项目建设定点联系工作组和专家组，并制定项目实施时间计划表，以厅名义将项目进展情况通报给项目所在地党委、政府一把手，结合通报、督导等措施，倒逼各地按时间节点推进项目建设。同时，还将示范项目建设列入 2017 年下半年省政府重点督导的工作任务之一。截至 2017 年 5 月底，10 个示范项目建设实施方案均已通过专家评审和批复，高州市、遂溪县、怀集县、乐昌市已完成项目招标并开工建设。

其他市县因地制宜，合理规划构建符合当地实际的无害化处理体系：广州市、深圳市、珠海市、蕉岭县、惠东县已建成专业的无害化处理场，并构建了较为完善的收集处理体系，对区域内病死畜禽进行集中无害化处理；广东温氏集团也正在布局相对区域集中的无害化处理模式，构建以龙头企业为主体的无害化处理体系；中山市主动探索以 PPP 模式推进项目建设，已进入项目建设招标程序。这些均为全省无害化处理体系建设起到了积极的示范带动作用。

七、畜禽屠宰管理工作

（一）屠宰监管实现了平稳过渡。省、市、县三级农牧部门 100%完成职责划转，有力有序承接了屠宰监管职责，全省屠宰监管工作在人财物不到位的情况下实现了平稳过度，确保行业健康发展和肉品安全，没有发生屠宰环节重大质量安全和生产安全事件。

（二）屠宰监管长效机制日臻完善。明确了屠宰监管和行业发展思路，出台或建立了畜禽屠宰属地管理责任、定点屠宰厂备案管理、代宰协议、屠宰证章标志管理、无害化处理等 9 个规范屠宰监管和促进行业发展的重要文件制度，为依法、有序推进畜禽屠宰管理工作提供了制度保障。编印了《广东省畜禽屠宰监管工作手册》，为各地开展屠宰监管工作提供指引。

（三）继续推进屠宰企业审核清理。印发了《关于报送定点屠宰企业资格审核清理情况的通知》（粤农函〔2016〕35 号），督促各级农牧部门在当地政府的统一领导下，深入推进生猪定点屠宰资格审核清理。要求各地对符合条件的及时公示、上报并颁发新的牌证；对申请延期整改和迁建的屠宰厂（点）严格复核审查，仍不达标的依法取消定点资格。为督促各地按要求完成审核清理工作，省农业厅印发了《关于全省生猪定点屠宰资格审核清理工作情况的通报》（粤农〔2016〕158 号），抄送各地市政府，进一步督促做好清理扫尾工作。截止 2016 年 12 月底，全省有 13 个地市基本完成了审核清理工作。

（四）加强“瘦肉精”监测和病害生猪无害化处理监管。印发了《关于加强屠宰环节“瘦肉精”监管的通知》（粤牧〔2016〕95 号），督促各地加强屠宰环节抽检和监督检查；印发了《2016 年生猪屠宰环节“瘦肉精”监督检测方案》，全面完成了农业部下达的监测任务；组织实施省级“瘦肉精”专项检测项目，制定方案和抽检任务，各地累计抽样 16200 份；全年各地检测盐酸克伦特罗 169 万份、莱克多巴胺 95 万份、沙丁胺醇 59 万份，屠宰环节“瘦肉精”抽检合格率达 99.99%以上，对检出阳性生猪及产品均已依法处理。督促落实屠宰环节病害猪无害化处理，会同省财政厅及时落实屠宰环节病害猪无害化处理补贴资

金，预下达了2016年中央补贴资金及省配套资金。

（五）强化监管，督促企业落实主体责任。各级农牧部门严格按照《生猪屠宰管理条例》等法规要求，加大对屠宰企业日常监管力度，督促定点屠宰厂（场）落实生猪进厂（场）查验管理、车间卫生、肉品卫生管理和肉品召回等4个制度和生猪进厂登记、生猪产品检验出厂登记、“瘦肉精”自检、病死猪及肉品无害化处理登记等台帐，加强定点屠宰企业肉品品质检验工作的监督检查。加强委托代宰规范管理，要求屠宰企业落实“代宰”协议制度。省畜牧兽医局印发了《广东省生猪定点屠宰企业接受委托屠宰协议书（参考范本）》，明确了委托代宰中委托方和被委托屠宰企业的质量安全责任。

（六）大力开展从业人员业务培训。省举办了9期培训班，对省市县三级畜禽屠宰监管人员、统计信息员、屠宰厂负责人及肉品质检员等进行业务培训，并对经培训考试合格的600名肉品品质检验人员核发了资格证书，促进了监管机构人员执法懂法、依法行政，质检人员持证上岗，屠宰企业负责人懂法守法，推进畜禽屠宰管理顺利开展。

（七）配合推进家禽集中屠宰、冷链配送和生鲜上市。积极开展家禽集中屠宰、冷链配送和生鲜上市工作宣传，营造良好的社会氛围。着力推进家禽集中屠宰厂设置、家禽批发市场代宰点改造和落实生鲜鸡供应渠道等工作，加强家禽集中屠宰检验检疫，确保生鲜家禽产品有效安全供给。

10-1 种畜禽场情况

2016 年

项　　目	场个数(个)	单位	年末存栏	能繁母畜	当年出场种畜禽	当年生产胚胎(枚)	当年生产冻精(万份)
一、种畜禽场总数	**766**						
（一）种牛场	9	头	4855	2416		728	
1. 种乳牛场	2	头	2537	1366		728	
2. 种肉牛场	7	头	2318	1050			
3. 种水牛场		头					
4. 种牦牛场		头					
（二）种马场		匹					
（三）种猪场	494	头	2112020	448223	1999989		
（四）种羊场	8	只	12126	8060	7771	6326	
1. 种绵羊场		只					
其中:种细毛羊场		只					
2. 种山羊	8	只	12126	8060	7771	6326	
其中：种绒山羊场		只					
（五）种禽场	231						
1. 种蛋鸡场	20	套	899502				
其中:祖代蛋鸡场	3	套	170000		897218		
父母代蛋鸡场	17	套	729502				
2. 种肉鸡场	113	套	10127874				
其中:祖代肉鸡场	15	套	1670620		8757400		
父母代肉鸡场	98	套	8457254				
3. 种鸭场	52	只	406889				
4. 种鹅场	46	只	180419				
（六）种兔场	4	只	17007				
（七）种蜂场	2	箱	250				
（八）其它	18						
二、种畜站总数	**22**						
1. 种公牛站		头					
2. 种公羊站		只					
3. 种公猪站	22	头	1958				1300611

注：1. 本表只统计已颁发许可证的种畜场、站；

2. 凡已颁发许可证且未列入的第一类（一）至（七）项中的种畜场均列入其它，如种鹿场、种鹌场、种鸽场、种犬场、种狐狸场、种貂场、种鸵鸟场等。

10-2 省、市、县畜牧技术机构基本情况

2016年

指 标 名 称	计算单位	畜牧站	家畜繁育改良站	草原工作站	饲料监察所
一、省级机构	**个**	**1**			**1**
在编干部职工	人	20			17
其中按职称分					
高级技术	人	9			9
中级技术	人	3			6
初级技术	人	5			1
其中按学历	人				
研究生	人	9			7
大学本科	人	6			9
大学专科	人	2			1
中专	人				
离退休人员	人	11			12
二、地（市）级机构	**人**	**10**	**3**		**2**
在编干部职工	人	166	105		23
其中按职称分	人				
高级技术	人	12	9		1
中级技术	人	49	5		2
初级技术	人	37	19		4
其中按学历					
研究生	人	17	1		1
大学本科	人	72	22		17
大学专科	人	40	27		3
中专	人	14	12		
离退休人员	人	78	191		10
三、县市级机构	**人**	**111**	**18**	**1**	**8**
在编干部职工	人	1452	294	5	123
其中按职称分					
高级技术	人	43	2		9
中级技术	人	274	17	1	29
初级技术	人	456	71	1	42
其中按学历	人				
研究生		23			1
大学本科	人	332	4		23
大学专科	人	508	43	3	53
中专	人	298	81		23
离退休人员	人	1009	146		77

10-3 乡镇畜牧兽医机构基本情况

2016 年

项目	计算单位	畜牧兽医站	项目	计算单位	畜牧兽医站
一、畜牧兽医站站数	个	**1326**	**三、学历状况**		
财政拨款站数	个	1204	大专以上（含大专）	人	1587
二、畜牧兽医站职工总数	人	**8648**	中专、高中	人	3138
畜牧兽医站在编人数	人	6105	初中、小学	人	732

10-4 全省生猪饲养规模情况

2016 年　　计量单位：个、头

项目	场（户）数	年出栏数
年出栏数 1---49 头	644812	6444226
年出栏数 50---99 头	37702	2660034
年出栏数 100---499 头	32620	7189772
年出栏数 500---999 头	8494	5468355
年出栏数 1000---2999 头	4126	6337317
年出栏数 3000---4999 头	791	2940394
年出栏数 5000---9999 头	457	3048674
年出栏数 10000---49999 头	292	4712329
年出栏数 50000 头以上	25	1905785
合　计	729319	40706886

10-5 全省肉鸡饲养规模情况

2016 年　　计量单位：个、只

项目	场（户）数	年出栏数
年出栏数 1----1999 只	2308945	152658857
年出栏数 2000----9999 只	18202	95805959
年出栏数 10000---49999 只	14578	302730454
年出栏数 50000---99999 只	1295	82250098
年出栏数 100000--499999 只	321	60481428
年出栏数 500000--999999 只	26	16644513
年出栏数 100 万只以上	14	23317721
合　计	2343381	733889030

10-6 全省蛋鸡饲养规模情况

2016 年　　　　计量单位：个、只、吨

项　　目	场（户）数	年存栏数	鸡蛋产量
年存栏数 499 只以下	436140	3218153	38503.51
年存栏数 500--1999 只	408	377423	4186.53
年存栏数 2000--9999 只	177	831540	10325.66
年存栏数 10000--49999 只	141	3066931	35243.87
年存栏数 50000--99999 只	41	2711815	28942.16
年存栏数 100000--499999 只	25	4700113	53806.11
年存栏数 500000 只以上	1	1487815	16836.00
合　计	436933	16393790	187844.00

10-7 全省奶牛饲养规模情况

2016 年　　　　计量单位：个、头、吨

项　　目	场（户）数	年存栏数	牛奶产量
年存栏数 1---4 头	415	1113	2166.96
年存栏数 5---9 头	95	698	1499.40
年存栏数 10---19 头	28	404	1053.92
年存栏数 20---49 头	31	891	3954.52
年存栏数 50---99 头	47	2962	9508.45
年存栏数 100---199 头	18	2554	10410.42
年存栏数 200---499 头	6	2438	11015.00
年存栏数 500---999 头	7	5452	14360.75
年存栏数 1000 头以上	15	32035	100344.08
合　计	662	48547	154314.00

10-8 全省肉牛饲养规模情况

2016 年　　　　计量单位：个、头

项　　目	场（户）数	年出栏数
年出栏数 1---9 头	203770	466474
年出栏数 10---49 头	2404	63808
年出栏数 50---99 头	328	22887
年出栏数 100---499 头	116	24192
年出栏数 500---999 头	8	5333
年出栏数 1000 头以上	2	3999
合　计	206628	586693

10-9 全省肉羊饲养规模情况

2016 年　　　　计量单位：个、只

项　　目	场（户）数	年出栏数
年出栏数1---29只	14586	212161
年出栏数30---99只	3085	178618
年出栏数100---499只	876	167349
年出栏数500---999只	30	19115
年出栏数1000只以上	10	17837
合　计	18587	595080

10-10 主要年份畜牧业生产情况

单位：万头、万只

年 份	黄水牛年末存栏头数	奶牛年末存栏头数	山羊年末存栏只数	生猪年末存栏量	能繁殖母 猪	三鸟饲养量
1949						
1952	303.42		3.73	477.86	34.45	
1957	331.28		11.98	721.78	50.52	
1962	270.46		14.7	543.22	38.03	
1965	298.61		17.16	161.82	83.57	
1970	314.82	1.21	11.72	1425.24	123.27	773
1975	309.9	1.18	13.7	1757.38	143.52	1034.38
1978	295.67	1.51	16.38	1777.39	135.8	7192.7
1980	306.02	1.52	13.38	1704.59	115.7	13337.2
1985	414.58	2.01	10.23	1884.02	154.49	31646.5
1990	473.55	2.95	14.21	2058.89	141.98	53199.88
1995	468.97	2.56	27.3	2183.95	137.25	100729.14
2000	416.92	3.72	29.33	2034.79	143.75	124800.95
2005	367.43	4.83	39.2	2143.50	162.77	127070.31
2010	223.82	5.36	37.01	2253.29	252.73	144382.73
2015	237.03	5.31	41.50	2135.85	224.38	122264.05
2016	228.70	5.40	42.65	2076.05	220.34	30932.12

注：2006 年起以第二次全国农业普查数据为基数。以下各表同。

10-11 主要年份畜牧业主要产品产量

单位：万头、万吨

年 份	生猪出栏头数	猪肉产量	出售和自宰的肉用牛	牛肉产量	羊肉产量	牛奶产量
1949	196.73	8.09				
1952	282.54	11.62			0.01	
1957	429.63	19.6	22.9	1.75	0.02	
1962	324.57	11.02	7.64	0.59	0.03	
1965	677.66	24.71	8.49	0.64	0.04	
1970	919.55	40.17	6.91	0.51	0.01	1.36
1975	956	45.47	5.95	0.43	0.01	1.33
1978	942.7	48.09	3.17	0.34	0.02	1.66
1980	1026.1	62.62	7.41	0.55	0.03	2.18
1985	1285.2	97.59	17.36	1.46	0.09	4.09
1990	1792.85	145.35	28.21	2.88	0.16	5.51
1995	2395.21	188.75	51.85	5.68	0.44	5.49
2000	2954.98	206.85	47.64	5.17	0.43	9.19
2005	3616.74	256.28	67.08	7.21	0.71	11.64
2010	3732.02	275.46	53.48	6.27	0.91	14.23
2015	3663.44	274.15	58.27	6.97	0.91	12.95
2016	3531.9354	264.38	59.14	7.07	0.89	12.98

10-12 主要年份畜禽头数及肉类产量

项　　目	单位	1990	1995	2000	2005	2010	2015	2016	2016年比上年增长(%)
一、黄、水牛年末存栏头数	**万头**	**473.54**	**468.97**	**416.92**	**367.43**	**223.82**	**237.03**	**228.70**	**-3.51**
二、奶牛年末存栏头数	**万头**	**2.95**	**2.56**	**3.72**	**4.83**	**5.36**	**5.31**	**5.40**	**1.68**
牛奶产量	万吨	5.51	5.49	9.19	11.64	14.23	12.95	12.98	0.23
三、山羊年末存栏只数	**万只**	**14.21**	**27.3**	**29.33**	**39.2**	**37.01**	**41.50**	**42.65**	**2.78**
四、生猪年末存栏头数	**万头**	**2058.89**	**2183.95**	**2034.79**	**2143.5**	**2253.29**	**2135.85**	**2076.05**	**-2.80**
# 能繁殖母猪	万头	141.98	137.25	143.75	162.77	252.73	224.38	220.34	-1.80
肉猪出栏头数	万头	1792.85	2395.21	2954.98	3616.74	3732.02	3663.44	3531.94	-3.59
五、肉类产量	**万吨**	**202.45**	**305.06**	**324.48**	**384.31**	**441.1**	**424.25**	**415.49**	**-2.06**
猪肉	万吨	145.35	188.75	206.85	256.28	275.46	274.15	264.38	-3.56
牛肉	万吨	2.88	5.68	5.17	7.21	6.27	6.97	7.07	1.43
羊肉	万吨	0.15	0.44	0.43	0.71	0.91	0.91	0.89	-2.10
禽肉	万吨	54.02	109.94	111.5	113.66	152.99	134.80	135.08	0.21
兔肉	万吨	0.05	0.24	0.53	0.64	0.65	0.90	0.93	3.26
六、三鸟饲养量	**万只**	**53199.88**	**100729.1**	**124800.9**	**127070.3**	**144382.7**	**122264.05**	**30932.12**	**-74.70**
鸡	万只	36964.58	76349.95	92969.13	93681.21	107643.59	89279.20	23123.54	-74.10
鸭	万只	12073.08	19458.22	25682.07	27111.68	29704.78	25739.68	5877.33	-77.17
鹅	万只	4162.22	4920.97	6149.74	6277.42	7034.37	7245.17	1931.25	-73.34
七、禽蛋产量	**万吨**	**18.76**	**31.11**	**33.08**	**33.19**	**34.41**	**33.84**	**33.33**	**-1.50**
八、蚕茧产量	**万吨**	**2.55**	**3.32**	**3.09**	**6.52**	**9.14**	**11.00**	**11.26**	**2.30**

10-13 各市畜牧业生产情况

2016年　　　　单位：万头、万只

市　　别	一、大牲畜年末存栏头数	1. 牛	(1) 役用牛	(2) 肉用牛
全　　省	234.10	234.10	101.16	127.54
广 州 市	3.22	3.22	0.47	0.99
深 圳 市	0.21	0.21		
珠 海 市	0.23	0.23		0.06
汕 头 市	0.98	0.98	0.37	0.53
佛 山 市	0.55	0.55	0.26	0.19
韶 关 市	12.49	12.49	7.86	4.59
河 源 市	14.14	14.14	6.70	7.44
梅 州 市	15.74	15.74	5.98	9.65
惠 州 市	11.28	11.28	6.28	4.41
汕 尾 市	11.17	11.17	3.02	8.15
东 莞 市	0.08	0.08		0.08
中 山 市	0.05	0.05	0.01	0.04
江 门 市	4.00	4.00	2.25	1.63
阳 江 市	13.90	13.90	3.80	9.91
湛 江 市	59.09	59.09	20.67	38.23
茂 名 市	35.11	35.11	21.01	14.08
肇 庆 市	22.22	22.22	11.38	10.43
清 远 市	13.85	13.85	5.32	7.37
潮 州 市	1.85	1.85	0.83	1.01
揭 阳 市	5.46	5.46	2.02	3.18
云 浮 市	8.49	8.49	2.93	5.56

市别	（3）奶牛	二、山羊年末存栏只数	三、猪年末存栏头数	能繁殖母畜
全　省	5.40	42.65	2076.05	220.34
广州市	1.76	0.76	44.40	4.44
深圳市	0.21		1.35	0.17
珠海市	0.16	0.15	36.17	3.79
汕头市	0.07	0.27	44.19	2.72
佛山市	0.10	0.37	76.24	9.76
韶关市	0.04	2.90	102.63	10.40
河源市		0.73	73.10	7.79
梅州市	0.11	5.60	154.95	14.00
惠州市	0.59	0.75	106.27	12.10
汕尾市		2.11	40.76	2.40
东莞市		0.09	6.25	0.11
中山市		0.10	15.70	1.60
江门市	0.12	1.68	170.38	24.07
阳江市	0.19	1.69	127.81	21.17
湛江市	0.19	9.64	188.04	19.40
茂名市	0.02	1.60	299.20	32.63
肇庆市	0.40	4.46	226.23	18.73
清远市	1.16	5.91	140.21	14.01
潮州市	0.01	0.24	39.48	3.25
揭阳市	0.26	1.31	93.39	8.77
云浮市		2.31	89.31	9.01

市别	四、家禽年末存栏只数	鸡	鸭	鹅	五、兔年末存栏只数
全　省	32412.01	23123.54	5877.33	1931.25	156.08
广州市	2625.02	1453.61	499.38	144.15	1.93
深圳市	26.87	0.63	0.07	0.01	
珠海市	254.20	151.24	87.77	11.09	0.05
汕头市	899.18	362.71	206.57	260.68	
佛山市	1826.87	1230.50	398.13	189.27	0.12
韶关市	665.74	512.20	136.61	12.95	3.34
河源市	1084.71	969.80	89.08	9.91	8.53
梅州市	1664.08	1393.50	228.37	42.21	51.90
惠州市	1220.07	826.60	276.29	73.76	
汕尾市	755.36	569.77	156.55	29.04	0.48
东莞市	96.10	61.42	13.81	3.22	
中山市	251.24	111.87	101.14	5.57	0.09
江门市	2604.15	1581.89	478.88	205.20	2.19
阳江市	639.03	383.70	64.93	165.63	0.45
湛江市	2441.14	1766.97	589.45	50.85	1.91
茂名市	4909.57	3870.54	953.33	46.03	31.67
肇庆市	2056.97	1288.80	499.78	199.72	14.08
清远市	1735.81	1117.94	301.87	284.29	8.27
潮州市	583.17	282.76	166.14	134.27	0.60
揭阳市	873.80	496.32	319.48	41.11	1.15
云浮市	5198.94	4690.73	309.72	22.29	29.32

10-14 各县（区）畜牧业生产情况

2016年

单位：头、只

县（市）区别	大牲畜年末存栏头数	牛			
		合计	役用牛	肉用牛	奶牛
广州市	**32186**	**32178**	**4672**	**9879**	**17627**
天河区	996	996			996
白云区	1435	1435	66		1369
黄埔区	1384	1384	295	183	906
花都区	3455	3455	249	25	3181
从化区	4930	4930	480	289	4161
增城区	16422	16414	3220	9382	3812
番禺区	1420	1420	236		1184
南沙区	2144	2144	126		2018
深圳市	**2110**	**2110**			**2110**
宝安区	2110	2110			2110
龙岗区					
珠海市	**2255**	**2255**	**28**	**617**	**1610**
香洲区					
金湾区	46	46	28	18	
斗门区	2209	2209		599	1610
汕头市	**9804**	**9804**	**3748**	**5339**	**717**
金平区	109	109	109		
龙湖区	308	308	253		55
澄海区	1140	1140	577	510	53
濠江区	1462	1462	765	88	609
潮阳区	1933	1933	663	1270	
潮南区	2512	2512	1066	1446	
南澳县	2340	2340	315	2025	
佛山市	**5492**	**5492**	**2559**	**1929**	**1004**
禅城区					
南海区	60	60		23	37
顺德区	49	49			49
高明区	1041	1041	533	508	
三水区	4342	4342	2026	1308	918
韶关市	**124947**	**124947**	**78600**	**45931**	**416**
浈江区	6816	6816	4186	2533	97
武江区	3546	3546	1653	1583	310
曲江区	9758	9758	6783	2975	
南雄市	**25318**	**25318**	**16443**	**8875**	
始兴县	9017	9017	3717	5300	
翁源县	16357	16357	11146	5211	
仁化县	8484	8484	3318	5166	
新丰县	16389	16389	9998	6382	9
乳源自治县	14193	14193	11688	2505	
乐昌市	15069	15069	9668	5401	
河源市	**141352**	**141352**	**66979**	**74373**	
源城区	657	657	14	643	
东源县	25283	25283	12071	13212	
和平县	23409	23409	8594	14815	
龙川县	35832	35832	26227	9605	

县（市）区别	大牲畜年末存栏头数	牛			
		合计	役用牛	肉用牛	奶牛
紫金县	39433	39433	12220	27213	
连平县	16738	16738	7853	8885	
梅州市	**157427**	**157427**	**59824**	**96484**	**1119**
梅江区	2056	2056	767	1269	20
梅县区	13348	13348	6838	6289	221
蕉岭县	8214	8214	3113	4927	174
大埔县	19907	19907	5552	14285	70
丰顺县	28237	28237	9108	18970	159
五华县	70024	70024	26310	43613	101
兴宁市	7653	7653	3521	3781	351
平远县	7988	7988	4615	3350	23
惠州市	**112805**	**112805**	**62803**	**44091**	**5911**
惠城区	18337	18337	10978	6574	785
惠东县	47880	47880	29782	18098	
惠阳区	7120	7120	4434	2686	
博罗县	35103	35103	16224	14479	4400
龙门县	4365	4365	1385	2254	726
汕尾市	**111708**	**111708**	**30224**	**81484**	
汕尾城区	2230	2230	756	1474	
红海湾区	1127	1127	321	806	
海丰县	21975	21975	5203	16772	
陆河县	27258	27258	7265	19993	
陆丰市	59118	59118	16679	42439	
东莞市	**769**	**769**		**769**	
中山市	**536**	**521**	**67**	**448**	**6**
江门市	**39989**	**39989**	**22485**	**16341**	**1163**
蓬江区	255	255	30	225	
江海区	240	240		235	5
新会区	244	244	58		186
台山市	14248	14248	8946	5222	80
开平市	9735	9735	6744	2174	817
恩平市	10112	10112	4312	5800	
鹤山市	5155	5155	2395	2685	75
阳江市	**138987**	**138987**	**38026**	**99109**	**1852**
江城区	11299	11299	2039	9260	
阳东区	33545	33545	12067	19626	1852
阳西县	32826	32826	6093	26733	
阳春市	56836	56836	15615	41221	
海陵区	4481	4481	2212	2269	
湛江市	**590874**	**590874**	**206674**	**382343**	**1857**
赤坎区	410	410	40	370	
霞山区	323	323	88	235	
坡头区	14885	14885	11302	3583	
麻章区	12930	12930	9208	3565	157
东海区	9678	9678	5034	4644	

县（市）区别	大牲畜年末存栏头数	牛			
		合计	役用牛	肉用牛	奶牛
吴川市	31932	31932	5760	26172	
徐闻县	56409	56409	25111	31298	
雷州市	223773	223773	49227	174546	
遂溪县	84814	84814	36809	46305	1700
廉江市	155720	155720	64095	91625	
茂名市	**351098**	**351092**	**210104**	**140756**	**232**
茂南区	13161	13161	8691	4470	
电白区	84319	84319	57220	27099	
信宜市	69362	69362	37951	31287	124
高州市	89113	89113	44720	44369	24
化州市	95143	95137	61522	33531	84
肇庆市	**222166**	**222166**	**113840**	**104328**	**3998**
端州区					
鼎湖区	5868	5868	397	1473	3998
高要区	10401	10401	4764	5637	
广宁县	18319	18319	11183	7136	
四会市	14305	14305	6018	8287	
德庆县	14887	14887	8303	6584	
封开县	42888	42888	21400	21488	
怀集县	115498	115498	61775	53723	
清远市	**138501**	**138501**	**53223**	**73704**	**11574**
清城区	5806	5806	1816	2043	1947
英德市	52639	52639	16980	29473	6186
佛冈县	4029	4029	1632	2397	
连山自治县	13624	13624	5183	8441	
连南自治县	9102	9102	5304	3793	5
连州市	11030	11030	1898	5696	3436
阳山县	28669	28669	11821	16848	
清新区	13602	13602	8589	5013	
潮州市	**18468**	**18468**	**8264**	**10063**	**141**
湘桥区	1631	1631	619	1012	
饶平县	11203	11203	5926	5136	141
潮安区	5634	5634	1719	3915	
揭阳市	**54627**	**54627**	**20190**	**31794**	**2643**
榕城区	1762	1762	310	1050	402
揭东区	3054	3054	849	1726	479
惠来县	19385	19385	7115	12270	
普宁市	20065	20065	9187	9473	1405
揭西县	10361	10361	2729	7275	357
云浮市	**84928**	**84928**	**29310**	**55618**	
云城区	5678	5678	1228	4450	
新兴县	18268	18268	8501	9767	
郁南县	3785	3785	1445	2340	
罗定市	48887	48887	15225	33662	
云安区	8310	8310	2911	5399	

10-14 续表 3 单位：头、只

县（市）区别	山羊年末存栏只数	猪年末存栏头数		家禽年末存栏只数				兔年末存栏只数
			能繁殖母畜		鸡	鸭	鹅	
广 州 市	**7630**	**444028**	**44350**	**26250215**	**14536116**	**4993783**	**1441526**	**19338**
天 河 区								
白 云 区	357	42834	4740	6534341	4767134	629789	197570	122
黄 埔 区	574	75485	8410	1615410	1116630	14330	12150	
花 都 区	330	95230	9069	4149937	1630243	1742750	82321	4324
从 化 区	1237	139110	15394	2907222	2329524	271399	69855	12900
增 城 区	5015	11069	330	7242047	3634769	511425	364380	1692
番 禺 区		2954		2398397	684642	1000703	639117	300
南 沙 区	117	77346	6407	1402861	373174	823387	76133	
深 圳 市		**13514**	**1684**	**268690**	**6340**	**700**	**100**	
宝 安 区				130000				
龙 岗 区		13514	1684	138690	6340	700	100	
珠 海 市	1450	361720	37924	2542020	1512353	877719	110948	500
香 洲 区		470		437840	437840			
金 湾 区	500	37620	3624	119720	34350	12910	31460	500
斗 门 区	950	323630	34300	1984460	1040163	864809	79488	
汕 头 市	**2667**	**441910**	**27239**	**8991802**	**3627112**	**2065722**	**2606837**	
金 平 区	200	30303	1003	330842	91467	170669	68706	
龙 湖 区	14	55795	1246	1924384	284901	217373	729979	
澄 海 区	414	100130	10084	4594342	2055686	851409	1687247	
濠 江 区	60	11414	471	175233	139296	28634	7303	
潮 阳 区	701	129543	5228	1390538	705299	618522	66717	
潮 南 区	168	94943	7807	464611	255881	162647	46083	
南 澳 县	1110	19782	1400	111852	94582	16468	802	
佛 山 市	**3710**	**762369**	**97567**	**18268708**	**12305031**	**3981257**	**1892710**	**1180**
禅 城 区		4788	182	10081	10081			
南 海 区		92373	6228	1835167	1302545	83601	449021	
顺 德 区	200	61167	7068	1392473	1302313	450		
高 明 区	88	276210	32415	5614687	4841992	384306	388389	1180
三 水 区	3422	327831	51674	9416300	4848100	3512900	1055300	
韶 关 市	**29014**	**1026279**	**104030**	**6657375**	**5122033**	**1366051**	**129520**	**33354**
浈 江 区	4636	45927	4723	382428	372624	9804		
武 江 区	1295	53285	5728	242777	211488	26289	4000	
曲 江 区	3242	173375	15803	1153877	1040062	105287	1591	1916
南 雄 市	2893	222184	25129	1048955	781708	260489	6758	
始 兴 县	1214	62498	6518	458637	349236	105343	4058	
翁 源 县	4312	76249	7364	1111122	813787	275308	7537	9132
仁 化 县	4283	103223	9879	895706	623852	242804	11706	335
新 丰 县	2728	62783	6032	611765	336486	181836	93443	19370
乳源自治县	1805	75063	7470	239831	182569	56835	427	
乐 昌 市	2606	151692	15384	512277	410221	102056		2601
河 源 市	**7300**	**730964**	**77907**	**10847052**	**9697990**	**890789**	**99139**	**85301**
源 城 区		38731	6090	1001600	979978	15902	5720	
东 源 县	1996	76977	10365	1753971	1542913	200737	10321	6042
和 平 县	2001	94917	11089	2181086	1957150	106261	13917	6522
龙 川 县	2615	219758	32054	2706270	2330441	340418	35411	58634

10-14 续表 4　　　　单位：头、只

县（市）区别	山羊年末存栏只数	猪年末存栏头数		家禽年末存栏只数				兔年末存栏只数
			能繁殖母畜		鸡	鸭	鹅	
紫金县		116632	12114	1917012	1675489	160463	25684	6845
连平县	688	183949	6195	1287113	1212019	67008	8086	7258
梅州市	**55977**	**1549452**	**140017**	**16640751**	**13935030**	**2283660**	**422061**	**519026**
梅江区	1195	61185	7163	570342	521112	44590	4640	5583
梅县区	11459	209297	11709	2214265	1834591	344381	35293	164418
蕉岭县	6712	105752	13851	572447	358360	210262	3825	21458
大埔县	4684	120325	5524	1015001	718631	272678	23692	39210
丰顺县	6383	178653	16228	3955877	3271379	610596	73902	25937
五华县	12279	444817	42116	3152101	2456690	440406	255005	182699
兴宁市	8035	327961	32011	4412892	4211228	192342	9322	21901
平远县	5230	101462	11415	747826	563039	168405	16382	57820
惠州市	**7467**	**1062737**	**120988**	**12200726**	**8266022**	**2762932**	**737570**	
惠城区	807	214101	22481	3498034	1480934	1459776	254661	
惠东县	2961	307242	33548	2055787	1649324	379647	26561	
惠阳区	1572	21982	3114	1172313	901544	188071	63763	
博罗县	1643	448680	55913	4693251	3635924	569227	375751	
龙门县	484	70732	5932	781341	598296	166211	16834	
汕尾市	**21099**	**407621**	**24030**	**7553647**	**5697697**	**1565512**	**290436**	**4804**
汕尾城区	717	38603	1003	202497	139434	57446	5617	
红海湾区		1972	333	15255	8801	4091	2363	
海丰县	707	79667	7495	1687705	871697	770502	45505	
陆河县	3269	78240	6902	496312	326806	105876	63630	3269
陆丰市	16406	209139	8297	5151878	4350959	627597	173321	1535
东莞市	**889**	**62463**	**1120**	**961007**	**614218**	**138081**	**32187**	
中山市	**964**	**156966**	**16028**	**2512358**	**1118718**	**1011405**	**55667**	**904**
江门市	**16750**	**1703829**	**240745**	**26041547**	**15818936**	**4788793**	**2051972**	**21882**
蓬江区		109060	12051	379450	340150	19600	7700	536
江海区		58550	6853	58421	12615			
新会区	923	282701	37711	5988646	3724847	1512553	311831	
台山市	6757	253842	33100	4108474	1414768	738012	497784	9032
开平市	5648	316258	51947	10481088	6786622	1481003	789248	11664
恩平市	2525	174862	28256	1626747	882694	615924	128129	
鹤山市	897	508556	70827	3398721	2657240	421701	317280	650
阳江市	**16895**	**1278064**	**211732**	**6390269**	**3837040**	**649279**	**1656295**	**4484**
江城区	543	76493	16140	556783	260034	48888	247861	
阳东区	13407	320822	42882	1686481	776993	224246	682268	
阳西县	557	168230	25666	1264860	466326	50288	513682	900
阳春市	2044	706892	126230	2752831	2214490	325857	212484	3584
海陵区	344	5627	814	129314	119197			
湛江市	**96390**	**1880407**	**194020**	**24411442**	**17669670**	**5894507**	**508489**	**19124**
赤坎区	188			63111	60632			
霞山区				74601	69232			
坡头区		76783	7538	1039800	671003	329514	21192	
麻章区	2409	77722	8787	673510	461640	198206	13664	102
东海区	2472	31628	2347	650103	360779	275607	13717	

10-14 续表 5　　单位：头、只

县（市）区别	山羊年末存栏只数	猪年末存栏头数	能繁殖母畜	家禽年末存栏只数	鸡	鸭	鹅	兔年末存栏只数
吴川市	1758	180034	21428	5256267	3669298	1266361	250991	5061
徐闻县	47585	118102	11322	1448253	1241151	154316	16172	226
雷州市	29739	251974	17470	3611243	2609020	858294	102204	2755
遂溪县	7501	447345	41081	6650685	5057010	1453089	42397	4356
廉江市	4738	696819	84047	4943869	3469905	1359120	48152	6624
茂名市	**15976**	**2991973**	**326270**	**49095686**	**38705435**	**9533296**	**460300**	**316715**
茂南区	542	262618	45293	4400877	3252221	1017060	17001	321
电白区	2386	791477	82616	7314074	4456721	2762716	47513	35063
信宜市	9563	475022	28118	22632203	20010753	2222396	210347	189808
高州市	2806	715875	59553	9555684	7632288	1847205	29962	65075
化州市	679	746981	110690	5192848	3353452	1683919	155477	26448
肇庆市	**44592**	**2262322**	**187320**	**20569664**	**12887975**	**4997806**	**1997170**	**140792**
端州区		2100	5	2000	1900	100		
鼎湖区	2819	302262	16226	1087577	579026	163715	112681	
高要区	2296	313096	36677	4771344	2227720	1303512	1240112	19941
广宁县	7835	209365	20060	1782258	1467073	228172	87013	10337
四会市	5093	714397	65649	3435684	1976976	784136	312160	2259
德庆县		110361	4797	2592463	1961560	460274	96026	
封开县	16197	170617	15550	2489915	1868575	613069	6771	28833
怀集县	10352	440124	28356	4408423	2805145	1444828	142407	79422
清远市	**59096**	**1402124**	**140110**	**17358092**	**11179444**	**3018663**	**2842920**	**82694**
清城区	3622	122779	11975	7060484	4190210	987403	1882871	28659
英德市	4800	294361	35554	2010908	1541788	334924	84043	2671
佛冈县	4308	91635	20227	850212	714144	97269	38799	
连山自治县	5404	28592	2882	244749	116910	121484	6355	905
连南自治县	2468	24385	2573	283002	183901	89365	9736	1810
连州市	13748	294371	23414	1174401	641471	375944	8024	46535
阳山县	19013	295984	20785	2001802	1788047	198074	11294	2114
清新区	5733	250017	22700	3732534	2002973	814200	801798	
潮州市	**2412**	**394758**	**32515**	**5831672**	**2827604**	**1661376**	**1342692**	**5969**
湘桥区	119	25245	1448	471526	155985	105494	210047	
饶平县	1428	253654	26593	3703181	1905922	1223136	574123	5969
潮安区	865	115859	4474	1656965	765697	332746	558522	
揭阳市	**13113**	**933890**	**87665**	**8737973**	**4963249**	**3194797**	**411129**	**11494**
榕城区	1622	57733	3795	764758	443572	204677	100935	
揭东区	2477	123593	20260	1625319	965152	387483	229979	6010
惠来县	5800	268350	11014	3202428	1515161	1620718	24658	
普宁市	1020	222925	21540	1425768	754524	654150	12102	40
揭西县	2194	261289	31056	1719700	1284840	327769	43455	5444
云浮市	**23109**	**893120**	**90140**	**51989447**	**46907341**	**3097177**	**222881**	**293242**
云城区	420	142412	14902	2724844	2304430	285650	4500	37100
新兴县	9624	440436	50765	36068404	34455963	956220	188650	40230
郁南县	1720	77813	5060	4319105	3934669	21900	632	440
罗定市	9899	158295	13058	8023509	5583082	1633275	23939	209782
云安区	1446	74164	6355	853585	629197	200132	5160	5690

10-15 各市畜牧业主要产品产量

2016 年　　单位：万头、万只、吨

市别	当年出栏肉猪头数	当年出售和自宰的肉用牛	当年出售和自宰的肉用羊	当年出售和自宰的肉用狗	当年出售和自宰的家禽
全　省	3531.94	59.14	49.92	277.78	97391.06
广州市	96.99	1.06	0.77	5.35	11048.38
深圳市	2.90				151.59
珠海市	46.23	0.03	0.13		534.44
汕头市	88.77	0.44	0.38		2683.52
佛山市	143.64	0.07	0.40	1.40	6511.45
韶关市	160.34	1.99	2.66	8.17	1795.59
河源市	95.21	3.62	0.64	17.39	2686.77
梅州市	257.16	4.32	7.03	43.71	5029.75
惠州市	183.88	2.13	0.91	7.73	3317.79
汕尾市	79.77	5.74	3.31	7.68	2517.95
东莞市	11.49	0.13	0.12		398.27
中山市	29.34	0.02	0.10	0.51	876.52
江门市	292.90	0.93	1.83	7.58	7182.93
阳江市	188.23	4.66	1.69	8.53	1849.37
湛江市	330.69	15.27	9.50	22.53	7188.91
茂名市	553.15	4.42	2.24	42.89	13936.36
肇庆市	407.05	4.27	8.16	42.51	7383.86
清远市	210.15	3.69	5.03	16.82	4315.93
潮州市	59.01	0.77	0.26	0.10	1378.31
揭阳市	148.34	3.02	1.35	16.48	3382.56
云浮市	146.67	2.57	3.40	28.41	13220.80

市别	1. 鸡	2. 鸭	3. 鹅	4. 鸽	5. 其他家禽	当年出售和自宰的兔
全　省	66608.35	19418.27	5479.08	5216.92	668.44	324.78
广州市	5679.45	2592.10	583.16	2190.34	3.32	6.62
深圳市	7.96	0.10	0.02	143.52		
珠海市	237.40	138.13	23.11	120.10	15.70	0.07
汕头市	1065.58	814.85	700.59	2.76	99.74	
佛山市	3981.77	1862.80	622.97	35.78	8.13	0.43
韶关市	1340.86	409.28	15.23	27.27	2.95	4.46
河源市	2399.54	264.89	20.16	1.14	1.05	10.98
梅州市	4384.20	476.78	46.05	54.84	67.87	90.87
惠州市	2387.05	647.88	194.49	83.66	4.72	
汕尾市	1892.96	470.90	135.03	9.65	9.40	1.96
东莞市	267.14	68.39	19.75	42.99		
中山市	331.90	360.87	28.40	149.76	5.59	0.69
江门市	4755.74	1161.46	699.32	443.24	123.18	9.29
阳江市	1223.23	258.96	345.92	14.93	6.34	1.73
湛江市	5209.21	1782.09	97.29	70.01	30.30	4.04
茂名市	9524.18	2931.34	136.34	1298.68	45.83	55.85
肇庆市	4401.43	2054.89	636.12	218.70	72.72	64.52
清远市	2954.45	596.88	640.06	111.78	2.87	0.40
潮州市	454.51	569.93	351.85	2.01		0.84
揭阳市	1866.91	1203.31	136.87	110.52	64.95	4.13
云浮市	12242.87	752.45	36.45	85.24	103.79	64.83

10-15 续表 单位：万头、万只、吨

市别	肉类产量合计	猪肉产量	牛肉产量	羊肉产量	家禽肉产量	兔肉产量	其他肉产量
全省	415.49	264.38	7.07	0.89	135.08	0.93	7.14
广州市	21.83	7.27	0.14	0.01	14.34	0.01	0.06
深圳市	0.33	0.26			0.07		
珠海市	4.59	3.73			0.85		
汕头市	11.61	6.51	0.06	0.01	5.04		
佛山市	21.87	10.88	0.01	0.01	10.96		0.02
韶关市	14.77	11.81	0.23	0.05	2.52	0.01	0.15
河源市	11.63	7.22	0.42	0.01	3.65	0.03	0.30
梅州市	27.46	19.19	0.42	0.13	6.43	0.24	0.94
惠州市	18.75	13.94	0.22	0.02	4.43		0.15
汕尾市	10.37	5.95	0.66	0.05	3.53	0.01	0.17
东莞市	1.29	0.83	0.01		0.45		
中山市	3.08	2.02			1.04		0.01
江门市	30.82	21.52	0.10	0.03	8.49	0.02	0.66
阳江市	17.74	14.08	0.49	0.03	2.97		0.16
湛江市	37.60	24.71	1.93	0.16	10.34	0.01	0.45
茂名市	61.31	42.16	0.50	0.04	17.69	0.14	0.80
肇庆市	42.79	30.66	0.55	0.14	10.22	0.22	1.00
清远市	22.75	15.11	0.44	0.09	6.79	0.01	0.31
潮州市	7.56	4.46	0.10	0.01	2.79		0.20
揭阳市	17.72	11.13	0.42	0.03	5.00	0.02	1.13
云浮市	29.62	10.96	0.28	0.07	17.48	0.21	0.63

市别	奶类产量	蜂蜜产量	蜂蜡产量	禽蛋产量	蚕茧产量
全省	12.98	2.15	0.52	33.33	11.26
广州市	4.97	0.13	0.02	2.51	
深圳市	0.85				
珠海市	0.50			0.92	
汕头市	0.28	0.04		0.87	
佛山市	0.02			0.70	
韶关市	0.10	0.16	0.06	1.02	0.85
河源市		0.29	0.04	0.68	
梅州市	0.15	0.43	0.05	2.49	
惠州市	1.21	0.14	0.05	0.96	
汕尾市		0.05	0.01	1.59	
东莞市		0.01		0.03	
中山市		0.01		0.79	
江门市	0.31	0.01		3.37	
阳江市	0.59	0.02		0.80	2.38
湛江市	0.34	0.07	0.02	2.99	1.69
茂名市	0.03	0.06	0.01	5.10	2.50
肇庆市	1.08	0.27	0.12	2.59	0.09
清远市	2.07	0.04		1.11	1.97
潮州市	0.01	0.07	0.01	0.45	
揭阳市	0.47	0.18	0.05	2.92	
云浮市		0.17	0.07	1.43	1.78

10-16 各县（区）畜牧业主要产品产量

2016年　　单位：头、只、吨

县（市）区别	当年出栏肉猪头数	当年出售和自宰的肉用牛	当年出售和自宰的肉用羊	当年出售和自宰的肉用狗	当年出售和自宰的家禽	1. 鸡	2. 鸭
广州市	**969913**	**10553**	**7705**	**53505**	**110483752**	**56794527**	**25920971**
天河区		4					
白云区	86650	274	294	311	29238514	21396014	3290576
黄埔区	164235	166	918	40	5049109	3080650	30460
花都区	315384	195	317	16641	26664512	13756509	10530722
从化区	242267	1314	1013	18698	8081254	5666098	1064481
增城区	19640	7883	5036	15964	26190469	9909489	1312238
番禺区	3534	192			7642940	1508153	3924638
南沙区	138203	525	127	1851	7616954	1477614	5767856
深圳市	**29006**				**1515936**	**79586**	**1000**
宝安区	2830				952666	56000	
龙岗区	26176				563270	23586	1000
珠海市	**462310**	**250**	**1276**		**5344355**	**2373992**	**1381263**
香洲区	680				671042	671042	
金湾区	57480		36		186055	59500	74555
斗门区	404150	250	1240		4487258	1643450	1306708
汕头市	**887716**	**4379**	**3831**		**26835223**	**10655823**	**8148459**
金平区	69626		800		1392199	477036	701407
龙湖区	115701		180		3954091	1021318	692459
澄海区	215979	430			14743010	5792409	3919484
濠江区	31860	152	131		422199	336060	64590
潮阳区	210621	921	600		4110984	1798621	1940551
潮南区	199146	1060	250		1996040	1089929	762218
南澳县	44783	1816	1870		216700	140450	67750
韶关市	**1603366**	**19875**	**26575**	**81687**	**17955881**	**13408623**	**4092750**
浈江区	89589	466	3969		1009748	819224	190524
武江区	86545	1213	928	1486	706058	621079	74516
曲江区	239830	1255	3538	5052	1943271	1677123	253090
南雄市	363795	5106	1949	7938	4770988	3337010	1400733
始兴县	127197	2835	1055	7533	1916594	1246994	630901
翁源县	110444	3080	2528	32942	2213174	1772062	394240
仁化县	165753	2369	7132	6026	2332902	1714704	580927
新丰县	80678	1372	1339	9520	1185482	821952	283182
乳源自治县	71381	1090	780	4731	284160	220103	63801
乐昌市	268154	1089	3357	6459	1593504	1178372	220836
河源市	**952095**	**36242**	**6380**	**173894**	**26867704**	**23995388**	**2648850**
源城区	58204	535		405	3123639	3081368	33057
东源县	166200	8848	1757	32593	4920553	4252580	638953
和平县	169463	5072	1544	22093	5940946	5195220	706651
龙川县	246245	7236	1698	78158	3786585	3395011	326023
紫金县	180454	9281		35427	6024939	5057763	890630
连平县	131529	5270	1381	5218	3071042	3013446	53536
梅州市	**2671666**	**13160**	**70274**	**437100**	**50207610**	**40042000**	**4767007**
梅江区	185336	1266	866	2686	2480349	2339876	127975
梅县区	386516	3901	15753	76830	6602619	5777294	778825
蕉岭县	235687	5761	14069	8818	1812565	1202959	549872

县（市）区别	当年出栏肉猪头数	当年出售和自宰的肉用牛	当年出售和自宰的肉用羊	当年出售和自宰的肉用狗	当年出售和自宰的家禽		
						1. 鸡	2. 鸭
大埔县	216161	2336	3511	24657	2956728	1848823	978770
丰顺县	264738	6402	3837	25119	17969121	17095245	793655
五华县	558950	14958	13093	238915	5140532	3659536	704936
兴宁市	578166	4653	10912	30255	12100867	11025938	539853
平远县	146011	3892	8233	29820	1234738	892359	293921
惠州市	**1838842**	**21343**	**9054**	**77316**	**33177947**	**23870531**	**6478817**
惠城区	407409	2921	499	13593	5486512	2927798	2066075
惠东县	426730	4387	2413	18185	5394269	4088584	1186201
惠阳区	77752	1497	831	2321	3804039	3143424	462402
博罗县	837215	10670	5055	39101	16024104	11976493	2071206
龙门县	89736	1868	256	4116	2469023	1734232	692933
汕尾市	**797713**	**57436**	**33063**	**76792**	**25179470**	**18929597**	**4709038**
汕尾城区	76228	898	509	1574	2153282	1561920	550496
红海湾区	4976	830			159735	114087	37482
海丰县	150726	13188	3214	40154	6445057	4722845	1537406
陆河县	149885	13280	3709	18900	2207691	1196510	542360
陆丰市	415898	29240	25631	16164	14213705	11334235	2041294
东莞市	**114939**	**1267**	**1168**		**3982731**	**2671408**	**683902**
中山市	**293415**	**236**	**1041**	**5092**	**8765165**	**3319011**	**3608651**
江门市	**2929020**	**9251**	**18326**	**75776**	**71829335**	**47557357**	**11614598**
蓬江区	392248	99		1969	2414450	1901461	72800
江海区	108939	209			242764	108659	30239
新会区	451449		577	2491	18295193	9498865	4171304
台山市	308952	3378	5637		9812106	6289994	1742526
开平市	663086	2332	9191	58981	28904931	21570715	3489830
恩平市	295947	1128	1946	9500	5266809	3703072	1260716
鹤山市	708399	2105	975	2835	6893082	4484591	847183
佛山市	**1436438**	**749**	**4012**	**13996**	**65114509**	**39817736**	**18628021**
禅城区	18343				43810	43810	0
南海区	141359	40			6985080	5446650	733085
顺德区	94432		50		3637713	3456295	15835
高明区	476284	210	361	2155	17870246	14437781	2013601
三水区	706020	499	3601	11841	36577660	16433200	15865500
阳江市	**1882312**	**46576**	**16911**	**85268**	**18493730**	**12232306**	**2589645**
江城区	146971	3677	342		1416387	851860	167084
阳东区	363116	5408	7303	27398	4361119	1980438	650497
阳西县	283332	20520	895	2692	4614955	2950461	783258
阳春市	1065116	15843	7622	55178	7261584	5825661	819190
海陵区	23777	1128	749		839685	623886	169616
湛江市	**3306900**	**152675**	**94983**	**225268**	**71889086**	**52092080**	**17820948**
赤坎区	5583	174	650		475353	474358	995
霞山区		8			36500	36500	
坡头区	225041	2771			3807571	2820034	780815
麻章区	123273	2283	2043	7479	2509452	1838889	657330
东海区	51852	2102	2160	3668	1817806	1194591	568437

10-16 续表2 单位：头、只、吨

县（市）区别	当年出栏肉猪头数	当年出售和自宰的肉用牛	当年出售和自宰的肉用羊	当年出售和自宰的肉用狗	当年出售和自宰的家禽	1. 鸡	2. 鸭
吴川市	278357	8445	1130	4617	17070522	12346931	4428523
徐闻县	162524	9348	45878	3123	1864308	1456853	378535
雷州市	306691	53682	24702	85212	9242839	5724167	3082984
遂溪县	866910	17910	9146	38814	21787772	17798763	3616965
廉江市	1286669	55952	9274	82355	13276963	8400994	4306364
茂名市	**5531527**	**44184**	**22446**	**428858**	**139363584**	**95241758**	**29313352**
茂南区	452720	1721	557	32189	18460353	8613492	6299486
电白区	1403905	9163	3286	112187	20766062	10895852	6510177
信宜市	926309	11198	14599	106749	52771167	46095518	6002640
高州市	1371426	10364	2773	138537	31421661	19770719	5334470
化州市	1377167	11738	1231	39196	15944341	9866177	5166579
肇庆市	**4070486**	**42705**	**81626**	**425059**	**73838613**	**44014262**	**20548918**
端州区	3700				7800	7000	800
鼎湖区	545644	688	1379	4243	5023402	2631031	910251
高要区	768351	2155	4476	37615	16919794	8392217	3756194
广宁县	220073	2008	5564	36001	6951707	5187536	1227449
四会市	1256456	3731	3296	11390	15313441	8645884	4736393
德庆县	127975	1876			6443329	4632525	1473772
封开县	208168	12709	11768	80889	8273215	6208695	2050538
怀集县	940119	19538	55143	254921	14905925	8309374	6393521
清远市	**2101540**	**36924**	**50290**	**168150**	**43159340**	**29544512**	**5968822**
清城区	180546	677	2190	18348	17297003	11293620	1511046
英德市	343820	9338	4126	29765	5036090	4262478	646806
佛冈县	96669	1208	2208		1500339	890890	304131
连山自治县	66980	3187	3714	23869	861620	448122	392410
连南自治县	41224	1826	885	18256	844732	625012	195122
连州市	487655	4819	11450	9858	2570688	1798163	759932
阳山县	514564	11421	13109	42212	4800627	4518775	252770
清新区	370082	4448	12608	25842	10248241	5707452	1906605
潮州市	**590138**	**7729**	**2612**	**1035**	**13783056**	**4545061**	**5699339**
湘桥区	34457	702			1271641	380620	369017
饶平县	407739	5262	2057	1035	8663476	3419218	3701987
潮安区	147942	1765	555		3847939	745223	1628335
揭阳市	**1483399**	**30206**	**13546**	**164847**	**33825583**	**18669113**	**12033053**
榕城区	118727	560		11334	3289575	1510820	881666
揭东区	292578	1328	368	2975	6689740	3196491	1744620
惠来县	282178	10219	6612	27477	9385411	4445046	4793898
普宁市	371176	6267	400	48000	5103258	2407012	2639874
揭西县	418740	11832	6166	75061	9357599	7109744	1972995
云浮市	**1466714**	**25698**	**34041**	**284147**	**132208040**	**122428749**	**7524500**
云城区	211018	3355	51	20695	9577844	8616544	921580
新兴县	765030	5670	15537	92780	91132368	87409436	2556320
郁南县	95323	1223	4552	3886	14619105	13693550	917707
罗定市	282460	11906	10666	131096	14824509	11251273	2570307
云安区	112883	3544	3235	35690	2054214	1457946	558586

县（市）区别	3. 鹅	4. 鸽	5. 其他家禽	当年出售和自宰的兔	肉类产量合计	猪肉产量	牛肉产量
广州市	**5831596**	**21903409**	**33249**	**66162**	**218285**	**72656**	**1396**
天河区					1		1
白云区	1247181	3304743		80	43140	6491	36
黄埔区	25806	1912193			16693	12303	22
花都区	1174319	1201941	1021	10662	64753	23625	26
从化区	191637	1140310	18728	46300	28274	18148	174
增城区	877791	14090951		8950	24432	1471	1043
番禺区	1968987	241162		170	16455	265	25
南沙区	345875	12109	13500		24537	10353	69
深圳市	**200**	**1435150**			**3278**	**2553**	
宝安区		896666			700	183	
龙岗区	200	538484			2578	2370	
珠海市	**231100**	**1201000**	**157000**	**720**	**45918**	**37335**	**32**
香洲区					978	52	
金湾区	31000	21000		720	4463	4128	
斗门区	200100	1180000	157000		40477	33155	32
汕头市	**7005941**	**27600**	**997400**		**116077**	**65062**	**553**
金平区	213756				7766	5153	
龙湖区	1242914		997400		15590	8563	
澄海区	5003517	27600			45223	15719	77
濠江区	21549				2962	2288	20
潮阳区	371812				22809	15629	85
潮南区	143893				17969	14486	159
南澳县	8500				3758	3224	212
韶关市	**152304**	**272687**	**29517**	**44613**	**147665**	**118101**	**2336**
浈江区					8085	6611	55
武江区	6963	3500			7416	6348	143
曲江区	5051	8007		6730	20476	17619	147
南雄市	33245				34690	26844	601
始兴县	21898	9693	7108		12720	9270	333
翁源县	36663	10209		10867	12269	8132	362
仁化县	21311	15960		1010	16094	12230	278
新丰县	26917	53431		19105	8048	5994	161
乳源自治县	256				5900	5267	128
乐昌市		171887	22409	6901	21967	19786	128
河源市	**201624**	**11350**	**10492**	**109819**	**116274**	**72178**	**4204**
源城区	9214				8198	4372	55
东源县	29020			18891	21856	13112	958
和平县	25432	3151	10492	13794	21752	13237	619
龙川县	65551			53292	27477	19623	908
紫金县	68347	8199		8432	23795	13276	1081
连平县	4060			15410	13196	8558	583
梅州市	**460525**	**548416**	**678741**	**908674**	**274635**	**191894**	**5303**
梅江区	4907	7344	247	4193	20113	15423	152
梅县区	35473	5748	5279	298409	41565	28269	477
蕉岭县	19255	26458	14021	51228	22012	18062	688

10-16 续表 4　　　　单位：头、只、吨

县（市）区别	3. 鹅	4. 鸽	5. 其他家禽	当年出售和自宰的兔	肉类产量合计	猪肉产量	牛肉产量
大埔县	67861	44916	16358	57339	20955	15317	288
丰顺县	52316	24824	3081	100532	42825	18684	786
五华县	179521	209263	387276	289940	56671	41638	1872
兴宁市	74807	222580	237689	37220	56186	42994	565
平远县	26385	7283	14790	69813	14308	11507	475
惠州市	**1944872**	**836567**	**47160**		**187548**	**139359**	**2232**
惠城区	320043	172596			39247	31181	338
惠东县	100458	19026			40294	31910	475
惠阳区	198213				11002	5872	169
博罗县	1284625	644620	47160		86457	63593	1019
龙门县	41533	325			10548	6803	231
汕尾市	**1350281**	**96533**	**94021**	**19637**	**103749**	**59510**	**6563**
汕尾城区	40866				8518	5573	111
红海湾区	8166				683	371	91
海丰县	184806				22872	11157	1390
陆河县	426391	23585	18845	16820	17906	11604	1646
陆丰市	690052	72948	75176	2817	53770	30805	3325
东莞市	**197496**	**429925**			**12936**	**8326**	**126**
中山市	**283969**	**1497641**	**55893**	**6892**	**30812**	**20198**	**27**
江门市	**6993177**	**4432422**	**1231781**	**92917**	**308186**	**215226**	**1009**
蓬江区	27549	166960	245680	1524	35527	30574	12
江海区	6130	97736			7724	7460	25
新会区	987940	2689393	947691	2562	58173	33195	
台山市	1730871	48715		8773	35626	22513	376
开平市	3469015	375371		78008	80841	47706	233
恩平市	303021				29621	21635	141
鹤山市	468651	1054247	38410	2050	60674	52143	222
佛山市	**6229717**	**357757**	**81278**	**4338**	**218697**	**108783**	**88**
禅城区					1330	1284	
南海区	805345				23327	13851	8
顺德区	15000	117583	33000		11013	6598	
高明区	1262572	148014	8278	486	59753	36375	23
三水区	4146800	92160	40000	3852	123274	50675	57
阳江市	**3459164**	**149257**	**63358**	**17297**	**177383**	**140846**	**4904**
江城区	397443				12943	10603	387
阳东区	1681389	42504	6291		35969	27318	586
阳西县	744246	79923	57067	1759	30457	20949	2039
阳春市	589903	26830		15538	94937	80346	1772
海陵区	46183				3077	1630	120
湛江市	**972896**	**700137**	**303025**	**40443**	**376006**	**247094**	**19255**
赤坎区					996	391	23
霞山区					52		1
坡头区	121858	84864			22516	16653	341
麻章区	13233			350	13000	8870	344
东海区	54778				6875	3883	235

县（市）区别	3. 鹅	4. 鸽	5. 其他家禽	当年出售和自宰的兔	肉类产量合计	猪肉产量	牛肉产量
吴川市	220221	50245	24602	5298	46915	20749	1080
徐闻县	28920			420	15874	11434	1086
雷州市	208097	156887	70704	4652	45261	23079	6818
遂溪县	90678	167274	114092	8893	99829	65417	2282
廉江市	235111	240867	93627	20830	124688	96618	7045
茂名市	**1363403**	**12986779**	**458292**	**558487**	**613115**	**421574**	**4957**
茂南区	90548	3446299	10528	996	61129	35775	222
电白区	148540	2957453	254040	52053	138268	107128	1069
信宜市	507169	152344	13496	294584	140834	70653	1255
高州市	164345	6022877	129250	175178	146288	104717	1103
化州市	452801	407806	50978	35676	126596	103301	1308
肇庆市	**6361190**	**2187047**	**727196**	**645173**	**427892**	**306581**	**5467**
端州区					250	241	
鼎湖区	1031042	185763	265315		48738	42030	80
高要区	2977886	1522781	270716	62439	85075	60295	270
广宁县	386715	17330	132677	90102	26547	15759	256
四会市	1514469	391385	25310	11505	120793	98519	438
德庆县	299458	6324	31250		18580	9356	242
封开县	9523	2531	1928	54506	31077	15487	1644
怀集县	142097	60933		426621	96832	64894	2537
清远市	**6499581**	**1117766**	**28659**	**34647**	**227515**	**151140**	**4363**
清城区	4266321	199607	26409	18418	43113	13235	71
英德市	75034	51772		2857	32914	25621	1022
佛冈县	200681	104637			9386	7045	136
连山自治县	11330	9758		752	7439	5341	333
连南自治县	20790	3808		965	5492	3163	217
连州市	10343		2250	7143	37672	33645	562
阳山县	11580	17502		4512	44254	35704	1508
清新区	1903502	730682			47245	27386	514
潮州市	**3518517**	**20139**		**8365**	**75554**	**44558**	**988**
湘桥区	521746	258			5522	2627	90
饶平县	1534632	7639		8365	50342	30281	663
潮安区	1462139	12242			19690	11650	235
揭阳市	**1368684**	**1105243**	**649490**	**41289**	**177190**	**111301**	**4155**
榕城区	331652	394139	171298	6233	15826	9846	98
揭东区	773139	634926	340564	12926	28579	15744	195
惠来县	130644	15823			40750	21525	1481
普宁市	56372			260	41822	32126	855
揭西县	76877	60355	137628	21870	50213	32060	1526
云浮市	**364545**	**852361**	**1037885**	**648290**	**296201**	**109568**	**2773**
云城区	5700	15600	18420	147680	31654	15746	391
新兴县	325426	495660	345526	74965	182604	60476	625
郁南县	978	4870	2000	12450	26628	7549	155
罗定市	30841	330231	641857	402665	42806	17588	1266
云安区	1600	6000	30082	10530	12509	8209	336

10-16 续表 6　　单位：头、只、吨

县（市）区别	羊肉产量	家禽肉产量	奶类产量	蜂蜜产量	蜂蜡产量	禽蛋产量
广州市	**135**	**143358**	**49725**	**1349**	**178**	**25114**
天河区			3886			
白云区	5	36598	3589	100		1435
黄埔区	16	4352	2370	1		1554
花都区	6	40825	9560	3		2714
从化区	18	9683	10515	579	22	3288
增城区	88	21645	10890	651	156	10296
番禺区		16161	2068	15		5248
南沙区	2	14094	6847			579
深圳市		**725**	**8485**			
宝安区		517	8485			
龙岗区		208				
珠海市	**25**	**8524**	**5000**			**9222**
香洲区		926				
金湾区	1	332				
斗门区	24	7266	5000			9222
汕头市	**84**	**50378**	**2759**	**426**		**8710**
金平区	20	2593				215
龙湖区	3	7024	55			1695
澄海区		29427	96			3401
濠江区	4	650	2608			392
潮阳区	12	7083				1593
潮南区	7	3317		351		1251
南澳县	38	284		75		163
韶关市	**464**	**25177**	**1017**	**1571**	**635**	**10210**
浈江区	69	1350	101	291	45	198
武江区	16	879	912			820
曲江区	62	2576		47	14	1068
南雄市	34	7056		22		2770
始兴县	18	2946		322	56	890
翁源县	44	3065		94	94	862
仁化县	125	3358		46	30	1279
新丰县	23	1645	4	648	299	620
乳源自治县	14	396		68		420
乐昌市	59	1906		33	97	1283
河源市	**114**	**36498**		**2852**	**366**	**6799**
源城区		3767				62
东源县	23	7209		1462	150	2662
和平县	28	7451		52	16	732
龙川县	38	5185		96		1397
紫金县		9063		1192	200	1563
连平县	25	3823		50		383
梅州市	**1288**	**64307**	**1498**	**4259**	**509**	**24937**
梅江区	25	4463	80	82		386
梅县区	309	9678	219	1333	38	2350
蕉岭县	235	2811	125	1405	298	351

县（市）区别	羊肉产量	家禽肉产量	奶类产量	蜂蜜产量	蜂蜡产量	禽蛋产量
大埔县	72	4649	158	475	70	1251
丰顺县	64	22580	204	460	1	2205
五华县	228	6781	203	85	5	9080
兴宁市	196	11717	430	148	28	8376
平远县	159	1628	79	271	69	938
惠州市	**164**	**44284**	**12050**	**1363**	**544**	**9551**
惠城区	11	7392	184	390	29	4660
惠东县	36	7446		228	35	1629
惠阳区	17	4899		16	7	290
博罗县	95	21129	11112	643	449	2557
龙门县	5	3418	754	86	24	415
汕尾市	**543**	**35314**		**512**	**68**	**15863**
汕尾城区	8	2800		6	3	1911
红海湾区		221				193
海丰县	63	9447		246	51	8088
陆河县	74	4026		120	10	833
陆丰市	398	18820		140	4	4838
东莞市	**25**	**4459**		**128**		**312**
中山市	**21**	**10441**	**12**	**89**	**2**	**7934**
江门市	**304**	**84892**	**3093**	**113**	**1**	**33717**
蓬江区		2230		16	1	22
江海区		239	13			660
新会区	11	22106	496	10		823
台山市	87	12641	207	34		5597
开平市	162	31876	2138	38		14897
恩平市	27	7638				10651
鹤山市	17	8162	239	15		1067
佛山市	**76**	**109582**	**195**	**1**	**1**	**6960**
禅城区		46				
南海区		9468	40			160
顺德区	1	4414	26			148
高明区	9	23292		1	1	390
三水区	66	72362	129			6262
阳江市	**290**	**29651**	**5912**	**244**	**44**	**7971**
江城区	8	1945				1142
阳东区	116	7431	5912	30		1539
阳西县	15	7417		23		2410
阳春市	137	11545		191	44	2862
海陵区	14	1313				18
湛江市	**1647**	**103372**	**3440**	**676**	**222**	**29911**
赤坎区	12	570				66
霞山区		51				120
坡头区		5522				3516
麻章区	37	3610	385			905
东海区	35	2643				151

10-16 续表 8

单位：头、只、吨

县（市）区别	羊肉产量	家禽肉产量	奶类产量	蜂蜜产量	蜂蜡产量	禽蛋产量
吴川市	21	24940		6	2	5561
徐闻县	785	2507		2	1	448
雷州市	440	13035		5	2	6374
遂溪县	158	31303	3055	128	29	6153
廉江市	159	19191		535	188	6617
茂名市	**393**	**176868**	**320**	**578**	**112**	**50973**
茂南区	8	24472		2	2	2521
电白区	58	27626		163	52	19604
信宜市	253	65680	289	71	10	6639
高州市	53	37876	16	199	23	17747
化州市	21	21214	15	143	25	4462
肇庆市	**1412**	**102247**	**10800**	**2718**	**1173**	**25935**
端州区		9				
鼎湖区	24	6498	10800	143		604
高要区	87	23508		1187	788	9328
广宁县	105	9700		825	269	898
四会市	65	21436		23	10	7999
德庆县		8982		117	28	1710
封开县	214	11443		263	37	1447
怀集县	917	20671		160	41	3949
清远市	**887**	**67944**	**20731**	**391**	**30**	**11094**
清城区	38	29437	7228	3		3345
英德市	76	5663	13492	124	13	750
佛冈县	35	2170		45	10	4650
连山自治县	78	1341		43	6	78
连南自治县	18	1654	11	45		201
连州市	190	2940		3	1	538
阳山县	221	6067		104		784
清新区	231	18672		24		748
潮州市	**58**	**27941**	**59**	**714**	**61**	**4483**
湘桥区		2805		81	33	130
饶平县	48	17341	59	433	14	2878
潮安区	10	7795		200	14	1475
揭阳市	**304**	**49989**	**4654**	**1774**	**543**	**29230**
榕城区		4176	1010	99		1762
揭东区	8	8680	1220	233	182	3254
惠来县	172	14650		461	120	13101
普宁市	10	7900	1692	31	6	2674
揭西县	114	14583	732	950	235	8439
云浮市	**656**	**174808**		**1709**	**695**	**14347**
云城区	1	14888		10	10	1435
新兴县	328	118277		20	40	887
郁南县	80	18728		700	260	4065
罗定市	200	19489		949	360	7592
云安区	47	3426		30	25	368

10-17 全省饲料加工企业主要年份饲料生产情况

项　　目	单位	2005	2010	2012	2013	2014	2015	2016	2016比2015增减（%）
生产能力	**吨/小时**	**3698**	**14126.35**	**15828**	**15828**	**15828**	**15828**	**15860.87**	**0.21**
全年实际产量	吨	12420678	18807084	23315012	22505545	23988428	25730232	28248133	9.79
配合饲料	**吨**	**11967447**	**17997638**	**22433348**	**21579625**	**22873804**	**24644169**	**27094318**	**9.94**
配合饲料家禽料	吨	6772565	8422722	9329797	7864209	8310798	9719511	11129650	14.51
蛋禽料	吨	983978	1502723	1491562	1220324	1290907	1683368	2011529	19.49
肉禽料	吨	5788588	7009366	7838236	6643885	7019891	8036144	9118121	13.46
配合饲料猪料	吨	2855709	6339038	8803096	9706576	1027947	10425051	11222083	7.65
配合饲料水产料	吨	2264139	3145836	4153006	3844199	4174404	4346688	4455353	2.50
配合饲料其他	吨	71805	81315	128026	144563	109124	152919	287232	87.83
浓缩饲料	**吨**	**186615**	**289878**	**362184**	**355049**	**449642**	**438174**	**471739**	**7.66**
浓缩饲料猪料	吨	128704	232234	318081	324565	416983	406222	432525	6.48
添加剂预混料	**吨**	**266616**	**519567**	**519479**	**570870**	**664981**	**647889**	**682076**	**5.28**
预混料猪料	吨	187067	391820	375336	402138	453232	441675	458229	3.75
预混料禽料	吨	42122	48237	50077	66405	71277	72823	81037	11.28
全年营业收入	**亿元**	**291**	**582**	**757**	**723**	**833**	**862**	**899**	**4.29**
工业总产值	**亿元**	**300**	**593**	**728**	**703**	**863**	**962**	**935**	**-2.81**

10-18 各市主要年份饲料生产总量

单位：吨

市　　别	1990	1995	2000	2005	2010	2013	2014	2015	2016
合　　计	2853406	6223168	8507764	12420679	18807084	22505545	23988428	25730232	28248133
广　　州	436899	829278	1392240	2276190	2940760	3060716	3027862	3234175	3254435
深　　圳	557379	1103488	1023976	718856	688406	385313	332817	323968	280266
珠　　海	132235	227831	183353	507512	626343	768895	766766	909826	1002431
汕　　头	155620	351445	357863	341779	428775	418865	445201	466057	477296
佛　　山	720649	1509331	2485870	3978825	4653046	4213258	4133314	4264050	2959887
韶　　关	20815	69369	24535	163492	385013	525363	575670	586719	567952
河　　源	1137		5589	94934	147001	178404	262820	330799	331816
梅　　州	9462	31600	14867	63120	139830	302213	283921	334648	324351
惠　　州	105833	98580	116222	126459	399958	871728	1000785	1276757	1557852
汕　　尾	4246			910	1215	7012	7060	8574	6727
东　　莞	50720	199210	303211	379736	594626	964316	935931	1026796	1185701
中　　山	120106	116736	220899	237299	452231	392180	371197	352742	406670
江　　门	301190	711549	626794	800724	2136088	3111193	3511015	3795172	4116234
阳　　江	7036	8632	22835	23283	22310	472671	519697	646335	1050762
湛　　江	103417	411309	658061	1065288	1340679	1717559	2027649	2030280	2296118
茂　　名	62181	156335	211229	337855	1282489	2019731	2208544	2025907	2298952
肇　　庆	42698	91647	56603	200247	515213	752390	775349	902746	1073791
清　　远	18131	8022	8602	190184	491797	564760	901997	1147692	1175842
潮　　州	3652	29985	16506	52620	53352	51527	86645	109835	110198
揭　　阳		46303	81400	75088	261647	482419	513477	538147	603953
云　　浮		221894	697109	786279	1246297	1245065	1300710	1419004	1484286

十一、水产业

国家海洋局与广东省政府签署合作框架协议

2016 中国海洋经济博览会于 **11** 月 **24** 日至 **27** 日在湛江奥体中心举办

"互联网+"现代渔业行动正式启动 6 月 3 日，农业部在广州召开信息化现场会，农业部副部长于康震出席会议并讲话，广东省副省长邓海光出席会议。

2016 中国（珠海）国际海洋高新科技展览会 4 月 28 日在珠海开幕

世界海洋日暨全国海洋宣传日活动，广东主会场阳江放流

2016年国家海洋局“海疆生态行”系列主题宣传报道活动走进广东省惠州媒体报道团走访惠东海龟国家级自然保护区

2016 年国家海洋局“海疆生态行”系列主题宣传报道活动走进广东省惠州媒体报道团走访铁涌镇“美丽海湾”建设现场

广东省启动水产品质量安全专项整治行动

2016 年国家海洋局“海疆生态行”系列主题宣传报道活动走进广东省惠州媒体报道团走访中海石油炼化有限责任公司惠州炼化分公司

广东省启动水产品质量安全专项整治行动

6 月 29 日，省海洋渔业厅在茂名市举办全省渔船船用产品质量专项治理行动暨渔业安全生产月现场活动

渔 业

2016 年，广东渔业经济保持平稳增长态势。

一、渔业统计情况综述

（一）渔业产量情况

全省渔业总产量 873.79 万吨，比上年增长 1.81%。其中：海洋捕捞 152.57 万吨（包括外海），减少 2.21%；海水养殖 313.81 万吨，增长 3.49 %；淡水捕捞 12.29 万吨，减少 1.14 %；淡水养殖 395.12 万吨，增长 2.21%。

（二）渔业产值情况

渔业经济总产值达到 2863.09 亿元，同比增长 12.95%；水产品总产值 1195.63 亿元，增长 4.21 %；第二、第三产业产值 1667.46 亿元，增长 18.18 %。

（三）分作业生产情况

1、渔业生产船舶总计 63892 艘，98.07 万吨位，244.23 万千瓦；其中，海洋渔业渔船合计 51278 艘，海洋渔业机动渔船 48780 艘，93.59 万吨位，229.4 万千瓦，机动渔船中生产渔船 55805 艘，94.27 万吨位，229.4 万千瓦；生产渔船中捕捞渔船 50627 艘，87.24 万吨位，209.7 万千瓦；养殖渔船 5178 艘，2.15 万吨位，7.2 万千瓦；辅助渔船 4788 艘，2.15 万吨位，27.24 万千瓦；非机动渔船合计 3299 艘，7576 吨位。

2、海洋捕捞品种构成分别是:鱼类 112.63 万吨，增长 3.65%；虾类 15.91 万吨，增长 2.33%；蟹类 8.26 万吨，增长 2.32%；贝类 5.34 万吨，减少 9.36 %；藻类 0.73 万吨，减少 6.51 %。

3、海水养殖面积 19.61 万公顷，增长 0.62 %，产量 313.81 万吨，增长 3.49%；海水养殖产量品种构成:鱼类 51.63 万吨，增长 4.75%；虾类 46.29 万吨，增长 9.5%；蟹类 6.63 万吨，增长 7.82%；贝类 200.32 万吨，增长 1.48 %。

4、淡水捕捞 12.29 万吨，减少 1.14 %。产量构成中:鱼类 7.89 万吨，减少 0.38%；虾类 0.89 万吨，增长 5.95%；蟹类 0.34 万吨，减少 2.85%；贝类 3.07 万吨，减少 9.44 %。

5、淡水养殖面积 35.91 万公顷，减少 3.16%。395.12 万吨，增长 2.21%。池塘养殖面积 26.84 万公顷，减少 0.99 万公顷。

（四）水产养殖苗种

海水鱼苗产量 27.55 亿尾。淡水鱼苗产量 8353.50 亿尾，淡水鱼种 32.48 万吨。

（五）水产加工

水产加工产量 149.88 万吨，增长 7.33%。

（六）渔民收入

渔民人均纯收入 14486 元，增长 5.65%。

（七）进出口情况

全省水产品进出口总量 58.88 万吨，进出口总额 35.61 亿美元，同比分别增长 0.32%和 1.11%。其中：出口量 50.39 万吨，出口额 29.33 亿美元，同比分别增长 4.83%和 4.45%；进口量 8.49 万吨，进口额 6.28 亿美元，同比分别减少 20.06%和 12.04%。贸易顺差 23.05 亿美元。

二、渔业经济工作情况

2016 年全省海洋渔业系统认真贯彻落实省委、省政府决策部署，开拓创新，狠抓落实，现代渔业建设迈出坚实步伐，实现了“十三五”良好开局，渔业总产值占农业总产值比重超过 20%，是农村经济的重要增长点。

一是现代渔业建设扎实推进。编制完成《广东省现代渔业发展“十三五”规划》《广东省深水网箱养殖发展规划 2016-2020》，组织编制《休闲渔业发展规划》。建设珠海庙湾、茂名放鸡岛、惠州东山海 3 个大型人工鱼礁示范项目，汕尾遮浪角、汕头南澳海域获批建设国家级海洋牧场示范区。依托国家技术单位成立省海洋渔业研究所、淡水渔业研究所。

二是加快现代渔港和避风塘建设。全力推进现代渔港建设，实施厅领导包干负责制，加强渔港建设专项督导。列入 2016 年省十件民生实事的阳江闸坡、湛江硇洲、揭阳神泉 3 个示范性渔港和江门烽火角、遂溪北部湾 2 个避风塘开工建设。

三是推进捕捞业转方式调结构。率先试行渔船更新改造“先建后拆”，新建大中型渔船 301 艘。加快发展远洋渔业，现有远洋渔业企业 19 家、在外生产渔船 189 艘。东莞市通过财政资金、银行贷款支持更新改造渔船 134 艘，占全市捕捞渔船 46.5%。湛江市拆解淘汰渔船 277 艘，新建渔船 106 艘。

四是加快发展特色生态养殖。韶关市通过“公司+合作社+基地”模式大力发展生态养殖、瘦身鱼养殖。佛山市建设生态健康养殖示范区 3 个和生态水循环养殖示范点 2 个。茂名卤仔鱼成为我省渔业首个获得国家农产品地理标志登记保护产品。珠海市成立休闲渔业协会，建成国家级休闲渔业基地 1 家、省级休闲渔业基地 2 家。梅州市建成国家级休闲渔业示范基地 3 家。江门市成功举办第四届中国（江门）锦鲤博览会和首届中国（江门）名龟博览会。

五是强化水产品质量安全监管。水产品质量安全工作名列全省食品安全考核省直单位第三名，在全国农产品质量安全监管工作会议上作了典型发言。开展“一月一主题”水产品安全状况综合分析和风险研判。建成国家健康养殖示范场 190 家、省级以上渔业龙头企业 114 家。开展水产品质量安全专项整治，检查养殖场 6821 家。佛山市开展水产品质量安全示范点建设，与养殖企业、养殖户签订《水产品质量安全和渔业安全生产双承诺书》。

六是持续强化渔业安全生产监管。省政府出台《广东省渔业船舶安全生产管理办法》，建立渔业安全生产监管制度。建成 18 个渔港气象潮位站和 4 个水文气象浮标，开展六大渔场、重点目标海洋预报。开展渔业安全生产大检查，落实安全监管措施，全年渔船生产安全事故、死亡失踪人数同比分别下降 21.4%和 36.4%。茂名市建立渔船安全生产联席会议制度。广州市制定渔船渔港安全监管执法工作规范和监管巡查量化指标。

七是加快海洋渔业信息化建设。信息化建设走在全国前列，建成海洋渔业综合信息管理平台，实现渔业管理能力和服务质量“双提升”，初步实现了渔港渔船可视化、渔业管理扁平化、渔民服务便捷化。农业部在我省召开全国渔业信息化工作现场会。建成省市县跨层级行政审批事项系统，网上办事大厅建设工作继续走在全省前列。惠州市政府印发智慧海洋建设方案。

八是认真落实扶贫攻坚任务。制定《关于我省推进渔业精准扶贫精准脱贫三年攻坚实施方案》，组织开展全省渔村、渔民和贫困渔民调查，推动落实渔业精准扶贫各项任务。认真落实《雷州市企水镇海角村精准扶贫精准脱贫三年帮扶规划》，配强精准扶贫工作队人员，加大对精准扶贫的投入。

九是加强境外渔业合作。密切港澳流动渔民沟通联系，加强与特区政府有关部门、渔民团体交流沟通，凝聚爱国力量，引导“人心回归”，圆满完成中央和省交办的专项任务。开展流动渔船、渔民调查摸底，健全流动渔船信息库。组织赴港参加流动渔民团体庆典活动，接待流动渔民来访 200 多人次。加强与“一带一路”沿线国家和地区交流合作，建立与伊朗格什姆自贸区等地区海洋渔业合作机制，成功举办广东—东盟渔业合作研讨会。启动实施中国—东盟现代海洋渔业技术合作及产业化开发示范项目。

十是加强渔业执法监管。组织开展“护渔 2016”执法，查处渔业违法案件 9960 宗，移送涉渔犯罪案件 40 宗。严厉打击涉渔“三无”船舶和“绝户网”，没收涉渔“三无”船舶 933 艘、清理违规网具 6509 张。开展水产品质量安全系列执法，查处水产品质量案件 19 宗。狠抓渔业船舶检验，严格实施船厂开工前检查措施，严把渔船修造质量关。加强远洋渔船和港澳流动渔船检验，全年共检验渔船 5 万余艘，检验船用产品 7.5 万台（件）。在汕尾、东莞、新会、阳东等地启动渔船检验“检管分离”改革试点。

11-1 主要年份水产品产量及养殖面积

年份	水产品产量（万吨）	海水产品	捕捞	养殖	淡水产品	捕捞	养殖	养殖面积（千公顷）	海水养殖	淡水养殖
1957	49.89	34.44	32.79	1.65	15.45	1.06	14.39	142.26	25.64	116.62
1962	34.45	24.46	23.16	1.30	9.99	0.90	9.09	167.02	21.20	145.82
1965	49.49	34.85	33.23	1.62	14.64	1.76	12.88	180.95	28.94	152.01
1970	57.32	41.71	40.41	1.30	15.61	1.12	14.49			
1975	71.84	53.83	52.81	1.02	18.01	1.14	16.87	193.08	17.41	175.67
1978	65.50	46.47	45.67	0.80	19.03	0.98	18.05	187.23	16.05	171.18
1980	63.34	41.54	40.78	0.76	21.80	0.85	20.95	200.29	21.54	178.75
1985	109.44	58.74	56.26	2.48	50.70	1.93	48.77	290.16	56.13	234.03
1990	207.66	124.53	110.74	13.79	83.13	4.19	78.94	43.67	92.33	251.34
1995	449.86	189.41	178.71	10.70	164.23	14.45	149.78	445.82	116.15	329.67
2000	593.19	360.46	191.46	168.98	323.73	13.52	219.21	564.51	194.89	369.62
2005	695.23	397.75	172.05	225.70	297.29	13.03	284.26	604.65	224.40	380.25
2010	729.03	401.50	152.43	249.07	327.53	12.86	314.67	563.41	199.26	364.16
2011	762.53	418.22	152.65	265.57	344.31	12.84	331.47	573.91	203.41	370.50
2012	789.50	432.34	156.61	275.74	357.16	13.06	344.09	575.21	201.83	373.38
2013	816.13	436.08	155.40	287.00	373.72	12.98	360.74	570.14	197.20	372.94
2014	836.34	450.60	156.20	294.40	385.74	12.58	373.16	564.99	193.69	371.30
2015	858.22	459.23	156.01	303.22	398.99	12.43	386.56	565.68	194.86	370.82
2016	873.79	466.38	152.57	313.81	407.41	12.29	395.12	555.15	196.07	359.08

注：2000年以后的水产品产量数据按照新的标准统计，2006年以后年份的数据按农普调整的数据。

11-2 水产生产概况

项　　目	计量单位	2016	2015	2016 比 2015 增长（%）
水产品总产量	万吨	873.79	858.22	1.81
海洋捕捞(包括外海)	万吨	152.57	156.01	-2.21
海水养殖	万吨	313.81	303.22	3.49
淡水捕捞	万吨	12.29	12.43	-1.14
淡水养殖	万吨	395.12	386.56	2.21
渔业总产值（按现价计算）	亿元	2863.09	2534.74	12.95
水产品产值（不包括种苗）	亿元	1195.63	1147.28	4.21
海洋捕捞	亿元	141.10	135.45	4.17
海水养殖	亿元	457.22	416.34	9.82
淡水捕捞	亿元	15.84	16.44	-3.65
淡水养殖	亿元	581.47	548.93	5.93
水产种苗	亿元	27.82	30.12	-7.64
第二产业产值	亿元	361.48	361.03	0.12
其中：水产品加工	亿元	218.41	218.73	-0.15
渔机修造	亿元	3.92	3.60	8.89
绳网制造	亿元	1.68	1.80	-6.67
建筑业	亿元	8.12	5.85	38.80
第三产业产值	亿元	1278.17	1026.42	24.53
出口水产品数量	万吨	50.39	48.07	4.83
创汇	亿美元	29.33	28.08	4.45
渔民人均纯收入	元/人	14486.19	13711.86	5.65
人均水产品占有量	千克/人	79.44	79.10	0.43
海洋捕捞产量	万吨	152.57	150.51	1.37
其中：鱼类	万吨	112.53	108.57	3.65
虾类	万吨	15.91	15.55	2.33
蟹类	万吨	8.26	8.07	2.32
贝类	万吨	5.34	5.89	-9.36
藻类	万吨	0.73	0.78	-6.51
头足类	万吨	7.64	7.89	-3.18
海水养殖总面积	千公顷	196.07	194.86	0.62
产量	万吨	313.81	303.22	3.49
单产	千克/公顷	16005.56	15560.80	2.86
其中：鱼类面积	千公顷	31.72	30.97	2.43
产量	万吨	51.63	49.29	4.75
单产	千克/公顷	16274.87	15916.11	2.25
虾类面积	千公顷	60.41	60.86	-0.74
产量	万吨	46.29	42.27	9.50
单产	千克/公顷	7662.48	6945.97	10.32
蟹类面积	千公顷	9.25	9.26	-0.13
产量	万吨	6.63	6.15	7.82
单产	千克/公顷	7170.42	6637.58	8.03
贝类面积	千公顷	86.12	85.17	1.11
产量	万吨	200.32	197.40	1.48
单产	千克/公顷	23261.64	23176.74	0.37
藻类面积	千公顷	2.86	2.95	-2.98
产量	万吨	7.91	7.52	5.18
单产	千克/公顷	27637.67	25481.36	8.46

11-2 续表

项　　目	计量单位	2016	2015	2016 比 2015 增长（%）
淡水养殖总面积	千公顷	359.08	370.82	-3.16
产量	万吨	395.12	386.56	2.21
单产	千克/公顷	11003.53	10424.57	5.55
其中：池塘养殖面积	千公顷	268.40	278.29	-3.56
产量	万吨	360.83	353.22	2.15
单产	千克/公顷	13444.05	12692.64	5.92
其中：鱼类产量	万吨	359.74	351.72	2.28
虾类产量	万吨	29.73	29.47	0.89
蟹类产量	万吨	0.69	0.67	3.04
淡水捕捞产量	万吨	12.29	12.43	-1.14
其中：鱼类	万吨	7.89	7.76	1.70
虾类	万吨	0.89	0.86	3.42
蟹类	万吨	0.34	0.35	-2.43
贝类	万吨	3.08	3.36	-8.45
水产冷库数量	座	561	562	-0.18
制冰能力	吨/日	23993	22416	7.04
冻结能力	吨/日	359890	288669	24.67
冷藏能力	吨/次	38887	17923	116.97
水产加工品数量	万吨	149.88	139.64	7.33
其中：冷冻品	万吨	40.84	39.86	2.48
渔业乡（镇）	个	97	97	0.00
渔业村	个	1013	1022	-0.88
渔业人口	万人	233.00	235.08	-0.88
渔业从业人员	万人	125.89	127.52	-1.28
其中：专业	万人	82.86	83.71	-1.02
兼业	万人	36.03	36.75	-1.97
机动渔船合计艘数	艘	62835	61323	2.47
吨位	吨	986592	961065	2.66
功率	千瓦	2472222	2471174	0.04
其中：生产渔船艘数	艘	58047	56552	2.64
吨位	吨	907362	884088	2.63
功率	千瓦	2199795	2198108	0.08
非机动渔船艘数	艘	3299	3522	-6.33
吨位	吨	7576	8249	-8.16

11-3 各市渔业生产基本情况

2016 年

市别	水产品总产量（吨）					渔业经济总产值（万元）	其中水产品
	合计	海洋捕捞（包括外海）	海水养殖	淡水捕捞	淡水养殖	产值	产值
全省	8737893	1525686	3138131	122883	3951193	28,630,882.41	12,234,421.73
广州	482515	23072	58804	43785	356854	1211205.25	314304.61
深圳	39855	37430	2095		330	176611.87	108411.87
珠海	299258	10924	80924	1811	205599	872976.74	710223.74
汕头	456401	159903	209943	3573	82982	1083387.71	524328.6
韶关	84872			2989	81883	90762.06	87549.84
河源	45522			1507	44015	47404.14	46293.72
梅州	114986			10274	104712	169270.15	99190.43
惠州	171511	22945	61435	1177	85954	289459	249722
汕尾	652235	259055	334835	3361	54984	1064119.5	668327
东莞	56623	6422	1395	1392	47414	271850.45	69732.6
中山	337941	1587	11624	1380	323350	818305	495526
江门	786593	102617	217541	11600	454835	1734767	1243070
佛山	631152			5969	625183	2289879.3	1178729.1
阳江	1247427	385222	736830	8566	116809	1978552.71	1543649.22
湛江	1265606	275652	801529	5586	182839	4191380.47	1721350.01
茂名	878468	161888	435235	4616	276729	1364153.9	720993.9
肇庆	443735			5338	438397	498869.65	438498.7
清远	129503			1806	127697	162250.52	162250.52
潮州	202565	21286	127841	2527	50911	262018.59	224413.59
揭阳	161357	57683	22615	4126	76933	290270.29	214713.29
云浮	107808			1500	106308	224912	120891
其他（省直属）	141960		35485		106475		

11-3 续表

市别	水产养殖面积合计（公顷）	海水养殖	淡水养殖	渔业船舶合计		
				艘	总吨	千瓦
全　省	555155.39	196065.1	359090.29			
广　州	27868.45	3382	24486.45	2509	25299	106920
深　圳	299.8	265	34.8	1086	38749	105596
珠　海	27073.54	15329.1	11744.44	2407	28246	86048
汕　头	15201.8	11061	4140.8	2854	83655	193771
韶　关	20216.97		20216.97	781	929	9895
河　源	7271		7271	757	770	6953
梅　州	14434.4		14434.4	464	852	5141
惠　州	20959	4012	16947	2320	14769	62806
汕　尾	27088.4	19908.4	7180	6438	120494	350583
东　莞	7055	258	6797	325	17549	30398
中　山	22590	1620	20970	1426	6584	25120
江　门	65246.2	22876	42370.2	4539	85443	197052
佛　山	36256		36256	1815	2909	17935
阳　江	40387.3	24822.8	15564.5	5763	236706	440676
湛　江	97537.6	64559	32978.6	18279	162027	418439
茂　名	37412	15250	22162	3821	122299	230458
肇　庆	25897.16		25897.16	1507	2093	11593
清　远	17536.27		17536.27	1247	1733	13322
潮　州	14126.6	8091.8	6034.8	1925	16632	65768
揭　阳	11559.4	2388	9171.4	2128	26225	104886
云　浮	9138.5		9138.5	604	1421	6826
其　他	10000	2242	7758			

11-4 各市海洋捕捞产量

2016 年　　单位：吨

市别	海洋捕捞(包括外海)	鱼类	甲壳类			贝类	藻类	头足类	其它
				虾	蟹				
全　省	1525686	1125313	241699	159128	82571	53389	7292	76391	38782
广　州	23072	18896	1791	877	914	2347		15	23
深　圳	37430	30627	553	493	60	350	100	156	5644
珠　海	10924	8050	1701	1060	641	667	145	303	58
汕　头	159903	127589	18208	8926	9282	3443	175	10009	479
惠　州	22945	16573	3200	2051	1149	1363	22	1457	330
汕　尾	259055	162319	48017	24960	23057	14201	1769	28465	4284
东　莞	6422	5002	1252	964	288	13		78	77
中　山	1587	1228	359	156	203				
江　门	102617	83254	14931	9171	5760	2890	164	456	922
阳　江	385222	282141	80197	59313	20884	6557	2309	8902	5116
湛　江	275652	210188	44581	29383	15198	16394	799	9366	11504
茂　名	161888	126287	16096	13918	2178	3391	1704	9686	4724
潮　州	21286	13551	2691	2300	391	1186	6	384	3468
揭　阳	57683	39608	8122	5556	2566	587	99	7114	2153

市别	合计	按捕捞渔具分					
		拖网	围网	刺网	张网	钓业	其他
全　省	1525686	788836	142258	432064	15050	103635	55473
广　州	23072	5085	1626	9886	189	16	720
深　圳	37430	13982	420	1891	140	15536	5461
珠　海	10924	5751	355	3107	300	783	628
汕　头	159903	106009	4820	26308	8435	10051	4280
惠　州	22945	2900	6383	12661		987	14
汕　尾	259055	181495	10211	42729	793	14596	9231
东　莞	6422	4877	313	1116	99	10	7
中　山	1587	215	84	915	2	206	165
江　门	102617	37725	17517	40607		3304	3464
阳　江	385222	137495	77697	138912		25834	5284
湛　江	275652	138160	14218	98868	3000	15484	23102
茂　名	161888	112501	4227	30273		14160	727
潮　州	21286	8020	4327	6135	423	774	1607
揭　阳	57683	34621	60	18656	1669	1894	783

11-5 各市海水养殖产量

2016 年　　单位：吨

市别	合计	鱼类	甲壳类			贝类	藻类	其他
				虾	蟹			
全省	3138131	517315	529225	462875	66312	2001917	79155	10519
广州	58804	55568	3220	2056	1164	8		8
深圳	2095	511	12	10	2	1572		
珠海	80924	58334	7569	6121	1448	14712	140	169
汕头	209943	34190	32530	19438	13092	82370	54386	6467
惠州	61435	12138	12409	11609	800	35084	351	1453
汕尾	334835	52928	51829	38634	13195	222592	7200	286
东莞	1395	1011	38			113	56	177
中山	11624	1060	1860	80	1780	8704		
江门	217541	21217	34636	29831	4805	161394	32	262
阳江	736830	129285	96806	83164	13642	510676		63
湛江	801529	83125	193417	187922	5495	523067	636	1284
茂名	435235	46632	55026	52674	2352	324039	9538	
潮州	127841	18516	28572	23525	5047	80314	89	350
揭阳	22615	2800	11301	7811	3490	1787	6727	
其他	35485					35485		

市别	按养殖水域分			其中：养殖方式分						
	海上	滩涂	其他	深水网箱	普通网箱	工厂化	池塘	筏式	吊笼	底播
全省	60745.5	75711.5	59866.3	20732	117669	6378	635609	405409	95429	688484
广州			3382				58804			
深圳	218	47			1300	420				
珠海	5830	3255	6244.1	8126	2000		55177	6310	1200	4126
汕头	3380	4303	3378	85	7999	830	47340	96612	4500	20658
惠州	2765	677	570	17	6313	440	14513	17561	2983	6055
汕尾	6768.7	7535.5	5604.2	831	9404	1793	15558	500	9159	4053
东莞		258.2								
中山		1620								
江门	5362	6083	11431		2169		54896	76002		71215
阳江	7796.8	13218	3808	1868	39910		83970	127198	5784	79133
湛江	16463	32077	16019	8729	25654	16	210413	70437	71043	245621
茂名	8827	3715	2708	116	12253	188	53184			209845
潮州	3305	2683.8	2103	960	10667	1800	20856	10669	760	47072
揭阳	30	239	2119			891	20898	120		706
其他			2500							

11-6 各市海水养殖面积

2016 年 单位：公顷

市别	合计	鱼类	甲壳类	虾	蟹	贝类	藻类	其他
全省	196323	31849.4	69692.1	60408.2	9247.7	86149.4	2873.6	5758.8
广州	3382	2422	950	845	105	5		5
深圳	265	60	12	8	4	193		
珠海	15329.1	3650.9	3226.2	1613.8	1612.4	6381	71	2000
汕头	11061	2176	3247	2246	1001	3469	1985	184
惠州	4012	718	758	660	98	2053	36	447
汕尾	19908.4	3692.7	6959.7	5102.7	1857	8554.6	460.6	240.8
东莞	258.2	125	36.2			33	12	52
中山	1620	465	635	435	200	520		
江门	22876	3228	6813	5715	1098	12753	7	75
阳江	24822.8	2770.8	9520	8137.7	1382.3	12452		80
湛江	64559	9415	30363	29537	826	22142	33	2606
茂名	15250	1451	3343	2975	368	10393	63	
潮州	8091.8	1458	1861	1636	225	4553.8	150	69
揭阳	2388	217	1968	1497	471	147	56	
其他	2500					2500		

市别	按养殖水域分			其中：养殖方式分						
	海上	滩涂	其他	深水网箱立方水体	普通网箱平方米	工厂化立方水体	池塘	筏式	吊笼	底播
全省	60745.5	75711.5	59866.3	923178	4891120	623675	75780.4	15523.4	5081	40061.7
广州			3382				3382			
深圳	218	47		3600	450	59700	90			
珠海	5830	3255	6244.1	178270	70000		6600.1	815	217	6840
汕头	3380	4303	3378	600	1061366	179858	3738	2796	333	1778
惠州	2765	677	570	22400	164850	80000	1029	569	379	2468
汕尾	6768.7	7535.5	5604.2	9000	98168	56114	3000.3		461	1684
东莞		258.2								
中山		1620								
江门	5362	6083	11431		29740		9882	4079		8282
阳江	7796.8	13218	3808	184000	484424		9862	3158	507	2152
湛江	16463	32077	16019	461532	892669	3	30393	3728	3151	10740
茂名	8827	3715	2708	20000	3690	3000	3480			3370
潮州	3305	2683.8	2103	43776	2085763	2000	2079	373.4	33	2717.7
揭阳	30	239	2119			243000	2245	5		30
其他			2500							

11-7 各市淡水捕捞产量

2016年　　单位：吨

市别	合计	鱼类	甲壳类			贝类	其他
				虾	蟹		
全省	122883	78917	12309	8894	3415	30760	897
广州	43785	25421	1916	1483	433	16237	211
珠海	1811	1721	71	44	27	19	
汕头	3573	2298	1202	684	518	73	
韶关	2989	2022	319	226	93	626	22
河源	1507	1292	191	175	16	23	1
梅州	10274	8308	1027	854	173	826	113
惠州	1177	845	58	58		274	
汕尾	3361	2859	456	316	140	13	33
东莞	1392	1334	41	15	26	17	
中山	1380	861	355	350	5	148	16
江门	11600	5128	1766	1226	540	4703	3
佛山	5969	1435	952	912	40	3569	13
阳江	8566	5603	2136	1183	953	721	106
湛江	5586	4943	186	86	100	431	26
茂名	4616	2668	197	174	23	1602	149
肇庆	5338	3961	435	295	140	926	16
清远	1806	1488	198	175	23	118	2
潮州	2527	2033	342	258	84	17	135
揭阳	4126	3415	310	230	80	350	51
云浮	1500	1282	151	150	1	67	

11-8 各市淡水养殖产量

2016 年　　　　单位：吨

市 别	合 计	鱼 类	甲壳类			贝 类	藻 类	其 他
				虾	蟹			
全 省	3951193	3597435	304232	297328	6904	16747	20	32759
广 州	356854	329111	16014	14465	1549	8813		2916
深 圳	330	330						
珠 海	205599	161791	43777	43777				31
汕 头	82982	64898	16129	12989	3140	268		1687
韶 关	81883	81459	204	155	49	112		108
河 源	44015	43072	408	374	34	34		501
梅 州	104712	103299	393	316	77	493	20	507
惠 州	85954	82737	76	76		18		3123
汕 尾	54984	53401	1400	1028	372	25		158
东 莞	47414	44676	1660	1579	81	23		1055
中 山	323350	233516	86814	86814		201		2819
江 门	454835	339705	104047	103389	658	2785		8298
佛 山	625183	621174	1174	1079	95	305		2530
阳 江	116809	113379	2989	2989		2		439
湛 江	182839	181075	1221	1044	177	392		151
茂 名	276729	269532	5032	5010	22	1944		221
肇 庆	438397	418711	16655	16632	23	1039		1992
清 远	127697	126224	292	257	35	165		1016
潮 州	50911	46995	3583	3053	530			333
揭 阳	76933	70576	2238	2176	62			4119
云 浮	106308	105299	126	126		128		755
其 他	106475	106475						

市 别	合 计	其中按水域分					其中养殖方式		
		池 塘	湖 泊	水 库	河 沟	稻 田	围 栏	网 箱	工厂化
全 省	3951193	3608316	12302	257094	14499	2349	798	7572	668
广 州	356854	340519		15309	98				
深 圳	330	330							
珠 海	205599	205551		48					
汕 头	82982	79074	95	1159	1683				
韶 关	81883	62988		18309		435		200	65
河 源	44015	34528		9487					
梅 州	104712	68197	1358	31410	8	105		1241	275
惠 州	85954	80627		4692	39				
汕 尾	54984	37181	2141	8718	3677	131	378		
东 莞	47414	46535		678				2137	327
中 山	323350	323350						150	
江 门	454835	425832	3097	3851	227				
佛 山	625183	620076		4175	690				
阳 江	116809	97057	3046	14145	980		5		
湛 江	182839	153801	925	25635	1872		415	205	
茂 名	276729	227777		47639		72		331	
肇 庆	438397	383585	163	35850	2888	1066		1266	1
清 远	127697	114846	1477	8878	405	640		1082	
潮 州	50911	43500		4881	95				
揭 阳	76933	65930		8921	1187				
云 浮	106308	90557		13309	650			960	
其 他	106475	106475							

11-9 各市淡水养殖面积

2016年　　单位：公顷

市别	合计	按水域分						集约化养殖方式		
		池塘	湖泊	水库	河沟	其它	稻田	围栏（平方米）	网箱（平方米）	工厂化（立方水体）
全省	359083	268395	2993	77361	1735.5	8598.58	3468	224085	366808	31452
广州	24486	22379.54		2015.33	26	65.58				
深圳	20	20								
珠海	11744.44	11708.44		36						
汕头	4140.8	3706.8	8	201	83	142				
韶关	20216.97	9311.53		10854.44		51	1290		80000	5300
河源	7271	5784		1487						
梅州	14434.4	7986.4	143	5790	2	513	600		31513	4150
惠州	16947	10618		5909	98	322				12700
汕尾	7180	4565.1	345.4	1413.5	294	562	83	26		
东莞	7055.53	6598.03		423		34.5		186	62400	4762
中山	20970	20270		20		680	15		2720	
江门	42370.2	33260.2	600	6047	156	2307				
佛山	36256	35517		627	112					2600
阳江	15564.5	10366.5	366	4385	296	151		1600		
湛江	32978.6	14548.6	600	17386	169.7	274.3		222273	71740	
茂名	22162	15283		6745		134			6609	
肇庆	25904.25	18197.45	428.8	5011	144	2123	70		16974	1940
清远	17536.27	12414.67	502	3844.8	112.8	662	1410		69092	
潮州	6034.8	4892.5		776.5	32	333.8				
揭阳	9171.4	6727		2176	130	138.4				
云浮	9138.5	6740.3		2213.2	80	105			25760	
其他	7500	7500								

11-10 各市海淡水养殖苗

2016 年

单　　位	海水鱼苗（万尾）	虾类苗种量(亿尾)	贝类苗种量(万粒)	淡水鱼苗产量（万尾）	淡水鱼种产量（吨）	投放鱼种数量（吨）
全　　省	670239	121869	245210	83535027	324843	191799
广　　州	51251	353		295618	34443	48315
深　　圳	1550	15	4000			
珠　　海	880	185		464430	2950	2950
汕　　头	869	109	30800	18450	50	61
韶　　关				135541	7812	7983
河　　源				14311	4434	4209
梅　　州				384945	6531	5938
惠　　州	100591	11	350	561775	6645	7279
汕　　尾	55060	14649	38234	11294	5	5
东　　莞		4		516552	793	1759
中　　山		2480		7850	1322	3853
江　　门	419	1251		6255233	16205	8937
佛　　山				32675656	18098	9716
阳　　江	4905	78	21465	31210642	1416	1601
湛　　江	399229	737	108394	543046	1399	295
茂　　名	225	208	867	2760370	20455	20882
肇　　庆		91175		6137037	181950	53080
清　　远				449320	10442	8226
潮　　州	55260	10600	16600	16750	658	580
揭　　阳		14	24500	196290	838	517
云　　浮				879917	8397	5613

11-11 各市水产加工

2016 年

地区或单位	一、水产加工企业数量（个）	加工能力（吨/年）	二、水产冷库座数	冻结能力（吨/日）	冻藏能力（吨/次）	制冰能力（吨/日）
全　省	1062	2475388	564	23993	359942	38797
广　州	2	27555	1	170	4058	40
深　圳	5	26503	6		52	
珠　海	9	69048	22	245	9321	579
汕　头	65	200885	76	1662	43543	3679
韶　关			1	24	25	20
河　源						
梅　州	5	1948				
惠　州	5	18650	5	335	1323	485
汕　尾	58	222357	71	625	9223	1135
东　莞	33	2020	3	8	11	5
中　山	20	125845	30	351	3507	224
江　门	94	111750	50	942	36120	1365
佛　山	9	95601	31	1845	54510	125
阳　江	36	284207	56	1680	16680	1589
湛　江	203	498658	123	8865	107595	23600
茂　名	209	575997	29	6361	50859	4686
肇　庆	11	95806	10	299	11201	35
清　远						
潮　州	13	31500	12	188	7243	630
揭　阳	283	27058	30	93	2671	560
云　浮	2	60000	8	300	2000	40

地区或单位	三、水产加工品总量（吨）	淡水加工产品	（一）水产品冷冻（吨）	冷冻加工品	（二）鱼糜制品及干腌制品（吨）	鱼糜制品	干腌品
全　省	1598459	510930	1008114	627810	172777	81532	55276
广　州	10203	10203	5710		4493	4443	50
深　圳	11685	4068	14885	868			
珠　海	31076	13420	30658	10032	416		416
汕　头	158290	11671	118909	84943	10853	10558	295
韶　关							
河　源							
梅　州	2690	2690			2679	2407	272
惠　州	9491	52	6549	948	2917	324	2593
汕　尾	14155	169218	40181	16022	40973	1	5003
东　莞	1526	646	340	340	1186	386	800
中　山	43845	31258	29621	14854	3040		3040
江　门	76687	28086	44245	17997	4813	2187	2626
佛　山	36432	36432	16887	1439	1218	108	1110
阳　江	178914	17629	127859	66434	31157	25685	5472
湛　江	366871	43305	319913	253937	19806	2109	17697
茂　名	273303	72551	168314	122316	29505	24299	5206
肇　庆	58601	58601	50579	18731	4011		4011
清　远							
潮　州	24883	324	16589	6389	8062	5000	3062
揭　阳	20200		9275	4960	7648	4025	3623
云　浮	7600	7600	7600	7600			

11-11 续表

地区或单位	藻类加工（吨）	（三）罐制品（吨）	（四）水产饲料（吨）	（五）鱼油制品（吨）	（六）其它水产加工品（吨）	助剂和添加剂（吨）	珍 珠（公斤）
全 省	2098	38249	89212	73	104178	147702	10938
广 州							
深 圳						5608	
珠 海	2						
汕 头	1620	429	336	19	26124		550
韶 关							
河 源							
梅 州	11						
惠 州					25		
汕 尾	362		14512			142094	7020
东 莞							
中 山		9120			5240		
江 门	50	6993	110		20476		
佛 山		18300		27			
阳 江		1422	15324		3152		
湛 江		21	22785	27	4319		3368
茂 名	53		36145		39286		
肇 庆					4011		
清 远							
潮 州					232		
揭 阳		1964			1313		
云 浮							

地区或单位	四、用于加工的水产品量（吨）	淡水产品
全 省	1760583	539694
广 州	19155	19155
深 圳	5608	
珠 海	38575	6423
汕 头	108650	31600
韶 关		
河 源		
梅 州	3788	3788
惠 州	11602	204
汕 尾	135074	105
东 莞	1650	800
中 山	74372	53214
江 门	97677	45773
佛 山	18371	18371
阳 江	254583	32532
湛 江	349248	52744
茂 名	450805	160620
肇 庆	92295	92295
清 远		
潮 州	47341	790
揭 阳	30509	
云 浮	21280	21280

11-12 各市渔业船舶拥有量

市别	总计			机动渔船								
							生产渔船					
										捕捞渔船		
	艘	总吨	千瓦	艘	总吨	千瓦	艘	总吨	千瓦	艘	总吨	千瓦
全省	66294	1002960	2490186	62995	995384	2490186	58204	916132	2217034	53024	894634	2144929
广州	2537	25327	106920	2509	25299	106920	2296	21594	84429	2296	21594	84429
深圳	1086	38749	105596	1086	38749	105596	883	37764	98504	790	37504	95942
珠海	2419	31190	86048	2407	28246	86048	2062	19132	62865	1837	17187	54046
汕头	3240	83764	193771	2854	83655	193771	2481	71988	160679	2295	70924	157239
韶关	791	936	9895	781	929	9895	774	779	9194	774	779	9194
河源	780	784	6953	757	770	6953	756	767	6909	756	767	6909
梅州	464	852	5141	464	852	5141	459	808	4752	459	808	4752
惠州	2324	15701	62806	2320	14769	62806	2045	9639	41323	1918	9122	37063
汕尾	7000	121088	350583	6438	120494	350583	6123	114644	328051	5794	114172	325287
东莞	325	17549	30398	325	17549	30398	318	17354	29496	318	17354	29496
中山	1426	6584	25120	1426	6584	25120	1400	6485	24677	1330	6417	24095
江门	4681	85516	197052	4539	85443	197052	3885	75012	158542	3679	73236	150521
佛山	1914	3188	17935	1815	2909	17935	1771	2531	15004	1764	2471	14954
阳江	5856	236842	440676	5763	236706	440676	4610	219690	393303	4176	217885	384488
湛江	19371	163573	418439	18279	162027	418439	17496	153803	386753	15033	146545	366647
茂名	3994	122472	230458	3821	122299	230458	3608	117698	218874	3439	116641	216881
肇庆	1524	2107	11593	1507	2093	11593	1477	1984	10314	1442	1354	10314
清远	1257	1733	13322	1247	1733	13322	1244	1685	13072	1244	1685	13072
潮州	2394	17277	65768	1925	16632	65768	1846	15911	63143	1014	11328	52462
揭阳	2307	26307	104886	2128	26225	104886	2085	25529	101180	2081	25526	101168
云浮	604	1421	6826	604	1421	6826	585	1335	5970	585	1335	5970

市别	机动渔船								
	生产渔船			辅助渔船					
	养殖渔船						捕捞辅助船		
	艘	总吨	千瓦	艘	总吨	千瓦	艘	总吨	千瓦
全省	5180	21498	72105	4791	79252	273152	4411	70356	197154
广州				213	3705	22491	180	2604	10299
深圳	93	260	2562	203	985	7092	185	393	4717
珠海	225	1945	8819	345	9114	23183	258	6957	15361
汕头	186	1064	3440	373	11667	33092	359	10679	23699
韶关				7	150	701			
河源				1	3	44			
梅州				5	44	389			
惠州	127	517	4260	275	5130	21483	259	4671	14591
汕尾	329	472	2764	315	5850	22532	306	5785	20968
东莞				7	195	902	7	195	902
中山	70	68	582	26	99	443	18	26	160
江门	206	1776	8021	654	10431	38510	632	9970	31650
佛山	7	60	50	44	378	2931	31	120	403
阳江	434	1805	8815	1153	17016	47373	1100	16482	41429
湛江	2463	7258	20106	783	8224	31686	749	6788	17445
茂名	169	1057	1993	213	4601	11584	208	4589	11519
肇庆	35	630		30	109	1279	24	47	796
清远				3	48	250			
潮州	832	4583	10681	79	721	2625	43	427	1451
揭阳	4	3	12	43	696	3706	38	595	1549
云浮				19	86	856	14	28	215

11-12 续表 1

市别	机动渔船					
	辅助渔船					
	渔业执法船			其它		
	艘	总吨	千瓦	艘	总吨	千瓦
全省	192	5608	65113	188	3288	10885
广州	33	1101	12192			
深圳	3	22	725	15	570	1650
珠海	3	16	764	84	2141	7058
汕头	14	988	9393			
韶关	7	150	701			
河源	1	3	44			
梅州	5	44	389			
惠州	16	459	6892			
汕尾	9	65	1564			
东莞						
中山	2	1	100	6	72	183
江门	19	326	6406	3	135	454
佛山	13	258	2528			
阳江	11	463	5638	42	71	306
湛江	32	1431	14181	2	5	60
茂名	5	12	65			
肇庆	6	62	483			
清远	3	48	250			
潮州				36	294	1174
揭阳	5	101	2157			
云浮	5	58	641			

市别	机动渔船按船长分								
	24米以上			12-24米			12米以下		
	艘	总吨	千瓦	艘	总吨	千瓦	艘	总吨	千瓦
全省	2925	417030	814260	10368	405361	953551	49620	172199	610313
广州	30	5854	19961	793	13868	55654	1679	5565	30711
深圳	147	35635	83419	52	1019	3088	884	2095	19090
珠海	82	15929	29424	148	7395	19440	2169	4693	37213
汕头	169	25976	62912	1262	48137	101680	1423	9542	29179
韶关							781	929	9895
河源							759	741	6052
梅州				1	38	206	463	814	4935
惠州	21	2722	6208	102	5736	16065	2197	6311	40533
汕尾	828	57090	187725	902	43745	106696	4708	19575	62823
东莞	40	9712	11285	117	6783	15937	168	1054	3176
中山	6	26	7601	73	2578	2652	1337	4221	15521
江门	193	45994	75978	909	29300	73505	3436	10149	47484
佛山	1	50	216	136	1029	2996	1664	1680	14123
阳江	851	163821	186764	993	57996	101686	3929	14779	35684
湛江	196	25461	58690	2598	76119	191191	15485	60174	168558
茂名	94	18754	51725	673	83983	146434	3054	19521	32299
肇庆	1	50	173	7	57	140	1455	1936	10644
清远				14	67	345	1227	1668	12927
潮州	219	8501	26015	702	4769	26684	1004	3349	13069
揭阳	47	1455	6164	873	22620	88932	1207	2104	9790
云浮				13	122	220	591	1299	6607

11-12 续表 2

市别	捕捞渔船按功率分					
	441 千瓦以上（600 马力以上）			45-440 千瓦 （61-559 马力）		
	艘	总吨	千瓦	艘	总吨	千瓦
全　省	434	106784	253177	9142	614581	1363376
广　州	17	3999	13302	550	11379	44863
深　圳	77	26250	61615	77	10142	22633
珠　海	24	5139	11072	146	8378	20873
汕　头	14	736	2580	1057	62587	139078
韶　关						
河　源						
梅　州						
惠　州				115	5939	13854
汕　尾	23	2999	13804	1501	92186	258127
东　莞	4	1276	1982	154	15227	25741
中　山	24	78	2646	44	1188	8379
江　门	54	19322	38154	497	40530	72209
佛　山						
阳　江	64	18686	40591	1467	185949	317845
湛　江	37	7539	15277	1592	69839	189232
茂　名	95	20600	51713	634	82663	115259
肇　庆						
清　远						
潮　州	1	160	441	427	5281	42572
揭　阳				881	23293	92711
云　浮						

市别	捕捞渔船按功率分			非机动渔船合计	
	44 千瓦以下 （60 马力以下）				
	艘	总吨	千瓦	艘	总吨
全　省	43448	173269	528376	3299	7576
广　州	1729	6216	26264	28	28
深　圳	636	1112	11694		
珠　海	1667	3670	22101	12	2944
汕　头	1224	7601	15581	386	109
韶　关	774	779	9194	10	7
河　源	756	767	6909	23	14
梅　州	459	808	4752		
惠　州	1803	3183	23209	4	932
汕　尾	4270	18987	53356	562	594
东　莞	160	851	1773		
中　山	1262	5151	13070		
江　门	3128	13384	40158	142	73
佛　山	1764	2471	14954	99	279
阳　江	2645	13250	26052	93	136
湛　江	13404	69167	162138	1092	1546
茂　名	2710	13378	49909	173	173
肇　庆	1442	1354	10314	17	14
清　远	1244	1685	13072	10	
潮　州	586	5887	9449	469	645
揭　阳	1200	2233	8457	179	82
云　浮	585	1335	5970		

11-12 续表 3

市别	海洋渔业机动渔船								
				生产渔船					
							捕捞渔船		
	艘	总吨	千瓦	艘	总吨	千瓦	船	总吨	千瓦
全 省	53601	974358	2350312	51103	967519	2350312	46650	890989	2095298
广 州	1568	21163	85862	1568	21163	85862	1393	17835	66418
深 圳	1086	38796	105597	1086	38796	105597	883	37811	98505
珠 海	2078	30330	83515	2068	27411	83515	1722	18322	60620
汕 头	2888	83108	192182	2688	83108	192182	2435	71925	160261
韶 关									
河 源									
梅 州									
惠 州	1879	15163	58319	1877	14233	58319	1607	9146	37478
汕 尾	6931	121042	350425	6369	120448	350425	6075	114598	327893
东 莞	266	17033	29909	266	17033	29909	259	16838	29007
中 山	780	1206	11049	780	1206	11049	774	1201	11049
江 门	3481	82552	186367	3481	82552	186367	2845	72357	148245
佛 山	8	81	211	8	81	211	8	81	211
阳 江	5741	236681	440509	5741	236681	440509	4588	219665	393136
湛 江	19109	162390	412187	18038	160816	412187	17261	153191	385870
茂 名	3854	122178	229602	3684	122008	229602	3471	117407	218018
肇 庆									
清 远									
潮 州	2106	16891	62208	1637	16246	62208	1558	15525	59583
揭 阳	1826	25744	102370	1812	25737	102370	1771	25087	99004
云 浮									

市别	海洋渔业机动渔船								
	生产渔船			辅助渔船					
	养殖渔船						捕捞辅助船		
	艘	总吨	千瓦	艘	总吨	千瓦	艘	总吨	千瓦
全 省	19747	71048	4453	76530	255014	4138	69276	193174	19747
广 州			175	3328	19444	155	2481	9580	
深 圳	303	2563	203	985	7092	185	393	4717	303
珠 海	1556	8475	346	9089	22895	249	6932	15060	1556
汕 头	1001	3022	253	11183	31921	239	10195	22528	1001
韶 关									
河 源									
梅 州									
惠 州	306	4260	270	5087	20841	259	4671	14591	306
汕 尾	426	2606	294	5850	22532	285	5785	20968	426
东 莞			7	195	902	7	195	902	
中 山	68	582	6	5		5	5		68
江 门	1776	8021	636	10195	38122	616	9738	31435	1776
佛 山									
阳 江	1805	8815	1153	17016	47373	1100	16482	41429	1805
湛 江	6866	20095	777	7625	26317	749	6788	17445	6866
茂 名	1056	1921	213	4601	11584	208	4589	11519	1056
肇 庆									
清 远									
潮 州	4583	10681	79	721	2625	43	427	1451	4583
揭 阳	1	7	41	650	3366	38	595	1549	1
云 浮									

11-12 续表 4

市别	海洋渔业机动渔船					
	辅助渔船					
	渔业执法船			其它		
	艘	总吨	千瓦	艘	总吨	千瓦
全省	123	4038	51125	192	3216	10715
广州	20	847	9864			
深圳	3	22	725	15	570	1650
珠海	3	16	764	94	2141	7071
汕头	14	988	9393			
韶关						
河源						
梅州						
惠州	11	416	6250			
汕尾	9	65	1564			
东莞						
中山	1					
江门	17	322	6233	3	135	454
佛山						
阳江	11	463	5638	42	71	306
湛江	26	832	8812	2	5	60
茂名	5	12	65			
肇庆						
清远						
潮州				36	294	1174
揭阳	3	55	1817			
云浮						

市别	海洋渔业捕捞渔船按作业类型分								
	拖网			围网			刺网		
	艘	总吨	千瓦	艘	总吨	千瓦	艘	总吨	千瓦
全省	5473	383221	902654	1432	92125	156132	28600	310855	753703
广州	21	3533	12901	4	474	1266	1158	11029	44824
深圳	54	11399	28271	3	1051	720	636	2580	18633
珠海	65	9455	21479	11	2007	2033	1210	4720	21925
汕头	547	37929	80321	21	2937	5731	1456	27134	62983
韶关									
河源									
梅州									
惠州	16	1539	3436	72	2369	6610	1383	4831	22787
汕尾	1592	79799	223791	311	3306	13245	3289	23601	61257
东莞	124	14007	20544	42	1772	3686	91	999	4617
中山	28	45	30	23	92	368	595	869	9822
江门	178	23997	46057	104	19456	29035	2295	26681	64084
佛山									
阳江	302	57376	103319	347	49770	77592	3382	108087	195918
湛江	778	42417	116223	353	4603	10127	11171	62119	161881
茂名	790	77185	141537	118	1575	2498	1285	32865	58499
肇庆									
清远									
潮州	303	6490	29768	20	2553	2569	285	815	11061
揭阳	675	18050	74977	3	160	652	364	4525	15412
云浮									

市别	海洋渔业捕捞渔船按作业类型分								
	张网			钓业			其它		
	艘	总吨	千瓦	艘	总吨	千瓦	艘	总吨	千瓦
全 省	736	2195	7370	2136	46609	123233	3269	36237	81158
广 州	106			10	2053	4368	94	746	3059
深 圳				59	16914	36375	38	5564	11943
珠 海	36	102	573	50	60	3500	133	422	2635
汕 头	145	319	974	80	2570	7007	46	35	223
韶 关									
河 源									
梅 州									
惠 州				8	32	290	1	69	95
汕 尾	73	131	532	303	5883	21253	226	1452	5209
东 莞				2	60	160			
中 山				58	77	247		50	
江 门							62	447	1048
佛 山	8	81	211						
阳 江				107	2591	7235	16	36	257
湛 江	42	859	2048	291	9739	21806	2179	26588	53690
茂 名				1015	4499	13027	108	227	536
肇 庆									
清 远									
潮 州				81	789	4328	37	295	1176
揭 阳	326	703	3032	72	1342	3637	329	306	1287
云 浮									

市别	海洋渔业机动渔船按船长分								
				24 米以上			12-24 米		
	艘	总吨	千瓦	艘	总吨	千瓦	艘	总吨	千瓦
全 省	51103	967519	2350312	2901	415939	868647	10039	399548	974607
广 州	1568	21163	85862	29	5598	19093	770	11552	48498
深 圳	1086	38796	105597	149	35571	83419	50	2007	3968
珠 海	2068	27411	83515	81	15929	29357	149	7395	18771
汕 头	2688	83108	192182	169	25976	62912	1262	48121	101432
韶 关									
河 源									
梅 州									
惠 州	1877	14233	58319	21	2722	6208	101	5697	15655
汕 尾	6369	120448	350425	815	57174	184725	899	43745	107063
东 莞	266	17033	29909	39	9712	11773	118	6783	15937
中 山	780	1206	11049				23	264	1054
江 门	3481	82552	186367	192	45954	75979	829	28684	72230
佛 山	8	81	211				2	25	56
阳 江	5741	236681	440509	851	163821	254941	993	57996	138875
湛 江	18038	160816	412187	195	24772	56336	2596	75931	189080
茂 名	3684	122008	229602	94	18754	51725	673	83983	146434
肇 庆									
清 远									
潮 州	1637	16246	62208	219	8501	26015	701	4745	26622
揭 阳	1812	25737	102370	47	1455	6164	873	22620	88932
云 浮									

11-12　续表 6

市 别	海洋渔业机动渔船按船长分			海洋渔业捕捞渔船按功率分					
	12 米以下						441 千瓦以上（600 马力以上）		
	艘	总吨	千瓦	艘	总吨	千瓦	艘	总吨	千瓦
全 省	36876	146666	495715	40045	841348	1995393	404	98387	249247
广 州	769	4366	22788	1397	20904	78708	19	4704	20071
深 圳	887	1218	18210	784	33954	89322	75	23638	58695
珠 海	1915	4552	36073	1595	17021	52239	24	5139	11072
汕 头	1241	8769	26499	2313	71880	160056	14	736	2580
韶 关									
河 源									
梅 州									
惠 州	1771	5949	35386	1510	8669	33240			
汕 尾	4665	19654	65889	5794	115502	330213	27	3563	16376
东 莞	169	592	6123	387	16543	43736	11	1714	5214
中 山	505	5923	9514	684	6192	11767			
江 门	2356	7555	33819	2729	66680	139826	47	15010	31649
佛 山	6	56	155	8	81	211			
阳 江	3924	14424	45178	4188	211647	382170	58	16693	37192
湛 江	14113	55180	148431	12805	119889	309773	35	6445	14377
茂 名	2943	13781	31531	3350	116281	215997	93	20585	51580
肇 庆									
清 远									
潮 州	721	2994	9580	731	10949	49026	1	160	441
揭 阳	891	1653	6539	1770	25156	99109			

市 别	海洋渔业捕捞渔船按功率分						非机动渔船合计	
	45-440 千瓦　（61-559 马力）			44 千瓦以下　（60 马力以下）				
	艘	总吨	千瓦	艘	总吨	千瓦	艘	总吨
全 省	8807	601221	1347754	30834	141740	398392	3522	8249
广 州	537	11459	40495	841	4741	18142		
深 圳	73	9060	18933	636	1256	11694		
珠 海	147	8420	20772	1424	3462	20395	9	2859
汕 头	1074	63747	141646	1225	7397	15830	200	60
韶 关								
河 源								
梅 州								
惠 州	120	5757	13065	1390	2912	20175	2	930
汕 尾	1492	92942	260461	4275	18997	53376	562	594
东 莞	197	14243	35609	179	586	2913		
中 山	41	859	3309	643	5333	8458		
江 门	521	40562	77056	2161	11108	31121		
佛 山				8	81	211		
阳 江	1492	181714	318916	2638	13240	26062		
湛 江	1160	58579	151644	11610	54865	143752	824	1418
茂 名	643	85226	130338	2614	10470	34079	170	170
肇 庆								
清 远								
潮 州	428	5290	42687	302	5499	5898	469	645
揭 阳	882	23363	92823	888	1793	6286	14	7
云 浮								

11-13 各市渔业人口与从业人员

2016 年

地区或单位	渔业乡（个）	海洋渔业	渔业村（个）	海洋渔业	渔业户（个）	海洋渔业	渔业人口（人）	海洋渔业		
									传统渔民	海洋渔业
全 省	97	71	1013	621	522107	224998	2329742	1093957	1017479	720233
广 州	1	1	19	9	11832	3376	50400	9698	9896	7785
深 圳					283	283	593	100		100
珠 海	5	5	26	15	20053	1275	93933	5049	18801	4225
汕 头	6	5	34	29	26624	18702	142637	91612	67288	57135
韶 关			1		18242		87685		29877	
河 源			19		6288		27742		5824	
梅 州			40		39791		104927		30468	
惠 州	3	3	30	21	10005	6333	63649	35859	30433	20953
汕 尾	32	20	183	85	41589	36752	198434	177187	150272	143424
东 莞			3	2	5632	591	19434	11008	5554	5609
中 山	7		80		9484	30	31654	139	4253	119
江 门			54	34	29682	9332	121543	38449	61768	34626
佛 山			41		45975		171413		81394	
阳 江	5	5	93	89	33097	22322	165748	111871	81934	78907
湛 江	14	14	231	217	101009	81118	485799	383892	243019	224778
茂 名	9	9	62	59	37742	13214	190853	81002	60117	51603
肇 庆	6		12		14885		59290		15120	
清 远			17		5377		19588		3895	
潮 州	7	7	28	28	13892	13892	56235	56235	20505	20505
揭 阳	2	2	35	33	45076	17778	214680	91856	92841	70464
云 浮			5		5549		23505		4220	

地区或单位	渔业人口与从业人员									
	渔业从业人员	专业从业人员		兼业从业人员		临时从业人员		专业从业人员中		
			女 性		女 性		女 性	捕捞	养殖	其它
全 省	1260521	829101	152440	74956	70004	24040	257665	507394	64042	74956
广 州	31704	24481	4816	5075	971	274	5144	19204	133	5075
深 圳	1466	1422	288	3	20	2	1161	244	17	3
珠 海	57548	51141	21292	5611	3525	423	4154	45824	1163	5611
汕 头	63078	45229	3273	2332	3950	1028	23037	18673	3519	2332
韶 关	48531	22687	5240	5367	2963	706	1748	20776	163	5367
河 源	16072	13013	682	572	212	195	1345	8399	3269	572
梅 州	54036	33225	8429	2452	3336	1057	1556	30869	800	2452
惠 州	42049	22156	4435	3748	4984	897	6779	14068	1309	3748
汕 尾	69952	55152	4826	2165	3203	661	35945	15634	3573	2165
东 莞	5257	3548	727	258	418	76	1368	1818	362	258
中 山	18868	15018	61	3146	704	2245	1698	11843	1477	3146
江 门	80570	45160	6920	7613	3903	1833	14021	23424	7715	7613
佛 山	97742	85901	17740	1606	1254	269	3212	80129	2560	1606
阳 江	99252	70855	28286	6150	4944	4394	35384	28004	7467	6150
湛 江	270055	166686	26134	15766	20407	7570	74702	82739	9245	15766
茂 名	120843	72300	3473	756	6082	548	21725	42695	7880	756
肇 庆	32627	27626	5552	3309	2087	728	2732	24819	75	3309
清 远	16759	9293	1972	793	1174	215	1655	7602	36	793
潮 州	27346	16246	1226	500	510	128	6124	9707	415	500
揭 阳	92788	38955	5212	6505	3546	273	13003	13238	12714	6505
云 浮	13978	9007	1856	1229	1811	518	1172	7685	150	1229

11-13 续表

地区或单位	海洋渔业人口与从业人员									
	海洋渔业从业人员	专业从业人员		兼业从业人员		临时从业人员		专业从业人员中		
			女性		女性		女性	捕捞	养殖	其它
全省	517723	378927	65144	109694	25925	29102	12471	217306	122577	39044
广州	5942	5012	2049	805	463	125	90	3170	1706	136
深圳	688	680	3	8				663		17
珠海	7358	5439	2440	1570	1083	349	347	2583	1967	889
汕头	39687	31193	1334	7199	1008	1295	645	22456	5717	3020
韶关										
河源										
梅州										
惠州	22301	12511	2700	5500	1514	4290	786	6236	5959	316
汕尾	57161	48341	4483	6045	1538	2775	557	35765	9937	2639
东莞	630	630	264					630		
中山	61	61						61		
江门	26812	19889	1210	6261	561	662	451	11603	5546	2740
佛山										
阳江	66478	52316	21664	10791	4142	3371	2975	28713	17967	5636
湛江	167000	125502	23195	31959	10407	9539	6056	66997	52375	6130
茂名	47106	35123	415	6747	246	5236	506	21152	9457	4514
肇庆										
清远										
潮州	24370	16361	1330	6549	420	1460	58	6290	9095	976
揭阳	52113	25853	4057	26260	4543			10971	2851	12031
云浮										

11-14 渔业灾情

2016年

地区或单位	受灾养殖面积（公顷）	台风、洪涝	病害	干旱	污染	其它
全　　省	74472.6	28153.57	10760.69	244	1008.7	34305.64
广　　州	775.59	729.5	39.39		6.7	
深　　圳	33	33				
珠　　海	2661	100	320			2241
汕　　头	5745	4000	130		75	1540
韶　　关	606.67	465.67	84	10	7	40
河　　源	235	177	22		6	30
梅　　州	3018.52	980.6	1691	28	46	272.92
惠　　州	2268.21	35.21	120			2113
汕　　尾	5444	2528	574	160	380	1802
东　　莞	773.66	101.9	2.5			669.26
中　　山	128	16	33		1	78
江　　门	2573		1885		70	618
佛　　山	255.52	63.86	17		3	171.66
阳　　江	16824.3	4853	108.3	6	9	11848
湛　　江	15249.8	10334.9	3276.5	40	354	1244.4
茂　　名	2669	1193	920		17	539
肇　　庆	2812	191	700			1921
清　　远	159	108	33			18
潮　　州	9215	605				8610
揭　　阳	1637.93	1637.93				
云　　浮	1388.4		805		34	549.4

地区或单位	水产品损失（吨）	台风、洪涝	病害	干旱	污染	其它
全　　省	206150	42974	30434	284	1618	130840
广　　州	2825	2350	241		104	130
深　　圳						
珠　　海	8590	90	320			8180
汕　　头	4409	1270	455		214	2470
韶　　关	1021	831	97	5	9	79
河　　源	813	542	67		9	195
梅　　州	5508	1851	3274	26	127	230
惠　　州	11155	838	70			10247
汕　　尾	4661	3273	638		450	300
东　　莞	1660	264	9			1387
中　　山	1158	110	576		52	420
江　　门	6760		4900		226	1634
佛　　山	648	203	181		14	250
阳　　江	4357	2152	343	33	107	1722
湛　　江	39232	20745	16832	220	187	1248
茂　　名	5790	3047	1055		102	1586
肇　　庆	12087	1623	482		4	9978
清　　远	350	261	21			68
潮　　州	90870	620				90250
揭　　阳	2904	2904				
云　　浮	1352		873		13	466

11-14 续表 1

地区或单位	损毁渔业设施（台风、洪涝）					
	池塘（公顷）	网箱（箱）	围栏（千米）	沉船（艘）	船损（艘）	堤坝（米）
全省	13181	45159	2426	36	62	315480
广州	53					50
深圳						
珠海						
汕头						5000
韶关	44	85				32
河源	75					
梅州	169	163	1763			765
惠州	10.54			1	4	
汕尾	232	719	145		27	910
东莞	63					
中山	1					
江门						
佛山	3					
阳江	307.1	768	10			980
湛江	4464.64	5274	508	5	26	305943
茂名		150				300
肇庆	15					
清远						
潮州	6470	38000		9	5	1500
揭阳	1274			21		
云浮						

地区或单位	损毁渔业设施（台风、洪涝）						
	泵站（座）	涵闸（座）	码头（米）	护岸（米）	防波堤（米）	工厂化养殖（座）	苗种繁育场（个）
全省	60	203	274	2440	3450	32	77
广州							
深圳							
珠海							
汕头							
韶关		2					2
河源							
梅州		7			800		
惠州			30				
汕尾			22		400	4	
东莞							
中山							2
江门							
佛山							
阳江				1000	1080		
湛江		44	222	1440	880		56
茂名					100		
肇庆							
清远							
潮州	60	150					1
揭阳					190	28	16
云浮							

11-14 续表 2

地区或单位	人员损失（台风、洪涝）（人）	失踪	死亡	重伤	直接经济损失合计（万元）
全　省					228812.8
广　州					2340.46
深　圳					100
珠　海					13149
汕　头					6747.8
韶　关					1197.03
河　源					693
梅　州					5910.71
惠　州					14302.63
汕　尾					13484
东　莞					1800.95
中　山					1266.2
江　门					12628
佛　山					1138.53
阳　江					4979.65
湛　江					101232.87
茂　名					7021.3
肇　庆					11130.3
清　远					396
潮　州					18470
揭　阳					8990.4
云　浮					1834

地区或单位	水产品损失（万元）	台风、洪涝	病害	干旱	污染	其它
全　省	175185.45	69308	47131.81	601	2569	55575.43
广　州	2320.46	2011.8	141.03		167.7	
深　圳	100	100				
珠　海	13149	108	1500			11541
汕　头	6447.8	2500	450		258	3239.8
韶　关	1139.53	927	117.5	6	10	79.03
河　源	662	427	54		6	175
梅　州	5117.97	2295.2	2380.1	27	122	293.7
惠　州	14203.63	4151.3	80			9972.31
汕　尾	8820	5562	1738		920	600
东　莞	1775.95	400.75	4.8			1370.4
中　山	1258	114	599		52	493
江　门	12628		10366		233	2029
佛　山	1132.87	607.68	201.8		5.7	317.69
阳　江	1116.83	267.75	582.08	45	104	118
湛　江	72423.21	42744	26171.5	523	522	2462.5
茂　名	6561	2099	1178		82	3202
肇　庆	11071.8	479.8	612			9980
清　远	396	264	36			96
潮　州	9150	300				8850
揭　阳	3948.4	3948.4				
云　浮	1763		920		87	756

11-14　续表 3

地区或单位	损毁渔业设施（台风、洪涝）（万元）	池塘	网箱	围栏	沉船	船损	堤坝
全　省	53627.38	19077.96	13863.56	2189.32	318	309	6946
广　州	20	15					5
深　圳							
珠　海							
汕　头	300						
韶　关	57.5	27	4.5				11
河　源	31	25					
梅　州	792.74	631.4	53.23	43.11			22
惠　州	99	47.6			6	5	
汕　尾	4664	938	1701	2		157	539
东　莞	25	25					
中　山	8.2	3.2					
江　门							
佛　山	5.66	5.66					
阳　江	3862.82	1511.82	998	40			294
湛　江	28809.66	10747.98	5626.33	2104.21	50	117	5905
茂　名	460.3	230.8	80.5				50
肇　庆	58.5	58.5					
清　远							
潮　州	9320	3700	5400		10	30	120
揭　阳	5042	1040			252		
云　浮	71	71					

地区或单位	损毁渔业设施（台风、洪涝）（万元）							
	泵站	涵闸	码头	护岸	防波堤	工厂化养殖	苗种繁育场	其它
全　省	30	234	282	1350	3088	2680	2498	761
广　州								
深　圳								
珠　海								
汕　头								300
韶　关		2					3	10
河　源							6	
梅　州		12			30			1
惠　州			10					30.4
汕　尾			17		950	360		
东　莞								
中　山								
江　门								
佛　山								
阳　江				490	529			
湛　江		200	255	860	530		2114	300
茂　名					99			
肇　庆								
清　远								
潮　州	30	20					10	
揭　阳					950	2320	360	120
云　浮								

11-15 渔业经济总产值

2016 年

单位：万元

地区或单位	合计	一、渔业（水产品）	海洋捕捞	海水养殖
	产值	产值	产值	产值
全　省	28630882.41	12234421.73	1410969.52	4572212.46
广　州	1211205.25	314304.61	25885.08	62037.32
深　圳	176611.87	108411.87	83911.87	2500
珠　海	872976.74	710223.74	16081.14	179045
汕　头	1083387.71	524328.6	186298.87	230799.85
韶　关	90762.06	87549.84		
河　源	47404.14	46293.72		
梅　州	169270.15	99190.43		
惠　州	289459	249722	40270	102482
汕　尾	1064119.5	668327	244420	365503
东　莞	271850.45	69732.6	6601.21	3384.32
中　山	818305	495526	3065	8197
江　门	1734767	1243070	165030	230942
佛　山	2289879.3	1178729.1		
阳　江	1978552.71	1543649.22	518662.42	876209.29
湛　江	4191380.47	1721350.01	391666.35	1140881.18
茂　名	1364153.9	720993.9	173382	286339
肇　庆	498869.65	438498.7		
清　远	162250.52	162250.52		
潮　州	262018.59	224413.59	27042.99	121980
揭　阳	290270.29	214713.29	56964.56	41065.96
云　浮	224912	120891		

单位：万元

地区或单位	一、渔业（水产品）		
	淡水捕捞	淡水养殖	水产苗种
	产值	产值	产值
全　省	158410.85	5814667.76	278161.14
广　州	12289.11	207902.62	6190.48
深　圳			22000
珠　海	2445	493431.6	19221
汕　头	4815	100878.1	1536.78
韶　关	3784.09	79920.35	3845.4
河　源	1719.53	41668.03	2906.16
梅　州	7180.94	80433.35	11576.14
惠　州	809	90177	15984
汕　尾	3138	53825	1441
东　莞	690.3	58158.93	897.84
中　山	2420	470364	11480
江　门	7716	839322	60
佛　山	11619.1	1127071	40039
阳　江	10501.31	117047.3	21228.9
湛　江	2685.23	145390.9	40726.35
茂　名	3751	232525.38	24996.52
肇　庆	5414.94	420269.67	12814.09
清　远	3808.22	142415.96	16026.34
潮　州	4947.9	50712.7	19730
揭　阳	5691.18	91856.45	19135.14
云　浮	2336	111868	6687

11-15 续表2

单位：万元

地区或单位	二、渔业工业和建筑业		
	产值	水产品加工	渔业机具制造
		产值	产值
全　　省	3614755.81	2184072.24	69150.07
广　　州	197788.5	20343	
深　　圳	45000	45000	
珠　　海	57751	33933	453
汕　　头	313092	306475	5043
韶　　关			
河　　源	72.15		72.15
梅　　州	12594.6	1751.97	115
惠　　州	13038	6745	640
汕　　尾	194157	170287	17542
东　　莞	5231.67	1746.44	390
中　　山	97465	58920	
江　　门	393896	119545	8498
佛　　山	138773.2	98641	
阳　　江	367361.8	350910.36	6188.02
湛　　江	1257404.56	571976.14	3797.9
茂　　名	352844	318435	15865
肇　　庆	49600.33	48279.33	223
清　　远			
潮　　州	21600	21600	
揭　　阳	48748	17102	9490
云　　浮	28268	26225	833

地区或单位	二、渔业工业和建筑业	
	渔船渔机修造（产值）	渔用绳网制造（产值）
全　省	39309.79	16855.28
广　州		
深　圳		
珠　海	323	100
汕　头	2272	1528
韶　关		
河　源	63.41	8.74
梅　州	73	42
惠　州	554	85
汕　尾	7371	3342
东　莞	370	20
中　山		
江　门	4898	979
佛　山		
阳　江	4539.48	1453.54
湛　江	2142.9	1256
茂　名	10921	3293
肇　庆	31	176
清　远		
潮　州		
揭　阳	5018	4472
云　浮	733	100

地区或单位	二、渔业工业和建筑业			
	渔用饲料	渔用药物	建筑	其它
	产值	产值	产值	产值
全　省	1254272.22	6259.06	27143.78	19945.44
广　州	177445.5			
深　圳				
珠　海	22800	53	512	
汕　头	1089			485
韶　关				
河　源				
梅　州	8341.88	1598.95	119.26	667.54
惠　州	153		5500	
汕　尾	1031	674	3008	1615
东　莞	2440.23	20		635
中　山	38000	545		
江　门	263388	898	1542	25
佛　山	39032.2	1100		
阳　江	5301		1954.52	3007.9
湛　江	680127.41	869.11	447	187
茂　名	11931		4963	1650
肇　庆	768		248	82
清　远				
潮　州				
揭　阳	2424	396	7770	11566
云　浮		105	1080	25

11-15 续表 5 单位：万元

地区或单位	三、渔业流通和服务业	水产流通	水产（仓储）运输	休闲渔业	其它
	产值	产值	产值	产值	产值
全 省	12781704.87	12329104.38	96220.54	290103.75	69654.2
广 州	699112.14	698812.14		300	
深 圳	23200	19500	3000	100	600
珠 海	105002	103160		842	1000
汕 头	245967.11	244000.11	1347	480	140
韶 关	3212.22	2338.22		838.29	35.71
河 源	1038.27	1005.94		32.33	
梅 州	57485.12	54174.59	268.64	1664.4	1377.49
惠 州	26699	20328	1209	3259	1903
汕 尾	201635.5	127236	30362.5	12753	31284
东 莞	196886.18	189300.25		5579.93	2006
中 山	225314	221542	1850	1710	212
江 门	97801	73861	7984	666	15290
佛 山	972377	933763	36955	1659	
阳 江	67541.69	62948.29	1513.4	1605	1475
湛 江	1212625.9	1207128.1	3408	1408.8	681
茂 名	290316	284517	3639	2109	51
肇 庆	10770.62	8830.62	986	561	393
清 远					
潮 州	16005	15975			30
揭 阳	26809	7913	3574	2168	13154
云 浮	75753	73285	124	2322	22

11-16 渔民家庭收支情况调查

单位：万元

地区或单位	一、全年总收入	(一)家庭经营收入	1. 出售水产品	2. 其他家庭经营	(二)工资性收入	1. 渔业	2. 其他行业
全　省	48110.19	40363.11	31956.68	8406.43	2664.82	1386.52	1278.3
广　州	36.3	12.5	12.5		4.8		4.8
深　圳	567.65	477	239	238	39.8	32	7.8
珠　海	2571.18	1759.15	1681.87	77.28	433.78	303	130.78
汕　头	807.6	655.68	636.8	18.88	94.82	56.8	38.02
韶　关	42.02	36.3	35.1	1.2	3.8	2.1	1.7
河　源	8287.6	7830.99	3295.58	4535.41	134.57	97.02	37.55
梅　州	1523.38	1234.34	989.74	244.6	95.8	63.32	32.48
惠　州	3575.79	3160.5	2350	810.5	246	157.59	88.41
汕　尾							
东　莞	9651.41	6835.67	6727.1	108.57	274.29	55.9	218.39
中　山							
江　门							
佛　山	6557.56	5833.34	5790.33	43.01	613.09	188.51	424.58
阳　江	1726.84	1398.18	1358.27	39.91	58.04	41.5	16.54
湛　江	1995.49	1891.7	1734.45	157.25	37.81	16.5	21.31
茂　名	4454.2	3568	3396	172	244.2	170.2	74
肇　庆	932.47	824.93	635.45	189.48	70.65	45.4	25.25
清　远	3026.12	2723.17	1210.72	1512.45	167.44	125.18	42.26
潮　州	620.4	540.9	534.9	6	59.7	26.6	33.1
揭　阳	576.88	546.76	508.87	37.89	19.93	0.4	19.53
云　浮	1157.3	1034	820	214	66.3	4.5	61.8

地区或单位	一、全年总收入					
	(三)财产性收入	1. 利息\股息\红利	2. 租金收入	3. 土地或水面转包收入	4. 土地征用补偿	5. 其他财产性收入
全　省	746.69	171.78	193.33	83.55	196.2	101.83
广　州	19	7	12			
深　圳	43.1	12.3	14.8	16		
珠　海	126.44	16	56.44		54	
汕　头	0.6	0.3	0.3			
韶　关	0.12	0.12				
河　源	67.73		13.46	10.11	26	18.16
梅　州	24.77	4.36	2.78	2.41	1.64	13.58
惠　州	95.3	15	16.3	10	30	24
汕　尾						
东　莞	232.24	37.64	60.6	28	76	30
中　山						
江　门						
佛　山	88.89	71.46	13.19	0.2	1.35	2.69
阳　江						
湛　江	3.06	0.1		0.27		2.69
茂　名						
肇　庆	11.33		1.96		7.21	2.16
清　远	7.1	4.5		0.05		2.55
潮　州						
揭　阳	1.51			1.51		
云　浮	25.5	3	1.5	15		6

单位：万元

地区或单位	一、全年总收入						
	(四)转移性收入	1.家庭非常住人口寄回或带回	2.亲友赠送	3.救济金\救灾款\抚恤金	4.生产补贴	5.其他转移性收入	(五)其他收入
全　省	3882.74	930.4	1490.06	111.35	671.84	679.09	452.83
广　州							
深　圳	7.75	3.8	0.15		3.8		
珠　海	185.81	3	6.96		172.85	3	66
汕　头	33				18	15	23.5
韶　关	1.3			1.3			0.5
河　源	216.77	120.62	15.78	43.19	23.71	13.47	37.54
梅　州	25.88	15.29	2.11	1.91	3.55	3.02	142.59
惠　州	64.33	0.33	0.2	16.1	9.7	38	9.66
汕　尾							
东　莞	2210.71	755	1450.58	2		3.13	98.5
中　山							
江　门							
佛　山	10.35	1.65	0.21	6.58	1.91		11.89
阳　江	270.62					270.62	
湛　江	58.12	3.3	8.87	11.47	17.5	16.98	4.8
茂　名	642			7	343	292	
肇　庆	12.96	5.05		1.8	0.11	6	12.6
清　远	112.41	17	3.3	5	70.61	16.5	16
潮　州	0.8		0.8				19
揭　阳	8.43	4.86	0.1		2.1	1.37	0.25
云　浮	21.5	0.5	1	15	5		10

市别	二、全年总支出	(一)生产费用支出	1.家庭经营费用支出	(1)渔业生产支出	燃料及冰费用	雇工费用	饲料及苗种费用	其他生产支出
全省	32697.61	27773.71	26193.09	22167.24	7639.77	2697.77	10431.85	1397.85
广州	13.3	6.8	5.8	5.2	0	3.2	2	0
深圳	258.7	231.5	209.5	173.5	34.5	45	90	4
珠海	1600.91	1260.67	1174.27	1104.34	234.14	236.19	414.01	220
汕头	739.11	542.23	539.7	525.1	268	203.9	33.85	19.35
韶关	32.4	21.6	21	19.8	0.8	2.8	15.1	1.1
河源	1676.96	1248.3	1194.24	897.04	34.31	50.65	708.4	103.68
梅州	1023.21	672.05	635.55	487.73	5.47	22.98	420.46	38.82
惠州	2962.26	2484.51	2324.91	1702.7	274.3	257.9	1006.7	163.8
汕尾								
东莞	6191.2	5744.1	5670.72	5413.84	3464.34	1071.14	644.8	233.56
中山								
江门								
佛山	5939.35	5324.99	5122.09	4906.11	114.89	105.49	4377.19	308.54
阳江	1396.29	1244.61	1199.76	1047.49	752.39	116.87	143.08	35.15
湛江	1633.44	1385.11	1265.84	1100.48	179.12	166.67	702.93	51.76
茂名	4079	3633	2934	2616	2050	209	280	77
肇庆	861.12	684.63	664.78	541.06	12.21	26.94	457.65	44.26
清远	2658	2072.6	2068.6	654.37	137	91.46	402.08	23.83
潮州	510.9	360.4	328.4	259.5	24.4	47.9	175.2	12
揭阳	375.18	275.06	272.68	253.88	30.2	35.08	163.3	25.3
云浮	746.28	581.55	561.25	459.1	23.7	4.6	395.1	35.7

市别	二、全年总支出						
	(一)生产费用支出				(二)税费支出	渔业税费支出	(三)财产性支出
	1. 家庭经营费用支出			2. 购置生产性固定资产支出			
	(2)固定资产折旧支出	渔业固定资产折旧	(3)其他家庭经营费用支出				
全　省	1124.74	915.11	2901.11	1580.62	146.17	84.88	177.21
广　州	0.5	0.5	0.1	1			
深　圳	6	6	30	22	1.2	0.9	
珠　海	32.17	28.17	37.76	86.4	14.88	8.88	18
汕　头	4.6	4.2	10	2.53	7.34	6.93	2.11
韶　关	0.9	0.5	0.3	0.6			0.7
河　源	169.57	162.32	127.63	54.06	5.1	3.3	6.22
梅　州	40.85	38.65	106.97	36.5			16.01
惠　州	125.91	106.51	496.3	159.6	29	14.8	25
汕　尾							
东　莞	160.29	153.63	96.59	73.38	2.5	2.5	3.4
中　山							
江　门							
佛　山	22.13	21.26	193.85	202.9	0.84		9.1
阳　江	107.44	23.72	44.83	44.85			0
湛　江	77.14	65.09	88.22	119.27	7.04	6.64	0.61
茂　名	215	198	103	699	57	29	17
肇　庆	13.89	10.16	109.83	19.85	6.7		42.26
清　远	61.35	17.35	1352.88	4	1.5	1.22	
潮　州	54.9	54.9	14	32	8.5	8	35
揭　阳	12.4	11.6	6.4	2.38	2.84	2.71	
云　浮	19.7	12.55	82.45	20.3	1.73		1.8

单位：万元

市别	二、全年总支出				三、全年纯收入	
	(四)转移性支出	(五)生活支出	食物支出	(六)其他支出		渔业纯收入
全省	190.28	3903.96	2546.31	506.28	12323.34	7775.35
广州		6.5	4		30.5	6.8
深圳		23	9	3	80	30
珠海	16.25	275.3	193.9	15.81	1371.74	783.09
汕头	8.14	141.27	98.96	38.02	208.8	99.35
韶关	0.9	8.1	6.75	1.1	21.02	16.9
河源	60.33	328.12	169.12	28.89	797.99	459.19
梅州	1.64	292.52	211.13	40.99	859.54	533.95
惠州	29	374.2	317.3	20.55	1074.6	596.9
汕尾						
东莞	1.44	372.36	287.75	67.4	1734.07	964.36
中山						
江门						
佛山	0.1	514.33	364.74	89.99	1388.41	1253.58
阳江		128.56	75.39	23.12	523.38	323.06
湛江		195.12	90.73	45.56	612.1	468.8
茂名	5	325	276	42	1473.2	723.2
肇庆	4.33	103.81	59.76	19.39	265.7	139.07
清远	29.27	548.43	201.21	6.2	935.41	685.13
潮州	33	46.5	35	27.5	277.7	226.4
揭阳	0.88	83.34	54.9	13.06	199.33	141.72
云浮		137.5	90.67	23.7	469.85	323.85

市别	四、调查户数	养殖户	五、调查户家庭总人数	六、调查户家庭专业从业人员
全省	1863	1273	8046	4019
广州	2	2	8	2
深圳	19	6	78	16
珠海	197	144	712	310
汕头	31	14	161	54
韶关	3	3	23	14
河源	167	150	820	312
梅州	189	167	912	461
惠州	201	117	881	432
汕尾				
东莞	213	130	833	388
中山				
江门				
佛山	255	213	574	634
阳江	53	30	281	181
湛江	70	34	435	144
茂名	120	70	661	280
肇庆	55	26	270	150
清远	160	73	754	345
潮州	42	25	219	96
揭阳	44	32	220	99
云浮	42	37	204	101

11-17 渔民收入调查数核定

2016 年

地区或单位	渔业人口（人）	渔业专业从业人员（人）	纯收入（万元）	渔业纯收入	人均纯收入（元/人）
全　　省	2330004	828582	14486.19	11340.30	14486.19
广　　州					
深　　圳	310	810	133.00	133.00	4,290
珠　　海	93933	57548	180,971.00	110,872.00	19,266
汕　　头	142637	45484	138,964.00	107,044.00	9,742
韶　　关	12322	3568	11,261.23	4,307.08	9,139
河　　源	25483	13010	26,084.48	15,878.89	10,236
梅　　州	104927	35571	80,356.09	40,346.65	7,658
惠　　州	63649	22153	60,887.88	33,200.02	9,566
汕　　尾					
东　　莞	18340	3337	1,734.07	964.36	946
中　　山	31654	18868	48,582.00	29,140.00	15,348
江　　门					
佛　　山	171304	85763	236,803.32	141,054.04	13,824
阳　　江	165748	70855	286,860.49	185,518.68	17,307
湛　　江	485798	166539	221,601.64	152,774.41	4,562
茂　　名	190853	72346	244,633.00	82,129.00	12,818
肇　　庆	59354	27176	81,314.72	48,778.94	13,700
清　　远	7333	2165	6,919.73	4,779.03	9,436
潮　　州	56265	27346	59,078.00	57,390.00	10,500
揭　　阳	172793	32768	76,352.27	37,910.42	4,419
云　　浮	23505	9007	41,900.26	28,882.06	17,826

十二、农　垦

全面深化改革成为新时期发展的强动力

南方日报

习近平将访问俄罗斯德国

《习近平论强军兴军》（基层官兵使用）印发全军

中国是包容性增长积极实践者

“粤港合作20载”图片展在广州开展

进一步推进广东农垦改革发展

认真贯彻落实习近平总书记重要批示精神 加强汛期灾害防范和安全生产工作

广州日报

习近平将对俄罗斯德国进行国事访问并出席G20峰会

中国的就业表现世界第一

“广州之夜”今晚亮相达沃斯

粤港澳大湾区探路中国式开放升级版

工业三大支柱产业总产值保持两位数增长

2017 年 **6** 月 **27** 日，广东省委书记胡春华主持召开省委常委会议，审议并原则通过了《关于进一步推进广东农垦深化改革加快发展的实施意见》，强调要坚决按照中央部署推进农垦改革发展，努力把广东农垦建设成为农业现代化的示范区、农业对外合作的排头兵。

2016 年 **9** 月 **21** 日，国家农业部副部长屈冬玉，广东省农业厅厅长郑伟仪一行到广东农垦考察调研。屈冬玉充分肯定了广东农垦近年来的改革发展以及对去年国务院 **33** 号文件的贯彻落实，并希望广东农垦“十三五”时期，在热作农业和重要资源性行业进一步发挥领头羊作用。

2016年**11**月**7**－**13**日，著名经济学家厉以宁教授一行到广东农垦考察，并参加了在广东农垦举办的“新形势下农垦改革发展重大战略问题研讨会”。

海外并购成为垦区对外合作排头兵的巩固器

2016年8月26日，广垦橡胶集团与泰国泰华树胶公司在泰国举行合作签约仪式，广垦橡胶集团并购全球第三大天然橡胶生产企业——泰国泰华树胶公司，并购成功后广垦橡胶的加工能力将达到150万吨，种植面积达200万亩，成为全球最大的天然橡胶全产业链经营企业。

公园建设成为垦区产业融合发展的推动器

2016年9月28日，国内首个国家热带农业公园——广垦（茂名）国家热带农业公园揭牌开园仪式隆重举行。

2016年6月7日，省农业厅厅长郑伟仪、副厅长郑惠典到垦地共建的广东省雷州半岛现代农业示范核心区和广垦雷州东西洋现代粮食产业示范区调研。

创新驱动成为产业做大做强做优的重要支撑

2017 年 1 月 7 日，广东省农垦集团公司（农垦总局）党组书记、董事长（局长）陈少平一行深入到丰收公司调丰糖厂，调研有机膜制糖技术创新与应用项目。该项目由广垦糖业集团提供膜法制糖工艺全方位支撑，中科院过程所、广州中糖生物科技公司和北京安得膜技术公司共同研制膜技术装备。在产品研发上，广西大学利用膜法制糖工艺的清汁制炼蔗糖产品。

2016 年 12 月 18 日，广东广垦畜牧工程研究院举行揭牌仪式。广东省农垦总局和广东省农业科学院携手合作，强化广垦畜牧集团在畜牧基础研究、应用研究和技术开发研究的竞争力。

产融结合成为垦区实体产业发展的新路径

2016 年 **9** 月 **21** 日，广垦橡胶与中国农业产业发展基金、中国信达资产管理公司两大国家级优秀战略投资者在广州举行正式战略合作签约仪式。

知名品牌成为广东农垦对外展示的名片

2016年**11**月**25**－**28**日，在第七届广东现代农业博览会上，广东农垦有**5**个产品荣获广东省第二届“十大名牌”系列农产品称号，其中雄鸥·勇士牌燕青绿茶、华煌牌红茶荣获“广东名茶”称号；燕塘牌鲜牛奶荣获“广东名奶”称号，红江牌红江橙、名富牌番石榴荣获“广东名果”。

农　垦

2016年，广东农垦全面贯彻党的十八大和十八届三中、四中、五中、六中全会精神，深入学习贯彻习近平总书记系列重要讲话精神，按照中央、农业部和省委省政府的决策部署，深入贯彻落实中央农垦改革文件，紧紧抓住胶、糖等大宗物资市场行情由多年低迷转向逐渐复苏的机遇，持续推进垦区改革发展，供给侧结构性改革取得初步成果，为顺利完成“十三五”规划目标，争创全国农垦改革发展先行示范区，打造国际化的大型现代农业企业集团夯实了基础。一年来，垦区经济社会保持了平稳健康发展，各项经济指标稳中向好，主产品产量增速明显，总体经济发展指标好于预期，实现了“十三五”的良好开局。

一、综合

2016年，广东农垦实现生产总值161.32亿元，比上年增长6.6 %，其中：第一产业增加值53.73亿元，增长9.9%，对GDP增长的贡献率为48.5 %；第二产业增加值63.31亿元，增长1.5%，对GDP增长的贡献率为9.3 %；第三产业增加值44.28亿元，增长10.6%，对GDP增长的贡献率为42.2 %；三次产业结构由上年的32.30：41.23：26.47变为33.31：39.24：27.45。人均农垦生产总值达42182元，增长5.5 %。国有在岗职工年均纯收入49178元，增长6.2%，垦区居民人均纯收入22955元，增长6.0%。全年国有企业营业总收入达231.9亿元，减少3.21 %，实现利润3.3亿元，减少14.4 %。

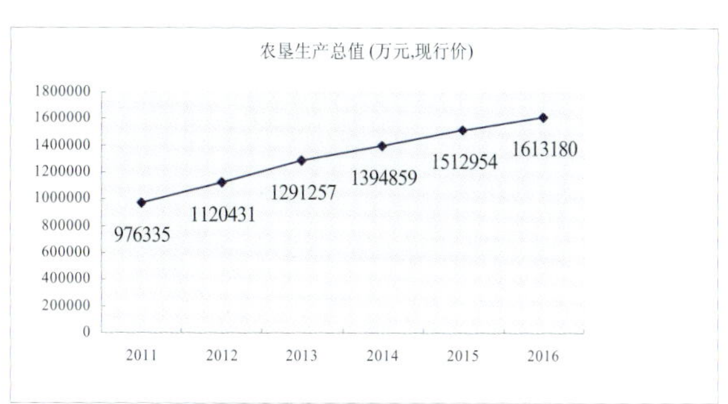

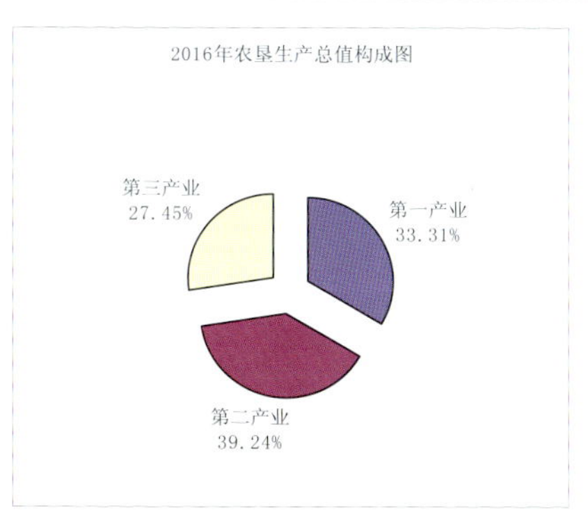

2016年，在“三期叠加、转型升级”关键时期，垦区经济和社会发展实现了“十三五”开门红，成绩来之不易，但同时也要清醒地看到面临的问题：一是农业生产处于产业链末端的弱势地位没有根本改善，应对自然灾害和市场波动的能力不足。二是部分主产业规模增速较快，但盈利能力不高，大而不强、多而不优、快而不稳的问题比较突出。三是新兴产业板块仍处孵化培育阶段，部分企业减亏扭亏压力较大，混合所有制企业的运营管控有待优化加强。四是符合垦区实际的办社会事业模式得到省部、地方政府的支持认可，但社企分离的大趋势不可逆转，需要更多的智慧和勇气去解决。五是人力资源与经济发展不相适应的矛盾突出，垦区人才结构不合理，梯队断层现象普遍存在；适应国际化经营的复合型中高端人才更显不足。

二、农业

2016年，广东农垦实现第一产业增加值53.73亿元，增长9.9%，占生产总值的33.3%。农业总产值按现行价计算达99.45亿元，增长8.9%，农业商品产值为94.54亿元，农业商品率为95.1%。

2016年，实现农作物总播种面积4.3万公顷，增长3.1%，其中：粮食播种面积0.81万公顷，负增长6.3%；糖蔗种植面积2.26万公顷，增长1.2%；油料播种面积0.28万公顷，负增长3.9%；蔬菜播种面积0.82万公顷，增长24.8%。

垦区国内外橡胶年末实有面积5.93万公顷，其中：国内基地橡胶年末实有面积4.35万公顷，负增长2.0%，其中当年新定植、更新定植6663亩；油茶年末实有7507公顷，其中当年新种8017亩；水果年末实有面积3.25万公顷，负增长0.6%；剑麻2689公顷，增长26.6%；茶叶534.3公顷，增长11.4%。

全年生猪饲养量180.93万头，增长3.3%，其中年末存栏70.44万头；牛年末存栏2.73万头，其中奶牛1.03万头；家禽饲养量1917.35万只，增长2.8%；全年水产养殖面积0.41万公顷。

全年粮食产量5.56万吨，负增长8.0%；糖蔗产量185.61万吨，增长10.1%；油料产量0.75万吨，负增长7.0%；蔬菜产量17.47万吨，负增长1.8%；干胶产量19.31万吨(包含海外、海南和云南)，增长8.2%；水果产量89.68万吨，增长2.4%；剑麻直纤维产量3279吨，负增长58.6%；茶叶产量685吨，增长11.0%。

全年肉类总产量11.98万吨，增长0.5%，其中猪肉产量9.54万吨，增长4.1%；禽肉产量2.3万吨，负增长3.5%，禽蛋产量3212吨，负增长11.3 %。全年水产品产量3.89万吨，增长5.8%，其中海水养殖1.21万吨，淡水养殖2.66

万吨。鲜牛奶产量 4.82 万吨，增长 5.7%。

全年农业固定资产投入 9.72 亿元，增长 10.4%。年末农业机械总动力为 42.94 万千瓦，增长 12.5%。全年农用化肥施用量（折纯）6.23 万吨；农用塑料薄膜用量 820 吨；农药施用量 6242 吨；农场用电量 47004 万千瓦时；有效灌溉面积达 18699 公顷。

三、工业和建筑业

2016 年，实现第二产业增加值 63.31 亿元，增长 1.5 %，占生产总值的 39.2 %。

2016 年，垦区各类工业企业 573 家，其中：国有及非国有规模以上工业企业 107 家，全年实现工业增加值 56.01 亿元，增长 0.9%，其中：国有及非国有规模以上工业增加值 40.09 亿元，占 71.6%。全年实现工业总产值按现行价计算（下同）为 178.79 亿元，负增长 3.2%，其中：轻工业产值 160.19 亿元，占工业总产值的 89.6 %；重工业产值 18.6 亿元，占工业总产值的 10.4%；国有及非国有规模以上工业总产值 135.62 亿元，占工业总产值的 75.9%。工业产品销售率为 96.7 %。全年实现工业利润是 18.4 亿元，应交税金 6.81 亿元。

2016 年垦区二十二大类工业产品中，产值排前十位的行业是：其它制造业 67.97 亿元，占 38.0 %；食品加工业产值 37.84 亿元，占比重为 21.2%；食品制造业产值 26.6 亿元，占 14.9%；金属制品业 10.08 亿元，占 5.6%；塑料制品业 9.8 亿元，占 5.5 %；家具制造业 5.67 亿元，占 3.2%；建筑材料及其他非金属矿物制造品业产值 4.14 亿元，占 2.3 %；服装及其他纤维制品制造业 2.85 亿元，占 1.6%；木材加工及竹藤、棕草制造业 2.61 亿元，占 1.5 %；建筑材料及非金属矿采选业 2.33 亿元，占 1.3%。这十大产业总产值 169.91 亿元，占工业总产值的 95.0%。

2016 年垦区工业主要产品产量及其增减情况

产品名称	产量	比上年增减%
机制糖	350028 吨	-4
罐头	2265 吨	0.04
酒精	26647 吨	197.1
乳制品	118967 吨	-3.1
食用油	188174 吨	-60.2
有机复混肥	71587 吨	-13.8
剑麻(绳、布、条)	6891 吨	15.1
地毯	16.4 万平方米	8.6
水泥	293584 吨	-5.1
家具	393.3 万件	-0.2

2016 年，全年完成建筑业产值 19.05 亿元，增长 5.4%，房屋施工面积 69.64 万平方米，房屋竣工面积 63.47 万平方米。建筑业增加值达 7.30 亿元，增长 6.0 %，实现利润总额 16503 万元，应交税金 8096 万元。

四、固定资产投资

2016 年，全年全社会固定资产投资总额 29.45 亿元，增长 7.4%，其中国有固定资产投资完成 15.54 亿元，负增长 13.6%，非国有投资完成 13.92 亿元，增长 47.2 %。在国有固定资产投资额中，基本建设投资 14.16 亿元，占 91.1%，更改措施投资 1.38 亿元，占 8.9 %。

分三次产业看，第一产业投资 9.72 亿元，增长 10.4 %。第二产业投资 5.5 亿元，负增长 9.6 %。第三产业投资 14.23 亿元，增长 13.5 %。主要投向两大主产业、六大支柱产业和公益民生工程。

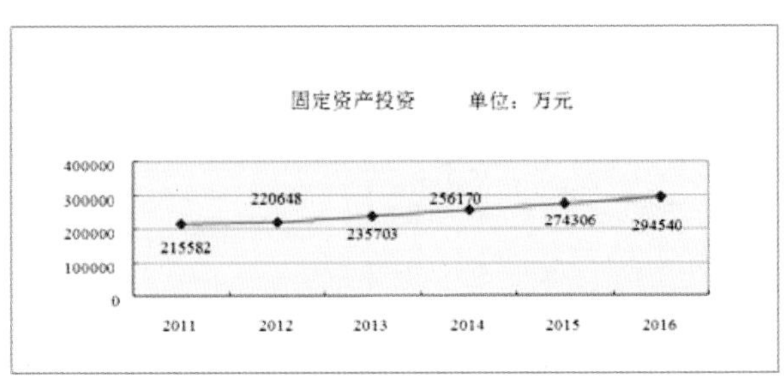

五、交通运输业、批零贸易业、餐饮业、服务业、房地产业及出口商品

2016 年，全年完成交通运输业总产值 7.92 亿元，比上年负增长 13.4 %，全年盈利 9378 万元，应邀税金 4079 万元。全年完成交通运输业增加值 4.49 亿元，比上年增长 4.0 %。现有载货汽车 1205 辆，载客汽车 1507 辆；全年货运量 3096.33 万吨，货运周转量 777826 万吨公里；客运量 713.10 万人，旅客周转量 151924 万人公里。

2016 年，全年实现社会消费品零售额 19.65 亿元，增长 3.2 %。年末批零贸易业、餐饮业、居民服务业营业单位总数达 4734 个，从业人员 19232 人，年末固定资产原值 25.46 亿元，营业用房 67.74 万平方米，销售和营业总额 202.08 亿元，增长 3.4 %；利润总额 64407 万元，应交税金 27572 万元。

2016 年，垦区房地产开发企业 2 个，从业人员 132 人，年内销售商品房 35874 平方米，利润总额 -480 万元，缴纳税金 1039 万元。

2016 年，年末共有物业管理公司 12 个，物业管理人员达 909 人，年末实有可出租房屋面积 73.76 万平方米，已出租房屋面积 71.80 万平方米，出租率达 97.3 %，物业管理公司营业或服务收入达 17051 万元，增长 3.9 %，其中物业管理费收入 5043 万元,占总收入的 29.6%;出租写字楼及宿舍收入达 4742 万元,占总收入的 27.8%;出租厂房收入 3991 万元,占总收入的 23.4 %。

2016 年，出口商品总金额达到 76.44 亿元，增长 10.3 %。出口创汇金额 111204 万美元，增长 2.9%。其中：工业品出口达 72.27 亿元，占出口总额的 94.5%。

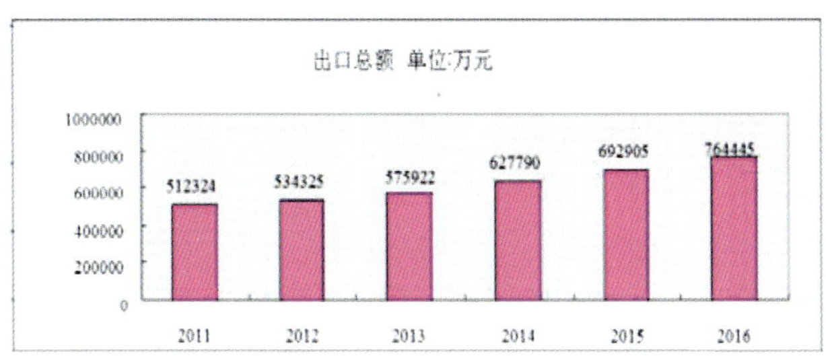

六、科技生产、土地

2016 年，垦区共有科研单位 49 家，其中省地级 4 家，共有科研从业人员 265 人。2016 年末垦区农技推广站 46 个，共投入科研经费 2669 万元。2016 年，垦区农业综合机械化水平、农业科技贡献率和良种覆盖率分别达到 71%、65%和 100%。

科技试验与推广应用。抓好高产高抗品种引进筛选、绿色高产农业技术、低频高效采胶、测土配方施肥、土壤改良、生物覆盖、水肥一体化、病虫害监测与绿色防控、有机农产品生产、机械化耕作、健康养殖等 20 多项技术的试验示范工作。一是推进主产业在机耕、机管、机收各生产环节上的机械化进程。据统计，全年主产业机械耕作推广面积达到 120 万亩次，其中甘蔗机管率达 76%。二是抓好橡胶产业创新管理，提高市场竞争能力。继续推进生态胶园的建设，在今年新植 0.69 万亩橡胶园推行葛藤覆盖技术。抓科学投入，推岗经营，促减员增效，1-4 龄苗人均抚管株数从去年的 5115 株提高到 6111 株，4 龄苗以上不设岗,全垦区抚管工人由原来的 3750 人减到 1228 人，减幅为 67%，提高了劳动生产率。三是进一步加快推进割制改革。在垦区全面开展五天一刀以上割制，继续扩大广七天一刀割制示范，推广面积达 29803 亩，人均割株为 2580 株。四是抓好林下经济作物的试验示范推广。在橡胶林下种植益智、金花茶和套种菠萝、甘蔗、瓜菜等作物，效益显著。

标准化、品牌建设。一是农业标准化体系建设，完善农产品生产、加工技术标准和规程，建设一批省级国家级农业标准示范区。二是农产品质量追溯系统建设。推进广垦畜牧生猪优势产业追溯体系、红江橙质量追溯系统、广垦绿色农产品质量追溯展示与电商平台建设，促进产品转型提质。三是农业品牌建设。华煌牌红茶、绿茶通过了有机转换认证；华煌牌红茶、燕塘牌鲜牛奶及原味酸奶饮品、红江牌红江橙 4 个产品被评为广东省名牌农产品，蜂泉牌白砂糖、雄鸥/勇士蒸青绿茶通过广东省名牌农产品复审。组团参加了安徽徐州“中国农垦名优特农产品推介会”、昆明“第十四届中国国际农产品交易会”、广州“第七届广东现代农业博览会等重要展会活动”等展览，全面展示广东农垦的品牌。广垦糖业的“银月牌”白砂糖荣获“第十四届中国国际农产品交易会参展农产品金奖；雄鸥/勇士牌蒸青绿茶、华煌牌红茶、燕塘牌鲜牛奶、红江牌红江橙、名富牌番石榴分别获广东省第二届“十大名牌”系列农产品“广东名茶”、“广东名奶”、“广东名果”称号。

项目建设。一是农机补贴项目，落实 2016 年中央财政农机购置补贴资金 1558 万元，其中预算内 708 万元，转移支付 850 万元，项目实施单位 17 个。二是水利建设项目，2016 年度利建设项目共 3 类 34 个。其中小型农田水利建设项目资金 3210.19 万元，项目实施单位 16 个；小型农田水利设施建设补助资金项目资金计划安排 4250 万元，项目实施单位 10 个；中央水利建设基金项目资金计划安排 900 万元，项目实施单位 8 个。

产学研合作取得新成果。参与广东省农业科技创新联盟新平台建设，与中国热带农业科学院等科研院所合建广垦橡胶加工创新研发中心和广垦农产品质量安全检验检测中心，提升了产学研合作水平；与广东省农业科学院的合作成立广垦畜牧工程研究院；加快在水稻、花生、茶叶、蔬菜、种业、红江橙等产业合作；与中国空间技术研究院的合作引进各类航天果蔬系列品种 45 个，在国家现代农业示范区广前核心区试种航天萝卜、辣椒、豆角、茄子、香蕉共计 400 余亩，启动了航空搭载甘蔗、剑麻组培品种选育工作。2016 年获省部级以上奖励 4 项，获地市级奖励 2 项。

安全生产。2016 年，全面落实以安全生产“一岗双责”为核心的安全生产责任制，全年各级签订的安全生产责任书达 2600 多份。全年发生各种生产安全事故及造成的直接经济损失均比上年有所下降，杜绝了重伤以上安全生产事故的发生，整体本质安全水平得到提升，为持续推进垦区深化改革发展提供了安全保障。

一是落实安全生产主体责任。制定了《广东农垦健全落实安全生产工作责任制规定》，进一步落实安全生产“一岗双责”制度，推进企业安全生产标准化建设。垦区 15 家企业通过了安全生产标准化认证，在红江农场等 7 个单位开展安全社区建设工作。二是加强安全生产监督管理。垦区各级全年组织各种安全生产检查 1000 多次，其中由总局牵头组织的全局性安全生产大检查 3 次。三是抓安全隐患排查治理，促进重大事故隐患治理责任、措施、资金、期限和应急预案五落实。四是加强应急管理，制定了《广东农垦突发事件应急预案》，完善了应急救援机制。五是组织开展“安全生产月”等活动，开展安全发展主题宣讲活动 60 多次，组织观看《筑基》、《伤逝》等安全生产宣传片 350 多次，举办安全知识大赛 20 多场，组织事故警示教育活动 80 多次。六是夯实安全生产基础。10 月举办了 1 期应急管理培训班，垦区 90 多名应急管理人员参加；抓好“三项岗位”人员等培训工作，垦区持证上岗率达到 100%。

2016 年，垦区年末土地总面积 228834 公顷，其中：已开垦利用地 216252 公顷，占 94.3%，内有耕地 37866 公顷。截至 2016 年底，垦区累计完成农场土地确权发证 20.71 万公顷(其中包含与国土证不相覆盖的 0.70 万公顷林权证)，已发证占应发证比率约达 95%，居全国农垦系统前列。加强土地管理，加大力度追收土地租金、补偿金等土地收益。结合地籍管理工作，强化垦区农场土地权益保护，实现当年被占土地全部收回。加快推进农光互补项目，督促示范带动项目建设。与粤电集团合作共建的 2000 亩农光互补项目落户织篢农场，实现光伏发电和种养同步发展，土地综合利用效益大幅提升。创新土地开发管理，紧抓城镇化快速发展机遇，加大农场城镇化土地规划和开发力度。铜锣湖农场土地转用开发地产，土地收益每亩由 3 万元提升到近 20 万元。

七、教育和卫生

教育事业。粤东两垦区的义务教育“创强”和“两免一补”纳入地方政府预算，解决了学校基础建设投入和生均经费差额的问题。垦区中小学教师培训与地方对接有新突破，强师工程南粤名师大讲堂首次走进广东农垦。农工商学院通过第二批“广东省示范性高等职业院校”验收，被确定为“广东省一流高职院校建设计划”立项单位。推进了“一场一校”的并校提质工作，截止 2016 年已有 6 所中小学通过示范性学校验收，湛江垦区华海公司海鸥三小已完成撤并。新型职业农工培育取得新突破，增设广东农垦茂名技工学校为省广校茂名分校及若干田间学校和实训基地，2016 年垦区培训新型职业农工 372 人。

2016 年末，垦区有各类学校 143 所，教职工 4697 人，在校学生 80969 人，当年毕业生 22929 人。其中：普通高等学校 1 所，在校学生 19682 人，当年新招生人数 6169 人，当年毕业生 7112 人；中专 1 所，在校学生 7118 人，当年毕业生 2237 人。技工学校 2 所，在校学生 3565 人，当年毕业生 1800 人。普通中学 43 所，在校学生 16571 人，当年毕业生 5938 人，小学 96 所，在校学生 34033 人，当年毕业生 5842 人；幼儿园 60 所，入园儿童 10488 人，当年毕业儿童 3676 人。

卫生事业。垦区医疗卫生事业稳步推进。燕岭医院医保资格由基层社区医院（小点）恢复为大型综合医院（大点）；垦区医疗卫生基础设施项目建设进度加快，长山等一批农场医院门诊综合大楼先后竣工使用，大幅提升了垦区职工的就医环境和医疗水平。

2016 年末，垦区现有医疗单位 60 个，其中：省地级医院 4 个，场级医院 54 个，分场级 2 个，病床 6096 张，卫生技术人员 4069 人，其中：医生 1537 人。平均每个医生承担服务人口量为 249 人。

八、公路、小城镇和安居工程建设

2016 年，投入一事一议、税改、公路建设、水库移民等项目资金近 4 亿元，用于改善生产生活环境，农场面貌进一步改善，城镇化率达到 70%。基本实现职工安全饮水和生活垃圾、生活污水的无害化处理；以 6 个“美丽乡村”建设示范点为抓手，突出农垦特色，完成农场卫生净化、环境绿化、道路亮化等 800 多个工程建设；完成农场公路硬底化改造 60 公里，农场公路“队队通”建设进入扫尾阶段；水库移民危房改造项目的收尾工作加快，累计完成移民安居工程建设 19531 户、62902 人，基本完成目标任务。

九、扶贫攻坚

修订垦区“十三五”贫困农场扶贫开发规划，以提升农场造血功能为抓手，将扶贫项目主动融入垦区主产业布局和发展，拓展光伏农业、特色种养、旅游观光等扶贫计划。2016 年在 10 个贫困农场安排了 22 个财政扶贫项目，落实财政资金 3410 万元；建立了 10 个重点扶持贫困农场的项目库，统筹各类财政资金向贫困农场倾斜。全面落实湛江雷州市水标村的对口帮扶工作，编制了《广东省农垦集团公司对口帮扶雷州市客路镇水标村精准扶贫规划（2016-2018）》，2016 年垦区投入 88.09 万元用于水标村基础设施改造项目和产业发展项目，争取了地方财政 140 多万元用于环境改造和产业扶贫，将水标村 8 名贫困户子女送到垦区农工商职业技术学校就读。积极配合农业部开展援藏扶贫工作。

十、人口、职工与垦区居民收入

2016 年全垦区年末总人口 38.29 万人，全年出生人口

4082 人，年内死亡人口 1983 人。

2016 年末垦区国有职工总数 4.70 万人，其中：国有在岗职工为 4.61 万人，内：长期职工为 3.7 万人。全年国有在岗职工纯收入合计 227502 万元，国有在岗职工年均纯收入 49178 元，增长 6.2 %。

2016 年末从业人员 119864 人，其中：从事第一产业 53079 人，占从业人员总数的 44.28%；从事第二产业 30877 人，占从业人员总数的 25.76 %；从事第三产业 35908 人，占从业人员总数的 29.96 %。从业人员年平均收入 39568 元，增长 5.5 %。

2016 年垦区居民人均纯收入 22955 元，增长 6.0%。

十一、农综、农业产业化重点龙头企业和境外企业基本情况

2016 年，投入财政资金 2400 万元，实施一批农业综合开发项目；建设 1.6 万亩高标准农田和 45 个小型农田水利设施，改良土壤 1.6 万亩。新增农机具 16 多台（套）。

2016 年，完成龙头企业的申报和监测工作，至 2016 年末，新增广东广垦绿色食品有限公司为省级龙头企业，垦区共有 11 家省级以上龙头企业，其中 4 家为国家级龙头企业。

2016 年末，垦区境外企业达 22 家，并表单位境外企业从业人员 2125 人，境外企业全年总收入 32.73 亿元。

十二、财务状况

资产负债情况：由于畜牧、粮油等产业的迅速发展，垦区国有资产规模进一步扩大。2016 年末垦区资产总额为 362.0 亿元，比年初数增加 45.4 亿元，负债总额 206.7 亿元，比年初增加 34.0 亿元，资产负债率为 57.1%，与上年 54.5%略有上升，处于财务安全值的有效范围内。

所有者权益增减变动情况：2016 年末垦区所有者权益 155.4 亿元比年初增加 11.3 亿元，增加的主要原因：一是垦区实现盈利未分配利润增加 1.7 亿元，资本公积增加 2.2 亿元；二是少数股东投入增加 6.1 亿元。

资产运营效率及债务风险情况：2016 年垦区资产负债率为 57.08%，处于较低的水平，有效地控制了企业的债务风险；流动比率 105.79%，比上年下降 17.98 个百分点，短期偿债能力有所减弱；应收帐款周转率 14.08%，垦区企业正常资金周转效率较高，资金运营情况较好；净资产利润率和总资产报酬率分别为 1.61%和 1.91%，企业资产的运营效率较好。

国有营业总收入、利润情况：2016 年垦区实现营业收入 231.9 亿元，同比减少 7.7 亿元，减幅 3.21%。主要是根据会计准则要求的实质控制原则，今年不再合并茂名长晟公司报表，改按权益法核算。实现利润总额 32572 万元，减幅 14.4%。

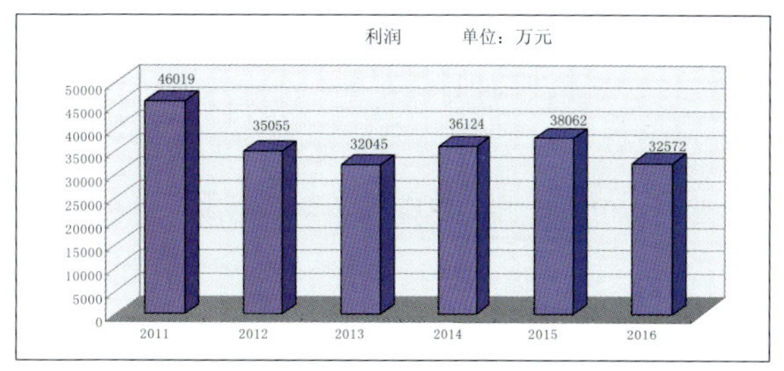

税金缴纳情况：2016 年垦区共实现各项税费 46724 万元。

十三、非国有经济

2016 年，垦区实现非国有经济生产总值 77.17 亿元，增长 6.3 %，占垦区经济总量的 47.8 %。其中第一产业增加值 10.13 亿元，第二产业增加值 45.64 亿元，第三产业增加值 21.39 亿元，各产业占非国有经济总量的比重分别为 13.1%、59.1%、27.8 %。非国有经营单位个数 6142 个，从业人员达 5.76 万人，其中第一产业 1.89 万人，第二产业 2.04 万人，第三产业 1.83 万人。从业人员总收入 25.07 亿元，从业人员年平均报酬 43530 元。全年共实现利税 35.14 亿元，增长 16.87 %，其中：利润 28.68 亿元，增长 19.59 %。

12-1 主要年份广东农垦统计指标

项　目	计量单位	1952	1957	1962	1965	1970	1975	1978	1980	1985	1990
土地总面积	公顷	121834	175813	233727	242948	255896	250964	251129	252294	238980	220026
农垦总人口	人	58729	29528	117527	158740	248600	295340	318060	318059	317136	347144
国有在岗职工人数	人	56662	21181	61066	77856	130255	151145	167555	168687	169606	167169
国有职工工资总额	万元	727	1094	2305	2671	4358	6441	8110	9926	16199	37206
工农业总产值(可比价)	万元	3540	5202	8754	19716	26258	42980	54586	59726	88141	152786
农业总产值(可比价)	万元	3540	4418	6530	13071	19233	30746	39387	44409	57194	82628
工业总产值(可比价)	万元		784	2224	6645	7025	12234	15199	15317	30947	70158
农垦社会总产值(现价)	万元							41176	45485	63405	162320
农垦生产总值(现价)	万元							20176	22424	31233	66348
利润总额	万元			75	1520	1734	3367	4684	3425	3582	3825
交纳税金	万元		19	121	828	1230	867	481	1002	2109	7449
国有固定资产原值	万元								66421	95570	125191
国有固定资产净值	万元								53340	70312	89256
出口商品总金额	万元		118	125	446	32	349	219	168	2172	10134
出口创汇金额	万美元								111	757	2073
农产品销售金额	万元	58	174	357	810	738	12374	19694	11666	26165	59015
干胶总产量(国内基地)	吨			1388	3426	7232	12361	16288	18501	24408	30241
剑麻纤维产量	吨		64	740	1337	3016	5695	7271	8900	10893	10538
干毛茶产量	吨			1	2	1	8	35	87	1431	3135
水果总产量	吨		785	677	1723	2426	791	1726	3450	16783	62134
年末林地面积	公顷	980	33099	30223	36297	39716	39972	39960	34136	32385	38077
鲜牛奶产量	吨		106	250	604	656	1469	1912	2355	3162	3423
肉类产量	吨		808	1561	1314	3239	2834	4012	7967	13033	15306
水产品产量	吨		9	96	134	85	135	227	227	791	2834
机制糖产量	吨		174	139	1729	13315	12252	15457	12603	39111	79506
水泥产量	吨						21023	39353	42602	120598	171189
固定资产投资额	万元	274	944	1666	2452	2467	4454	5882	5342	9596	8580

12-1　续表

项　目	计量单位	1995	2000	2005	2010	2012	2013	2014	2015	2016
土地总面积	公顷	219038	217705	221793	226031	22299	226878	228696	228305	228834
农垦总人口	人	338837	352608	350249	375095	371718	377214	379765	377975	382887
国有在岗职工人数	人	123892	94996	59590	57211	50806	49608	48575	47512	46127
国有职工工资总额	万元	75000	65145	64852	101106	126661	151177	204725	221171	227502
工农业总产值(可比价)	万元	232930	322265							
农业总产值(可比价)	万元	99311	136071							
工业总产值(可比价)	万元	133619	186194							
农垦社会总产值(现价)	万元	432018	522935	750248	1938973	2621921	2945647	3218085	3475143	3581996
农垦生产总值(现价)	万元	176407	170647	323933	836254	1120431	1291257	1394859	1512954	1613180
利润总额	万元	23521	−20713	14568	33848	35055	32045	36124	38062	32572
交纳税金	万元	15951	14279	15361	26613	40933	32352	40234	30608	46724
国有固定资产原值	万元	213315	469584	682053	772743	1383863	1426796	1520104	1583426	1817613
国有固定资产净值	万元	168452	336609	546608	580666	1151826	1182017	1241348	1272136	1364954
出口商品总金额	万元	31833	28123	78937	452321	534325	575922	627790	692905	764445
出口创汇金额	万美元	3825	3386	9915	69400	86109	93532	100899	108071	111204
农产品销售金额	万元	121698	132871	210751	367085	518616	643816	622950	789697	821199
干胶总产量(国内基地)	吨	27158	20034	21307	13383	15382	16012	11968	12970	12923
剑麻纤维产量	吨	16889	17873	14410	13610	9103	8351	6140	7929	3279
干毛茶产量	吨	2613	2320	1737	1092	985	1021	779	617	685
水果总产量	吨	74575	143415	236156	401505	508151	651313	661381	875421	896783
年末林地面积	公顷	33680	24755	24635	23225	23847	24788	25188	28002	28628
鲜牛奶产量	吨	5062	3158	19711	26303	40986	38234	37866	45618	48196
肉类产量	吨	21736	37905	42117	64140	85594	107649	114404	119212	119812
水产品产量	吨	8129	15391	21755	30386	34512	35262	36328	36746	38871
水泥产量	吨	594066	432540	483468	520730	516692	372192	401000	309376	293584
固定资产投资额	万元	74160	30250	59761	202232	220648	235703	256170	274278	294540

12-2 广东农垦主要指标完成情况

2016年

指标名称	单位	总局合计		湛江局	茂名局	阳江局	揭阳局	汕尾局	广州直属单位
		完成数	增长%						
一、企业个数	**个**	**296**	**7.6**	**79**	**31**	**30**	**9**	**5**	**142**
其中:第一产业	个	164	13.1	37	26	22	9	5	65
第二产业	个	33	-2.9	15	1	1			16
第三产业	个	99	3.1	27	4	7			61
二、农垦总人口	**人**	**382887**	**1.3**	**159442**	**97209**	**15310**	**49184**	**36977**	**24765**
其中:从业人数	人	119864	0.3	36552	27292	4068	14857	14814	22281
内:国有在岗职工	人	46127	-2.9	24246	8290	2560	1200	2023	7808
离退休人员	人	85776	1.3	48844	25100	5550	2334	2195	1753
三、土地总面积	**公顷**	**228834.4**	**0.2**	**115664.8**	**56406.3**	**35092**	**11959.7**	**9477.9**	**233.7**
其中:已开垦利用	公顷	216251.5	0.4	107212.9	54371.9	34884.4	11663.3	7885.3	233.7
内:耕地	公顷	37866.1	-0.1	33146.8	588.1	1573.5	1087.3	1460.4	10
四、农业生产									
1、橡胶年末面积	公顷	43492.6	-2.0	7410.6	24985.5	8392.8	1642.2	1061.5	
橡胶年末株数	万株	1503.84	-0.9	257.38	834.6	283.12	78.32	50.42	
开割到达面积	公顷	21480.5	14.3	949.8	14566.7	5874.1	89.9		
开割到达株数	万株	605.41	12.9	55.93	422.11	122.92	4.45		
全年干胶总产	吨	193078	8.2	201	10150	2568	14		180145
其中:国内基地干胶总产	吨	12923	-0.4	201	10140	2568	14		
单株年产干胶	公斤	2.4	-7.7	1	2.5	2.4	2.8		
公顷年产干胶	公斤	677	-7.3	212	721	638	264		
2、剑麻年末面积	公顷	2689	26.7	2170			519		
纤维总产	吨	3279	-58.6	2716			563		
3、茶叶年末面积	公顷	534	11.3	182	148	8	173	23	
茶叶总产	吨	685	11.0	201	60	16	381	27	
4、水果年末面积	公顷	32502	-0.6	21676	4829	1140	3615	1230	12
其中：柑桔橙	公顷	698	13.0	542	6	55	95		
内：红江橙	公顷	503	21.8	503					
菠萝	公顷	11194	7.3	10942	28		115	108	
荔枝	公顷	6613	1.1	1900	2317	382	1156	859	
龙眼	公顷	3087	-7.1	507	1471	401	573	136	
香（大）蕉	公顷	7563	-13.3	6915	425	66	113	44	
水果总产量	吨	896783	2.4	833135	41123	2677	12183	7623	42
其中：柑桔橙	吨	9436	18.2	6542	188	1196	1510		
内：红江橙	吨	6500	44.4	6500					
菠萝	吨	448357	6.1	446007	25		234	2091	
荔枝	吨	34401	-29.2	8479	17522	436	4708	3256	
龙眼	吨	13665	-28.1	1963	8593	300	1661	1148	
香（大）蕉	吨	356641	0.1	342725	12300	444	515	657	
5、年末林地面积	公顷	28628	2.2	6686	10602	6635	2609	2096	
木材总产	M3	122419	-20.5	76395	31516	5624	13	8871	
6、粮食播种面积	公顷	8055	-6.3	2372	1179	449	1814	2241	

12-2 续表1

指 标 名 称	单位	总局合计		湛江局	茂名局	阳江局	揭阳局	汕尾局	广州总直单位
		完成数	增长%						
粮食总产量	吨	55648	-8.0	18442	9128	2601	10067	15410	
其中:水稻播种面积	公顷	4866	-7.1	1264	586	170	962	1884	
水稻总产量	吨	33924	-7.9	8792	5613	1085	5219	13215	
7、糖蔗播种面积	公顷	22643	1.2	22557	20	66			
糖蔗总产量	吨	1856101	10.1	1851263	1676	3162			
8、油料播种面积	公顷	2817	-3.9	1492	807	266	193	58	
油料总产量	吨	7479	-7.0	3877	2405	682	388	127	
9、蔬菜种植面积	公顷	8211	24.8	5071	1345	218	710	867	
蔬菜产量(含菜用瓜)	吨	174708	-1.8	104665	26022	3056	18310	22655	
10、猪全年饲养量	头	1809313	3.3	788542	648582	201776	85664	84749	
年末存栏量	头	704425	7.6	303393	251197	76675	38197	34963	
11、牛年末存栏量	头	27331	0.4	10772	1415	1339	2776	902	10127
其中:奶牛	头	10338	1.6	193			18		10127
12、肉类总产量	吨	119812	0.5	55515	37493	10581	5952	10271	
其中:猪肉	吨	95446	4.1	45119	32199	9561	4341	4226	
13、水产养殖面积	公顷	4142	0.0	945	455	1702	147	893	
水产品产量	吨	38871	5.8	5681	8024	19486	1042	4638	
14、农业机械总动力	千瓦	429407	12.5	198687	69641	72607	10617	34475	43380
五、工业生产									
1、工业企业个数*	个	573	5.3	196	168	15	64	67	63
2、工业产品产量									
其中:水泥	吨	293584	-5.1			293584			
机制糖	吨	350028	-4.0	350028					
罐头	吨	2265	0.0	2265					
木片(绝干吨)	吨	35396	-21.7	31213	3907			276	
配合饲料	吨	3794	0.9		3108			686	
酒精	吨	26647	197.1	24619					2028
成品茶	吨	540	13.2	194	26	9	284	27	
乳制品	吨	118967	-3.1	704					118263

12-2　续表 2

指 标 名 称	单位	总局合计		湛江局	茂名局	阳江局	揭阳局	汕尾局	广州总直单位
		完成数	增长%						
模压复合家具	万件	358.9	0.3	357	1.9				
凉果	吨	7467	1.7				6992		475
复混肥	吨	71587	-13.8	54681	11518	5388			
砖	万块	55275	19.2	19960	17353	6000	10008	1954	
食用油	吨	188174	-60.2	648	2476				185050
六、全部固定资产投资	**万元**	**294540**	**7.4**	**79665**	**61676**	**55997**	**14641**	**32036**	**50525**
1、第一产业	万元	97233	10.4	29692	30514	3721	8524	9805	14977
2、第二产业	万元	54963	-9.6	8002	7478	240	1129	14351	23763
3、第三产业	万元	142344	13.5	41971	23684	52036	4988	7880	11785
其中:国有固定资产投资	万元	155387	-13.6	56563	32782	4581	6040	7155	48266
七、农垦生产总值	**万元**	**1613180**	**6.6**	**568039**	**253343**	**84162**	**51004**	**66716**	**589916**
1、第一产业增加值	万元	537274	9.9	307622	114803	54246	23755	19867	16981
2、第二产业增加值	万元	633110	1.5	129957	50438	9609	14030	32397	396679
工业	万元	560092	0.9	99799	23524	4401	9097	26592	396679
3、第三产业增加值	万元	442796	10.6	130460	88102	20307	13219	14452	176256
八、出口商品总金额	**万元**	**764445**	**10.3**	**10621**		**33896**		**54528**	**665400**
九、创汇金额	**万美元**	**111204**	**2.9**	**1546**		**5151**		**8389**	**96118**
十、全年利税总额	**万元**	**79296**	**15.5**	**35619**	**3680**	**1969**	**278**	**425**	**37326**
其中:利润	万元	32572	-14.4	13602	2780	790	271	414	14716
十一、按农垦人口计算									
1、人均农垦生产总值	元	42182	5.5	35668	26045	54176	10428	18076	240301
2、国有在岗职工年均收入	元	49178	6.2	44067	38231	38043	35940	37731	87467
3、农垦人口年均纯收入	元	22955	6.0	21097	20790	23734	14934	19954	63585
4、从业人员年平均纯收入	元	39568	5.5	40050	32072	36246	22471	30417	64763

12-3 广东农垦人口构成及自然增长

2016 年 单位:人

指标名称	农垦总局	湛江局	茂名局	阳江局	揭阳局	汕尾局	广州直属单位
农垦总人口年平均人数	382433	159259	97271	15535	48911	36908	24549
农垦总人口年末人数	382887	159442	97209	15310	49184	36977	24765
其中:国有在岗职工总数	47035	25126	8296	2577	1200	2026	7810
国有离退休人员	85776	48844	25100	5550	2334	2195	1753
非国有经济劳动者	47574	7040	14572	1217	7789	5870	11086
外出谋业人员	62350	20080	20907	2820	12791	5260	492
无业人员	7176	4358	2818				
家属小孩人数	110720	47479	25420	3079	19508	14436	798
国有单位其他从业人员	22256	6515	96	67	5562	7190	2826
全年出生人数	4082	2036	841	94	621	431	59
全年死亡人数	1983	1039	427	142	207	146	22
在农垦总人口中:农场总人口	344371	142549	95466	14661	49034	36885	5776
少数民族人口	8109	5124	2207	728			50
水库移民人口	102607	57262	38625	1236	1481	4003	

12-4 广东农垦土地资源与利用情况

2016 年　　　　单位:公顷

指 标 名 称	农垦总局	湛江局	茂名局	阳江局	揭阳局	汕尾局	广州直属单位
年末土地总面积	228834.4	115664.8	56406.3	35092	11959.7	9477.9	233.7
一、已开垦利用土地	**216251.5**	**107212.9**	**54371.9**	**34884.4**	**11663.3**	**7885.3**	**233.7**
（一）园地面积小计	81122.5	31317.1	31472.9	9630.4	6308.1	2378.7	15.3
1.橡胶地	43484	7410.5	24985.5	8392.8	1642.2	1053	
2.热作地	2715.1	2167.1	54		494		
内：剑麻地	2620.6	2126.6			494		
3.茶园	534.2	182	148.1	8	173	23.1	
4.果园	28896.2	18108.6	4822.7	1126.6	3613.7	1224.6	
5.桑园	384.6	364.6	13	7			
6.南药地	13	13					
7.苗圃地	124.9	76.9	37	5	6		
8.其他园地	4970.5	2994.4	1412.6	91	379.2	78	15.3
（二）耕地小计	37866.1	33146.8	588.1	1573.5	1087.3	1460.4	10
1.水田	3082.5	977	303.7	23	683	1095.8	
2.旱地	34783.6	32169.8	284.4	1550.5	404.3	364.6	10
内：水浇地	15616.3	14832.2	24	128.5	305	316.6	10
（三）林地小计	28186.1	6679.6	10602.2	6635.2	2553.7	1715.4	
（四）牧地小计	202.4	62.1		67			73.3
（五）水域小计	6128.3	1989.4	506.4	1634.5	613	1385	
其中:山塘、水库	1444.6	981	52.3	5	269.3	137	
鱼 塘	3932.4	930.4	453.8	1560.5	94.7	893	
（六）工厂用地	1979.7	937.7	602.6	280.4	42.7	61	55.3
（七）居民点用地	12417.3	6360.9	4292.5	891.1	451	349.8	72
（八）交通用地	14286.3	11174.6	1970.8	698.6	279.7	162.6	
（九）外单位占用地	14768.6	11878.2	2549.4		5	336	
（十）长期作物淘汰地	4116.6	1877.5	424.4	1577.5	200.8	36.4	
其中：橡胶地	1957.2	395.5	323.2	1224.5		14	
（十一）其他已开垦利用地	15177.6	1789	1362.6	11896.2	122		7.8
二、已开垦未利用地	**2308.2**	**1363**	**561.2**	**127.7**	**154.2**	**102.1**	
三、未利用土地	**10274.7**	**7088.9**	**1473.2**	**79.9**	**142.2**	**1490.5**	
其中：1.荒山、荒地	2924.6	1492.2	205.7			1226.7	
内：可垦荒地	530.1	503.7	26.4				
其中：宜林地	165	165					
宜果地	103.7	103.7					
2.外单位占用地	3448	3125	323				
另：本单位已利用界外地	211.4	120	88			3.4	

12-5 广东农垦耕地变动情况

2016 年　　单位:公顷

指标名称	农垦总局	湛江局	茂名局	阳江局	揭阳局	汕尾局	广州直属单位
一、年初实有耕地面积	37910.8	33143.1	631.5	1578.5	1087.3	1460.4	10
二、当年增加耕地面积	97.1	97.1					
1.新开荒							
2.收复弃耕地							
3.还耕	97.1	97.1					
4.其他							
三、当年减少耕地面积	141.8	93.4	43.4	5			
1.国家基建占用	93.4	93.4					
2.本单位基建占用	1		1				
3.农业结构调整占地	10		10				
其中:退耕还园	10		10				
退耕还林							
4. 其他减少	37.4		32.4	5			
四、年末实有耕地面积	37866.1	33146.8	588.1	1573.5	1087.3	1460.4	10
五、当年粮食实际占用耕地	2787.8	398.3	319.6	441.5	741	887.4	

12-6 广东农垦橡胶生产情况

2016 年

指　标　名　称	计量单位	农垦总局	湛江局	茂名局	阳江局	揭阳局	汕尾局	广州直属单位
1. 当年调整减少面积	公顷	820.6	371.9	427.6	21.1			
其中：老残、低产树	公顷	463.5	285.9	159.6	18			
2. 累计更新定植面积	公顷	12491.5	770	8129.1	3592.4			
其中：当年更新定植	公顷	444.2	31	413.2				
3. 年末林段实有面积	公顷	43492.6	7410.6	24985.5	8392.8	1642.2	1061.5	
实有株数	万株	1503.84	257.38	834.6	283.12	78.32	50.42	
其中：当年新定植面积	公顷	428.8	96.7	332.1				
当年新定植株数	万株	20.14	4.44	15.7				
已开割面积	公顷	25971.8	3937.4	15824.4	6120.1	89.9		
已开割株数	万株	733.14	101.63	455.42	171.66	4.43		
4. 未开割树本年平均增粗	厘米	5.1	4	6	4.3	4.3	4.7	
5. 年末苗圃存苗株数	万株	4			4			
其中：芽接苗	万株							
6. 当年实际开割到达面积	公顷	21480.5	949.8	14566.7	5874.1	89.9		
其中：当年新开割面积	公顷	1220.8		1165.9	46.8	8.1		
7. 当年平均开割面积	公顷	19090.1	949.8	14059.4	4027.9	53		
8. 当年开割到达株数	万株	605.41	55.93	422.11	122.92	4.45		
其中：当年新开割株数	万株	42.04		38.53	2.17	1.34		
乙稀利刺激株数	万株	394.87	20.3	332.67	41.9			
9. 当年平均开割株数	万株	537.26	20.3	407.41	109.05	0.5		
10. 年内因灾实际停割株数	万株	69.19	38.48	5.08	25.45	0.18		
11. 当年割胶株次数	万株/次	26150	244	21740	4108	58		
12. 年平均割胶刀数	刀	49	12	53	38	116		
13. 鲜胶水总产量	吨	37244	519	28031	8621	73		
14. 年平均干胶含量	%	28	36	28	28	30		

12-6　续表

指　标　名　称	计量单位	农垦总局	湛江局	茂名局	阳江局	揭阳局	汕尾局	广州直属单位
15. 理论干胶产量	吨	10519	189	7899	2409	22		
16. 当年回收胶线（块）、胶泥	吨	258649	29	258290	330			
17. 全年干胶总产量	吨	12923	201	10140	2568	14		
⑴烟胶片	吨							
⑵标准胶	吨	2103	37	1855	208	3		
⑶浓缩胶乳（实物量）	吨	15525	243	11838	3426	18		
按 60%折干胶	吨	9792	146	7561	2074	11		
⑷白绉片	吨							
⑸胶清片	吨	1028	18	724	286			
⑹褐绉片	吨							
18. 公顷年产干胶	公斤	677	212	721	638	264		
19. 单株年产干胶	公斤	2.4	1	2.5	2.4	2.8		
20. 本年收购民营胶（折干胶）	吨	64589		10				64579
21. 未开割树总增粗	厘米	39099713	6210592	22604802	4783863	3143256	2357200	
22. 橡胶倒树原木产量	立方米	26954	12771	13983	200			
23. 海外橡胶年末实有面积	公顷	15795						15795
24. 海外橡胶年末实有株数	万株	642.04						642.04
25. 海外橡胶当年新定植面积	公顷	5585.5						5585.5
26. 海外橡胶当年新定植株数	万株	214.13						214.13
27. 当年海外胶园干胶产量	吨	600						600
28. 当年海外加工厂收购加工干胶产量	吨	114966						114966

12-7 广东农垦热带作物、南药和蚕桑生产情况

2016 年

指 标 名 称	计量单位	农垦总局	湛江局	茂名局	阳江局	揭阳局	汕尾局	广州直属单位
一、热带作物合计								
年末实有面积合计	公顷	2784	2211	54		519		
当年新种	公顷	534	509			25		
收获面积合计	公顷	1624	1216	50		358		
1. 剑麻								
年末实有面积合计	公顷	2689	2170			519		
当年新种	公顷	534	509			25		
收获面积合计	公顷	1543	1185			358		
产品产量合计	吨	3279	2716			563		
公顷产量	公斤	2125	2292			1573		
叶片产量合计	吨	74601	62826			11775		
公顷产量	公斤	48348	53018			32891		
2. 胡椒								
年末实有面积合计	公顷	95	41	54				
当年新种	公顷							
收获面积合计	公顷	81	31	50				
产品产量合计	吨	251	179	72				
公顷产量	公斤	3118	5869	1440				
二、南药合计（面积）								
年末实有面积合计	公顷	13	13					
当年新种	公顷	4	4					
收获面积合计	公顷	5	5					
产品产量合计	吨	117	117					
公顷产量	公斤	22500	22500					
三、桑园								
年末实有面积合计	公顷	386	365	14	7			
当年新种	公顷	16	16					
收获面积合计	公顷	381	360	14	7			
产品产量合计	吨	13938	13397	421	120			
公顷产量	公斤	36621	37255	30071	17143			
附：1. 另乱纤维回收量	吨	235	235					
2. 蚕茧产量	吨	819	808	7	4			

12-8 广东农垦茶叶、水果生产情况

2016 年

指标名称	计量单位	农垦总局	湛江局	茂名局	阳江局	揭阳局	汕尾局	广州直属单位
一、茶叶(干毛茶)								
年末实有面积合计	公顷	534	182	148	8	173	23	
当年新种	公顷	62		55	7			
收获面积合计	公顷	476	182	94	6	171	23	
产品产量合计	吨	685	201	60	16	381	27	
公顷产量	公斤	1440	1104	642	2667	2228	1169	
二、水果合计								
年末实有面积合计	公顷	32502	21676	4829	1140	3615	1230	12
当年新种	公顷	4934	4875	23	8	11	16	
收获面积合计	公顷	25503	16206	4570	600	3221	894	12
产品产量合计	吨	896783	833135	41123	2677	12183	7623	42
公顷产量	公斤	35164	51408	8999	4464	3782	8527	3500
1、柑桔橙								
年末实有面积合计	公顷	698	542	6	55	95		
当年新种	公顷	165	157		3	5		
收获面积合计	公顷	446	321	6	55	64		
产品产量合计	吨	9436	6542	188	1196	1510		
公顷产量	公斤	21138	20355	31333	21745	23594		
2、红江橙								
年末实有面积合计	公顷	503	503					
当年新种	公顷	138	138					
收获面积合计	公顷	320	320					
产品产量合计	吨	6500	6500					
公顷产量	公斤	20313	20313					
3、菠萝								
年末实有面积合计	公顷	11194	10942	28		115	108	
当年新种	公顷	3766	3766					
收获面积合计	公顷	7519	7295	28		87	108	
产品产量合计	吨	448357	446007	25		234	2091	
公顷产量	公斤	59634	61138	880		2690	19361	
4、荔枝								
年末实有面积合计	公顷	6613	1900	2317	382	1156	859	
当年新种	公顷							
收获面积合计	公顷	5335	1336	2203	137	1109	550	
产品产量合计	吨	34401	8479	17522	436	4708	3256	
公顷产量	公斤	6448	6345	7954	3182	4245	5922	
5、龙眼								
年末实有面积合计	公顷	3087	507	1471	401	573	136	
当年新种	公顷							
收获面积合计	公顷	2715	502	1374	214	509	115	
产品产量合计	吨	13665	1963	8593	300	1661	1148	
公顷产量	公斤	5034	3909	6253	1402	3263	9983	

12-8 续表

指 标 名 称	计量单位	农垦总局	湛江局	茂名局	阳江局	揭阳局	汕尾局	广州直属单位
6、芒果								
年末实有面积合计	公顷	77	2	28		47		
当年新种	公顷							
收获面积合计	公顷	77	2	28		47		
产品产量合计	吨	175	15	56		104		
公顷产量	公斤	2273	7500	2000		2213		
7、香（大）蕉								
年末实有面积合计	公顷	7563	6915	425	66	113	44	
当年新种	公顷	938	917		5		16	
收获面积合计	公顷	6684	6055	420	60	111	38	
产品产量合计	吨	356641	342725	12300	444	515	657	
公顷产量	公斤	53358	56605	29286	7400	4640	17199	
8、青梅								
年末实有面积合计	公顷	754				754		
当年新种	公顷							
收获面积合计	公顷	694				694		
产品产量合计	吨	956				956		
公顷产量	公斤	1378				1378		
9、青橄榄								
年末实有面积合计	公顷	335		2		333		
当年新种	公顷							
收获面积合计	公顷	213		2		211		
产品产量合计	吨	793		17		776		
公顷产量	公斤	3723		8500		3678		
10、红杨桃								
年末实有面积合计	公顷	348	8	340				
当年新种	公顷							
收获面积合计	公顷	336	8	328				
产品产量合计	吨	1776	250	1526				
公顷产量	公斤	5281	31250	4648				
11、火龙果								
年末实有面积合计	公顷	396	379	5				12
当年新种	公顷	20	20					
收获面积合计	公顷	364	349	3				12
产品产量合计	吨	16904	16807	55				42
公顷产量	公斤	46503	48227	18333				3500
12、番石榴								
年末实有面积合计	公顷	301	179	122				
当年新种	公顷	23		23				
收获面积合计	公顷	260	162	98				
产品产量合计	吨	4655	4368	287				
公顷产量	公斤	17925	27013	2929				
13、其他								
年末实有面积合计	公顷	1137	304	84	237	429	83	
当年新种	公顷	21	15			6		
收获面积合计	公顷	861	176	79	134	389	83	
产品产量合计	吨	9024	5979	554	301	1719	471	
公顷产量	公斤	10484	33914	7039	2251	4419	5675	

12-9 广东农垦林业生产情况

2016 年

指　标　名　称	计量单位	农垦总局	湛江局	茂名局	阳江局	揭阳局	汕尾局	广州直属单位
一、林地合计	**公顷**	**28628**	**6686**	**10602**	**6635**	**2609**	**2096**	
1.防护林	公顷	5600	2064	691	1403	895	547	
其中：桉树	公顷	2840	2022	5	447	367		
2.用材林	公顷	9454	4259	605	3081	677	832	
其中：桉　树	公顷	5672	4056	5	674	173	764	
杉　木	公顷	495		152	208	135		
湿地松	公顷	2384	11	277	2071	26		
竹　子	公顷	351		51	24	208	68	
3.经济林	公顷	11644		8708	2151	68	717	
其中：湿地松	公顷	1473		31	1442			
4.薪炭林	公顷	316		50		266		
5.其他林	公顷	1613	362	548		704		
林地合计中：桉树总面积	公顷	9853	6078	777	1123	611	1264	
其中：速生丰产面积	公顷	5291	3649	769	553		320	
当年造林育苗面积	公顷	2	2					
株数（万株）	万株	161	161					
年末实有造林育苗面积	公顷	52	2		50			
株数（万株）	万株	179	161		18			
二、木材产量合计	**立方米**	**122419**	**76395**	**31516**	**5624**	**13**	**8871**	
1.原　　木	立方米	93171	48370	30306	5624		8871	
2.小规格材	立方米	26538	26525			13		
3.薪　　材	立方米	2710	1500	1210				
合计中：杉木	立方米	1500	1500					
三、竹子产量	**万条**	**209**		**173**	**13**	**23**		
四、松脂产量	**吨**	**8**		**2**	**6**			
经济中：油茶种植面积	公顷	8017		7751	198	68		
油茶产量	吨	110		110				

12-10 广东农垦农作物播种面积和产量

2016 年

指　标　名　称	计量单位	农垦总局	湛江局	茂名局	阳江局	揭阳局	汕尾局	广州直属单位
农作物总播种面积	**公顷**	**43024**	**31950**	**3570**	**1311**	**2841**	**3352**	
一、粮食作物合计								
播种面积	公顷	8055	2372	1179	449	1814	2241	
总产量	吨	55648	18442	9128	2601	10067	15410	
公顷产量	公斤	6909	7776	7740	5793	5550	6877	
其中：夏收粮食								
播种面积	公顷	2993	605	314	105	790	1179	
总产量	吨	18448	4271	3139	520	3834	6684	
公顷产量	公斤	6163	7063	9997	4938	4853	5667	
（一）谷物小计								
播种面积	公顷	5793	1789	695	192	975	2142	
总产量	吨	37903	11340	6029	1165	5271	14098	
公顷产量	公斤	6543	6339	8675	6071	5406	6582	
1. 稻谷								
播种面积	公顷	4866	1264	586	170	962	1884	
总产量	吨	33924	8792	5613	1085	5219	13215	
公顷产量	公斤	6972	6957	9578	6375	5425	7015	
其中：早稻								
播种面积	公顷	2333	609	223	80	467	953	
总产量	吨	14516	3889	1353	589	2376	6309	
公顷产量	公斤	6223	6383	6067	7363	5088	6617	
2. 玉米								
播种面积	公顷	851	525	46	22		258	
总产量	吨	3706	2548	195	80		883	
公顷产量	公斤	4356	4852	4239	3687		3422	
3. 其他谷物								
播种面积	公顷	76		63		13		
总产量	吨	273		221		52		
公顷产量	公斤	3592		3508		4000		
（二）豆类合计								
播种面积	公顷	219	39	58	28	93		
总产量	吨	501	171	150	29	151		
公顷产量	公斤	2293	4340	2586	1032	1624		
其中：1. 大豆								
播种面积	公顷	128	22	3	20	83		
总产量	吨	273	124	7	12	130		
公顷产量	公斤	2133	5636	2333	600	1566		
2. 杂豆								
播种面积	公顷	91	17	55	8	10		
总产量	吨	228	47	143	17	21		
公顷产量	公斤	2519	2701	2600	2099	2100		
（三）薯类								
播种面积	公顷	2044	544	426	229	746	99	
总产量	吨	17244	6931	2949	1407	4645	1312	
公顷产量	公斤	8437	12750	6918	6144	6227	13253	
其中：番薯								
播种面积	公顷	1860	399	412	229	744	75	
总产量	吨	14529	4664	2909	1407	4629	920	
公顷产量	公斤	7813	11680	7056	6144	6222	12267	
二、油料合计								
播种面积	公顷	2817	1492	807	266	193	58	
总产量	吨	7479	3877	2405	682	388	127	
公顷产量	公斤	2655	2598	2980	2563	2010	2190	

	计量单位	农垦总局	湛江局	茂名局	阳江局	揭阳局	汕尾局	广州直属单位
其中：1.花生								
播种面积	公顷	2579	1285	807	266	163	58	
总产量	吨	6942	3383	2405	682	345	127	
公顷产量	公斤	2692	2634	2980	2563	2117	2190	
2.芝麻								
播种面积	公顷	135	135					
总产量	吨	174	174					
公顷产量	公斤	1292	1292					
三、麻类合计								
播种面积	公顷							
总产量	吨							
公顷产量	公斤							
四、糖料合计								
播种面积	公顷	22643	22557	20	66			
总产量	吨	1856101	1851263	1676	3162			
公顷产量	公斤	81973	82071	83800	47909			
其中：1.糖蔗								
播种面积	公顷	22630	22557	18	55			
总产量	吨	1855987	1851263	1597	3127			
公顷产量	公斤	82015	82071	88722	56855			
2.果蔗								
播种面积	公顷	13		2	11			
总产量	吨	114		79	35			
公顷产量	公斤	8769		39500	3182			
五、蔬菜、瓜类								
播种面积	公顷	8211	5071	1345	218	710	867	
总产量	吨	174708	104665	26022	3056	18310	22655	
公顷产量	公斤	21277	20642	19343	14018	25789	26121	
其中：1.蔬菜(含菜用瓜)								
播种面积	公顷	7732	4676	1269	210	710	867	
总产量	吨	158349	89444	25109	2831	18310	22655	
公顷产量	公斤	20479	19130	19782	13481	25789	26121	
2.果用瓜								
播种面积	公顷	479	395	76	8			
总产量	吨	16359	15221	913	225			
公顷产量	公斤	34152	38534	12013	28125			
六、其他农作物	**公顷**							
其中：1.青饲料								
播种面积	公顷	278	38	65	140	35		
总产量	吨	6272	292	315	4680	985		
公顷产量	公斤	22586	7745	4846	33429	28143		
2.木薯								
播种面积	公顷	384	162	69	44	89	20	
总产量	吨	8150	4202	1770	1097	946	135	
公顷产量	公斤	21213	25970	25652	24707	10629	6750	
3.绿肥								
播种面积	公顷	357		64	127		166	
总产量	吨	3517		523	180		2814	
公顷产量	公斤	9852		8172	1417		16952	

12-11 广东农垦畜牧业生产情况

2016 年

指　标　名　称	计量单位	农垦总局	湛江局	茂名局	阳江局	揭阳局	汕尾局	广州直属单位
一、猪饲养头数	**头**	**1809313**	**788542**	**648582**	**201776**	**85664**	**84749**	
1.年末存栏	头	704425	303393	251197	76675	38197	34963	
内：能繁殖母猪	头	100268	40125	34077	17711	5161	3194	
仔　猪	头	341882	114414	157464	44824	15455	9725	
2.出栏肉猪	头	1104888	485149	397385	125101	47467	49786	
猪肉产量	吨	95446	45119	32199	9561	4341	4226	
全年繁殖仔猪	头	1807544	760035	617193	304797	73532	51987	
内：成　活	头	1537045	637501	530337	268864	58334	42009	
二、牛年末存栏	**头**	**27331**	**10772**	**1415**	**1339**	**2776**	**902**	**10127**
1.黄　　牛	头	12233	7334	723	1014	2340	822	
内：役　　牛	头	8364	5640	163	457	1633	471	
能繁殖母牛	头	3464	1685	236	230	1117	196	
仔　　牛	头	2311	1081	274	323	516	117	
2.水　　牛	头	4760	3245	692	325	418	80	
内：役　　牛	头	3564	2682	244	182	440	16	
能繁殖母牛	头	1333	782	233	66	236	16	
仔　　牛	头	955	550	209	77	89	30	
3.奶　　牛	头	10338	193			18		10127
内：能繁殖母牛	头	8950	91			9		8850
仔　　牛	头	1319	42					1277
全年出售和自宰肉牛	头	3778	1270	77	936	794	75	626
牛肉产量	吨	635	202	32	187	203	11	
全年鲜牛奶产量	吨	48196	782			72		47342
牛全年繁殖仔牛	头	1873	900	30	20	66		857
三、羊年末存栏	**只**	**5093**	**2777**		**2316**			
出售宰杀只数	只	3048	2298		750			
羊肉产量	吨	128	70		58			
四、兔年末存栏只数	**只**	**14928**	**1411**	**13517**				
出售宰杀只数	只	28098	1892	26206				
兔肉产量	吨	94	6	88				
五、家禽饲养量	**万只**	**1917.35**	**727.67**	**421.75**	**51.95**	**94.98**	**621**	
1.家禽年末存栏	万只	497.96	169.16	157.45	14.33	23.02	134	
其中：鸡	万只	379.5	132.57	118.48	9.98	5.87	112.6	
鸭	万只	102.51	28.73	33.33	2.08	16.97	21.4	
鹅	万只	6.21	0.46	3.64	1.93	0.18		
2.家禽出栏只数	万只	1419.39	558.51	264.3	37.62	71.96	487	
其中：鸡	万只	1157.38	460.11	202.7	29.59	20.48	444.5	
鸭	万只	248.69	97.2	53.6	4.03	51.36	42.5	
鹅	万只	11.58	1.17	6.3	4	0.11		
禽肉产量	吨	23044	9964	4894	756	1396	6034	
其中：鸡	吨	17461	7632	3627	518	306	5378	
鸭	吨	5193	2246	1121	99	1071	656	
鹅	吨	330	44	144	139	3		
禽蛋产量	吨	3212	1206	1587	61	63	295	
六、肉类总产量	**吨**	**119812**	**55515**	**37493**	**10581**	**5952**	**10271**	
内：其他肉产量	吨	465	154	280	19	12		
七、蜜蜂年末饲养	**箱**	**7671**	**1676**	**5048**	**195**	**542**	**210**	
蜂蜜产量	公斤	47146	7416	16759	3700	16701	2570	

12-12 广东农垦水产业生产情况

2016年

指 标 名 称	计量单位	农垦总局	湛江局	茂名局	阳江局	揭阳局	汕尾局	广州直属单位
养殖合计	**公顷**	**4142**	**945**	**455**	**1702**	**147**	**893**	
	吨	38871	5681	8024	19486	1042	4638	
一、海水养殖	**公顷**	**1805**	**6**		**1000**		**799**	
	吨	12120	32		8650		3438	
1.鱼　类	公顷	248			100		148	
	吨	2518			1600		918	
2.虾蟹类	公顷	1557	6		900		651	
	吨	9602	32		7050		2520	
其中：对虾	公顷	802	6		560		236	
	吨	6199	32		4800		1367	
3.贝　类	公顷							
	吨							
4.其它	公顷							
	吨							
二、淡水养殖	**公顷**	**2337**	**939**	**455**	**702**	**147**	**94**	
	吨	26584	5605	7901	10836	1042	1200	
1.鱼　类	公顷	2078	936	453	448	147	94	
	吨	22229	5602	7899	6486	1042	1200	
2.虾蟹类	公顷	254			254			
	吨	4350			4350			
其中：对虾	公顷	254			254			
	吨	4350			4350			
3.贝　类	公顷							
	吨							
4.其它	公顷	5	3	2				
	吨	5	3	2				
三、海洋捕捞	**公顷**							
	吨							
四、淡水捕捞	**公顷**							
	吨	167	44	123				

12-13 广东农垦年末机械设备拥有量

2016 年

指 标 名 称	计量单位	农垦总局	湛江局	茂名局	阳江局	揭阳局	汕尾局	广州直属单位
一、农业机械总动力	**千瓦**	**429407**	**198687**	**69641**	**72607**	**10617**	**34475**	**43380**
1. 柴油发动机动力	千瓦	227717	119738	32183	45436	5772	18045	6543
2. 汽油发动机动力	千瓦	97036	62163	20892	6171	3058	4744	8
3. 电动机动力	千瓦	90532	16139	7192	19102	1223	10047	36829
4. 其他机械动力	千瓦	14122	647	9374	1898	564	1639	
（一）耕作机械	千瓦	76923	66492	5002	787	2246	2332	64
其中:大中型拖拉机	混合台	595	514	48	9	14	10	
	标准台	2762	2460	140	43	85	35	
大中型拖拉机	千瓦	30467	27131	1540	472	939	385	
	台	3648	3133	214	27	124	144	6
小型及手扶机	千瓦	39225	33943	2356	315	1232	1315	64
大中型机引农具	部	1094	1090	2				2
（二）排灌机械	台	12027	2159	2098	6680	378	654	58
排灌机械	千瓦	93168	16176	9536	60439	1164	5435	418
其中：农用排灌柴油机	台	6155	940	752	3834	101	478	50
	千瓦	41144	7062	4610	23711	614	4753	394
农用排灌汽油机	台	3757	266	814	2550	71	56	
	千瓦	37103	1699	1609	33124	423	248	
农用排灌电动机	台	1575	952	481	33	8	93	8
	千瓦	10948	7295	3077	67	56	429	24
另：喷灌机械	套	339	95	231	6	7		
农用水泵	台	4053	1821	722	1152	131	223	4
（三）收获机械	千瓦	5900	3517	33	15	55	2236	44
其中：联合收割机	台	47	19			1	27	
	千瓦	4153	3429				724	
机动收割机	台	6					6	
	千瓦	120					120	

12-13　续表 1

指　标　名　称	计量单位	农垦总局	湛江局	茂名局	阳江局	揭阳局	汕尾局	广州直属单位
机动脱粒机	台	463		22	10		425	6
	千瓦	1444		33	15		1352	44
（四）农产品加工机械	千瓦	46857	6473	3950	661	530	1070	34173
其中：橡胶初加工机械	部	1079	113	207	43	4		712
	千瓦	38472	1958	2160	458	80		33816
剑麻纤维加工机械	部	281	240		37	4		
	千瓦	3199	3052		147			
碾米机	部	138	30	61	3	27	12	5
	千瓦	2502	456	469	34	328	976	239
磨面(粉)机	部	54	12	16		12	14	
	千瓦	473	129	145		108	91	
榨油机	部	60	14	31	2	1		12
	千瓦	1455	147	1154	22	14		118
（五）农用运输机械	千瓦	116155	88029	16180	4268	2187	2217	3274
其中：载重汽车	辆	1274	903	171	68	55	45	32
	千瓦	113731	87073	14747	4973	2169	1495	3274
	吨	10367	8367	870	391	176	480	83
机动运输船	艘	32		15			17	
	千瓦	1719		1395			324	
	吨	124		74			50	
（六）植保机械	部	14140	3286	4082	1792	1180	3797	3
	千瓦	28443	6958	11189	2585	2326	5376	9
其中：喷雾(粉)机	部	5427	2170	1587	460	1097	113	
	千瓦	11640	3544	4633	1182	2171	110	
（七）畜牧业机械	台	4301	363	821	19	463	1671	964
	千瓦	27572	2630	3763	200	1849	13732	5398
（八）林业机械	台	1227	11	1128	6		82	
	千瓦	1936	71	1776	12		77	
（九）渔业机动船	艘	7		1			6	
	千瓦	49		7			42	

12-13　续表 2

指　标　名　称	计量单位	农垦总局	湛江局	茂名局	阳江局	揭阳局	汕尾局	广州直属单位
（十）其他农业动力机械	台	3867	192	2569	1010	9	87	
	千瓦	32404	8341	18205	3640	260	1958	
其中：推土机	台	124	74	36	3		11	
	千瓦	6693	4410	1764	180		339	
二、固定动力设备	*							
1.柴油发电机组	台	2498	181	72	1634	6	529	76
	千瓦	87625	29992	3836	30406	330	4078	18983
2.汽油发电机组	台	551	11	30	13		497	
	千瓦	2572	145	90	821		1516	
3.汽轮发电机组	台	33	33					
	千瓦	155000	155000					
三、非农用汽车及拖拉机	*							
1.全部非农用汽车	辆	6353	1545	2178	170	104	924	1432
	千瓦	405713	95787	136289	11297	6620	55817	99903
其中：载重汽车	辆	1498	130	1047	21	40	123	137
	吨	12490	496	9500	129	240	1532	593
	千瓦	112010	11020	73727	1375	2419	8567	14902
2.大中型拖拉机	混合台	99	4	38			49	8
	标准台	381	20	276			71	15
	千瓦	4207	220	3040			785	162
3.小型及手扶机	台	251	119	56	2	31	42	1
	千瓦	2928	1405	745	30	368	365	15
全部非农用汽车中	*							
工具车	辆	548	169	188	17		33	141
	吨	722	202	225	15		46	234
交通车	辆	947	71	78	5	26	39	728
	座位	8451	1184	1314	70	697	701	4485
旅行车	辆	275	147	80	4	1		43
卧（轿）车	辆	2834	903	740	115	29	708	339
吉普车	辆	156	65	31	4	8	16	32
特殊用途车	辆	95	60	14	4		5	12

12-14 广东农垦农业机械、用电、水利、化肥情况

2016 年

指 标 名 称	计量单位	农垦总局	湛江局	茂名局	阳江局	揭阳局	汕尾局	广州直属单位
一、农业机耕情况	*							
1. 当年实际机耕面积	公顷	34991	32487	934	206	506	858	
其中：耕　地	公顷	27482	25932	266		425	858	
胶　园	公顷	2800	2055	578	87	81		
2. 当年机械播种面积	公顷	2812	2797	15				
其中：机械插秧	公顷	60	60					
3. 当年机械收割面积	公顷	3160	2202			123	835	
4. 当年机械脱粒面积	公顷	2166	788		30	40	1308	
5. 当年农作物中耕除草	公顷	11409	11374			35		
二、电气化情况	*							
1. 水电站座数	座	10	4			5	1	
发电能力	千瓦	3799	2295			919	210	375
2. 高压输电线路	公里	1310	1192	15		44	49	10
3. 全年用电量	万千瓦时	69674	40493	3969	2091	1335	3636	18150
其中：农场单位用电量	万千瓦时	47004	31006	3507	717	1228	3632	6914
三、农田水利情况	*							
1. 有效灌溉面积	公顷	18699	15809	328	152	988	1412	10
其中：本年新增	公顷	33	33					
(1)机灌面积	公顷	5358	4666	80		299	303	10
内：喷灌	公顷	1095	1000			95		
(2)电灌面积	公顷	9327	9327					
内：喷灌	公顷	2953	2953					
(3)自流灌溉面积	公顷	4014	1816	248	152	689	1109	
2. 旱涝保收农田面积	公顷	6749	6246	26		165	312	
3. 机电井数量	眼	2403	1679	297	8		415	4
内：已配套	眼	2399	1675	297	8		415	4
4. 现有山塘水库	宗	239	150	45	9	29	5	1
有效库容	万 m^3	2457	1536	239	56	483	142	1
5. 现有排灌站	座	47	32				15	
排灌能力	m^3/秒	15	5				10	
四、农用塑料簿膜使用量	**吨**	**820**	**693**	**42**		**22**	**63**	
其中：地膜使用量	吨	793	668	42		22	61	
地膜覆盖面积	公顷	16658	16322	106		38	192	
五、化学除草面积	**公顷**	**42867**	**19723**	**8751**	**6713**	**1715**	**5953**	**12**
六、橡胶白粉病防治面积	**公顷**	**29260**	**2761**	**20409**	**4987**	**386**	**717**	
七、农药施用量	**吨**	**6242**	**2653**	**2068**	**279**	**209**	**1031**	**2**
其中：硫磺粉	吨	1169	76	867	200	23	3	
化学除草剂	吨	2117	1248	214	65	79	509	2
八、沼气池	**个**	**340**	**233**	**34**	**70**	**2**	**1**	
	m^3	127975	34650	47545	780	30000	15000	
其中：当年新建	个	8	2	3		2	1	
	m^3	105093	30000	45000		15093	15000	
九、农用化肥施用量(实物)	**吨**	**234290**	**181901**	**25636**	**645**	**11885**	**13222**	**1001**
1. 氮肥	吨	45207	28790	7463	159	3423	5249	123
2. 磷肥	吨	104506	90282	7897	32	3357	2932	6
3. 钾肥	吨	32044	24278	4561	37	1448	1717	3
4. 复合肥	吨	52533	38551	5715	417	3657	3324	869
农用化肥施用量(折纯)	吨	62343	43575	8203	307	4011	5786	461
1. 氮肥	吨	18359	10577	2994	68	1550	3067	103
2. 磷肥	吨	12981	10860	1264	5	386	462	4
3. 钾肥	吨	14308	11043	1744	17	761	739	4
4. 复合肥	吨	16695	11095	2201	217	1314	1518	350
其中用于农作物(折纯)	吨	44563	38042	2855	54	2554	685	373
另：有机肥	吨	162792	121297	17797	3307	12107	3916	4368

12-15 广东农垦农业总价值（现行价）

2016年 单位:万元

指标名称	农垦总局	湛江局	茂名局	阳江局	揭阳局	汕尾局	广州直属单位
农业总产值	**994468**	**600278**	**185479**	**92483**	**43698**	**38864**	**33666**
（一）按部门分组							
1.农业产值	568122	479938	45457	6467	23704	9206	3350
其中：稻谷	13821	3377	2469	588	3756	3631	
糖蔗	84642	83976	248	418			
茶叶	3975	1228	329	68	2208	142	
水果	340661	305186	25256	1627	5949	2643	
剑麻	7060	6315			745		
2.林业产值	51909	5254	32356	5599	3923	878	3899
其中：橡胶综合产值	27228	530	17517	3629	1393	260	3899
3.牧业产值	289919	109663	93243	29928	14611	16057	26417
其中：猪	192973	85474	74302	17269	11094	4834	
牛	35184	6917	259	823	513	255	26417
4.渔业产值	84518	5423	14423	50489	1460	12723	

12-16 广东农垦农业商品产值（现行价）

2016 年　　　　单位:万元

指标名称	农垦总局	湛江局	茂名局	阳江局	揭阳局	汕尾局	广州直属单位
农业总产值	**945387**	**579298**	**174730**	**88331**	**34409**	**34953**	**33666**
（一）按部门分组							
1、农业产值	539351	465361	40306	4787	17082	8465	3350
其中：稻谷	10306	2978	2311	416	3122	1479	
糖蔗	84423	83900	241	282			
茶叶	3168	1223	231	68	1504	142	
水果	336296	304019	24303	1347	4362	2265	
剑麻	6913	6181			732		
2、林业产值	48075	5054	30785	4817	2669	851	3899
其中：橡胶综合产值	25212	487	15964	3376	1226	260	3899
3、牧业产值	277536	103526	90439	28424	13395	15335	26417
其中：猪	179569	82372	66905	16501	9130	4661	
牛	32315	4264	251	747	384	252	26417
4、渔业产值	80425	5357	13200	50303	1263	10302	

12-17 广东农垦农业商品产量

2016年

指标名称	计量单位	农垦总局	湛江局	茂名局	阳江局	揭阳局	汕尾局	广州直属单位
当年农产品销售收入总额	万元	821199	514380	131711	87084	32466	25473	30085
销售量：干　胶	吨	11299	201	8944	2154			
内：浓缩胶乳(实物)	吨	12091	243	8958	2890			
剑麻纤维	吨	2719	2068			651		
粮食(不含大豆)	吨	43918	13078	5094	1501	9586	14659	
大　豆	吨	263	122	4	12	125		
油　料	吨	3631	2144	846	174	358	109	
糖　蔗	吨	1813741	1809971	1597	2173			
水　果	吨	889740	829399	38895	2671	11152	7623	
肉　类	吨	115193	54691	34978	9891	5362	10271	
其中：猪　肉	吨	90752	43914	29906	8926	3780	4226	
水产品	吨	36744	5170	6526	19428	982	4638	
其中：对　虾	吨	10549	32		9150		1367	
鲜牛奶	吨	48124	782					47342

12-18 广东农垦工业企业基本情况(合计)

2016 年

指 标 名 称	计量单位	农垦总局	湛江局	茂名局	阳江局	揭阳局	汕尾局	广州直属单位
一、企业单位个数	**个**	**573**	**196**	**168**	**15**	**64**	**67**	**63**
其中：亏损企业	个	30	22		1			7
停产企业	个	6	4					2
二、从业人员总数	**人**	**25284**	**7174**	**2584**	**320**	**1138**	**3079**	**10989**
其中：国有在岗职工	人	6959	4572	265	65		115	1942
国有在岗工程技术人员	人	705	420	14	5		12	254
三、全部从业人员平均人数	**人**	**24389**	**6810**	**2555**	**338**	**1108**	**3064**	**10514**
其中：国有在岗职工	人	6299	4268	381	66		115	1469
国有在岗工程技术人员	人	747	475	18	6		12	236
四、产品销售收入	**万元**	**1851723**	**272932**	**59708**	**11393**	**23216**	**81984**	**1402490**
1、产品销售成本	万元	1287410	245201	40877	9356	15384	58807	917785
2、产品销售费用	万元	138529	5209	3363	444	3756	15015	110742
3、产品销售税金及附加	万元	48665	5729	3597	107	1140	2858	35234
4、产品销售利润	万元	377119	16793	11871	1486	2936	5304	338729
五、管理费用	**万元**	**225897**	**11265**	**3042**	**1148**	**495**	**4762**	**205185**
六、财务费用	**万元**	**25313**	**6388**	**1135**	**189**	**265**	**55**	**17281**
其中：利息支出	万元	32073	6257	497	77	215		25027
七、利润总额	**万元**	**183962**	**17548**	**14507**	**773**	**2292**	**11241**	**137601**
其中：盈利企业盈利额	万元	200299	18431	14507	1140	2292	11241	152688
亏损企业亏损额	万元	16337	883		367			15087
八、全年纳税额	**万元**	**68114**	**6279**	**4059**	**394**	**916**	**2456**	**54010**
九、固定资产原值	**万元**	**493041**	**207784**	**31583**	**9936**	**13410**	**41548**	**188780**
其中：生产经营用	万元	407726	195768	18857	6226	5981	37528	143366
十、固定资产净值	**万元**	**337034**	**137082**	**21956**	**5396**	**11219**	**42221**	**119160**
十一、固定资产本年折旧	**万元**	**43215**	**25786**	**3610**	**527**	**1004**	**575**	**11713**
十二、流动资金平均余额	**万元**	**678579**	**314016**	**16652**	**5873**	**562**	**7411**	**334065**
十三、平均资产总额	**万元**	**1871515**	**540351**	**28416**	**31180**	**8568**	**47592**	**1215408**
十四、工业总产值(现行价)	**万元**	**1787873**	**367503**	**64551**	**13491**	**24007**	**86598**	**1231723**
十五、工业销售产值(现行价)	**万元**	**1728610**	**360128**	**60275**	**12489**	**23127**	**76119**	**1196472**
十六、工业增加值(现行价)	**万元**	**560092**	**99799**	**23524**	**4401**	**9097**	**26592**	**396679**
十七、工业中间投入(现行价)	**万元**	**1227781**	**267704**	**41027**	**9090**	**14910**	**60006**	**835044**
十八、工业从业人员劳动报酬总额	**万元**	**123204**	**27656**	**9020**	**1221**	**4673**	**12468**	**68166**
其中:国有在岗职工劳动报酬	万元	40021	18500	1400	359		633	19129

12-19 广东农垦工业总产值（现行价）

2016年 单位:万元

指标名称	农垦总局	湛江局	茂名局	阳江局	揭阳局	汕尾局	广州直属单位
总　计	**1787873**	**367503**	**64551**	**13491**	**24007**	**86598**	**1231723**
其中：轻工业	1601890	314671	31395	2630	14727	10442	1228025
重工业	185983	52832	33156	10861	9280	76156	3698
一、按轻重工业划分							
1、轻工业	1601890	314671	31395	2630	14727	10442	1228025
(1)以农产品为原料	788490	286679	21094	2243	13830	8665	455979
(2)以非农产品为原料	813400	27992	10301	387	897	1777	772046
2、重工业	185983	52832	33156	10861	9280	76156	3698
(1)采掘业	23262	19263	3757	242			
(2)原料工业	32105	14544	5337	7914	4165	145	
(3)加工制造业	130616	19025	24062	2705	5115	76011	3698
二、按工业行业划分							
(一)、建筑材料及非金属矿采选业	23262	19263	3757	242			
其中：采石业	22882	19237	3645				
(二)、采盐业(海盐)							
(三)、食品加工业	378411	218992	7002		9855	5763	136799
1、粮食及饲料加工业	33931		1793		354	5763	26021
其中：饲料加工业	25375		1157		354	170	23694
2、食用植物油加工业	115788	2018	4495				109275
3、制糖业	216655	216655					
4、其他食品加工业	12037	319	714		9501		1503
(四)、食品制造业	266328	10660	141		262		255265
1、糕点、糖果制造业	1039				129		910
2、乳制品制造业	107935	332					107603
3、罐头食品制造业	10328	10328					
4、蜜饯制造业							
5、其他食品制造业	147026		141		133		146752
(五)、饮料制造业	10007	1140	2950	74	3305	2538	
1、白酒制造业	4823		2487			2336	
2、汽水制造业							
3、果菜汁饮料制造业							
4、固体饮料制造业							
5、其他软饮料制造业	260		260				
6、制茶业	4924	1140	203	74	3305	202	

12-19　续表1　　单位:万元

指　标　名　称	农垦总局	湛江局	茂名局	阳江局	揭阳局	汕尾局	广州直属单位
(六)、纺织业	23046	17176	143	113		14	5600
1、棉织业	27	27					
2、棉针织业							
3、其他麻纺织业	23019	17149	143	113		14	5600
(七)、服装及其他纤维制品制造业	28469	19696	93				8680
1、服装制造业	28469	19696	93				8680
2、制鞋业(纺织品为料)							
(八)、皮革、毛皮及其制品业	10438	3797	6061				580
其中：皮革制造业	9520	3797	5143				580
(九)、木材加工及竹藤、棕草制造业	26133	17223	5445	332	2808	325	
1、锯材加工业	7730	2276	5190		197	67	
2、胶合板制造业	2637	26			2611		
3、其他人造板制造业	8396	8249	147				
4、生产用木制品业	6225	6184	41				
5、日用木制品业	887	488	67	332			
6、竹藤棕草制品业	258					258	
(十)、家具制造业	56694	1280	4227	1724	408		49055
1、木制家具制造业	56694	1280	4227	1724	408		49055
2、竹藤家具制造业							
(十一)、造纸及纸制品业	7635	7266	369				
1、机制纸及纸制造业	6437	6416	21				
2、纸制品业	1198	850	348				
(十二)、印刷业、记录媒介的复制	92					92	
(十三)、电力生产业	5428	3993			1357	78	
1、火力发电业	3810	3526			284		
2、水力发电业	1618	467			1073	78	
(十四)、化学工业	5988	1768	3663	557			
1、涂料及颜料制造业	1311		1311				
2、复混肥制造业	4677	1768	2352	557			
(十五)、医药制造业							
1、化学药品原药制造业							
2、中药材及中成药加工业							
(十六)、橡胶制品业	12700	2227	9217	272			984
1、橡胶板、管带制品业	984						984

12-19　续表2　　　　单位:万元

指标名称	农垦总局	湛江局	茂名局	阳江局	揭阳局	汕尾局	广州直属单位
2、橡胶靴鞋制造业	272			272			
3、日用橡胶制品业	6608	2204	4404				
4、其他橡胶制品业	4836	23	4813				
(十七)、塑料制品业	98036	5896					92140
1、塑料薄膜制造业							
2、塑料丝、绳及编织品业	5776	5776					
3、日用塑料杂品制品业	92260	120					92140
(十八)、建筑材料及其他非金属矿物制品业	41367	10924	12031	10062	4904	1889	1557
1、水泥制造业	7914			7914			
2、水泥预制构件制造业	8830		3437		3836		1557
3、砖瓦制造业	21242	9675	7987	1977	250	1353	
4、石灰制造业	149				149		
5、建筑用石加工业	2232	1027			669	536	
6、建筑、卫生陶瓷制造业							
7、建筑用玻璃制品业	1000	222	607	171			
8、日用陶瓷制造业							
(十九)、金属制品业	100779	3639	1409		731		95000
其中：铝型材制造业	100123	3639	753		731		95000
不锈钢制造业	656		656				
(廿)、机械工业	6778	6310	156		175	137	
1、农、林、牧、渔业机械制造业	6310	6310					
2、农、林、牧、渔业机械修理业	468		156		175	137	
(廿一)、交通运输设备修理业	6623		2401		36	3885	301
其中：汽车修理业	6623		2401		36	3885	301
(廿二)、其他制造业	679659	16253	5486	115	166	71877	585762
1、工艺美术品制造业	1597	386	1045		166		
2、日用杂品制造业	571778	1906	1950	115			567807
3、生产用其他产品工业	73265		2309			70100	856
4、生活用其他产品工业	33019	13961	182			1777	17099

12-20 广东农垦工业产品产量

2016 年

指标名称	计量单位	农垦总局	湛江局	茂名局	阳江局	揭阳局	汕尾局	广州直属单位
碎石	立方米	1834972	1676972	158000				
花岗岩板材	平方米	3645					3645	
碾米	吨	21485		460		5083	11665	4277
食用油	吨	188174	648	2476				185050
凉果	吨	7467				6992		475
萝卜干	吨	15					15	
成品糖	吨	350028	350028					
酒精	吨	26647	24619					2028
乳制品	吨	118967	704					118263
水果罐头	吨	2265	2265					
雪糕	吨	121						121
饮料酒	吨	3359		1152			2207	
其中：白酒	吨	2833		626			2207	
成品茶	吨	540	194	26	9	284	27	
其中：精制茶	吨	33	7	26				
配合饲料	吨	3794		3108			686	
服装加工	万件	831.3	605.3				26	200
剑麻纱条	吨	2127	2127					
白棕绳	吨	1695	1695					
剑麻抛光布	吨	2968	2968					

12-20　续表 1

指　标　名　称	计量单位	农垦总局	湛江局	茂名局	阳江局	揭阳局	汕尾局	广州直属单位
剑麻抛光轮	吨	101			101			
剑麻地毯	万平方米	4	4					
水草地毯	万平方米	12.4	12.4					
皮鞋	万双	30	26		3			
锯材	立方米	41587	19863	21407			317	
板方材	立方米	9214	8100	1114				
胶合板	立方米	23311	189			23122		
纤维板	立方米	38				38		
碎粒板	立方米	1637		1637				
木地板	立方米	1540				1540		
木片(绝干吨)	吨	35396	31213	3907			276	
模压复合家具	万件	358.9	357	1.9				
模压复合家具	立方米	11200	11200					
模压复合家具	万元	6304	6304					
建筑元件	万平方米	2.9	2.9					
建筑元件	立方米	491	491					
运输货盘	万个	0.88	0.88					
模压复合板家具	万件	2.8	2.8					
模压复合板家具	万元	1476	1476					
木制家具	万件	31.6	1.9	15.8	13.9			
木制家具	万元	7268	1260	4284	1724			
藤制家具	万件							
藤制家具	万元							
浸渍纸	万平方米	421	421					
机制纸	吨	24		24				
纸板	万平方米	2644	2506	138				
纸板	吨	16966	16966					
纸箱	万平方米							
发电量	万 kw.h	15715	14396	128		1087	104	
其中：火电	万 kw.h	13906	13460	128		318		
水电	万 kw.h	1809	936			769	104	
松香	吨							
松香水	吨							

12-20　续表 2

指　标　名　称	计量单位	农垦总局	湛江局	茂名局	阳江局	揭阳局	汕尾局	广州直属单位
翻新轮胎	条							
橡胶胶管	万标准米	3						3
异形胶管	吨	168						168
皮手套	万双	454		454				
手袋	万个	1150		1150				
尿醛胶	吨	28	28					
胶圈	吨							
胶丝	吨							
其他胶制品	吨	1476	1241	235				
塑料编织袋	吨	1825	1825					
塑料制品	吨	1920	1920					
水泥	吨	293584			293584			
砖	万块	55275	19960	17353	6000	10008	1954	
玻璃马赛克	万平方米							
铸钢水	吨	1288	1288					
铝型(板)材	吨	1658	803					855
橡胶初加工机械	台(套)	235	235					
剑麻纤维加工机械	套	9	9					
汽车大、中修	辆	4635				18	4150	467
拖拉机大修	台	4					4	
有机复混肥	吨	71587	54681	11518	5388			

12-21 广东农垦建筑业基本情况

2016 年

指 标 名 称	计量单位	农垦总局	湛江局	茂名局	阳江局	揭阳局	汕尾局	广州直属单位
一、年末建筑业单位个数	**个**	**225**	**100**	**46**	**15**	**34**	**30**	
二、年末从业人员	**人**	**5593**	**1131**	**2732**	**206**	**1050**	**474**	
其中：国有在岗职工人数	人	191	156		21		14	
三、从业人员年平均人数	**人**	**5864**	**1315**	**2844**	**222**	**1016**	**467**	
其中：国有在岗职工人数	人	188	153		21		14	
四、从业人员劳动报酬	**万元**	**31696**	**12543**	**11767**	**1770**	**3419**	**2197**	
其中：国有在岗职工劳动报酬	万元	840	622		165		53	
五、固定资产原值	**万元**	**26742**	**10837**	**10592**	**3063**	**1133**	**1117**	
其中：生产经营用	万元							
六、自有机械设备总台数	**台**	**744**	**209**	**493**	**12**		**30**	
机械设备总功率	千瓦	34415	8823	24758	121		713	
七、全年承包单项工程个数	**个**	**3091**	**1604**	**996**	**68**	**224**	**199**	
其中：本年新开工	个							
八、全年完成单项工程个数	**个**	**2692**	**1389**	**915**	**59**	**165**	**164**	
九、建筑业总产值(现行价)	**万元**	**190543**	**93279**	**61758**	**9916**	**14137**	**11453**	
1. 建筑工程产值	万元	159424	84486	47444	8522	9560	9412	
2. 安装工程产值	万元	23510	7061	9973	1394	3041	2041	
3. 房屋构筑物修理产值	万元	6573	1680	3357		1536		
4. 非标准设备制造产值	万元	1036	52	984				
十、全年施工房屋面积	**平方米**	**696399**	**342394**	**213151**	**39471**	**51039**	**50344**	
全年竣工房屋面积	平方米	634694	334310	183190	37891	43351	35952	
全年完成土石方	立方米							
十一、全年纳税额	**万元**	**8096**	**3254**	**3242**	**407**	**359**	**834**	
十二、全年盈亏总额	**万元**	**16503**	**6685**	**5543**	**1419**	**888**	**1968**	

12-22 广东农垦交通运输业基本情况

2016年

指 标 名 称	计量单位	农垦总局	湛江局	茂名局	阳江局	揭阳局	汕尾局	广州直属单位
一、年末运输单位	**个**	**855**	**147**	**569**	**31**	**22**	**82**	**4**
二、年末从业人员	**人**	**4242**	**467**	**2162**	**63**	**295**	**286**	**969**
其中：国有在岗职工人数	人	1040	54	17				969
三、从业人员年平均人数	**人**	**4226**	**519**	**2103**	**63**	**286**	**282**	**973**
其中：国有在岗职工人数	人	1043	53	17				973
四、从业人员劳动报酬	**万元**	**20893**	**2596**	**8415**	**444**	**1186**	**1023**	**7229**
其中：国有在岗职工劳动报酬	万元	6990	334	86				6570
五、固定资产原值	**万元**	**31145**	**3790**	**12885**	**473**	**1538**	**2231**	**10228**
六、公路运输营运汽车总计	**辆**	**2712**	**382**	**1048**	**66**	**104**	**125**	**987**
1. 载客汽车	辆	1507	151	318		23	28	987
载客量	客位	11938	1468	4384		586	565	4935
2. 载货汽车	辆	1205	231	730	66	81	97	
载货量	吨位	8623	2844	3659	370	368	1382	
七、机动运输船	**艘**	**404**	**4**	**391**			**9**	
载客量	客位	265	40	45			180	
净载重量	吨位	43	4	9			30	
总功率	千瓦	93	5	40			48	
八、客运量	**人**	**7131044**	**2503102**	**1832170**		**104351**	**204400**	**2487021**
旅客周转量	万人公里	151924	16843	26546		1367	6924	100244
货运量	吨	30963265	3652222	26532191	146127	71592	561133	
货物周转量	万吨公里	777826	367538	226573	15786	7862	160067	
九、运输业总产值(现行价)	**万元**	**79210**	**29857**	**36075**	**2399**	**2187**	**3423**	**5269**
1. 货运收入	万元	49053	17868	25754	2399	1027	2005	
2. 客运收入	万元	27083	11977	8153		657	1027	5269
3. 货物装卸收入	万元	1021		343		454	224	
4. 其他杂项收入	万元	2053	12	1825		49	167	
十、全年纳税额	**万元**	**4079**	**551**	**2871**	**36**	**189**	**218**	**214**
十一、全年盈亏总额	**万元**	**9378**	**2005**	**5392**	**572**	**469**	**563**	**377**

12-23 广东农垦批发零售贸易业基本情况

2016年

指 标 名 称	计量单位	农垦总局	湛江局	茂名局	阳江局	揭阳局	汕尾局	广州直属单位
一、年末机构个数	**个**	**2670**	**990**	**337**	**157**	**185**	**363**	**638**
其中：营业单位及网点	个	2543	958	288	156	144	363	634
二、年末固定资产原值	**万元**	**154759**	**124290**	**6942**	**2765**	**1335**	**5111**	**14316**
三、年末营业用房	**平方米**	**186398**	**66150**	**30228**	**16922**	**7035**	**16144**	**49919**
四、年末从业人员	**人**	**7736**	**1476**	**1796**	**280**	**612**	**1174**	**2398**
其中：国有在岗职工人数	人	582	83		15			484
五、从业人员年平均人数	**人**	**7843**	**1416**	**1774**	**283**	**653**	**1161**	**2556**
其中：国有在岗职工人数	人	736	83		15			638
六、从业人员劳动报酬	**万元**	**42488**	**7221**	**7124**	**1469**	**2959**	**3472**	**20243**
其中：国有在岗职工劳动报酬	万元	5580	543		100			4937
七、商品购进总额	**万元**	**1628963**	**604184**	**51865**	**60443**	**10803**	**27567**	**874101**
八、商品销售总额或营业收入	**万元**	**1787041**	**704824**	**61314**	**83248**	**13995**	**45410**	**878250**
九、年末库存商品金额	**万元**	**88187**	**21906**	**7197**	**3922**	**1549**	**5071**	**48542**
十、总产值(现行价)	**万元**	**172534**	**61950**	**18509**	**18304**	**4313**	**18095**	**51363**
十一、全年纳税额	**万元**	**12562**	**3853**	**2162**	**1278**	**239**	**387**	**4643**
十二、全年盈亏总额	**万元**	**27342**	**8390**	**5525**	**4478**	**791**	**2013**	**6145**
另：社会消费品零售额	万元	196512	54087	26900	6401	13444	17346	78334

12-24 广东农垦住宿和餐饮业基本情况

2016年

指 标 名 称	计量单位	农垦总局	湛江局	茂名局	阳江局	揭阳局	汕尾局	广州直属单位
一、年末机构个数	**个**	**564**	**161**	**143**	**29**	**38**	**41**	**152**
其中：营业单位及网点	个	547	158	139	29	28	41	152
二、年末固定资产原值	**万元**	**39710**	**8705**	**5136**	**651**	**1531**	**736**	**22951**
三、年末营业用房	**平方米**	**151758**	**41800**	**24524**	**7460**	**4365**	**8938**	**64671**
四、年末从业人员	**人**	**4538**	**830**	**1495**	**71**	**219**	**144**	**1779**
其中：国有在岗职工人数	人	864	91	5				768
五、从业人员年平均人数	**人**	**4489**	**794**	**1487**	**70**	**215**	**126**	**1797**
其中：国有在岗职工人数	人	868	95	5				768
六、从业人员劳动报酬	**万元**	**19190**	**3250**	**4037**	**327**	**1023**	**383**	**10170**
其中：国有在岗职工劳动报酬	万元	4397	304	15				4078
七、商品销售总额或营业收入	**万元**	**89424**	**16596**	**15603**	**3153**	**2004**	**1079**	**50989**
八、全年纳税额	**万元**	**5812**	**641**	**1560**	**550**	**106**	**99**	**2856**
九、全年盈亏总额	**万元**	**14230**	**2393**	**3755**	**2246**	**538**	**499**	**4799**
另：餐厅座位数	座	24982	6691	5250	1174	1064	1376	9427

12-25 广东农垦居民服务业和其他服务业基本情况

2016 年

指 标 名 称	计量单位	农垦总局	湛江局	茂名局	阳江局	揭阳局	汕尾局	广州直属单位
一、年末机构个数	**个**	**1500**	**420**	**597**	**64**	**74**	**115**	**230**
其中：营业单位及网点	个	1484	416	597	64	64	115	228
二、年末固定资产原值	**万元**	**60135**	**16939**	**5701**	**1249**	**448**	**599**	**35199**
三、年末营业用房	**平方米**	**339227**	**20802**	**18183**	**15660**	**1846**	**6710**	**276026**
四、年末从业人员	**人**	**6958**	**1035**	**2156**	**116**	**242**	**509**	**2900**
其中：国有在岗职工人数	人	1405	229	11				1165
五、从业人员年平均人数	**人**	**6839**	**1037**	**2065**	**116**	**229**	**504**	**2888**
其中：国有在岗职工人数	人	1396	240	11				1145
六、从业人员劳动报酬	**万元**	**36213**	**4828**	**7721**	**390**	**720**	**1793**	**20761**
其中：国有在岗职工劳动报酬	万元	10008	1128	77				8803
七、商品销售总额或营业收入	**万元**	**144304**	**23331**	**23949**	**5352**	**1079**	**3087**	**87506**
八、全年纳税额	**万元**	**9198**	**1060**	**2122**	**214**	**38**	**286**	**5478**
九、全年盈亏总额	**万元**	**22835**	**2010**	**3980**	**778**	**210**	**1024**	**14833**
另：客房总数		1943	529	317	42	25	63	967
床位总数		3874	1181	530	70	33	125	1935
出租房地产收入		10794	1036	126				9632

12-26 广东农垦外贸出口商品数量情况

2016年

指 标 名 称	计量单位	农垦总局	湛江局	茂名局	阳江局	揭阳局	汕尾局	广州直属单位
1. 剑麻纱条	吨	6	6					
2. 白棕绳	吨	135	135					
3. 剑麻地毯	万m²	0.65	0.65					
4. 水草地毯	万m²	5	5					
5. 抛光轮	吨							
6. 抛光轮布	万m²							
抛光轮布	吨	34	34					
7. 剑麻制品	万件	56						56
剑麻制品	吨							
8. 皂素	吨							
9. 茶叶	吨							
10. 罐头	吨							
其中：菠萝罐头	吨							
11. 菠萝浓缩汁	吨							
12. 米酒	吨							
13. 凉果	吨	310						310
14. 牛奶	吨							
15. 胶布鞋	万双							
16. 服装	万件	17						17
17. 毛衣	万打							
18. 草垫	万个							
19. 工艺品	万件							
20. 模压复合家具	万件	14.85	14.85					
21. 建筑元件	m²							
22. 运输货盘	万个	0.04	0.04					
23. 橡胶木地板	立方米							
24. 木片	绝干吨							
25. 剑麻纤维	吨							
26. 磨茹	吨							
27. 水果	吨							
28. 瘦肉型猪	头	34858	34858					
肉重	吨	3745	3745					
29. 对虾	吨	9202			9202			
30. 鳗鱼	吨	860			860			

12-27　广东农垦外贸出口商品金额情况

2016 年

指　标　名　称	计量单位	农垦总局	湛江局	茂名局	阳江局	揭阳局	汕尾局	广州直属单位
一、出口商品总金额	**人民币（万元）**	**764445**	**10621**		**33896**		**54528**	**665400**
其中：国有	人民币（万元）	74332	10112		33896			30324
工业品金额	人民币（万元）	722730	2802				54528	665400
二、出口创汇金额	**万美元**	**111204**	**1546**		**5151**		**8389**	**96118**
其中：国有	万美元	11293	1472		5151			4670
本单位收汇金额	万美元	105818	1351				8389	96078
三、出口商品	*							
1. 剑麻纱条	万元	9	9					
2. 白棕绳	万元	234	234					
3. 剑麻地毯	万元	47	47					
4. 水草地毯	万元	288	288					
5. 抛光轮	万元							
6. 抛光轮布	万元	53	53					
抛光轮布	万元							
7. 剑麻制品	万元	892						892
剑麻制品	万元							
8. 皂素	万元							
9. 茶叶	万元							
10. 罐头	万元							
其中：菠萝罐头	万元							
11. 菠萝浓缩汁	万元							
12. 米酒	万元							
13. 凉果	万元	275						275
14. 牛奶	万元							
15. 胶布鞋	万元							
16. 服装	万元	300						300
17. 毛衣	万元							
18. 草垫	万元							
19. 工艺品	万元							
20. 模压复合家具	万元	900	900					
21. 建筑元件	万元							
22. 运输货盘	万元	2	2					
23. 橡胶木地板	万元							
24. 木片	万元							
25. 剑麻纤维	万元							
26. 磨茹	万元							
27. 水果	万元							
28. 瘦肉型猪	万元	7757	7757					
肉重	万元							
29. 对虾	万元	19324			19324			
30. 鳗鱼	万元	6880			6880			

12-28 广东农垦固定资产投资完成情况

2016 年　　单位：万元

指 标 名 称	农垦总局	湛江局	茂名局	阳江局	揭阳局	汕尾局	广州直属单位
一、本年实际完成投资总额	**294540**	**79665**	**61676**	**55997**	**14641**	**32036**	**50525**
（一）构成：1. 建安工程	151750	54993	38859	5939	12014	23547	16398
2. 设备工器具购置	48410	15717	8532	1169	265	5912	16815
3. 商品房购置	587			108			479
4. 其他费用	93793	8955	14285	48781	2362	2577	16833
（二）按工程用途和行业分							
1. 第一产业(农业)	97233	29692	30514	3721	8524	9805	14977
其中：橡胶	21093	1224	3739	302	562	478	14788
2. 第二产业	54963	8002	7478	240	1129	14351	23763
内：工业	20190	4212	2058	12	784	5923	7201
3. 第三产业	142344	41971	23684	52036	4988	7880	11785
其中：交通运输业	5840	583	2825	40	700	191	1501
批发零售贸易餐饮业	2995	44	1208	648	308	283	504
社会服务业	52742	3439	1142	46542	66	402	1151
卫生福利业	11644	7240	2872	322			1210
文教广播电视业	5780	1548	642	292	256		3042
科学研究、技术服务业	304		48	53	201		2
其他	63039	29117	14947	4139	3457	7004	4375
（三）按资金来源分：							
1. 预算内基建拨款	64534	27501	13709	2737	118	835	19634
2. 国内银行贷款	5600	4563					1037
3. 利用外资							
4. 企事业单位自筹	80407	22340	20279	4142	1371	4513	27762
5. 其他资金	143999	25261	27688	49118	13152	26688	2092
二、当年新增固定资产	**170215**	**68221**	**39240**	**6012**	**5928**	**21695**	**29119**

12-29 广东农垦国有固定资产投资完成情况

2016 年　　单位：万元

指标名称	农垦总局	湛江局	茂名局	阳江局	揭阳局	汕尾局	广州直属单位
一、本年实际完成投资总额	**155387**	**56563**	**32782**	**4581**	**6040**	**7155**	**48266**
（一）构成：1. 建安工程	86757	35444	19836	3077	4847	7155	16398
2. 设备工器具购置	35664	13343	6331	918	206		14866
3. 商品房购置	587			108			479
4. 其他费用	32379	7776	6615	478	987		16523
（二）按工程用途和行业分							
1. 第一产业(农业)	80001	27207	25054	2523	4021	6219	14977
其中：橡胶	21093	1224	3739	302	562	478	14788
2. 第二产业	27092	4946	387	15	171		21573
内：工业	9180	3770	387	12			5011
3. 第三产业	48294	24410	7341	2043	1848	936	11716
其中：交通运输业	3594	526	1236	40	291		1501
批发零售贸易餐饮业	857	5	365	29			458
社会服务业	4884	3349	407				1128
卫生福利业	11644	7240	2872	322			1210
文教广播电视业	5780	1548	642	292	256		3042
科学研究、技术服务业	304		48	53	201		2
其他	21231	11742	1771	1307	1100	936	4375
（三）按资金来源分：							
1. 预算内基建拨款	60924	26035	11958	2679	118	500	19634
2. 国内银行贷款	5536	4499					1037
3. 利用外资							
4. 企事业单位自筹	71198	22251	17109	1011	706	4513	25608
5. 其他资金	17729	3778	3715	891	5216	2142	1987
二、当年新增固定资产	**113807**	**51171**	**24752**	**2401**	**5278**	**1566**	**28639**

12-30 广东农垦国有资产投资基本建设完成情况

2016 年　　单位：万元

指 标 名 称	农垦总局	湛江局	茂名局	阳江局	揭阳局	汕尾局	广州直属单位
一、本年实际完成投资总额	**141591**	**48953**	**30075**	**4581**	**6040**	**7106**	**44836**
（一）构成：1. 建安工程	79793	30470	19029	3077	4847	7106	15264
2. 设备工器具购置	30967	11491	5233	918	206		13119
3. 商品房购置	587			108			479
4. 其他费用	30244	6992	5813	478	987		15974
（二）按工程用途和行业分							
1. 第一产业（农业）	77035	25780	23683	2523	4021	6219	14809
其中：橡胶	20298	1062	3207	302	562	478	14687
2. 第二产业	24432	3062	387	15	171		20797
内：工业	7599	2353	387	12			4847
3. 第三产业	40124	20111	6005	2043	1848	887	9230
其中：交通运输业	3098	388	878	40	291		1501
批发零售贸易餐饮业	857	5	365	29			458
社会服务业	3712	3190	407				115
卫生福利业	9842	6401	1909	322			1210
文教广播电视业	4725	1488	627	292	256		2062
科学研究、技术服务业	304		48	53	201		2
其他	17586	8639	1771	1307	1100	887	3882
（三）按资金来源分：							
1. 预算内基建拨款	58018	24204	11545	2679	118	500	18972
2. 国内银行贷款	4024	2987					1037
3. 利用外资							
4. 企事业单位自筹	63171	18714	15436	1011	706	4464	22840
5. 其他资金	16378	3048	3094	891	5216	2142	1987
二、当年新增固定资产	**102996**	**44224**	**23356**	**2401**	**5278**	**1517**	**26220**

12-31 广东农垦国有更改措施投资完成情况

2016 年　　单位：万元

指标名称	农垦总局	湛江局	茂名局	阳江局	揭阳局	汕尾局	广州直属单位
一、本年实际完成投资总额	**13796**	**7610**	**2707**			**49**	**3430**
（一）构成：1. 建安工程	6964	4974	807			49	1134
2. 设备工器具购置	4697	1852	1098				1747
3. 商品房购置							
4. 其他费用	2135	784	802				549
（二）按工程用途和行业分							
1. 第一产业（农业）	2966	1427	1371				168
其中：橡胶	795	162	532				101
2. 第二产业	2660	1884					776
内：工业	1581	1417					164
3. 第三产业	8170	4299	1336			49	2486
其中：交通运输业	496	138	358				
批发零售贸易餐饮业							
社会服务业	1172	159					1013
卫生福利业	1802	839	963				
文教广播电视业	1055	60	15				980
科学研究、技术服务业							
其他	3645	3103				49	493
（三）按资金来源分：							
1. 预算内基建拨款	2906	1831	413				662
2. 国内银行贷款	1512	1512					
3. 利用外资							
4. 企事业单位自筹	8027	3537	1673			49	2768
5. 其他资金	1351	730	621				
二、当年新增固定资产	**10811**	**6947**	**1396**			**49**	**2419**

12-32 广东农垦年末实有及当年建设房屋情况

2016年　　　　单位：平方米

指标名称	农垦总局	湛江局	茂名局	阳江局	揭阳局	汕尾局	广州直属单位
总计	**23049133**	**12723368**	**4347960**	**860329**	**1770299**	**1510811**	**1836366**
1.厂房	1992212	1154553	154392	85111	70828	75634	451694
其中：胶厂	194895	9626	7650	12603		541	164475
2.仓库	784802	493257	82615	43356	13587	35400	116587
3.商饮服务业用房	586741	141421	69603	38017	10394	45815	281491
其中：营业用房	379355	127808	47049	15236	4859	27380	157023
4.运输邮电及其他业务部门用房	24579	13956	7924		710	1799	190
5.办公室	430576	222547	71406	37565	12300	18202	68556
6.住宅	12898102	6113599	3163215	482976	1540738	1152981	444593
7.文化教育用房	975787	350803	186024	45548	50419	38461	304532
其中：教学用房	577850	210587	117573	28884	44695	36506	139605
8.科学研究用房	30353	13079	5118	1020		510	10626
9.医疗用房	365869	194194	73437	16425	2443	5625	73745
10.畜禽舍	1627866	931641	412699	46135	57325	136016	44050
11.其他	3332246	3094318	121527	64176	11555	368	40302

12-33 广东农垦从业人员与收入

2016 年

指 标 名 称	计量单位	农垦总局	湛江局	茂名局	阳江局	揭阳局	汕尾局	广州直属单位
一、从业人员年末数	人	**119864**	**36552**	**27292**	**4068**	**14857**	**14814**	**22281**
其中:女性	人	41555	12817	8880	1578	5464	5083	7733
1. 国有在岗职工人数小计	人	46127	24246	8290	2560	1200	2023	7808
小计中：女性	人	18310	9989	3289	946	578	625	2883
长期职工	人	36956	18727	7006	1741	1103	2023	6356
2. 其他从业人员	人	73737	12306	19002	1508	13657	12791	14473
二、从业人员年平均人数	人	**117623**	**36521**	**26953**	**4193**	**14168**	**13426**	**22362**
其中：国有在岗职工人数	人	46261	24581	8328	2688	1192	2014	7458
三、国有不在岗职工年末人数	人	**908**	**880**	**6**	**17**		**3**	**2**
其中：下岗职工	人	17	11	6				
内部退养职工	人	569	562		2		3	2
四、农垦人口纯收入合计	万元	**877879**	**335994**	**202230**	**36870**	**73044**	**73647**	**156094**
1. 国有在岗职工纯收入	万元	227502	108321	31839	10226	4284	7599	65233
其中：工资性收入	万元	180044	85092	22884	7690	3654	5508	55216
非工资性收入	万元	47458	23229	8955	2536	630	2091	10017
2. 其他从业人员纯收入	万元	237904	37945	54604	4972	27553	33239	79591
3. 国有不在岗职工全部收入	万元	5631	2398	3165	56		8	4
4. 国有离退休人员全部收入	万元	197811	110510	52437	13383	5313	5075	11093
5. 外地做工经营纯收入	万元	196354	75528	59586	8233	30881	22126	
6. 其它收入	万元	12677	1292	599		5013	5600	173
五、农垦人口年人均纯收入	元	**22955**	**21097**	**20790**	**23734**	**14934**	**19954**	**63585**
六、从业人员年平均收入	元	**39568**	**40050**	**32072**	**36246**	**22471**	**30417**	**64763**
七、国有在岗职工年平均收入	元	**49178**	**44067**	**38231**	**38043**	**35940**	**37731**	**87467**

12-34 广东农垦国有在岗职工按劳动岗位分类

2016年　　　　单位：人

指 标 名 称	农垦总局	湛江局	茂名局	阳江局	揭阳局	汕尾局	广州直属单位
国有在岗职工总计	**46127**	**24246**	**8290**	**2560**	**1200**	**2023**	**7808**
一、工人和学徒	**24580**	**14044**	**4117**	**1416**	**698**	**1333**	**2972**
1.橡胶工人	4629	1172	2414	858	111	69	5
内：割胶工人	3337	855	1719	674	84		5
制胶工人	133	25	81	27			
2.热作工人	873	793			80		
内：剑麻初加工工人	331	296			35		
3.茶叶工人	467	365	43	2	32	25	
4.水果工人	1826	957	508	8	156	197	
5.农业工人	6792	6029	35	16	138	572	2
内：水稻工人	585	78			30	477	
甘蔗工人	5461	5441	4			16	
6.畜牧工人	1183	389	272	41	64	85	332
7.林业工人	613	40	516		27	30	
8.副业工人	59				45	14	
9.渔业工人	545	59	12	340	20	114	
10.水利、水电工人	126	54	16	15	24	15	2
11.工业工人	4787	3278	102	39		106	1262
其中：胶制品工人	44						44
茶叶加工工人	20		20				
剑麻加工工人	326	326					
制糖工人	2345	2345					
农机修造工人	36	29				7	
建材工人	71	48	15			8	
木材加工制造工人	233	233					
12.建筑工人	97	83				14	
13.交通运输工人	1191	161	48	24	1	23	934
其中：司机、助手	924	106	28	10	1	2	777
14.机务及动力工人	244	142	8			7	87
15.其他工人	1148	522	143	73		62	348
16.学徒							
二、工程(农牧)技术人员	**1372**	**1097**	**50**	**21**	**23**	**27**	**154**
三、管理人员	**7050**	**3033**	**1669**	**531**	**220**	**179**	**1418**
四、服务人员	**12684**	**5982**	**2273**	**558**	**259**	**460**	**3152**
1.炊事人员	586	160	85	27	7	8	299
2.幼师、保育人员	356	213	80	20	6	37	
3.医院外的卫生人员	35	15			12	8	
4.电视、电影、广播人员	12	11	1				
5.社会性服务人员	10650	5105	1820	403	199	393	2730
内：大中专教师	601	197	24				380
中小学教师	2937	1570	635	205	179	278	70
医院医务人员	4027	2569	876	166	5	55	356
银行邮电人员	19	18			1		
商饮服务人员	1012	21				10	981
政法公安保安人员	1023	691	213	29	12	11	67
6.其他服务人员	1045	478	287	108	35	14	123
五、其他人员	**441**	**90**	**181**	**34**		**24**	**112**

12-35 广东农垦科研基本情况

2016 年

项　　目	计量单位	合计	农业技术推广站	1.省地科研单位	农业技术推广站	1.农场科研单位	农业技术推广站
一、科研单位个数	**个**	**49**	**46**	**4**	**2**	**45**	**44**
二、年末从业人员	**人**	**428**	**259**	**106**	**47**	**322**	**212**
1.科技人员	人	265	129	75	28	190	101
内：中级	人	55	39	33	24	22	15
高级	人	18	7	7	2	11	5
2.其他人员	人	163	130	31	19	132	111
三、科技经费	**万元**	**2669**	**876**	**1125**	**482**	**1544**	**394**
1.国家拨款	万元	1436	649	1125	482	311	167
2.主管部门自筹	万元	33	32			33	32
3.单位自筹	万元	1200	195			1200	195
四、实验地面积	**公顷**	**841.2**	**701.5**	**241.7**	**145**	**599.5**	**556.5**

12-36 广东农垦卫生事业基本情况

2016 年

项　　目	医疗单位（个）	病床（张）	年末从业人员（人）	卫生技术人员	内：医生
合　计	60	6096	4971	4069	1537
1.省、地局属	4	2374	2514	2064	666
其中：医院	4	2374	2512	2064	666
疗养院					
2.场(厂)级属	54	3722	2447	1999	865
其中：医院	49	3718	2423	1975	835
3.分场(区)属	2		10	6	6
4.生产队属					

12-37 广东农垦各类学校基本情况

2016 年

指　标　名　称	个数	年末从业人员	专任教师	在校学生	当年新招生	当年毕业生（人）
合　计	143	4697	3618	80969	19865	22929
一、管理学院	**1**	**801**	**380**	**19682**	**6169**	**7112**
二、中等专业学校	**1**	**166**	**130**	**7118**	**1762**	**2237**
其中：师范学校						
中专学校	1	166	130	7118	1762	2237
三、技工学校	**2**	**132**	**95**	**3565**	**648**	**1800**
四、普通中学	**43**	**1443**	**1149**	**16571**	**5289**	**5938**
其中：高中	1	204	142	2794	869	1098
五、职业学校						
六、小学	**96**	**2155**	**1864**	**34033**	**5997**	**5842**
另：幼儿园	60	610	439	10488	4467	3676

12-38 广东农垦生产总值完成情况表

2016年　　　　单位：万元

项　　目	增加值合计（按当年价格算）	劳动者报酬	固定资产折旧	生产税净额	政府补贴	营业盈余	年末从业人员（人）	年末固定资产原值
合　计	1613180	647743	157226	108902		699309	119864	1817613
第一产业(农业)	537274	269288	71069			196917	53079	795323
第二产业	633110	154900	51291	76210		350709	30877	519783
1. 工业	560092	123204	43215	68114		325559	25284	493041
2. 建筑业	73018	31696	8076	8096		25150	5593	26742
第三产业	442796	223555	34866	32692		151683	35908	502507
1. 交通运输、仓储业、邮电通讯业	44869	20893	7081	4079		12816	4242	31145
2. 批发、零售贸易	102170	42488	6609	12562		40511	7736	154759
3. 住宿及餐饮业	48216	19190	4625	5812		18589	4538	39710
4. 房地产业	2380	1767	29	1039		-455	132	572
5. 居民服务业及其他社会服务业	81485	36213	4757	9198		31317	6958	60135
6. 卫生、社会保障和福利事业	2017	1438	535			44	428	7281
7. 教育	46362	41985	4051			326	4697	104162
8. 科研研究和综合技术服务业	54390	40139	4565			9686	4971	72115
9. 公共管理和社会组织	35567	19022	2212			14333	698	32435
10. 其他	25340	420	402	2		24516	1508	193

12-39 广东农垦各管理局生产总值按产业分类

2016 年　　单位：万元

指 标 名 称	农垦总局	湛江局	茂名局	阳江局	揭阳局	汕尾局	广州直属单位
合　计							
增加值合计（按当年价格计算）	1613180	568039	253343	84162	51004	66716	589916
其中：劳动者报酬	647743	269420	117122	20275	36738	41274	162914
固定资产折旧	157226	78195	39897	5812	3926	2485	26911
生产税净额	108902	16258	16016	2879	1847	4280	67622
另：政府补贴							
营业盈余	699309	204166	80308	55196	8493	18677	332469
年末从业人员（人）	119864	36552	27292	4068	14857	14814	22281
年末固定资产原值	1817613	1031477	198197	75245	39832	62692	410170
第一产业（农业）							
增加值合计（按当年价格计算）	537274	307622	114803	54246	23755	19867	16981
其中：劳动者报酬	269288	159503	55073	11206	19247	17993	6266
固定资产折旧	71069	40329	21980	4052	1861	329	2518
生产税净额							
另：政府补贴							
营业盈余	196917	107790	37750	38988	2647	1545	8197
年末从业人员（人）	53079	18755	12215	2459	9343	8690	1617
年末固定资产原值	795323	596928	102433	42739	17771	9824	25628

指　标　名　称	农垦总局	湛江局	茂名局	阳江局	揭阳局	汕尾局	广州直属单位
第二产业							
增加值合计（按当年价格计算）	633110	129957	50438	9609	14030	32397	396679
其中：劳动者报酬	154900	40199	20787	2991	8092	14665	68166
固定资产折旧	51291	29727	6588	606	1211	1446	11713
生产税净额	76210	9533	7301	801	1275	3290	54010
另：政府补贴							
营业盈余	350709	50498	15762	5211	3452	12996	262790
年末从业人员（人）	30877	8305	5316	526	2188	3553	10989
年末固定资产原值	519783	218621	42175	12999	14543	42665	188780
第三产业							
增加值合计（按当年价格计算）	442796	130460	88102	20307	13219	14452	176256
其中：劳动者报酬	223555	69718	41262	6078	9399	8616	88482
固定资产折旧	34866	8139	11329	1154	854	710	12680
生产税净额	32692	6725	8715	2078	572	990	13612
另：政府补贴							
营业盈余	151683	45878	26796	10997	2394	4136	61482
年末从业人员（人）	35908	9492	9761	1083	3326	2571	9675
年末固定资产原值	502507	215928	53589	19507	7518	10203	195762

12-40 广东农垦主要物资消费

2016 年

项　　目	计量单位	全年消费量
1. 钢材	吨	62506
2. 木材	立方米	66110
3. 水泥	吨	248894
4. 煤炭	吨	32317
5. 成品油	吨	63167
内：汽油	吨	24742
柴油	吨	37760
重油	吨	665
6. 化肥	吨	237365
7. 电力	万千瓦时	62029
8. 纯碱	吨	1450
9. 烧碱	吨	162
10. 聚乙、丙烯	吨	458
11. 铜材	吨	242
12. 铝材	吨	1297
13. 硫酸	吨	1477
14. 轮胎外胎	条	12137
15. 冰醋酸	吨	3
16. 电石	吨	

12-41 广东农垦房地产开发投资完成情况

2016 年

指 标 名 称	计量单位	合计	商品住宅	配套设施
一、房地产开发投资完成额	万元	45304	30304	2795
其中：土地开发投资额	万元	18023	3023	183
资金来源小计	万元	45304	30304	2795
1.国家预算内资金	万元			
2.国内银行贷款	万元			
3.股票	万元			
4.债券	万元			
5.利用外资	万元			
6.自筹资金	万元	45304	30304	2795
7.其他资金	万元			
二、商品房屋建筑面积				
1.施工面积	平方米	239749	184749	4365
内：本年新开工	平方米	239749	184749	4365
2.竣工面积	平方米	53151	53151	1860
三、土地开发面积	平方米	154153	73572	2575
四、商品房屋销售建筑面积	平方米	35874	35874	1256
五、商品房屋销售额	万元	32397	32397	1134
六、房地产开发企业个数	个	2		
七、从业人员年末人数	人	132		
其中：国有在岗职工人数	人	80		
八、从业人员年平均人数	人	138		
其中：国有在岗职工人数	人	75		
九、全年从业人员劳动报酬	万元	1767		
其中：国有在岗职工劳动报酬	万元	1427		
十、企业利润总额	万元	-480		
十一、全年缴纳税金	万元	1039		

12-42 广东农垦非国有经济基本情况表

2016年

指标名称	计量单位	合计	第一产业	第二产业	工业	第三产业
一、经营单位个数	**个**	**6142**	**60**	**671**	**458**	**5411**
1.集体经济	个					
#股份合作制经济	个					
2.个体经济	个					
3.私营经济	个	6139	60	668	455	5411
4.港澳台及外商经济	个	3		3	3	
二、从业人员	**人**	**57588**	**18850**	**20400**	**14886**	**18338**
1.集体经济	人					
#股份合作制经济	人					
2.个体、私营经济	人					
3.私营经济	人	51183	18417	14544	9460	18222
4.港澳台及外商经济	人	6405	433	5856	5426	116
三、从业人员劳动报酬	**万元**	**250683**	**65568**	**99534**	**75787**	**85581**
1.集体经济	万元					
#股份合作制经济	万元					
2.个体经济	万元					
3.私营经济	万元	216146	65568	64997	41250	85581
4.港澳台及外商经济	万元	34537		34537	34537	
四、农垦生产总值	**万元**	**771666**	**101332**	**456407**	**398988**	**213927**
1.集体经济	万元					
#股份合作制经济	万元					
2.个体经济	万元					
3.私营经济	万元	494078	101332	181150	123731	211596
4.港澳台及外商经济	万元	277588		275257	275257	2331
五、当年固定资产投资额	**万元**	**139153**	**17232**	**27871**	**11010**	**94050**
1.集体经济	万元					
#股份合作制经济	万元					
2.个体经济	万元					
3.私营经济	万元	137260	17232	25981	9120	94047
4.港澳台及外商经济	万元	1893		1890	1890	3
六、资产总额	**万元**	**246985**	**24912**	**70190**	**54015**	**151883**
1.集体经济	万元					
#股份合作制经济	万元					
2.个体经济	万元					
3.私营经济	万元	246949	24912	70190	54015	151847
4.港澳台及外商经济	万元	36				36
七、固定资产原值	**万元**	**275999**	**47339**	**129686**	**112562**	**98974**
1.集体经济	万元					
#股份合作制经济	万元					
2.个体经济	万元					
3.私营经济	万元	260932	47339	114635	97511	98958
4.港澳台及外商经济	万元	15067		15051	15051	16
八、税金	**万元**	**64620**	**57**	**43864**	**37834**	**20699**
#1.集体经济	万元					
2.港澳台及外商经济	万元	24814		24814	24814	
九、利润总额	**万元**	**286756**	**22658**	**186420**	**171413**	**77678**
#1.集体经济	万元					
2.港澳台及外商经济	万元	95655		95655	95655	

十三、农产品进出口贸易

13-1 农副产品出口分类值

单位：万美元

类　　别	1995	2000	2005	2010	2015	2016
活动物	21117	15908	9885	17534	22803	23534
肉及食用杂碎	5517	8104	12798	28007	32940	32134
水产品	54464	25862	53585	102449	149026	151207
乳品、蛋品、天然蜂蜜、其他	2526	3660	3660	4328	7162	8243
其他动物产品	8687	5100	3264	3866	7433	6755
树苗及花草	885	785	2638	2734	4834	5100
蔬菜	25156	11284	19896	29140	24175	33554
水果及坚果	13460	5406	11819	17832	16874	15123
咖啡、茶叶及调味香料	7842	6569	9460	12298	15861	18928
谷物	491	522	9	80	292	580
制粉工业产品	1571	3443	4528	10218	11299	11105
植物油籽及果实、种子、药材	24958	9852	11014	13086	15746	17203
虫胶、树胶、树脂	1034	841	1439	2732	6214	6111
编结植物材料、其他植物产品	2400	1608	1895	2301	5529	5038
动、植物油脂及蜡	28350	6515	4372	8684	12583	13741

注：本表资料按海关统计口径整理。

13-2 农副产品及其加工品海关进出口情况

单位：万美元

类别	2015		2016	
	出口	进口	出口	进口
一、活动物、动物产品	**219363**	**266927**	**221873**	**404921**
1.活动物	22803	2493	23534	822
2.肉及食用杂碎	32940	136795	32134	285319
3.水产品	149026	69875	151207	60955
4.乳品、蛋品、天然蜂蜜、其他	7162	50237	8243	49466
5.其他动物产品	7433	7527	6755	8359
二、植物产品	**100825**	**803169**	**112741**	**730730**
1.树苗及花草	4834	3224	5100	2217
2.蔬菜	24175	4464	33554	3404
3.水果及坚果	16874	258647	15123	266161
4.咖啡、茶叶及调味香料	15861	5932	18928	6823
5.谷物	292	223965	580	180210
6.制粉工业产品	11299	19214	11105	15279
7.植物油籽及果实、种子、药材	15746	278040	17203	249662
8.虫胶、树胶、树脂	6214	3545	6111	3269
9.编结植物材料、其他植物产品	5529	6139	5038	3706
三、动、植物油脂及蜡	**12583**	**139546**	**13741**	**82011**
动、植物油脂及蜡	12583	139546	13741	82011
四、食品、烟草及制品	**514103**	**489139**	**555199**	**492250**
1.动物产品制品	155179	2330	165016	2719
2.糖及糖食	63747	38969	67149	29724
3.可可及可可制品	17338	15288	16365	14201
4.粮食及乳制品、糕饼点心	51136	129302	53146	138222
5.蔬菜、水果等植物制品	38929	18121	47224	20550
6.杂项制品	51185	50348	54563	63330
7.饮料、酒及醋	118143	138737	131277	140751
8.食品的残渣、动物饲料	8499	69178	11578	57563
9.烟草及烟草制品	9948	26865	8881	25190
五、其他	**908043**	**1025976**	**866609**	**946214**
1.木及木制品、木炭	171729	321964	153503	345503
2.软木及软木制品	325	252	265	175
3.草柳编结品	31101	392	27995	484
4.木浆及其他纤维素浆、废碎纸板	271	303028	321	271744
5.纸及纸板、纸浆、纸制品	475945	111390	475984	101782
6.蚕丝	9896	3033	8303	2500
7.羊毛、动物毛、毛纱线及制品	12805	24630	9007	17680
8.棉花	205971	261287	191231	206346

13-3 主要农副产品外贸出口情况

单位：万美元

项　目	单位	1995		2000		2005	
		数 量	金 额	数 量	金 额	数量	金 额
活猪	万头	62	7526	46	5688	37	5216
活家禽	万只	4888	11532	4483	9224	2301	3243
鲜冻猪肉	吨	8172	1468	15950	2069	9551	1757
冻鸡	吨	7852	1468	22233	3261	7758	1106
水海产品	吨	149585	54464	187489	25850	229840	53451
# 活鱼	吨	61077	17723	66804	6458	48691	9626
冻鱼、冻鱼片	吨	14033	3963	34686	3943	79160	16484
鲜、冻对虾	吨	3838	2823	1108	690	15226	6010
冻虾仁	吨	5271	3282	2938	697	15110	7955
鲜蛋	万只	11253	478	60625	1225	36701	1458
谷物	吨	35131	1229	155932	3544	139410	4049
# 大米	吨	10368	423	4166	173	1629	59
蔬菜	吨	450274	27674	531889	13258	718676	22104
# 鲜蔬菜	吨	356418	11757	446956	6579	653695	11799
干食用菌	吨	6147	7396	8634	1595	6946	3807
干豆	吨	25212	1159	13373	394	31082	1115
鲜干果类	吨	121400	13028	178158	3927	351474	10948
# 桔橙	吨	49109	2166	43570	673	79242	2448
核桃仁	吨	1671	525	744	97	342	107
白果	吨	2220	998	1960	179	849	160
食用油籽	吨	27011	2046	14770	535	11333	634
# 花生、花生仁	吨	17856	1205	13012	389	2489	113
食用植物油	吨	171707	13481	92622	5257	43409	3710
烘焙花生	吨	5225	454	2565	239	1496	159
食糖	吨	205421	8051	23938	826	215575	6576
茶叶	吨	21974	2917	18853	3154	13795	3205
辣椒干	吨	4402	692	24427	701	5324	618
肠衣	吨	388	189	20	9	227	73
羽毛绒	吨	4703	6399	7490	3987	5267	1922
药材	吨	41665	17652	61377	6995	98868	8209
未硝整张毛皮	吨	65	231	37	83	1	2
# 水貂皮	吨	8	69	3534	552	1493	300
生丝	吨	1218	2608	1579	3414	1642	3762
兔毛	吨	388	753	444	634	77	234

13-3 续表 单位：万美元

项 目	单位	2010		2015		2016	
		数 量	金 额	数量	金 额	数量	金 额
活猪	万头	67	13178		18663.63		18941.31
活家禽	万只	622	2252		1356.75		1351.62
鲜冻猪肉	吨	21713	6837	12601.8	5366.2	11415.64	5763.03
冻鸡	吨	4194	950	3089.02	1022.01	3009.38	892.88
水海产品	吨	261658	102343	480740.93	280755.93	503909.12	293281.39
# 活鱼	吨	53374	14036	59154.78	23946.89	52382.15	21320.21
冻鱼、冻鱼片	吨	99202	32276	124308.27	45788.93	124944.51	44463.50
鲜、冻对虾	吨	22375	12776	3310.65	3460.64	4587.17	5294.81
冻虾仁	吨	33975	25147	22660.57	30236.32	22285.38	29779.53
鲜蛋	万只	21700	1541	13548.12	2395.28	18157.44	2808.11
谷物	吨	134932	6571	106117.26	6793.45	99529.15	6007.12
# 大米	吨	518	56	4409.78	196.34	6637.00	501.17
蔬菜	吨	769456	32929	639335.38	31281.18	695260.36	42807.88
# 鲜蔬菜	吨	719225	21762	585873.9	17680.21	638193.03	27585.99
干食用菌	吨	1495	1743	1344.9	2337.79	1188.17	2156.65
干豆	吨						
鲜干果类	吨	298975	17416	111988.57	16634.6	111011.37	14733.91
# 桔橙	吨	108248	6625	21448.77	2733.72	18717.55	2034.10
核桃仁	吨						
白果	吨						
食用油籽	吨	2415	230	1527.89	215.85	2232.73	278.00
# 花生、花生仁	吨	1142	112	388.13	41.84	1080.45	116.02
食用植物油	吨	15322	2641	21670.32	3725.69	28594.59	4389.05
烘焙花生	吨	273	135	266.65	135.53	313.17	145.71
食糖	吨	63451	4237	67671.69	4017.56	98132.76	5443.05
茶叶	吨	6461	3845	5076.49	4073.23	6024.73	7310.87
辣椒干	吨	1872	580	1072.76	264.91	257.34	56.57
肠衣	吨	573	1360	744.33	1450.98	997.55	1865.31
羽毛绒	吨	3459	995	3801.56	4672.82	3164.83	4015.76
药材	吨	112291	11429	22333.08	15663.07	24374.57	16980.68
未硝整张毛皮	吨						
# 水貂皮	吨						
生丝	吨	1378	5423	643.64	2959.55		
兔毛	吨						

13-4 农、林、牧、渔利用外资情况

年 份	签订合同数（宗）	合同利用外资（万美元）	实际利用外资（万美元）	年 份	签订合同数（宗）	合同利用外资（万美元）	实际利用外资（万美元）
1979	50	1997	514	1997	116	19766	19358
1980	59	5120	3471	1998	121	11212	17243
1981	45	5593	610	1999	104	20232	20983
1982	79	4217	946	2000	94	10600	14451
1983	48	2661	1198	2001	104	22655	17937
1984	250	8806	814	2005	166	23113	7720
1985	168	7901	2464	2006	192	28609	11539
1986	69	8681	6537	2007	336	48282	18295
1987	88	8590	4544	2008	211	39901	20832
1988	131	14668	8318	2009	95	28735	23922
1989	66	5156	6062	2010	84	27770	14327
1990	76	4128	3785	2011	118	73110	15871
1991	97	8372	2290	2012	127	66417	15264
1992	248	30462	4475	2013	121	53841	15143
1993	494	46597	6746	2014	150	76376	16888
1994	257	37439	9889	2015	74	64924	7880
1995	206	33419	10654	2016	78	88783	11135
1996	149	30464	16365				

13-5 各市农、林、牧、渔利用外资情况

市 别	2016签订合同数（宗）	2016合同利用外资（万美元）	实 际 利 用 外 资 （万美元）						
			2000	2005	2010	2013	2014	2015	2016
合 计	78	88783	14451	7720	14327	15143	16888	7880	11135
广 州	7	3160	2219	222	373	601	147	232	4411
深 圳	7	2582	145	146		65	392		
珠 海	9	770	545	560	189	42		37	15
汕 头	2	1150	142		18		10		
佛 山	2	9999	687	118	60	6	3	37	107
韶 关	1	1409	1142	187	2105	1504	3753	204	480
河 源	3	3702	911	1120	519	1903	2263	1531	202
梅 州	11	3578	1196	334	689	1002	1026	1199	394
惠 州	8	1635	2388	1516	1975	445	626	45	754
汕 尾	1	613	94	528	242	147	30	94	88
东 莞	1	19858		314	62	357	2890	38	
中 山	1	78	22	149		32	61		672
江 门	7	12188	713	334	245	90	229	237	196
阳 江	1	249	184	230	2933	5945	2123	131	185
湛 江			392	187	26	257	310	130	
茂 名	10	4247	261	220	126			82	826
肇 庆	3	21981	1746	944	3695	2418	1999	3700	2345
清 远	2	108	543	344	419	300	196	13	70
潮 州	1	437	289	104	85		362	106	90
揭 阳			576	72	511	29	468		
云 浮	1	529		91	55			64	300

十四、农村经济收入分配与效益

14-1 农村集体经济基本情况

2016 年　　单位：个、万元

项　　目	数　量	项　　目	数　量
农村集体经济组织和生产要素情况			
1.汇总镇级经济联合总社数	912	其中:(1)从事家庭经营	1858
2.汇总村级经济联合社数	22880	其中:从事第一产业	1163
3.汇总组级经济合作社数	217415	(2)外出务工劳动力	1336
4.汇总农户数(万户)	1445	其中：常年外出务工劳动	1052
(1)纯农户	874	①乡外县内	408
(2)农业兼业户	256	②县外省内	564
(3)非农业兼业户	128	③省外	80
(4)非农户	187	7.村组集体资产总额	50866017
5.汇总人口数(万人)	6135	(1)村级集体资产	34355582
6.汇总劳动力(万个)	3425	(2)组级集体资产	16510435

14-2 村组集体经济组织资产负债情况

2016 年

项　　目	金　额	项　　目	金　额
一、流动资产合计	**20857155**	**一、流动负债合计**	**14499049**
1、货币资金	13445407	1、短期借款	1100884
2、短期投资	1156674	2、应付款项	13002068
3、应收款项	6059085	3、应付工资	155456
4、存货	195989	4、应付福利费	240641
二、农业资产合计	**93287**	**二、长期负债合计**	**2106691**
1、牲畜（禽）资产	24189	1、长期借款及应付款	2036675
2、林木资产	69097	2、一事一议资金	70016
三、长期资产合计	**29915576**	**三、所有者权益合计**	**34260277**
1、长期投资	3282495	1、实收资本金	9907249
2、固定资产合计	23731267	2、公积公益金	23187735
其中:当年新购建的	722125	3、未分配收益	1165294
（1）固定资产原值	27525917	**四、负债及所有者权益合计**	**50866018**
（2）减：累计折旧	7774983	**五、附报**:	
（3）固定资产净值	19750934	1、经营性固定资产原值	11901315
（4）固定资产清理	121200	2、负债合计	16542680
（5）在建工程	3859133	其中：(1)经营性负债	3540081
3、其他资产	2901815	(2)兴办公益事业负债	890293
四、资产总计	**50866018**	3、当年新增负债	503934

14-3 村组集体经济组织收益分配情况

2016 年 单位：万元

项 目	金 额	项 目	金 额
一、总收入	**8223945**	**六、可分配收益**	**5835382**
1、经营收入	3373232	**七、各项分配**	**4908257**
2、发包及上交收入	2947302	1、提取公积金、公益金	621501
3、投资收益	228388	2、提取应付福利费	871456
4、补助收入	560100	3、外来投资分利	26795
5、其他收入	1114924	4、农户分配	3065991
二、总支出	**3135987**	5、其他分配	322515
1、经营支出	1210585	**八、年末未分配收益**	**927124**
2、管理费用	1221749	**九、附报指标**	
其中：①干部报酬	320052	1、汇入本表村数	18574
②报刊费	13675	2、当年无收益的村	6219
3、其他支出	703654	3、有集体经营收益的村	12356
三、本年收益	**5087958**	(1)集体经营收益在5万元以下的村	4266
四、年初未分配收益	**650984**	(2)集体经营收益在5—10万元的村	2572
五、其他转入	**96440**	(3)集体经营收益在10万元以上的村	5471

14-4 村级集体经济组织资产负债情况

2016 年 单位：万元

项 目	金 额	项 目	金 额
一、流动资产合计	**12952610**	**一、流动负债合计**	**10083134**
1、货币资金	7657242	1、短期借款	942545
2、短期投资	848873	2、应付款项	9025100
3、应收款项	4265885	3、应付工资	109690
4、存货	180610	4、应付福利费	5798
二、农业资产合计	**64903**	**二、长期负债合计**	**1771723**
1、牲畜（禽）资产	18978	1、长期借款及应付款	1715647
2、林木资产	45925	2、一事一议资金	56076
三、长期资产合计	**21338069**	**三、所有者权益合计**	**22500725**
1、长期投资	2600138	1、实收资本金	6028867
2、固定资产合计	16896791	2、公积公益金	15951937
其中:当年新购建的	592701	3、未分配收益	519921
(1) 固定资产原值	18993443	**四、负债及所有者权益合计**	**34355582**
(2) 减：累计折旧	5047332	**五、附报**:	
(3) 固定资产净值	13946110	1、经营性固定资产原值	7875747
(4) 固定资产清理	79378	2、负债合计	11808544
(5)在建工程	2871303	其中：(1) 经营性负债	2636361
3、其他资产	1841141	(2) 兴办公益事业负债	727275
四、资产总计	**34355582**	3、当年新增负债	332007

14-5 村级集体经济组织收益分配情况

2016 年　　单位：万元

项　　目	金　额	项　　目	金　额
一、总收入	**4714268**	**六、可分配收益**	**2928793**
1、经营收入	1972515	**七、各项分配**	**2928792**
2、发包及上交收入	1477015	1、提取公积金、公益金	342923
3、投资收益	145618	2、提取应付福利费	599619
4、补助收入	503264	3、外来投资分利	16124
5、其他收入	615856	4、农户分配	1097017
二、总支出	**2277565**	5、其他分配	261995
1、经营支出	832814	**八、年末未分配收益**	**611114**
2、管理费用	936592	**九、附报指标**	
其中：①干部报酬	255840	1、汇入本表村数	18574
②报刊费	12008	2、当年无收益的村	6219
3、其他支出	508159	3、有集体经营收益的村	12356
三、本年收益	**2436703**	(1)集体经营收益在5万元以下的村	4266
四、年初未分配收益	**426324**	(2)集体经营收益在5—10万元的村	2572
五、其他转入	**65765**	(3)集体经营收益在10万元以上的村	5471

14-6 组级集体经济组织资产负债情况

2016 年　　单位：万元

项　　目	金　额	项　　目	金　额
一、流动资产合计	**7904545**	**一、流动负债合计**	**4415916**
1、货币资金	5788165	1、短期借款	158339
2、短期投资	307802	2、应付款项	3976967
3、应收款项	1793199	3、应付工资	45766
4、存货	15379	4、应付福利费	234843
二、农业资产合计	**28384**	**二、长期负债合计**	**334968**
1、牲畜（禽）资产	5212	1、长期借款及应付款	321029
2、林木资产	23172	2、一事一议资金	13939
三、长期资产合计	**8577507**	**三、所有者权益合计**	**11759552**
1、长期投资	682357	1、实收资本金	3878382
2、固定资产合计	6834476	2、公积公益金	7235798
其中:当年新购建的	129424	3、未分配收益	645372
（1）固定资产原值	8532474	**四、负债及所有者权益合计**	**16510436**
（2）减：累计折旧	2727651	**五、附报**:	
（3）固定资产净值	5804823	1、经营性固定资产原值	4025568
（4）固定资产清理	41823	2、负债合计	4734136
（5）在建工程	987830	其中：（1）经营性负债	903720
3、其他资产	1060674	（2）兴办公益事业负债	163018
四、资产总计	**16510436**	3、当年新增负债	171927

14-7 组级集体经济组织收益分配情况

2016 年　　　　单位：万元

项　目	金　额	项　目	金　额
一、总收入	**3509677**	**六、可分配收益**	**2906589**
1. 经营收入	1400717	**七、各项分配**	**2906588**
2. 发包及上交收入	1470287	1. 提取公积金、公益金	278578
3. 投资收益	82770	2. 提取应付福利费	271837
4. 补助收入	56836	3. 外来投资分利	10670
5. 其他收入	499068	4. 农户分配	1968974
二、总支出	**858422**	5. 其他分配	60519
1. 经营支出	377771	**八、年末未分配收益**	**316010**
2. 管理费用	285156	**九、附报指标**	
其中：①干部报酬	64212	1. 汇入本表村数	
②报刊费	1667	2. 当年无收益的村	
3. 其他支出	195495	3. 有集体经营收益的村	
三、本年收益	**2651255**	(1)集体经营收益在5万元以下的村	
四、年初未分配收益	**224660**	(2)集体经营收益在5—10万元的村	
五、其他转入	**30675**	(3)集体经营收益在10万元以上的村	

14-8 各市农村经济基本情况

2016年　　单位：个、万元

市别	汇总村级经济联合社数	汇总组级经济合作社数	汇总农户数（万户）	纯农户数（万户）	农业兼业户数（万户）	非农业兼业户数（万户）	非农户数（万户）	汇总人口数（万人）	汇总劳动力（万个）	从事家庭经营
合计	22880	217415	1445	874	256	128	187	6135	3425	1858
广州市	1296	11005	102	46	10	8	37	326	220	119
珠海市	135	196	6	4	1	1	1	25	15	9
汕头市	1171	7	84	38	20	10	16	415	218	140
佛山市	606	4122	67	25	9	5	28	217	138	40
韶关市	1207	13666	55	45	7	2	2	224	128	72
河源市	1272	21405	69	34	17	11	7	307	167	75
梅州市	1788	32005	97	56	20	13	8	441	236	116
惠州市	1066	9968	55	38	8	5	4	254	136	68
汕尾市	803	3606	50	32	8	4	7	256	119	65
东莞市	567	2315	27	2	3	4	18	93	70	38
中山市	280	1897	29	9	4	4	12	107	72	31
江门市	1093	12462	71	51	11	4	5	264	167	92
阳江市	707	9220	59	44	6	3	5	223	134	62
湛江市	1584	12158	140	104	24	6	6	642	361	230
茂名市	2320	29383	145	85	35	17	8	623	311	165
肇庆市	1401	19976	88	66	15	4	3	355	205	116
清远市	948	19692	83	60	11	7	5	353	214	114
潮州市	923	238	49	22	15	7	5	215	110	68
揭阳市	2825	167	108	74	22	7	5	546	264	165
云浮市	888	13927	63	40	13	6	4	254	141	72

市别	从事第一产业（万人）	外出务工劳动力（万人）	常年外出务工劳动力	乡外县内（万人）	县外省内（万人）	省外（万人）	村组集体资产总额（万元）	村级集体资产（万元）	组级集体资产（万元）
合计	1163	1336	1052	408	564	80	50866018	34355582	16510436
广州	80	73	51	37	11	3	14679881	9003958	5675922
珠海	7	5	4	3	1	0	308923	274544	34379
汕头	72	69	55	27	22	6	1543711	1524627	19084
佛山	24	44	31	22	6	2	7602552	3547022	4055530
韶关	51	50	42	12	27	2	249558	215193	34365
河源	47	81	71	15	52	4	138314	92901	45412
梅州	77	106	87	24	58	4	277256	275645	1612
惠州	40	60	39	24	14	2	920358	498641	421717
汕尾	50	49	38	11	24	2	241052	229637	11415
东莞	6	32	28	23	5	1	15820087	11381334	4438753
中山	13	30	21	15	4	1	3579438	3253508	325930
江门	61	60	48	29	14	4	1522084	906086	615998
阳江	48	60	46	16	28	2	184033	175872	8162
湛江	150	128	99	32	55	11	343026	207618	135408
茂名	119	133	107	25	69	13	263307	237405	25902
肇庆	75	84	71	20	46	4	709015	311024	397991
清远	78	87	70	22	44	5	343007	199700	143307
潮州	34	38	30	14	14	3	714468	675335	39134
揭阳	82	86	62	21	36	5	1245994	1245994	0
云浮	50	63	55	15	35	5	179953	99539	80414

14-9 各市村级集体经济组织资产负债情况

2016 年　　　　单位：个、万元

市别	一、流动资产合计	1、货币资金	2、短期投资	3、应收款项	4、存货	二、农业资产合计
合计	12952610	7657242	848873	4265885	180610	64903
广州	4439433	3126545	161153	1109508	42227	3054
珠海	134066	75951	2261	55093	761	2
汕头	645353	360794	6870	265013	12676	1016
佛山	1865589	793443	18896	1053143	108	257
韶关	69115	44312	13508	11259	36	1803
河源	14744	12480	430	1800	34	220
梅州	94549	76046	3600	14275	628	1517
惠州	98982	42598	2141	52044	2198	7177
汕尾	25042	19547	295	5182	17	3724
东莞	3112577	1568193	505039	937225	102120	2163
中山	901598	453629	100822	343153	3994	671
江门	403696	237921	5236	150058	10481	504
阳江	90620	66344	74	23149	1054	350
湛江	76214	61511	652	13982	69	1767
茂名	106462	100140	844	4671	808	25589
肇庆	106636	84320	5600	16349	367	4990
清远	58191	39071	810	18242	67	3132
潮州	306285	221152	17934	67026	173	1210
揭阳	374288	246185	2400	123213	2489	2478
云浮	29173	27060	308	1500	305	3278

市别	二、农业资产合计		三、长期资产合计	1、长期投资	2、固定资产合计	
	1.牲畜（禽）资产	2.林木资产				其中:当年新购建的
合计	18958	50418	25168191	3191543	20021383	628460
广州		3054	4561471	619406	3811707	42285
珠海		2	140476	10650	128464	323
汕头	2	1013	878258	64237	806712	15758
佛山		257	1681176	140084	1134104	6098
韶关	1132	671	144275	17552	127663	641
河源	14	206	77937	16153	61250	795
梅州		1517	179578	24170	152558	1127
惠州	3474	3703	392482	10468	375826	6060
汕尾		3724	200871	402	199720	5316
东莞		2163	8266594	1249773	6227348	405965
中山		671	2351239	345417	1573660	68555
江门		3054	4561471	619406	3811707	42285
阳江	34	316	84902	5784	66745	316
湛江	423	1344	129637	5948	119283	1920
茂名	11196	14393	105355	4759	93196	1657
肇庆	549	4442	199397	6665	189200	1959
清远	62	3070	138377	19406	115359	1963
潮州	62	3070	138377	19406	115359	1963
揭阳	1992	486	869228	7755	849613	22949
云浮	18	3261	67087	4104	61910	526

市别	三、长期资产合计						四、资产总计
	2.固定资产合计					3.其他资产	
	(1)固定资产原值	(2)减：累计折旧	(3)固定资产净值	(4)固定资产清理	(5)在建工程		
合计	18993443	5047332	13946110	79378	2871303	1841141	34355582
广州	3879331	1028089	2851242	13377	947088	130358	9003958
珠海	120930	8676	112254	582	15628	1362	274544
汕头	629307	18195	611112	1060	194539	7309	1524627
佛山	1299178	343041	956137	13494	164473	406988	3547022
韶关	127361	4325	123036	1382	3245	-940	215193
河源	60786	3508	57278	362	3609	534	92901
梅州	126173	2000	124173	15150	13235	2851	275645
惠州	323485	35669	287817	3685	84324	6188	498641
汕尾	181649	4423	177226	2678	19816	749	229637
东莞	8261476	2904139	5357337	-66	870077	789473	11381334
中山	1953000	592502	1360497	1550	211612	432163	3253508
江门	402277	41495	360782	471	86432	14804	906086
阳江	59389	1184	58205	278	8262	12374	175872
湛江	112691	15330	97361	1249	20673	4407	207618
茂名	84874	3001	81873	2307	9017	7400	237405
肇庆	196182	17682	178500	30	10670	3532	311024
清远	113541	6050	107491	197	7671	3612	199700
潮州	288907	5283	283624	11182	59983	5042	675335
揭阳	711881	10425	701456	8832	139325	11861	1245994
云浮	61024	2315	58710	1577	1623	1073	99539

市别	一、流动负债合计	1.短期借款	2.应付款项	3.应付工资	4.应付福利费
合计	10083134	942545	9025100	109690	5798
广州	4069533	136625	3940914	17819	-25825
珠海	82354	3318	73397	1816	3822
汕头	546223	52737	489038	18269	-13822
佛山	1556780	121820	1400413	1682	32866
韶关	47304	740	43462	593	2508
河源	7558	1444	6021	44	50
梅州	38620	1354	36148	962	155
惠州	72011	5264	63309	2871	567
汕尾	13980	2437	8986	2398	158
东莞	1711908	426951	1235285	49672	
中山	816133	132806	687092	1806	-5571
江门	346191	24980	306923	2567	11721
阳江	82787	562	81657	821	-254
湛江	63467	3069	57884	790	1724
茂名	88819	4504	83647	527	141
肇庆	60254	1481	58276	738	-242
清远	32507	2347	30865	613	-1319
潮州	215395	6711	202523	3831	2330
揭阳	205911	11698	195893	1813	-3493
云浮	25400	1697	23366	56	281

14-9 续表 2 单位：个、万元

市别	二、长期负债合计	1.长期借款及应付款	2.一事一议资金	三、所有者权益合计	1.实收资本金	2.公积公益金	3.未分配收益
合计	1771723	1715647	56076	22500725	6028867	15951937	519921
广州	565651	563988	1663	4368775	757771	3446240	164764
珠海	19860	18457	1404	172329	53209	115296	3825
汕头	56595	47643	8952	921809	273505	648548	-244
佛山	104001	100752	3249	1886242	663502	1117227	105512
韶关	5163	4763	400	162725	77928	67936	16861
河源	13047	11843	1205	72296	44027	14022	14247
梅州	18534	12871	5664	218490	88621	78525	51345
惠州	24803	23188	1615	401827	145545	235509	20773
汕尾	11730	10259	1470	203928	104703	74499	24726
东莞	411237	411237		9258189	2659846	6598343	
中山	325757	325012	745	2111618	488154	1605781	17684
江门	82033	71240	10793	477862	73990	360781	43091
阳江	7173	5705	1469	85911	14958	56679	14274
湛江	13959	13192	767	130192	64041	88309	-22158
茂名	30097	27587	2509	118490	82492	14102	21897
肇庆	10732	6979	3753	240038	68591	135505	35943
清远	11435	7614	3821	155759	84653	46987	24119
潮州	29172	25970	3203	430767	140768	287243	2756
揭阳	24501	22112	2389	1015583	96056	949530	-30004
云浮	6244	5238	1006	67895	46509	10876	10510

市别	四、负债及所有者权益合计	1.经营性固定资产原值	2.负债合计	(1)经营性负债	(2)兴办公益事业负债	3.当年新增负债
合计	34355582	7875747	11808544	2636361	727275	332007
广州	9003958	1364747	4635183	607813	8978	164129
珠海	274544	35924	102214	15798	1380	446
汕头	1524627	40539	590584	156898	87853	52408
佛山	3547022	227376	1654071	156598	2555	1229
韶关	215193	786	52136	292	208	8
河源	92901	213	20422	53	4928	61
梅州	275645	4034	49267	892	26575	188
惠州	498641	43798	96814	23451	11788	6086
汕尾	229637		24578		7967	
东莞	11381334	4935954	2123145	1516233	476503	81718
中山	3253508	1138106	1141890	101887	12568	14332
江门	1524627	40539	590584	156898	87853	52408
阳江	175872	761	89961	11	1523	478
湛江	207618	627	77426	781	16954	451
茂名	237405	5356	118845	2078	7625	215
肇庆	311024	7768	70960	710	1045	101
清远	199700	4111	42443	1748	2816	374
潮州	675335	21648	244568	4701	18747	751
揭阳	1245994	23157	230411	25791	37006	6505
云浮	99539	1177	31644	290	228	25

14-10 各市组级集体经济组织资产负债情况

2016 年　　单位：万元

市别	一、流动资产合计	1、货币资金	2、短期投资	3、应收款项	4、存货	二、农业资产合计
合计	7904545	5788165	307802	1793199	15379	28384
广州	3100105	2474997	114284	510576	249	683
珠海	23565	21994		1551	20	
汕头	9236	5479		3539	218	473
佛山	2135587	1495008	13172	627333	75	328
韶关	4793	3647	194	953		187
河源	10395	6772	226	3374	24	
梅州	959	555		403		
惠州	97105	57071	2815	35516	1703	7087
汕尾	423	233		191		
东莞	1740604	1157710	157854	413960	11079	249
中山	150559	90518	7145	51878	1017	
江门	401138	280047	3830	117177	84	153
阳江	2201	1664		37	500	266
湛江	26481	20767	491	5202	22	5926
茂名	3981	2146	594	1008	233	199
肇庆	140873	122987	3649	14233	4	5267
清远	39789	36657	413	2690	30	2306
潮州	10843	4440	3008	3290	106	5
揭阳						
云浮	5909	5474	128	291	16	5255

市别	二、农业资产合计		三、长期资产合计	1、长期投资	2、固定资产合计	
	1. 牲畜（禽）资产	2. 林木资产				当年新购建的
合计	5212	23172	8577507	682357	6834476	129424
广州	1	682	2575135	234105	2281330	20044
珠海			10814	1636	8237	23
汕头		473	9376	1127	8249	
佛山		328	1919615	64724	1193635	7396
韶关	29	158	29384	848	28536	
河源			35018	412	34606	
梅州			653	240	413	16
惠州	1986	5101	317526	16702	297878	5670
汕尾			10992	3	10989	1
东莞		249	2697900	328163	2087753	82694
中山			175371	7531	146437	1068
江门		153	214707	7986	199044	3020
阳江	16	250	5695	18	5657	200
湛江	260	5666	103001	1208	100810	6891
茂名	75	124	21722	1839	11009	143
肇庆	583	4685	251851	11603	226216	544
清远	402	1904	101212	2708	98259	994
潮州		5	28285	564	27649	346
揭阳						
云浮	1860	3395	69251	941	67769	373

单位：万元

市别	三、长期资产合计						四、资产总计
	2. 固定资产合计					3. 其他资产	
	(1)固定资产原值	(2)减：累计折旧	(3)固定资产净值	(4)固定资产清理	(5)在建工程		
合　计	8532474	2727651	5804823	41823	987830	1060674	16510436
广　州	2419290	517939	1901352	15313	364666	59700	5675922
珠　海	4237	234	4003	23	4211	940	34379
汕　头	8864	1125	7739	186	324		19084
佛　山	1266234	369163	897072	6038	290525	661255	4055530
韶　关	28509	325	28184	349	4		34365
河　源	32028	1248	30780	23	3803		45412
梅　州	408		408	5			1612
惠　州	261442	16551	244891	17980	35007	2946	421717
汕　尾	11030	105	10926		63		11415
东　莞	3586327	1709493	1876834	-1925	212844	281984	4438753
中　山	165937	40251	125686	2052	18699	21403	325930
江　门	177999	9621	168379	255	30411	7677	615998
阳　江	5987	368	5620	5	32	21	8162
湛　江	117598	20557	97041	10	3760	983	135408
茂　名	7678	971	6707	965	3337	8874	25902
肇　庆	247038	37536	209502	87	16626	14032	397991
清　远	98502	1075	97427	25	807	245	143307
潮　州	25729	599	25131	200	2318	72	39134
揭　阳							
云　浮	67636	492	67144	232	393	540	80414

市别	一、流动负债合计	1. 短期借款	2. 应付款项	3. 应付工资	4. 应付福利费
合　计	4415916	158339	3976967	45766	234843
广　州	2086573	57487	1952904	27816	48366
珠　海	11993	96	11874	6	17
汕　头	6635		7051	56	-473
佛　山	1261901	9343	1074389	1746	176423
韶　关	3498	15	3378	50	55
河　源	7052	27	7022		3
梅　州	15		15		
惠　州	45818	4530	33112	1452	6724
汕　尾	713	139	551	23	
东　莞	589376	66293	511601	11482	
中　山	92500	15223	77729	178	-629
江　门	186323	1821	181628	952	1922
阳　江	1440	6	1431	3	
湛　江	13091	1003	11494	298	296
茂　名	2105	1287	535	73	210
肇　庆	96416	892	92389	1222	1914
清　远	3075	49	2995	303	-272
潮　州	4848	38	4452	98	260
揭　阳					
云　浮	2543	91	2417	9	26

单位：万元

市别	二、长期负债合计	1. 长期借款及应付款	2. 一事一议资金	三、所有者权益合计	1. 实收资本金	2. 公积公益金	3. 未分配收益
合计	334968	321029	13939	11759552	3878382	7235798	645372
广州	129773	129619	154	3459576	685283	2391260	383034
珠海	933	896	37	21453	2688	23860	-5095
汕头	215	161	54	12235	6106	5417	712
佛山	35014	32557	2457	2758615	965130	1617873	175612
韶关	2349	2343	5	28518	25672	1059	1787
河源	1062	1062		37299	5770	24023	7506
梅州	5	5		1592	626		966
惠州	26705	26026	679	349194	145318	200105	3771
汕尾	1	1		10701	3723	6608	370
东莞	78467	78467		3770910	1645713	2125197	0
中山	9301	9128	173	224129	32606	199481	-7958
江门	28486	23833	4653	401189	56014	303395	41779
阳江	2	2		6720	2831	2209	1679
湛江	5167	3100	2067	117150	79299	25254	12597
茂名	7542	7271	271	16255	15247	227	782
肇庆	2572	2149	423	299003	88171	193440	17392
清远	4358	1420	2939	135873	42582	87342	5949
潮州	346	346		33939	9541	22982	1417
揭阳							
云浮	2671	2643	28	75200	66061	6065	3074

市别	四、负债及所有者权益合计	1. 经营性固定资产原值	2. 负债合计	(1)经营性负债	(2)兴办公益事业负债	3. 当年新增负债
合计	16510436	4025568	4734136	903720	163018	171927
广州	5675922	593212	2216298	212377	5911	125780
珠海	34379	557	12926	2769		298
汕头	19084	138	6849		48	
佛山	4055530	330058	1292414	123425	2287	7831
韶关	34365		5776		50	
河源	45412		7852		177	
梅州	1612		20		71	
惠州	421717	85870	72523	15660	562	1681
汕尾	11415		714			
东莞	4438753	2930246	667843	524310	143534	29716
中山	325930	60727	101801	15208	21	545
江门	615998	1127	203058	4563	199	824
阳江	8162		1442		15	352
湛江	135408	1200	18258	195	4563	1206
茂名	25902	1350	9647	963	3486	62
肇庆	397991	9933	98988	3891	1582	3602
清远	143307	4144	7318	330	238	28
潮州	39134	6500	5194		18	
揭阳						
云浮	80414	505	5214	29	256	1

14-11 各市村级集体经济组织收益分配情况

2016 年　　　　单位：万元

市别	一、总收入	1.经营收入	2.发包及上交收入	3.投资收益	4.补助收入	5.其他收入	二、总支出	1.经营支出
合计	4714268	1972515	1477015	145618	503264	615856	2277565	832814
广州	1272194	778057	293345	23482	33099	144211	602093	235682
珠海	36811	10613	19393	148	4242	2415	15044	2275
汕头	96643	25298	31862	2345	22156	14983	89274	24320
佛山	617491	224030	281237	12159	29301	70763	239378	72376
韶关	46873	11328	8686	3836	9672	13350	38039	8080
河源	32812	4375	506	3205	14603	10124	26163	2766
梅州	87865	2529	4408	4118	52071	24738	68399	702
惠州	127722	53233	33424	4262	20604	16200	84528	33331
汕尾	40415	1824	5534	878	15673	16507	29522	1172
东莞	1314607	390349	572502	72031	118609	161116	521442	318261
中山	469438	346183	66242	2967	23933	30112	206204	86878
江门	131509	48826	49341	1602	15159	16580	68988	10418
阳江	23374	2336	4110	467	10920	5541	22716	522
湛江	51890	13192	7764	2888	22401	5645	25430	4172
茂名	22670	1307	5876	262	10777	4448	16367	871
肇庆	67118	9666	20063	6366	17635	13388	44983	3738
清远	47255	7798	5458	2724	18332	12942	37485	2254
潮州	80114	10344	35629	579	22522	11040	42699	6949
揭阳	131468	29568	29118	994	33967	37822	85669	17288
云浮	15999	1660	2517	304	7587	3931	13142	757

市别	2.管理费用	①干部报酬	②报刊费	3.其他支出	三、本年收益	四、年初未分配收益	五、其他转入	六、可分配收益
合计	936592	255840	12008	508159	2436703	426324	65765	2928793
广州	287466	41537	554	78945	670102	159916	1183	831200
珠海	9045	3319	61	3724	21767	1326	872	23965
汕头	42386	17615	400	22568	7370	30230	42526	80126
佛山	94738	21178	1150	72264	378112	65753	8718	452583
韶关	16923	6831	137	13035	8833	10753	1043	20629
河源	8884	2750	84	14512	6649	954	33	7635
梅州	25056	8597	342	42640	19466	52848	10	72324
惠州	31059	7865	657	20138	43195	39138	1237	83571
汕尾	14823	7148	189	13527	10893	13420	-125	24189
东莞	154688	51626	4550	48493	793165			793165
中山	67426	14637	1034	51900	263234	20092	254	283580
江门	40583	15995	411	17988	62521	31727	825	95073
阳江	12426	5160	118	9768	658	5458	-95	6020
湛江	9830	2488	229	11427	26461	-22110	156	4507
茂名	10109	2876	291	5386	6303	3898	71	10272
肇庆	25461	10429	204	15784	22135	23794	308	46238
清远	20580	7213	190	14651	9770	13129	716	23615
潮州	22580	11844	339	13170	37415	-2474	2890	37831
揭阳	33995	11990	898	34385	45799	-28074	5135	22860
云浮	8532	4741	171	3853	2857	6544	8	9409

14-11 续表 单位：万元

市别	七、各项分配	1.提取公积金、公益金	2.提取应付福利费	3.外来投资分利	4.农户分配	5.其他分配	八、年末未分配收益
合计	2317679	342923	599619	16124	1097017	261995	611114
广州	610082	56542	126138	2040	371300	54061	221118
珠海	23373	3033	2616		17341	384	592
汕头	64281	5570	41736	15	16152	809	15845
佛山	347135	48761	114548	487	109891	73447	105448
韶关	6072	12	2496	11	2889	664	14557
河源	2814	128	186		120	2380	4821
梅州	6752	1842	3239		1357	314	65572
惠州	35220	4675	8748	1377	17802	2619	48350
汕尾	2584	805	805		852	121	21605
东莞	793165	172969	177535	1358	322694	118609	
中山	253448	21279	49122	9816	172208	1023	30131
江门	60632	2442	28677	80	28766	667	34441
阳江	972	614	75		147	136	5049
湛江	2893	1147	324	14	1252	156	1613
茂名	2468	166	108	63	1558	573	7804
肇庆	16022	2508	2557	257	9643	1057	30215
清远	7067	1429	948	257	1460	2973	16548
潮州	31518	3613	13402		14402	101	6313
揭阳	48781	14106	26152	340	6572	1611	-25920
云浮	2399	1281	207	8	612	291	7010

市别	九、附报指标					
	1.汇入本表村数	(1)当年无经营收益的村	(2)当年有经营收益的村	①5万元以下的村	②5-10万元的村	10万元以上的村
合计	18574	6219	12356	4266	2572	5471
广州	1295	573	723	84	75	564
珠海	113	9	104	4	4	97
汕头	849	476	373	73	39	261
佛山	556	43	513	18	22	473
韶关	1147	401	746	337	219	183
河源	1240	294	946	583	216	147
梅州	1800	608	1192	508	358	331
惠州	1066	113	953	188	220	545
汕尾	797	537	260	141	58	62
东莞	557	9	548		1	547
中山	237	11	226			226
江门	1027	372	655	131	117	411
阳江	707	518	189	87	51	51
湛江	652	224	428	192	151	85
茂名	1030	392	638	378	208	47
肇庆	1332	482	850	396	130	299
清远	889	223	666	211	141	297
潮州	921	239	682	194	106	382
揭阳	1471	450	1021	350	269	402
云浮	888	245	643	391	187	61

14-12 各市组级集体经济组织收益分配情况

2016年　　　　单位：万元

市别	一、总收入	1. 经营收入	2. 发包及上交收入	3. 投资收益	4. 补助收入	5. 其他收入	二、总支出	1. 经营支出
合计	3509677	1400717	1470287	82770	56836	499068	858422	377771
广州	1145518	664998	250899	16017	9863	203741	247047	75565
珠海	4784	1123	2301	383	194	783	1734	290
汕头	23	7	9		7		22	20
佛山	1054736	349169	570535	11638	20540	102855	154902	51485
韶关	1414	154	341	86	389	443	1077	15
河源	9558	467	471	153	3673	4794	9549	134
梅州								
惠州	141413	76541	45013	4531	4440	10887	92555	57395
汕尾	989		253		46	690	194	
东莞	707452	201199	369793	39928		96532	213889	166171
中山	103939	39643	52922	1598	1726	8050	17254	6176
江门	150083	15314	99992	455	3894	30428	53136	4669
阳江	1873	232	264	30	1165	182	1291	135
湛江	28598	10277	6405	3288	3447	5180	14036	4447
茂名	2830	854	497	313	472	694	1918	724
肇庆	118255	35128	57272	3686	1040	21130	30367	9198
清远	28669	4630	7537	539	4437	11526	14720	1138
潮州	6851	291	4426	50	1279	805	3159	166
揭阳								
云浮	2693	689	1356	77	223	348	1573	44

市别	2. 管理费用	其中：①干部报酬	②报刊费	3. 其他支出	三、本年收益	四、年初未分配收益	五、其他转入	六、可分配收益
合计	285156	64212	1667	195495	2651255	224660	30675	2906589
广州	118252	22414	131	53229	898471	117911	7343	1023725
珠海	856	120	2	588	3050	1340	1780	6170
汕头	2							
佛山	61855	13338	276	41562	899834	6201	15407	921442
韶关	734	402	17	328	337	657		994
河源	2358	727	12	7057	9	-284	21	-254
梅州								
惠州	19269	3558	308	15891	48858	25543	1441	75842
汕尾	134	125		60	795	359		1153
东莞	35674	11448	500	12044	493563			493563
中山	7656	1447	96	3421	86686	5553	483	92722
江门	14239	4387	128	34228	96946	39900	2924	139771
阳江	513	156	2	643	582	685		1267
湛江	3929	887	71	5660	14561	8162	233	22956
茂名	755	444	56	439	912	310	8	1239
肇庆	12635	2522	33	8534	87888	8275	735	96899
清远	3796	1196	17	9786	13949	2596	153	16698
潮州	1730	1020	16	1264	3691	5628	376	9695
揭阳								
云浮	768	21	1	760	1121	1815	-229	2707

单位：万元

市　　别	七、各项分配	1. 提取公积金、公益金	2. 提取应付福利费	3. 外来投资分利	4. 农户分配	5. 其他分配	八、年末未分配收益
合　　计	2590579	278578	271837	10670	1968974	60519	316010
广　　州	859797	63793	59598	4734	706140	25532	163928
珠　　海	8960	85	41		8830	4	-2791
汕　　头							
佛　　山	867513	99251	109763	1919	633174	23407	53929
韶　　关	566	6	2		536	22	428
河　　源	653	170	58		200	225	-907
梅　　州							
惠　　州	39659	7545	4323	2371	22440	2980	36184
汕　　尾	636	20	24		581	12	517
东　　莞	493563	89692	61035		342836		
中　　山	83724	3232	7767	1519	70756	450	8998
江　　门	85537	5604	14975	7	64903	48	54233
阳　　江	1304	1246			28	30	-37
湛　　江	6231	1817	1583	64	1746	1021	16725
茂　　名	37420	44	83	10	36994	289	-36181
肇　　庆	85722	4001	6255		71554	3911	11177
清　　远	9095	857	489	46	5333	2370	7603
潮　　州	8905	874	5858		2138	35	791
揭　　阳							
云　　浮	1294	341	-16		785	183	1413

十五、农村居民收入与消费

简要说明

一、2013 年国家统计局实行城乡住户一体化调查改革，将过去城镇与农村分别开展的调查体系，按照统一指标、统一方法、统一标准、统一调查、统一程序的原则，整合为城乡一体化住户调查新体系。由于新旧调查体系在调查范围和对象、城乡划分标准、样本抽选方法、计算和汇总方式、指标名称和口径等都发生了变化，新旧口径指标数据衔接困难。

二、旧调查体系的农村居民纯收入指标在新的调查体系中统一为城乡可比的可支配收入，旧调查体系中的城乡经营性收入、财产性收入与转移性收入在新的调查体系中统一为经营净收入、财产净收入与转移净收入。

三、2013 年起为新口径数据；15-1 表、15-2 表、15-4 表 2013 年以前的收入数据为旧调查体系的人均纯收入。

农村居民收入与消费

一、2016 年广东农村居民收入稳步增长

根据城乡一体化住户抽样调查，2016 年广东农村居民人均可支配收入达到 14512.2 元，较上年增加 1151.7 元，增长 8.6%（见表 1），扣除价格因素后实际增长 6.5%。

（一）工资性收入增长 7.9%。2016 年广东农村居民人均工资性收入 7255.3 元，较上年增长 7.9%。全年农民工就业基本稳定，工资水平继续提高。据广东调查总队农民工监测调查数据显示，截止年末农村从业劳动力中本地非农务工人数占比为 40.6%，较上年同期提高 1.5 个百分点。从务工工资水平看，受各地最低工资标准普遍提高及供需结构等多方面因素共同拉动，外出从业劳动力薪资水平稳定增加。调查显示，外出务工劳动力人均月工资水平达到 3410.2 元，同比增长 8.2%。其中，月工资水平在 2000 元以下的仅占 3.5%，同比下降 1.2 个百分点；2000—3000 元的占 25.2%，下降 11.5 个百分点；3000—5000 元的占 61.1%，提高 9.1 个百分点；5000 元以上的占 10.2%，提高 3.6 个百分点，较高收入水平群体所占比重明显增加。

（二）经营净收入增长 8.2%。2016 年广东农村居民人均经营净收入 3883.6 元，增长 8.2%。其中，受肉猪价格大幅上涨影响，来自牧业的经营净收入人均 581.7 元，增长近五成。随着农村居民就业观念转变和各项优惠扶持政策有效落实，来自二、三产业经营净收入为 1561.5 元，增长 19.2%。二、三产业经营净收入在居民家庭收入中所占比例逐渐提升。

（三）财产净收入增长 8.5%。2016 年广东农村居民人均财产净收 365.8 元，增长 8.5%。主要是受红利、出租房屋收入和转让土地承包经营权等收入较快增长影响。

（四）转移净收入增长 11.0%。2016 年广东农村居民人均转移净收入 3007.5 元，增长 11.0%。年初以来，各项惠农政策效应继续显现，特别是城乡居民基本养老保险基础养老金标准提高，精准扶贫政策深入推进，各地陆续提高低保及新农合等社保标准以及外出务工人员寄回带回收入增加，以上因素共同推动农村居民转移净收入保持较快增长。

（五）城乡居民收入差距略有缩小。2016 年广东农村居民收入增速继续快于城镇居民，城乡居民收入差距略有缩小。城乡居民收入比由上年的 2.601 缩小至 2.597，收入分配状况进一步改善。

表 1　2016 年广东农村居民收入增长情况

指标名称	单位	本年	上年	比上年±	增幅(%)
可支配收入	元	14512.2	13360.4	1151.7	8.6
一、工资性收入	元	7255.3	6724.0	531.3	7.9
二、经营净收入	元	3883.6	3590.1	293.4	8.2
三、财产净收入	元	365.8	337.0	28.7	8.5
四、转移净收入	元	3007.5	2709.3	298.2	11.0

二、居民消费支出保持较快增长

调查显示，2016 年广东农村居民人均生活消费支出 12414.8 元，名义增长 11.8%（见表 2），扣除价格因素后实际增长 9.6%。

（一）消费能力提升、消费结构优化。随着收入水平的持续较快增长，农村居民消费能力不断提升、消费信心不断增强。调查显示，2016 年广东农村居民八大类消费支出均保持平稳较快增长态势，同时消费结构得到优化。其中食品烟酒类占比下降，农村居民家庭恩格尔系数为 40.36%，较上年下降 0.27 个百分点。同时，作为体现发展享受型消费的交通通讯、教育娱乐及医疗保健支出占比上升，所占比重为 26.03%，较上年提高 0.49 个百分点。

（二）教育文化娱乐支出增势强劲。2016 年以来，越来越多的农村居民在满足基本生活需求的基础上，开始追求更加丰富的精神文化生活，休闲娱乐、旅游度假等享受型消费持续升温。全年，广东农村居民用于教育文化娱乐支出人均 1057.8 元，比上年增长 11.1%。

（三）耐用消费品拥有量明显增加、生活质量提升。调查显示，2016 年年末广东农村居民家庭每百户汽车拥有量达到 14.63 辆，比上年增长 37.2%；接入互联网的移动电话拥有量 116.17 部，增长 22.5%；家用计算机拥有量为 37.73 台，增长 11.2%，其中接入互联网的数量为 29.82 台，增长 19.5%。农村居民家庭每百户拥有摩托车、电冰箱、洗衣机数量分别为 122.27 辆、84.90 台和 74.43 台，分别增长 4.6%、8.4%和 14.8%。以上均反映出农村居民家庭生活质量得到明显提升。

表2　2016年广东农村居民生活消费支出情况

指 标 名 称	单位	本年	上年	比上年±	增幅(%)
生活消费支出	元	12414.8	11103.0	1311.8	11.8
（一）食品烟酒	元	5010.5	4511.3	499.1	11.1
（二）衣着	元	412.0	367.1	44.8	12.2
（三）居住	元	2761.9	2494.8	267.0	10.7
（四）生活用品及服务	元	718.6	654.6	63.9	9.8
（五）交通通信	元	1370.5	1160.4	210.0	18.1
（六）教育文化娱乐	元	1057.8	952.4	105.4	11.1
（七）医疗保健	元	803.9	723.1	80.7	11.2
（八）其他用品和服务	元	279.8	239.1	40.7	17.0

15-1 农村常住居民收入与消费

（1978-2016 年）

年 份	人均可支配收入（元）	增 长 速 度			人均生活消费支出（元）	增 长 速 度（%）			恩格尔系数(%)
		名义增长（上年为100）	实际增长（上年为100）	实际增长（1978 年为 100）		名义增长(上年为 100)	实际增长(上年为 100)	实际增长(1978 年为 100)	
1978	193.25	7.9		100.0	184.89	-2.6		100.0	61.7
1979	222.72	15.2	13.6	113.6	205.18	11.0	10.1	110.1	59.9
1980	274.37	23.2	19.4	135.6	222.22	8.3	3.9	114.4	60.4
1981	325.37	18.6	11.4	151.1	266.05	19.7	12.1	128.2	59.3
1982	381.79	17.3	12.7	170.3	312.44	17.4	16.2	149.0	58.4
1983	395.92	3.7	7.0	182.2	328.76	5.2	6.3	158.4	60.3
1984	425.34	7.4	7.2	195.3	346.19	5.3	5.0	166.3	59.3
1985	495.31	16.5	9.8	214.5	388.00	12.1	5.7	175.8	60.4
1986	546.43	10.3	7.6	230.8	454.06	17.0	11.1	195.3	58.8
1987	662.24	21.2	11.1	256.4	545.25	20.1	9.5	213.9	57.3
1988	808.70	22.1	2.7	263.3	684.67	25.6	3.2	220.7	55.2
1989	955.02	18.1	2.0	268.6	870.59	27.2	7.3	236.8	53.7
1990	1043.03	9.2	1.6	272.9	932.63	7.1	-0.3	236.1	57.7
1991	1143.06	9.6	9.4	298.5	942.40	1.1	1.2	238.9	57.4
1992	1307.65	14.4	10.4	329.6	1060.29	12.5	8.8	259.9	54.0
1993	1674.78	28.1	6.1	349.7	1391.01	31.2	6.8	277.6	52.8
1994	2181.52	30.3	3.8	363.0	1882.00	35.3	3.6	287.6	55.6
1995	2699.24	23.7	6.5	386.6	2255.01	19.8	5.3	302.9	54.5
1996	3183.46	17.9	7.6	415.9	2584.16	14.6	6.9	323.8	51.6
1997	3467.69	8.9	4.2	433.4	2617.65	1.3	0.3	324.7	52.3
1998	3527.14	1.7	3.4	448.2	2683.18	2.5	3.8	337.1	51.1
1999	3628.93	2.9	6.2	475.9	2645.94	-1.4	1.7	342.8	50.7
2000	3654.48	0.7	0.9	480.2	2646.02	…	…	342.9	49.8
2001	3769.79	3.2	3.5	497.0	2703.36	2.2	2.5	351.4	49.9
2002	3911.91	3.8	5.1	522.4	2825.01	4.5	6.0	372.5	47.6
2003	4054.58	3.6	3.4	540.1	2927.35	3.6	3.4	385.2	47.9
2004	4365.87	7.7	4.0	561.8	3240.78	10.7	6.7	411.0	48.8
2005	4690.49	7.4	4.5	587.0	3707.73	14.4	11.4	457.9	48.3
2006	5079.78	8.3	6.4	624.6	3885.97	4.8	3.2	472.6	48.6
2007	5624.04	10.7	6.5	665.5	4202.32	8.1	4.5	493.8	49.7
2008	6399.77	13.8	7.6	715.8	4872.96	15.9	9.6	541.3	49.0
2009	6906.93	7.9	10.7	792.4	5019.81	3.0	5.3	570.0	48.3
2010	7890.25	14.2	10.3	874.0	5515.58	9.9	6.5	607.1	47.7
2011	9371.73	18.8	11.9	978.0	6725.55	21.9	15.5	701.2	49.1
2012	10542.84	12.5	9.3	1069.0	7458.56	10.9	7.8	755.9	49.1
2013	11067.79	10.7	7.8	1152.4	8937.76	11.9	9.0	823.9	42.1
2014	12245.56	10.6	8.3	1248.0	10043.21	12.4	10.1	907.1	39.5
2015	13360.44	9.1	7.7	1344.1	11103.03	10.6	9.2	990.4	40.6
2016	14512.15	8.6	6.5	1431.5	12414.84	11.8	9.6	1085.5	40.4

15-2 历年农村常住居民家庭基本情况

（1949—2016 年）

年　份	平均每户常住人口（人）	人均可支配收入（元）	人均生活消费支出（元）	农村居民家庭恩格尔系数（%）	农村年末人均生活住房面积（平方米）
1949	4.67	55.62	67.85	73.4	
1950					
1952	4.65	85.32	78.76	67.7	
1957	4.63	108.19	96.61	68.0	
1962		142.60	114.08		
1965		107.73	99.11		
1970					
1975	6.38	143.83	151.42	63.3	
1978	5.99	193.25	184.89	61.7	8.73
1979	6.01	222.72	205.18	59.9	9.10
1980	6.18	274.37	222.22	60.4	10.51
1981	6.22	325.37	266.05	59.3	11.67
1982	6.12	381.79	312.44	58.4	11.39
1983	6.02	395.92	328.76	60.3	12.85
1984	5.99	425.34	346.19	59.3	14.42
1985	5.95	495.31	388.00	60.4	14.87
1986	5.91	546.43	454.06	58.8	15.58
1987	5.87	662.24	545.25	57.3	15.78
1988	5.79	808.70	684.67	55.2	16.39
1989	5.69	955.02	870.59	53.7	17.11
1990	5.65	1043.03	932.63	57.7	17.39
1991	5.51	1143.06	942.40	57.4	18.03
1992	5.49	1307.65	1060.29	54.0	18.77
1993	5.39	1674.78	1391.01	52.8	20.56
1994	5.38	2181.52	1882.00	55.6	20.51
1995	5.36	2699.24	2255.01	54.5	20.83
1996	5.25	3183.43	2584.16	51.6	22.32
1997	5.17	3467.69	2617.65	52.3	23.78
1998	5.15	3527.14	2683.18	51.1	24.83
1999	5.08	3628.93	2645.94	50.7	25.94
2000	5.15	3654.48	2646.02	49.8	22.42
2001	5.10	3769.79	2703.36	49.9	23.39
2002	5.08	3911.91	2825.01	47.6	24.07
2003	5.04	4054.58	2927.35	47.9	24.79
2004	5.01	4365.87	3240.78	48.8	25.48
2005	5.00	4690.49	3707.73	48.3	25.71
2006	4.98	5079.78	3885.97	48.6	26.60
2007	5.00	5624.04	4202.32	49.7	27.24
2008	5.00	6399.77	4872.96	49.0	27.89
2009	4.99	6906.93	5019.81	48.3	28.70
2010	4.95	7890.25	5515.58	47.7	30.06
2011	4.84	9371.73	6725.55	49.1	30.73
2012	4.82	10542.84	7458.56	49.1	31.67
2013	3.71	11067.79	8937.76	42.1	34.92
2014	3.54	12245.56	10043.21	39.5	39.32
2015	3.60	13360.44	11103.03	40.6	42.14
2016	3.69	14512.15	12414.84	40.4	43.92

15-3 农村常住居民家庭平均每百户主要耐用物品年末拥有量

年　份	摩托车(辆)	生活用汽车(辆)	固定电话(台)	移动电话(台)	洗衣机(台)	电冰箱(台)	空调机(台)	电视机(台)	计算机(台)
1980								1.38	
1981								2.89	
1982								4.73	
1983								5.23	
1984					0.06	0.06		8.00	
1985	0.34				0.17	0.03		9.98	
1986	0.52				0.45	0.24		15.00	
1987	0.97				1.53	0.23		22.78	
1988	1.12				2.46	0.45		31.43	
1989	1.71				3.57	0.83		42.74	
1990	1.84		1.20		4.26	1.17		50.31	
1991	2.11				4.84	1.13		57.19	
1992	4.04				5.54	2.17		66.76	
1993	8.19		3.83		10.56	5.08		76.12	
1994	12.34		6.49		12.58	6.73		81.13	
1995	15.73		9.40		14.88	7.90	0.65	86.20	
1996	22.50		14.34		17.89	9.34	0.51	88.20	
1997	26.56		20.94		18.91	9.92	0.66	92.85	
1998	34.02		26.09		20.27	11.02	1.29	99.38	
1999	40.74		32.03		22.07	11.88	1.48	105.16	
2000	54.18	0.35	40.82	14.49	25.00	15.12	3.05	102.42	1.95
2001	59.02	0.94	49.30	24.88	26.56	16.17	3.28	104.72	4.96
2002	64.49	0.51	59.22	38.79	28.24	18.32	4.73	106.41	6.99
2003	71.41	0.70	70.20	55.82	28.28	18.95	7.07	109.22	5.04
2004	77.07	0.86	78.01	79.30	29.02	20.35	9.30	108.83	6.33
2005	86.88	0.94	82.38	116.41	29.49	24.73	18.13	112.19	9.26
2006	89.73	2.15	85.78	132.58	31.88	27.54	20.27	114.14	10.23
2007	94.34	1.91	83.67	149.53	34.77	31.68	24.49	115.74	12.46
2008	97.81	2.03	85.16	162.81	37.07	34.88	27.77	116.48	14.26
2009	101.56	2.70	82.15	184.38	40.55	41.33	30.98	118.40	16.21
2010	107.11	3.98	82.38	203.83	45.78	49.10	36.17	120.63	19.53
2011	107.90	5.86	68.58	241.97	50.84	60.94	50.58	117.90	29.52
2012	108.16	6.60	69.29	244.48	55.16	66.39	55.29	118.94	31.68
2013	101.20	8.97	54.12	236.45	52.45	66.10	45.04	113.24	27.23
2014	108.06	7.48	60.49	248.41	54.43	68.36	46.67	114.28	30.40
2015	116.95	10.67	55.31	267.18	64.82	78.29	62.15	117.22	33.93
2016	122.27	14.63	46.06	279.89	74.43	84.90	81.17	119.49	37.73

15-4 主要年份农村常住居民家庭生活基本情况

项　　目	单 位	2000年	2005年	2010年	2015年	2016年
人均可支配收入	**元**	**3654.48**	**4690.49**	**7890.25**	**13360.44**	**14512.15**
工资性收入	元	1362.16	2562.39	4799.52	6724.01	7255.30
经营净收入	元	2002.93	1731.97	2203.74	3590.14	3883.59
财产净收入	元	73.68	167.25	401.15	337.01	365.76
转移净收入	元	215.71	228.88	485.85	2709.27	3007.50
平均每人消费支出	**元**	**2646.02**	**3707.73**	**5515.58**	**11103.03**	**12414.84**
食　　品	元	1317.48	1789.42	2630.05	4511.34	5010.47
衣　　着	元	104.21	143.50	215.51	367.13	411.96
居　　住	元	378.86	530.30	986.7	2494.84	2761.88
家庭设备用品及服务	元	125.65	152.12	235.01	654.65	718.56
医疗保健	元	100.31	203.85	307.43	723.15	803.88
交通通讯	元	205.52	411.64	637.08	1160.44	1370.48
文教娱乐用品及服务	元	313.46	360.73	326.53	952.41	1057.80
其他商品和服务	元	100.53	116.17	177.27	239.09	279.81
平均每人年末住房面积	**平方米**	**22.42**	**25.71**	**29.23**	**42.14**	**43.92**
平均每百户拥有耐用品						
热水器	台	20.94	38.67	57.89	77.71	84.93
彩色电视机	台	73.20	103.91	119.26	117.22	119.49
空 调	台	3.05	18.13	36.17	62.15	81.17
洗衣机	台	25.00	29.49	45.78	64.82	74.43
摩托车	辆	54.18	86.88	107.11	116.95	122.27
电冰箱	台	15.12	24.73	49.10	78.29	84.90
固定电话	部	40.82	82.38	82.38	55.31	46.06
移动电话	部	14.49	116.41	203.83	267.18	279.89
计算机	台	1.95	9.26	19.53	33.93	37.73

15-5 农村居民消费价格分类指数

(2016 年)　　(上年=100)

项　目	农 村	项　目	农 村
居民消费价格总指数	**102.0**	自有住房	102.5
非食品烟酒价格指数	100.5	**生活用品及服务**	**100.3**
服务价格指数	101.3	家具及室内装饰品	101.9
消费品价格指数	102.4	家具	101.9
扣除鲜菜鲜果价格指数	101.8	室内装饰品	101.7
食品烟酒	**104.8**	家用器具	98.8
食品	105.8	家用纺织品	100.3
粮食	101.1	家庭日用杂品	100.4
#大米	100.7	个人护理用品	100.4
粮食制品	102.7	家庭服务	102.1
薯类	107.2	**交通和通信**	**98.7**
豆类	100.8	交通	98.2
食用油	100.8	交通工具	98.4
菜	114.1	交通工具用燃料	95.7
#鲜菜	115.7	交通工具使用和维修	100.6
畜肉类	112.5	交通费	100.1
#猪肉	115.4	通信	99.6
禽肉类	102.7	通信工具	97.6
水产品	102.3	通信服务	100.0
蛋类	97.9	邮递服务	100.2
奶类	100.5	**教育文化和娱乐**	**100.8**
干鲜瓜果类	96.3	教育	102.1
#鲜瓜果	95.3	教育用品	100.6
糖果糕点类	101.3	教育服务	102.4
调味品	100.4	文化娱乐	98.4
其他食品类	100.9	文娱耐用消费品	94.5
茶及饮料	101.1	其他文娱用品	100.3
烟酒	101.4	文化娱乐服务	100.3
烟草	101.5	旅游	100.7
酒类	101.2	**医疗保健**	**101.2**
在外餐饮	101.9	药品及医疗器具	104.9
衣着	**102.1**	中药	106.9
服装	101.8	西药	105.0
服装材料	101.0	滋补保健品	102.5
其他衣着及配件	104.6	医疗卫生器具	101.8
衣着加工服务费	101.0	保健器具	100.0
鞋类	102.6	医疗服务	99.1
居住	**100.5**	**其他用品和服务**	**102.4**
租赁房房租	101.9	其他用品类	102.6
住房保养维修及管理	100.7	其他服务类	102.1
水电燃料	97.0		

15-6 2016年各市农村常住居民人均可支配收入和生活消费支出

市别	人均可支配收入（元/人）	人均生活消费支出（元/人）
广州	21448.6	17595.1
珠海	22889.4	18372.6
汕头	13662.9	12019.8
佛山	24159.2	16735.9
韶关	12790.3	10825.0
河源	12045.6	10211.4
梅州	12991.2	11164.0
惠州	17602.5	13726.4
汕尾	12441.8	10294.1
东莞	26526.3	21539.4
中山	27528.9	19275.6
江门	15226.3	11584.2
阳江	13960.5	11977.7
湛江	13335.8	9921.8
茂名	14519.9	11698.2
肇庆	15115.0	9975.9
清远	12873.0	11233.7
潮州	12558.5	10825.4
揭阳	12250.6	10376.3
云浮	13016.1	10271.4
按经济区域分		
# 珠三角	19063.7	14472.8
东翼	12667.1	10814.6
西翼	13890.8	10907.6
山区	12747.4	10787.0

注：1. 按照国家统计局的统一部署，广东自2012年12月起正式启动城乡住户调查一体化改革工作。在经历了为期一年的过渡期后，从2014年开始正式对外发布农村常住居民人均可支配收入，不再发布农村居民人均纯收入指标。改革前后，农村住户调查在调查范围、调查方法和统计口径均有一定变化，2014年发布的农村常住居民人均可支配收入与2013年以前所发布农村居民人均纯收入指标不完全可比。

2. 深圳因完全城市化，无相关数据。

15-7　各县（市）区农村常住居民人均可支配收入

2015-2016年　　单位：元/人

县（市、区）别	人均可支配收入		县（市、区）别	人均可支配收入	
	2015	2016		2015	2016
广州市			始兴县	11894.0	13142.9
荔湾区			仁化县	12551.5	13919.6
海珠区			翁源县	10665.4	11806.6
天河区			乳源县	10696.1	11733.7
白云区	19631.2	21668.8	新丰县	10482.9	11552.1
黄埔区		28956.3	乐昌市	11427.3	12524.3
番禺区	27402.7	30143.0	南雄市	11106.8	12261.9
花都区	19017.0	21013.8	**河源市**		
南沙区	22804.4	25449.7	源城区	15950.8	17992.5
萝岗区	25969.8		紫金县	10776.8	12091.6
增城区	17522.7	19485.3	龙川县	10674.2	12051.2
从化区	14795.3	16320.1	连平县	10841.7	11947.6
珠海市			和平县	10646.6	11700.6
香州区			东源县	11002.8	12290.0
斗门区	20499.9	22893.7	**梅州市**		
金湾区	15860.8	17301.3	梅江区	15865.8	17256.6
港区	22688.3	25729.5	梅县区	14626.9	16182.2
汕头市			大埔县	10432.4	11520.0
龙湖区	14441.2	15264.3	丰顺县	10370.9	11418.2
金平区	14373.6	15077.9	五华县	10138.3	11145.4
濠江区	12306.8	13377.5	平远县	12629.0	13915.1
潮阳区	12439.1	13633.3	蕉岭县	12870.0	13823.1
潮南区	12005.5	13374.1	兴宁市	13487.6	14870.7
澄海区	14011.0	15187.9	**惠州市**		
南澳县	9251.8	10186.2	惠城区	16378.9	18323.7
佛山市			惠阳区	16862.5	18931.1
禅城区			博罗县	15740.7	17354.9
南海区	25909.4	28240.8	惠东县	15994.1	17707.0
顺德区	26859.7	29282.7	龙门县	13852.9	15685.3
三水区	20866.9	22632.4	大亚湾区	16514.7	18594.8
高明区	18376.4	20187.5	仲恺区	17201.4	19057.3
韶关市			**汕尾市**		
武江区	14058.2	15393.8	城区	12020.7	12953.4
浈江区	13582.2	14858.9	海丰县	12490.6	13410.5
曲江区	12518.3	13845.2	陆河县	9117.5	9662.6

15-7 续表1

县（市、区）别	人均可支配收入		县（市、区）别	人均可支配收入	
	2015	2016		2015	2016
陆丰市	11096.3	12381.2	鼎湖区	18133.5	19765.5
江门市			广宁县	11537.6	12518.3
蓬江区	18091.3	20171.8	怀集县	12569.4	13449.2
江海区			封开县	11532.4	12408.9
新会区	15527.4	17095.6	德庆县	15331.2	16557.7
台山市	13610.3	14808.0	高要市	15798.0	17077.6
开平市	14725.6	16315.9	四会市	18097.6	19672.1
鹤山市	13492.5	14882.2	大旺区		
恩平市	10716.1	11723.5	**清远市**		
阳江市			清城区	14821.4	16421.4
江城区	13421.2	15228.6	佛冈县	11584.2	12631.0
海陵区			阳山县	10832.0	12010.0
阳西县	12592.3	13657.0	连山县	9945.6	11051.0
阳东县	13328.6	14576.3	连南县	9925.2	11007.0
阳春市	11861.4	13406.5	清新区	11972.6	13171.0
湛江市			英德市	11921.0	13137.0
赤坎区	15838.6	17127.8	连州市	10021.0	11072.0
霞山区	12995.3	13947.1	**潮州市**		
坡头区	13470.3	13753.6	湘桥区	12994.8	13979.0
麻章区	12805.8	13671.8	枫溪区		
东海岛	12681.8	13549.3	潮安区	12611.8	13752.4
遂溪县	12707.6	13578.9	饶平县	11009.1	12011.9
徐闻县	12408.4	13469.4	**揭阳市**		
廉江市	13010.4	13950.4	榕城区	15242.6	15621.6
雷州市	10296.9	11076.8	揭东区	14529.8	15586.7
吴川市	15803.6	16959.2	揭西县	8906.6	9554.9
茂名市			惠来县	9740.2	10575.2
茂南区	13369.8	14617.2	普宁市	11633.4	12621.0
茂港区			**云浮市**		
电白区	13290.9	14610.1	云城区	12411.4	13342.2
高州市	13329.5	14546.8	新兴县	13732.0	14693.2
化州市	13175.3	14523.6	郁南县	11597.8	12514.1
信宜市	12967.7	14131.9	云安区	11715.6	12652.8
肇庆市			罗定市	11598.4	12607.4
端州区					

注：城乡住户调查一体化改革后，针对城乡范围的划分标准发生了变化，部分原属于农村范围的地区改革后划归到城镇。部分市辖区全部属城镇范围，没有农村常住居民的数据。

十六、农村科技与教育

16-1 农业科研和技术开发机构基本情况

项　　目	单位	2000年	2005年	2010年	2011年	2012年
一、机构与人员						
机构数	个	94	73	74	74	71
职工人数	人	6179	4577	4737	4680	4654
从事科技活动人员	人	3149	2731	3040	3026	3101
科学家工程师	人	1532	1369			
其他科技人员	人	902				
辅助人员	人					
高级职称	人	492	564	706	679	750
中级职称	人	806	742	829	825	840
初级职称	人	918	689			
其他	人		736	1505	1522	1511
二、经费收入与支出						
经费收入总额	万元	80061	56023	113262	111675	122042
政府拨款	万元	27640	36105	87151	83770	91091
事业收入	万元	3693	5734			
贷款	万元	5638	155			
其他	万元	37091	14029	26111	27905	30951
经费支出总额	万元	75919	52078	106554	104660	127249
劳务费	万元	16301	15999	24313	10192	15621
科研业务费	万元	21007	22399	56449	71917	82288
管理费	万元	3794				
资产购建支出	万元	8523	6002			
生产性支出	万元	19865	7571	12406	11275	12186
其他支出	万元	6430	107	13386	11276	17154
三、课题活动与产出						
科技活动课题数	个	980	1046	1406	1302	1376
当年开题	个	290	407			
当年完成	个	492	403			
课题投入人员	人年	2002	2168	2526	2425	2541
# 科学家工程师	人年	1202	1200			
课题投入经费	万元	13033	12890	27494	31371	35841
科学论文合计	篇	1043	973	1353	1183	1224
# 国外发表	篇	16	21	70	104	88
科技著作合计	种	53	50	29	28	19
四、科学仪器设备合计	**万元**	**9500**	**11660**			
90年代	万元	7432	7000			
80年代	万元	1354	3899			
70年代	万元	375	584			

16-1 续表

项　　目	单位	2013年	2014	2015	2016
一、机构与人员					
机构数	个	77	74	76	76
职工人数	人	5269	4969	4983	4781
从事科技活动人员	人	3541	3438	3502	3611
科学家工程师	人				
其他科技人员	人				
辅助人员	人				
高级职称	人	899	957	1012	
中级职称	人	1021	1050	1056	
初级职称	人				
其他	人	1621	1431	1434	
二、经费收入与支出					
经费收入总额	万元	160079	153145	205404.7	218144.3
政府拨款	万元	119740	114807	157170.4	151235.2
事业收入	万元				
贷款	万元				
其他	万元	40339	38338	48234.3	66909.1
经费支出总额	万元	151912	149259	184867.5	201596.8
劳务费	万元	14755	15649	17634.3	18214.3
科研业务费	万元	93845	91489	117576.2	136151.5
管理费	万元				
资产购建支出	万元				
生产性支出	万元	14528	14762	15114.8	13671.1
其他支出	万元	28784	27359	34542.2	33559.9
三、课题活动与产出					
科技活动课题数	个	1508	1392	1688	1813
当年开题	个				
当年完成	个				
课题投入人员	人年	2933	2657	2631	2636
# 科学家工程师	人年				
课题投入经费	万元	38924	37564	50350.6	56237.8
科学论文合计	篇	1482	1505	1519	1680
# 国外发表	篇	229	317	339	365
科技著作合计	种	36	38	41	49
四、科学仪器设备合计	**万元**				
90年代	万元				
80年代	万元				
70年代	万元				

16-2 各市农村科普活动开展情况

分市	2016年					
	农村专业技术协会		农村科普示范基地	科普示范街道(乡镇)(个)	科普示范社区(村)(个)	科普示范(户)(个)
	个数	会员数(人)				
全省	1364	134654	1065	224	1362	21429
广州	49	4712	188	70	84	542
深圳					60	123
珠海						
汕头	61	5330	79	14	154	633
佛山	14	1632	17	4	55	102
韶关	64	5468	5	8	25	3133
河源	99	15220	38	12	33	154
梅州	60	3317	51		21	140
惠州	30	2238	79		78	1180
汕尾	32	792	13	18	42	340
东莞				1	159	
中山	17	28			15	
江门	337	18306	35	24	20	6219
阳江	37	9993	35	10	97	820
湛江	274	18504	280	21	102	3586
茂名	52	24490	96	13	132	2300
肇庆	76	9267	70	11	66	286
清远	108	11479	61	18	192	1346
潮州	11	930			16	
揭阳	17	518	13		11	400
云浮	26	2430	5			125

十七、分区域主要经济指标

17-1 主要农作物播种面积

2016 年　　单位：公顷

项　　目	珠江三角洲九市	东翼	西翼	山区五市
农作物总播种面积	1370284	577294	1352438	1530820
一、粮食作物总计	**645327**	**347409**	**683601**	**832992**
按品种分				
稻谷	494163	226459	514019	653959
早稻	240439	112591	230507	308263
晚稻	253724	113868	283512	345696
小麦		7	831	73
旱粮	68712	12558	52675	71035
薯类	72316	102815	105651	70279
大豆	10137	5571	10426	37647
二、经 济 作 物	**166662**	**31449**	**318704**	**236715**
甘蔗	14312	872	134326	12344
糖蔗	3708	184	130061	6511
油 料 作 物	69852	24010	133919	151302
花生	69681	22692	132707	143999
麻类	13	25	19	28
烟叶	1613	3	1552	19216
木薯	108		103	1281
药材	4283	1494	12098	8067
其他经济作物	57790	1931	15069	7264
三、其 他 作 物	**558294**	**198435**	**350133**	**461113**
蔬菜	515484	187444	330808	381099

17-2 主要农作物总产量

2016 年　　单位：吨

项　　目	珠江三角洲九市	东翼	西翼	山区五市
一、粮食作物总计	**3385850**	**2041150**	**3627100**	**4548100**
按品种分				
稻谷	2730180	1350350	2892820	3897250
早稻	1354213	703290	1394747	1881150
晚稻	1375967	647060	1498073	2016100
小麦		20	2775	205
旱粮	326956	65469	227366	266309
薯类	300544	612511	478795	280250
大豆	28170	12800	25344	104086
二、经 济 作 物				
甘蔗	1438337	68382	12224296	1061877
糖蔗	283420	16331	11890348	526764
油 料 作 物	194598	61843	427283	449195
花生	194294	60007	424943	440081
麻类	24	83	45	60
烟叶	4153	15	5008	46028
木薯	366045	84782	524840	731850
三、其 他 作 物				
蔬菜	12871993	5848695	7817658	9152829

17-3 茶叶、桑叶、水果面积及产量

2016年 单位：公顷、吨

项目	珠江三角洲九市	东翼	西翼	山区五市
一、茶叶年末实有面积	**3619**	**17255**	**2325**	**30077**
茶叶总产量	6955	37993	7115	34734
二、桑地年末实有面积	**674**		**15638**	**17262**
桑叶总产量	18163		674162	447405
三、水果年末实有面积	**251492**	**151340**	**409862**	**317894**
水果总产量	3479021	1448689	6696444	4185469
柑桔橙年末实有面积	91714	10018	13817	129007
柑桔橙总产量	1801427	186856	197036	1777105
香（大）蕉年末实有面积	28903	10210	81242	10451
香（大）蕉总产量	829807	234563	3571700	180437
菠萝年末实有面积	1119	5442	28138	492
菠萝总产量	14248	86833	927407	5304
荔枝年末实有面积	69839	40200	141673	22365
荔枝总产量	213145	236769	715243	81119
龙眼年末实有面积	24224	13534	74339	13348
龙眼总产量	150266	105315	514286	95458

17-4 畜牧头数及产肉类量

2016年

项目	珠江三角洲九市	东翼	西翼	山区五市
一、黄、水牛年末存栏头数（头）	**384856**	**191106**	**1077012**	**634046**
二、奶牛年末存栏头数（头）	**33429**	**3501**	**3941**	**13109**
奶类产量（吨）	89360	7472	9672	23246
三、山羊年末存栏只数（只）	**83452**	**39291**	**129261**	**174496**
四、生猪年末存栏头数（头）	**6829948**	**2178179**	**6150444**	**5601939**
能繁殖母猪	747726	171449	732022	552204
肉猪出栏头数	12144369	3758966	10720739	8695280
五、肉类产量（吨）	**1453552**	**472570**	**1166504**	**1062290**
猪肉	911017	280431	809514	642881
牛肉	10377	12259	29116	18979
羊肉	2162	989	2330	3409
禽肉	508512	163622	309891	368734
兔肉	2487	294	1527	4983
其他肉	18997	14975	14126	23304
六、禽蛋产量（吨）	**118745**	**58286**	**88855**	**67387**

17-5 珠江三角洲九市林业主要经济指标

项　　目	计算单位	2016 年	2015 年	2016 年比 2015 年增长（%）	2016 年占全省比重（%）
一、森林资源					
林业用地面积	千公顷	2752.6	2778.4	-0.93	25.85
有林地面积	千公顷	2538.0	2570.9	-1.28	26.17
活立木总蓄积量	万立方米	15549.1	14768.6	5.28	25.91
森林覆盖率	%	51.68	51.50	0.35	
二、林业产业总产值（当年价）	**万元**	**59065872**	**55422884**	**6.57%**	**76.75%**
第一产业产值	万元	4208754	3975485	5.87%	47.66%
第二产业产值	万元	42532953	40810505	4.22%	84.68%
第三产业产值	万元	12324165	10636894	15.86%	68.85%
三、营林生产					
造林面积	公顷	6228	8808	-29.29%	6.19%
迹地更新面积	公顷	19358	25118	-22.93%	40.66%
低产林改造面积	公顷	10989	21673	-49.30%	18.38%
育苗面积	公顷	3034			45.98%
中幼龄林抚育面积	公顷	143717	123653	16.23%	20.09%
四、主要林产品产量					
油桐籽	吨	637	591	7.78%	9.23%
油茶籽	吨	6442	4066	58.44%	4.39%
松脂	吨	81438	97636	-16.59%	36.07%
五、森工主要产品产量					
1、木材	万立方米	315.52	334.5	-5.67%	41.73%
原木	万立方米	299.82	306.85	-2.29%	43.24%
薪材	万立方米	15.70	27.65	-43.22%	25.09%
2、竹材	万根	5578.79	4947.67	12.76%	32.95%
毛竹	万根	1730.90	1370.47	26.30%	33.30%
篙竹	万根	3847.89	3577.2	7.57%	32.79%
3、松香类产品	吨	105109	87526	20.09%	51.68%
六、林业系统职工人数	**人**	**8395**	**10628**	**-21.01%**	**31.96%**
林业系统职工工资总额	万元	73960	80141	-7.71%	41.94%
七、自年初累计完成投资	**万元**	**326908**	**400102**	**-18.29%**	**41.37%**
其中：生态建设与保护	万元	183343	231310	-20.74%	36.50%
林业支撑与保障	万元	75193	49642	51.47%	58.71%
林业产业发展	万元	16479	7275	126.52%	40.13%

17-6 山区五市林业主要经济指标

项　　目	计算单位	2016 年	2015 年	2016 年比 2015 年增长（%）	2016 年占全省比重（%）
一、森林资源					
林业用地面积	千公顷	5776.3	5777.9	-0.03	54.25
有林地面积	千公顷	5156.7	5146.3	0.20	53.18
活立木总蓄积量	万立方米	33267.9	32036.8	3.84	55.44
森林覆盖率	%	73.69	73.5	0.26	
二、林业产业总产值（当年价）	**万元**	**7803280**	**6743167**	**15.72%**	**10.14%**
第一产业产值	万元	2467455	8253893	-70.11%	27.94%
第二产业产值	万元	1868570	48281531	-96.13%	3.72%
第三产业产值	万元	3467255	14965034	-76.83%	19.37%
三、营林生产					
造林面积	公顷	60393	77270	-21.84%	60.00%
迹地更新面积	公顷	12483	28661	-56.45%	26.22%
低产林改造面积	公顷	29682	39315	-24.50%	49.64%
育苗面积（本年新育）	公顷	1794			27.19%
中幼龄林抚育面积	公顷	370355	252597	46.62%	51.77%
四、主要林产品产量					
油桐籽	吨	6048	6693	-9.64%	87.60%
油茶籽	吨	135231	142121	-4.85%	92.10%
松脂	吨	106980	100817	6.11%	47.38%
五、森工主要产品产量					
1、木材	万立方米	312.89	350.69	-10.78%	41.39%
原木	万立方米	286.29	308.38	-7.16%	41.29%
薪材	万立方米	26.60	42.31	-37.14%	42.50%
2、竹材	万根	2841.99	1997.21	42.30%	16.79%
毛竹	万根	1675.05	1288.89	29.96%	32.23%
篙竹	万根	1166.94	708.32	64.75%	9.94%
3、松香类产品	吨	96045	47668	101.49%	47.22%
六、林业系统职工人数	**人**	**10872**	**10033**	**8.36%**	**41.39%**
林业系统职工工资总额	万元	68487	53592	27.79%	38.83%
七、自年初累计完成投资	**万元**	**339988**	**409670**	**-17.01%**	**43.03%**
其中：生态建设与保护	万元	232665	302078	-22.98%	46.32%
林业支撑与保障	万元	37025	34702	6.69%	28.91%
林业产业发展	万元	21749	15476	40.53%	52.96%

17-7 东西两翼林业主要经济指标

2016 年

项　　目	计算单位	合计	东翼	西翼	东西两翼占全省比重（%）
一、森林资源					
林业用地面积	千公顷	2118.0	820.2	1297.8	19.89
有林地面积	千公顷	2001.6	750.8	1250.8	20.64
活立木总蓄积量	万立方米	11195.3	2609.3	8586.0	18.66
森林覆盖率	%	50.25	53.91	48.34	
二、林业产业总产值（当年价）	**万元**	**10088695**	**2571178**	**7517517**	**13.11%**
第一产业产值	万元	2154852	427486	1727366	24.40%
第二产业产值	万元	5826060	1299465	4526595	11.60%
第三产业产值	万元	2107783	844227	1263556	11.78%
三、营林生产					
造林面积	公顷	34037	24213	9824	33.81%
迹地更新面积	公顷	15767	2311	13456	33.12%
低产林改造面积	公顷	19120	6063	13057	31.98%
育苗面积（本年新育）	公顷	1771	677	1094	26.84%
中幼龄林抚育面积	公顷	201255	70982	130273	28.13%
四、主要林产品产量					
油桐籽	吨	219	7	212	3.17%
油茶籽	吨	5160	815	4345	3.51%
松脂	吨	37387	547	36840	16.56%
五、森工主要产品产量					
1、木材	万立方米	127.60	14.60	113.01	16.88%
原木	万立方米	107.32	11.04	96.28	15.48%
薪材	万立方米	20.28	3.56	16.73	32.41%
2、竹材	万根	8510.36	545.87	7964.49	50.26%
毛竹	万根	1791.21	334.07	1457.13	34.47%
篙竹	万根	6719.15	211.80	6507.36	57.26%
3、松香类产品	吨	2226	0	2226	1.09%
六、林业系统职工人数	**人**	**6972**	**2657**	**4315**	**26.54%**
林业系统职工工资总额	万元	33628	13100	20528	19.07%
七、自年初累计完成投资	**万元**	**123005**	**58835**	**64170**	**15.57%**
其中：生态建设与保护	万元	86046	44616	41430	17.13%
林业支撑与保障	万元	15851	6295	9556	12.38%
林业产业发展	万元	2838	544	2294	6.91%

17-8 珠江三角洲九市渔业现状概况

项　目	单位	2016 年	2015 年	2016 年比 2015 年增长 (%)	2016 年全省	2016 年占全省比重 (%)
渔业乡	个	22	23	-4.35	97	22.68
渔业村	个	265	273	-2.93	1013	26.16
渔业人口	个	611909	618169	-1.01	2329742	26.27
水产品产量	吨	4580413	4476387	2.32	8737893	52.42
其中：海洋捕捞	吨	979254	978136	0.11	1525686	64.18
海水养殖	吨	2217776	2153222	3.00	3138131	70.67
淡水捕捞	吨	51976	51475	0.97	122883	42.30
淡水养殖	吨	1885526	1819045	3.65	3951193	47.72
水产品产值	亿元	410.70	387.62	5.95	1195.63	34.35
其中：海洋捕捞	亿元	76.70	87.13	-11.97	141.10	54.36
海水养殖	亿元	82.65	77.47	6.69	457.22	18.08
淡水捕捞	亿元	2.90	3.91	-25.83	15.84	18.31
淡水养殖	亿元	278.59	277.03	0.56	581.47	47.91
水产养殖总面积	公顷	165155	165560	-0.24	555149	29.75
其中：海水养殖	公顷	91770	91795	-0.03	196065	46.81
淡水养殖	公顷	79844	79829	0.02	359084	22.24

17-9 山区五市渔业现状概况

项　目	单位	2016 年	2015 年	2016 年比 2015 年增长 (%)	2016 年全省	2016 年占全省比重 (%)
渔业人口	个	263447	277501	-5.06	2329742	11.31
水产品产量	吨	482691	468838	2.95	8737893	5.52
水产品产值	亿元	51.58	51.10	0.94	1195.63	4.31
淡水养殖面积	公顷	68597	68530	0.10	359084	19.10
产量	吨	464615	450824	3.06	3951193	11.76
单产	千克/公顷	6773.11	6578.49	2.96	11003.53	
其中：池塘面积	公顷	42237	41865	0.89	268395	15.74
产量	吨	371116	360961	2.81	3608316	10.29
单产	千克/公顷	8786.52	8622.02	1.91	13444.05	
水库面积	公顷	24190	24496	-1.25	77361	31.27
产量	吨	81393	78129	4.18	257094	31.66
单产	千克/公顷	3364.74	3189.46	5.50	3323.30	

17-10 东翼地区渔业现状概况

项　　目	单位	2016 年	2015 年	2016 年比 2015 年增长 (%)	2016 年全省	2016 年占全省比重 (%)
渔业乡	个	47	46	2.17	97	48.45
渔业村	个	280	281	-0.36	1013	27.64
渔业人口	个	611986	608290	0.61	2329742	26.27
水产品产量	吨	1472558	1440255	2.24	8737893	16.85
其中：海洋捕捞	吨	497927	499155	-0.25	1525686	32.64
海水养殖	吨	695234	668027	4.07	3138131	22.15
淡水捕捞	吨	13587	13937	-2.51	122883	11.06
淡水养殖	吨	265810	259136	2.58	3951193	6.73
水产品产值	亿元	163.18	153.57	6.26	1195.63	13.65
其中：海洋捕捞	亿元	51.47	48.06	7.10	141.10	36.48
海水养殖	亿元	75.93	72.23	5.12	457.22	16.61
淡水捕捞	亿元	1.86	1.85	0.54	15.84	11.74
淡水养殖	亿元	29.73	28.19	5.46	581.47	5.11
水产养殖总面积	公顷	67976	67915	0.09	555149	12.24
其中：海水养殖	公顷	41449	41499	-0.12	196065	21.14
淡水养殖	公顷	26527	26416	0.42	359084	7.39

17-11 西翼地区渔业现状概况

项　　目	单位	2016 年	2015 年	2016 年比 2015 年增长 (%)	2016 年全省	2016 年占全省比重 (%)
渔业乡	个	28	28		97	28.87
渔业村	个	386	386		1013	38.10
渔业人口	个	842400	846815	-0.52	2329742	36.16
水产品产量	吨	3408681	3326926	2.46	8737893	39.01
其中：海洋捕捞	吨	839942	839902		1525686	55.05
海水养殖	吨	1973594	1915427	3.04	3138131	62.89
淡水捕捞	吨	18768	18520	1.34	122883	15.27
淡水养殖	吨	576377	553077	4.21	3951193	14.59
水产品产值	亿元	398.60	398.17	0.11	1195.63	33.34
其中：海洋捕捞	亿元	108.37	118.25	-8.36	141.10	76.80
海水养殖	亿元	230.34	222.37	3.58	457.22	50.38
淡水捕捞	亿元	1.69	1.66	1.81	15.84	10.67
淡水养殖	亿元	49.50	46.82	5.72	581.47	8.51
水产养殖总面积	公顷	175337	175310	0.02	555149	31.58
其中：海水养殖	公顷	104632	104620	0.01	196065	53.37
淡水养殖	公顷	70705	70691	0.02	359084	19.69